Hildegard Maria
BERTSCHY

Und wenn ich gehe, dann hole ich dich

novum pro

Dieses Buch ist auch als e-book erhältlich.

Bibliografische Information
der Deutschen Nationalbibliothek:

Die Deutsche Nationalbibliothek
verzeichnet diese Publikation in
der Deutschen Nationalbibliografie.
Detaillierte bibliografische Daten
sind im Internet über
http://www.d-nb.de abrufbar.

Gedruckt in der Europäischen Union
auf umweltfreundlichem, chlor- und
säurefrei gebleichtem Papier.

© 2024 novum Verlag

ISBN 978-3-7116-0087-5
Lektorat: Jasmin Fürbach
Umschlagfoto:
Michal Bednarek l Dreamstime.com
Umschlaggestaltung, Layout & Satz:
novum Verlag
Autorenfoto: Hildegard Maria Bertschy

www.novumverlag.com

Druckprodukt mit finanziellem
Klimabeitrag
ClimatePartner.com/16547-2311-1001

Inhaltsverzeichnis

Die ersten Jugendjahre

Alexander, ein Knabe aus gutbürgerlichen Verhältnissen, man schrieb das Jahr 1929. Der Vater Karl, geboren am 04.10.1895 in Hamburg, war ein stattlicher Mann mit stolzer Haltung, die ihn größer erscheinen ließ, als er in Wirklichkeit war. Sein Blick war freundlich und gutmütig, über seinen breiten, schön gezeichneten Lippen trug er einen gut geschnittenen und gepflegten, schmalen Oberlippenbart. Das hellbraune Haar war links gescheitelt und flach zur rechten Seite gekämmt. Seine Mutter Dora, geboren am 01.02.1896 stammte vom Lande, aus Buchholz, Kreis Harburg. Sie sprach Plattdeutsch, war aber der hochdeutschen Sprache mächtig, welche sie in der Schule erst lernte. Dora hatte eine zierliche Figur, dunkle, leicht gewellte Haare und war auch nicht besonders groß gewachsen. Wie ich den Fotos von ihr entnehmen konnte, hatte ihr Gesichtsausdruck etwas Melancholisches. Dora gebar die Söhne Malte und Alexander, ihren zweiten Sohn, im Jahre 1929 am 28. August in Hamburg Harburg-Wilhelmsburg in der Klinik Maria Hilf. Alexander war ein Junge, welcher mit zehn Monaten bereits laufen konnte, wie ihm von seiner Mutter gesagt wurde. Sie erzählte ihm auch immer wieder, wie sie zusammen Fangen spielten, er unter dem Wohnzimmertisch durchlaufen konnte, ohne nur einmal sich am Kopf zu stoßen, so klein war er. An die Spiele mit seiner Mutter erinnerte er sich noch, da musste er aber schon älter gewesen sein. „Oh, ich habe ihr Lachen noch heute präsent, wir hatten viel Spaß zusammen", sagte er mir. Als kleiner Junge bereitete Alexander das Sprechen große Mühe. Als er mit zwei Jahren damit begann, bekam er die Worte, welche er eigentlich sagen wollte, kaum auf die Reihe. Das erste Wort, welches über seine Lippen kam, war „tschasch", deswegen bekam er den Spitznamen Tschaschi. Von allen Familienmitgliedern wurde er wärend seiner Kindheit so genannt und später auch von seinen Freunden. Heute ist er nicht mehr Tschaschi, aber die Sprachhemmung begleitet ihn weiterhin. Damit meine ich nicht, dass er stottert oder nicht flüssig spricht. Es zeigt vielmehr, wie tiefgreifend und anhaltend sich diese Sprachhemmung auf ihn auswirkt. Mir fiel nur auf, dass er zu den Menschen gehört, die im Gespräch leicht den Faden verlieren, wenn sie unterbrochen werden. Leider haben die meisten keine Geduld zuzuhören und lassen gerade diese Leute nicht ausreden. Vor allem, wenn Alexander nervös oder aufgeregt ist, zeigen sich bei ihm die Sprechhemmungen. Er benötigt einfach mehr Zeit sich auszudrücken. Dazu kommt, dass er eine eher ruhige und leise Sprechweise an den Tag legt. Dadurch gelingt es ihm kaum, sich durchzusetzen so wie andere, die eine resolute Stimme besitzen.

Vater Karl, ein beherrschender Mann, war im Jahre 1931 Kapitän auf großer Fahrt, so lautete der damalige Berufstitel, heute würde man sagen: Kapitän auf Handelsschiffen. Diese Schiffe, auf denen er tätig war, verkehrten zwischen Hamburg, Chile, Japan und Hamburg. Die Mutter, Alexander und sein Bruder Malte waren viel auf sich selbst gestellt, der beruflichen Tätigkeit des Vaters wegen. Auf Mutter Dora lasteten viel Verantwortung und Arbeit mit den zwei Knaben. Sie war eine sehr fleißige Frau und hatte den Haushalt gut im Griff. Auch die Erziehung war größtenteils ihre Aufgabe, welche sie außerordentlich gut meisterte. Die Knaben wurden stets zur Ordnung ermahnt, denn was Hänschen nicht lernt, lernt Hans nimmermehr. Selbstständig müssen sie werden, meine Knaben, äußerte sie sich oft, wenn Vater zu Hause war. Sie nähte die Kleider der beiden Jungen selbst, um da und dort etwas an Geld einsparen zu können. Alexanders Bruder Malte kam im Dezember 1921 zur Welt. Eigentlich nahm er dadurch den um beinahe acht Jahre älteren Bruder in der ersten Lebensphase seiner Kindheit nie richtig wahr. Er überlegte und sagte nach einer Pause: „Es muss wohl an der Distanz unseres Alters gelegen haben. Er besuchte schon die Schule und wenn er nach Hause kam, interessierten ihn andere Sachen, ich war ihm gleichgültig." Er selbst war scheinbar kein Wunschkind, wie er erzählte, denn mit einem zweiten Kind hatte man nicht gerechnet, wie ihm später immer wieder zu Ohren kam. „Was der Mensch doch alles schlucken muss", zog die Mundwinkel nach hinten und lachte verschmitzt. „Ich kam trotzdem und bin immer noch da." Seine Aussage belustigte mich, denn diese Formulierung war typisch für ihn, so sitzt ihm der Schalk im Nacken. Wie er mir weiter erzählte, liebte er seine Mutter über alles, sein Vater sei damals meistens unterwegs gewesen, bedingt durch die Arbeit. Im Haus, in dem Dora und die Jungen lebten, waren insgesamt acht Familien wohnhaft. Mit den Jacks, ältere Leute ohne Kinder, wurde man nicht groß miteinander bekannt, denn die verließen das Haus kaum. Da war die Familie Plöse, die Hausbesitzer, mit ihren zwei Kindern, die jünger waren als Alexander und sein Bruder. Heinickes, ruhige zurückgezogene Nachbarn, lebten ihr eigenes Leben, so wie die Jacks. Kontakte und Gespräche mit den Mitbewohnern mieden sie, aber waren stets korrekt und freundlich. Die Familie Fischer hatten zwei Töchter, die um einiges älter waren. Beide lebten außerhalb Hamburgs und waren bereits verheiratet. Auf der linken Seite ihrer Wohnungstüre befand sich der Eingang von Herrn und Frau Reichmann. Das Paar lebte allein und hatte noch keine Kinder. Die Reichmann, eine hübsche blonde Frau, hatte stets ein Lachen auf ihrem rot geschminkten Mund, was Alexander immer gefiel. Sie war auch die, welche für den Knaben stets ein gutes, liebes Wort fand und ihm manchmal auch mit der Hand über die Haare strich. Man wusste, wenn sie das Haus verließ, denn das Getrippel ihrer Schuhe war absolut nicht zu überhören. Außerdem verteilte sich der Duft ihres süßen Parfüms im gesamten Treppenhaus. Dann war da noch der Deisböck mit seiner dicken Frau, die auch im gleichen Haus wohnten. Er, ein Beamter, eine schlaksige, konservative Erscheinung, hatte seine Nase immer gegen den Himmel gerichtet, so wie Hans guck in die Luft. Er trug meistens einen grauen Anzug, darunter ein helles Hemd und eine bräunliche Krawatte. Gesellig war er absolut nicht, und hätte man sich nicht zufällig ab und zu im Treppenhaus gesehen, wäre er für die Mitbewohner bestimmt fremd geblieben. Seine Frau besorgte den Haushalt, und wenn man sie im Treppenhaus erblickte, sah sie einen von der Seite an, erwiderte zwar den Gruß, zog aber sogleich von dannen. Die beiden waren die Eltern eines kleinen Jungen, der noch im Kinderwagen saß. Auf der rechten Seite des Treppenhauses befand sich die Eingangstüre von Beckers. Das waren die mit den Zwillingen, einem Mädchen und einem Jungen, etwa fünf Jahre jünger als Alexander. Im Haus herrschte Frieden, alle begegneten sich freundlich, es gab keine Intrigen und jeder lebte so, wie er wollte. Langeweile kannte Alex in seiner Kinderzeit kaum. Manchmal stand er am Fenster im Wohnzimmer, um dem Treiben auf der Straße zuzusehen. Damals verkehrten lediglich Fuhrwerke und Kraftfahrzeuge, die mit Diesel angetrieben wurden. Man sah außerdem Personenwagen der Marken DKW, Opel, Triumph und Mercedes. In den nobleren Autos waren die Personen in den üppigen Polstern so eingebettet, dass sie kaum zu erkennen waren. Zu jener Zeit vermochten es nur die reichen Leute, sich solche Fahrzeuge zu leisten. Viele Menschen gingen zu Fuß oder hatten das Glück, ein Fahrrad zu besitzen. So konnten sie mit dem Stahlross ihre täglichen Angelegenheiten schneller bewältigen. „Stell dir vor, wir besaßen nicht einmal ein Fahrrad!" sagte Alexander. Es befand sich alles, was sie zum Leben brauchten in unmittelbarer Nähe des Hauses, und so erübrigte sich der Wunsch nach einem fahrbaren Untersatz. Dann gab's noch die Familie, welche in der Nachbarschaft über der Straße lebte, das waren sehr spezielle Menschen. Die hatten ein Kind, einen Jungen der Günter hieß, das war ein feiner Bursche. Den Vater des Nachbarjungen kannte Alexander nicht persönlich und es bot sich auch niemals die Gelegenheit mit ihm zu sprechen. Der Mann verbrachte seine Tage mit Nichtstun, so kam es ihm zumindest vor. Der schaute stundenlang, den Kopf in seine Hände gestützt, aus dem Fenster hinab zur Straße. Günters Mutter sah man selten, die war bestimmt mit dem Haushalt beschäftigt und hatte sicherlich viel zu tun. Auch mit ihr bot sich während seiner Jugendzeit und auch später nie die Möglichkeit, nur ein Wort zu wechseln. Für

Alexander etwas eigenartig und unverständlich, dass sich Leute so verhielten. Er war doch oft mit Günter, ihrem Sohn, beim Spielen unterwegs. Mutter Dora verhielt sich in dieser Hinsicht anders. Es freute sie, wenn sich die Kinder an der Haustür zeigten, so hatte sie die Kontrolle darüber, mit wem sich ihr Sohn traf. Alexander wurde an der Haustüre seines Spielkameraden nie Einlass geboten, was er eigentlich verstand, denn damals war es nicht üblich, dass sich Kinder gegenseitig in den Wohnungen besuchten. Nur hätte es ihm gefallen, mit den Eltern von Günter doch wenigstens mal zu plaudern. Nach seinem eigenen Dafürhalten hatten Günters Eltern eine Verhaltensweise, die von den gesellschaftlichen Normen abwich. Die ließen sich bestimmt vom Staat finanzieren. Günther war ein netter, lustiger Junge, mit dem man Spaß haben konnte, Alexander mochte ihn besonders gerne. Im Hof des Hauses durften sich die Jungen nicht aufhalten, es herrschte absolutes Spielverbot. Der knurrige Hausbesitzer Plöse, von Beruf Malermeister, duldete dort keine Kinder. Hier hing meist auch die Wäsche der Hausbewohner zum Trocknen. Die Hausfrauen sahen es auch nicht gern, wenn die Kinder unter die frisch gewaschene Wäsche krochen. Dabei reizte gerade dieses Verbotene so sehr, und die hängenden Bettlaken dienten den Lausbuben als willkommene Deckung beim Versteckspiel. Im Hof standen immer die Arbeitsutensilien von Plöse und bestimmt ängstigte sich dieser seiner Farbeimer und Leitern wegen. So begaben sich die Kinder fast täglich zum Park, der sich gegenüber dem damaligen militärischen Bezirkskommando befand. Die Grünzone lag in der Nähe seines Zuhauses und war für viele Kinder dieser Gegend das Spielparadies. Der Park existiert scheinbar noch heute, so Alexander, an den Namen aber könne er sich nicht mehr erinnern. In unmittelbarer Nähe, über der Straße, wohnte die Frau Tschebong in ihrem eigenen netten Haus. Sie war Jüdin, eine damenhafte, gepflegte, freundliche Frau, deren Mann schon länger verstorben war. Frau Tschebong besaß zur damaligen Zeit die Leihbücherei, die gut besucht war. Bei ihr habe er immer die Bücher von Karl May ausgeliehen, erzählte Alexander,

der oft nur mit dem Spitznamen Alex angesprochen wurde. In der Leihbücherei standen die Gestelle und man konnte durch die Reihen mit den einsortierten Büchern durchlaufen. Oftmals traf man bei ihr auf Leute, die tiefversunken über ein Buch gebeugt an den aufgestellten kleinen Tischchen saßen. In der Bibliothek musste man leise sein und getraute sich kaum, mit den Schuhen aufzutreten oder gar zu husten. Für das Auslehnen der Bücher verlangte Frau Tschebong nur einige Pfennige und man durfte diese für eine bestimmte Zeit behalten. Frau Tschebong wurde plötzlich eines Tages von der Gestapo, der Geheimen Staatspolizei, abgeholt. Man brachte sie ins Konzentrationslager in Fuhlsbüttel, hieß es in der Nachbarschaft, oder man nahm es zumindest an. Die Leihbücherei war ab sofort dann leider geschlossen und die arme Frau sah man nie mehr wieder. Fuhlsbüttel ist ein Stadtteil von Hamburg und liegt im nördlichen Teil der Stadt. Alexanders Mutter hatte immer den gleichen Kommentar, wenn eine Person aus derselben Straße, die man kannte, abgeholt wurde. „Dieser verflixte Nationalsozialismus, die oder den sehen wir auch nicht wieder, glaub mir, du wirst schon sehen", hörte Alexander sie dann sagen. Bei ihrer Aussage hatte sie immer einen nachdenklichen Gesichtsausdruck und man sah, wie sie die Stirn hochzog und dabei tiefe Falten in ihrer Mimik entstanden. Was sie mit den Worten sagen wollte, war für Alexander noch unverständlich, seiner Meinung nach einfach nur Gerede von Mutter. Fast jeder wusste allerdings bereits, was die Abkürzung KZ hieß. Umgezogen sollten die Leute im Konzentrationslager werden, darüber hinaus das Denken des Nationalsozialismus im Dritten Reich annehmen, soviel war klar. Was zum damaligen Zeitpunkt aber wirklich geschah, darüber hatten die Leute noch keine Ahnung. Es kamen nicht nur jüdische, sondern auch unangepasste Personen, Menschen anderer Herkunft wie zum Beispiel Roma in diese Konzentrationslager. Viele, die das Denken Adolf Hitlers nicht befolgten, Regimekritiker waren, wurden kurzerhand abgeholt und hatten Zwangsarbeit zu leisten, das hörte man. Über den großen geschmiedeten Eisentoren der Konzentrationslager stand: ARBEIT MACHT FREI. Diese Parole war allgemein bekannt und Alexander verstand diese Worte als Kind so. Wenn die Menschen dort gut arbeiten würden, kämen sie bald wieder frei. Er machte sich oft Gedanken über Frau Tschebong, eine rechtsschaffende äußerst nette Frau, die ihr Herz am rechten Fleck trug. Sie hatte immer gearbeitet, warum musste gerade sie dorthin gebracht werden, war sie wohl doch nicht so gut, wie Alexander das immer angenommen hatte? Fragen über Fragen, auf die er damals keine Antwort erhielt, die Erwachsenen wussten es ja selbst nicht.

Mutter Dora pflegte guten Kontakt zu ihren Freundinnen, deren Männer ebenfalls zur See fuhren. Weil die Frauen viel und über lange Zeit allein waren, mussten sie sich wohl oder übel selbst organisieren. So lud Mutter einmal im Monat ihre Freundinnen zum Kaffeekränzchen ein. Bevor die Damen eintrafen, wurde fleißig gebacken und Alex durfte seiner Mutter dabei helfen. Er mischte mit einer Holzkelle die Masse für die Kuchen, die seine Mutter in einer Schüssel vorbereitet hatte. Dabei grub er immer seinen Zeigefinger in den süßen Teig und naschte davon, wenn es Mutter nicht sah, erzählte er. Alexander mochte damals Süßes schon zu gerne leiden und konnte schwer widerstehen, obwohl Mutter es nicht schätzte, wenn er das tat. Seinen Mund zu einem breiten Grinsen geformt, sagte er: „Die Gerüche der verschiedenen feinen Backwaren, die Mutter hervorzauberte, habe ich noch immer in meiner Nase. Würde ich meine Augen schließen, ich stünde mit ihr wieder mitten in der Küche am Tisch. Stehe ich heute in einer Bäckerei und betrachte die leckeren Torten und das Gebäck in den Vitrinen, kommen Erinnerungen an früher, an meine Kinderzeit. Dann kann ich mich oft nicht zurückhalten und gönne mir stets etwas Gutes."

Alex, er war noch ein kleiner Junge, immer nett angezogen, der sich meist angepasst benahm. Nach alten Fotos war er ein hübsches Kerlchen, einfach so wie Mütter ihre Kinder mögen. Wenn die Freundinnen von Dora eintrafen, da war ihm im Vorfeld schon angst und bange. „Oh, ich weiß noch immer, wie mich Paula zwischen ihren großen Brüsten fast erdrückte, ich habe manchmal nach Luft gerungen, um in der Üppigkeit ihres Busens nicht zu ersticken!", er lachte. Ich meinerseits versuchte, mir diese Situation bildlich vorzustellen, und es amüsierte mich. „Glaube mir, wie ich diese Übergriffe hasste, diese Art von Umarmung", sagte er und verzog dabei das Gesicht zu einer Grimasse. Wenn es Mutter erlaubte, machte er sich, wenn möglich, immer schon im Voraus vom Acker. Anna Viertel und Sofie Jörn waren da anders als die großbusige Paula und entsprachen ihm eher, die hatten Format. Es waren sehr gepflegte Damen, gut gekleidet, und sie überfielen Alexander nicht schon in der Eingangstür. Sie gaben ihm zur Begrüßung lediglich die Hand und behandelten den Jungen so, wie er das von seinen Eltern gewohnt war. In der Familie gab es diese Art von Umarmung nicht, oder war zumindest ungewohnt. Er wurde von seinen Eltern nicht oft geknuddelt. Das Verhältnis zu Vater und Mutter war nett, aber eher förmlich und Körpernähe dieser Art wurde kaum praktiziert.

An einem Wochenende im Sommer 1936, es war kurz vor Alexanders siebtem Geburtstag. Sein Vater, welcher wieder einmal zurück von einer großen Reise gekommen war, machte ein mürrisches Gesicht. Alex merkte wohl die Unstimmigkeiten seiner Eltern, während sie bei Tisch das Essen einnahmen. Es herrschte zwischen den beiden auch nicht die Herzlichkeit, die er eigentlich gewohnt war. Nicht weil sie gestritten hätten, nein, er vernahm die spürbare Unstimmigkeit anhand ihrer Gesichter. Mutter hatte an jenem Tag einen traurigen Ausdruck in den blauen Augen und Alexander glaubte sogar, Tränen darin bemerkt zu haben. Vater Karl blieb stumm, sein Gesichtsausdruck wirkte hart und flößte dem Jungen beinahe Angst ein. Eigentlich wurde in der Familie unter normalen Umständen rege gesprochen, besonders Vater hatte von seinen Reisen immer Interessantes zu berichten. Alex klebte dann mit offenem Mund beinahe an seinen Lippen und horchte den Worten des Vaters aufmerksam zu, als er sprach. Spannend, wenn er von hoher See erzählte, von den Gefahren, welche sein Beruf barg. Wie damals, als sie am Kap Horn in Seenot geraten waren, bedingt durch einen schnellen Wetterumschlag. Da erzählte er von Wellen, die meterhoch waren. Von Kawenzmänner, die sich aus heiterem Himmel plötzlich wie eine Wand vor dem Schiff auftürmten. Er als Kapitän und die 23 Mann Besatzung wurden bis an ihre Grenzen gefordert. Die Sicherheit der Seeleute, welche in ihrer Heimat zum Teil Frau und Kinder hatten, für die trug er die alleinige Verantwortung. Er erzählte davon, wie er und die Mannschaft das 150 Meter lange Schiff durch die monströsen Wellen steuern mussten. Kleine Schiffe hatten nach seiner Aussage auf der gefürchteten Route an jenem Tag keine Chance, sie vermochten dem enormen Wellengang nicht zu trotzen und wurden gnadenlos vom Meer verschlungen. Die Maipo, welche von Alexanders Vater über die Weltmeere gesteuert wurde, erschien dem Knaben riesengroß. Stolz erfüllte den Jungen, wenn er seinen Vater in der Kapitänsuniform betrachtete, er sah darin gut aus. Leider waren die Landgänge immer nur kurz bemessen und immer viel zu schnell stachen sie wieder in See. Dora verstand es, sich schick zu kleiden, und putzte sich heraus, wann immer sie gemeinsam den Vater zum Hamburger Hafen begleiteten. Der Abschied war stets freudlos, kurz und trocken, wenn er ging, denn man wusste, es war eine Trennung, die oft mehr als ein Jahr dauerte. Dann standen die beiden neben vielen anderen am Quai. Alexander hielt immer Mutters Hand, während sie hinaus in den Mastenwald der Schiffe blickten. Jedes Segel war ein Zeugnis der Abenteuer, die auf hoher See erlebt wurden. Da lag es, das mächtige stolze Segelschiff, auf dem sein Vater Kapitän war, ein herrlicher Anblick. Bald schon verließ die Maipo, zusammen mit Vater und der Besatzung, den Hafen und Tränen schossen in Alexanders Augen, es machte ihn traurig. Viele Anwesende, die ihre Väter und Söhne zum Hafen begleiteten, winkten noch lange, bis das Schiff schließlich auslief. Alexander war sich bewusst, dass Vater für lange Zeit wieder auf See war und er mit Mutter und seinem Bruder allein zurückblieb. Obschon ihm dieser Ablauf nicht fremd war, überkam ihn stets die gleiche unbändige Traurigkeit.

An jenem Sonntag im Sommer beim Essen, er wusste natürlich nicht, was der Anlass der Missstimmung war, die er zwischen seinen Eltern bemerkte. War es etwa seinetwegen, hatte er etwas falsch gemacht? Sein Bruder Malte war nicht zu Hause und deswegen konnte er mit niemandem über seine Ängste sprechen. Die Eltern darauf anzusprechen, das war unmöglich, denn damals erhielt man nicht die Antwort, die einem geholfen hätte, zu verstehen. Außerdem waren Fragen in seiner Jugendzeit meistens ein Tabuthema. Die Sorgen der Kinder, die interessierten keinen, so blieb der junge Alexander an jenem Tag im luftleeren Raum stehen. Das Verhältnis seiner Eltern verbesserte sich auch keineswegs, als Vater nach Monaten in die Heimat zurückkehrte, im Gegenteil. Die Unstimmigkeiten nahmen zu, während er zu Hause weilte, und oftmals gab es auch heftige Streitereien zwischen den Eltern. Das bekamen die Knaben zu spüren, auch Alex wusste, dass das nichts Gutes verhieß. Er glaubte, dass Mutter jetzt froh war, wenn Vater endlich wieder ging. Im darauffolgenden Jahr kam die unabwendbare Trennung seiner Eltern, zu einer Scheidung kam es nie, denn das wollte Dora nicht. Das musste so kommen, hörte Alex eines Tages Malte zur Mutter sagen, denn jeder von euch lebt sozusagen für sich. Alexander, der eigentlich meistens mit seiner Mutter zusammen war, spürte diese Trennung kaum. Sein Bruder aber litt furchtbar unter dem Zustand, denn er bekam bedeutend mehr mit als der Jüngere. Die Trauer seines Bruders beeindruckte Alex zu jener Zeit nicht sonderlich, denn er hatte ja glücklicherweise seine Mutter. Er hatte schließlich noch seine Freunde in der Straße, mit denen er fast täglich spielte. Dora war nach der Trennung besonders lieb zu den Söhnen, aber handelte besitzergreifend. Sie brachte es fertig, die beiden Knaben immer wieder gegen ihren Vater aufzuhetzen. Es war verständlich, dass sie gegen ihren Mann Zorn hegte, aber die Jungen vom Vater zu trennen, das war nicht klug. Er lebte nun schon seit geraumer Zeit nicht mehr im gleichen Haus, sondern zog in eine Einzimmerwohnung um. Warum es zu Unstimmigkeiten und später zur Trennung kam, erfuhr Alexander viel später einmal. Vater hatte scheinbar eine Affäre mit einer anderen Frau, die von ihm ein Kind erwartete. Mit schlechten Worten schaffte es die Mutter, ihre Söhne vom Vater fernzuhalten. Was blieb den zwei Knaben denn anderes übrig, hatten sie eine Wahl? Nach der Trennung der Eltern blieben die beiden Buben mit der Mutter in Hamburg Harburg zurück. Alexander begegnete seinem Vater in den kommenden neun Jahren nicht ein einziges Mal und das bis nach dem Krieg. Nach der Trennung von ihrem Mann blieb Dora mit den Söhnen weiterhin in dem Dreietagenhaus wohnen. Das Haus, 1890 erbaut, barg einfache Wohnungen ohne Bad mit primitiven Küchen. Immerhin gab es zu jener Zeit schon eine Heizung, nur im Schlafzimmer blieb es im Winter bitterkalt, schilderte mir Alexander. Dora besaß ein außerordentliches Geschick, Räume praktisch einzurichten. Die Wohnung wirkte anmutig, alles war immer aufgeräumt und fein säuberlich geordnet. Betrat man die Wohnung vom Treppenhaus her, gelangte man über den Flur in den großen Wohnraum und anschließend zum Herrenzimmer. Links befand sich ein übergroßes Schlafzimmer, dort bestand keine Möglichkeit, das Zimmer zu heizen. Lag man im Bett und atmete mit offenem Mund aus, konnte man den Hauch des Atems erkennen, so kalt war der Raum. Im Winter bildeten sich Eisblumen an den Fensterscheiben, die sahen aus wie Gemälde. An den vereisten Scheiben zeigten sich Sterne, verschiedene Blumen und Blätter, der Fantasie waren keinerlei Grenzen gesetzt. Das Schlafzimmer, das man sich zu dritt teilte, war groß und geräumig. Alexander erinnert sich zurück und erzählt, wie die Aufteilung des Zimmers aussah. In der Mitte des Schlafraumes befand sich das Ehebett, wo Mutter allein wie auf einer Insel schlief. Links davon stand das Bett seines Bruders Malte und neben seiner Schlafstätte war ein kleiner Schrank platziert. Am Fenster, rechts von Mutter, schlief klein Alex in seinem Kinderbett. Am Fußende der Betten standen eine Frisierkommode und davor ein Hocker mit fellartigem Überzug. Dort jeweils sitzend, frisierte sich Mutter täglich, dabei sah er ihr zu gerne zu. Wie sie mit dem Kamm gekonnt ihr Haar in Wellen legte, faszinierte den Jungen. In den Seitenspiegeln der Frisierkommode begutachtete sie anschließend ihr Werk und sah dabei, ob ihr Haar ordentlich gekämmt war. Bewegte man die Seitenspiegel in die richtige Position, bestand die Möglichkeit, sich von allen Seiten zu betrachten, das fand der Junge sehr spannend. Begab man sich ins Wohnzimmer, sah man auf der Fensterbank den Volksempfänger, oder Radio „VE 301", stehen. Es gab damals auch den teureren Gemeinschaftsempfänger, die Goebbelsschnauze, nach Adolf Hitlers Pressesprecher Dr. Goebbels so genannt. Mit dem aus Bakelit gegossenen, günstigen Geräten, die im Schnelllauf produziert wurden, wollte man an das Volk treten, sie dienten der Propaganda und verfügten lediglich über zwei Wellenlängen. 1933, am 01. Januar, war die Machtübernahme der Nazis und Goebbels wollte ein preiswertes Gerät auf den Markt bringen, welches sich jeder leisten konnte. So wurde schließlich die einfache Ausgabe für ca. 78 RM auf den Markt gebracht. Die Bezeichnung (VE 301) hatte eine Bedeutung, VE stand für Volks Empfänger und die Zahl 301 für den 30. Januar, weil das Gerät dann erstmals vorgestellt worden war. Das Radio war schwarz, hoch und schmal und unterhalb sah man die Skala mit dem Suchlauf. In der Mitte, über das runde Lautsprecherloch, war grobe Jute gespannt. Links und rechts befanden sich die Knöpfe für das Einstellen von Empfang und Lautstärke. Das Gerät, nicht einfach zu bedienen, musste immer mit beiden Händen manipuliert werden, um einen guten Empfang zu erreichen. Für das Abhören der Sender hatte man die monatliche Gebühr von 2 Reichsmark zu entrichten, was sich fast jeder noch leisten konnte. Schaute man im Wohnzimmer nach rechts, stand dort die lange Anrichte. Ein besonders edles Stück, das mit geschwungenen Türen und Reliefarbeiten verziert war. Darüber links und rechts angebracht die hohen Vitrinen, in denen verschiedene langstielige Gläser standen. Was Alexander damals faszinierte, war, dass man bei der Anrichte Tablare ausziehen konnte, um Porzellan und Besteck zu platzieren. Hatten seine Eltern Gäste, wurde das gute Porzellan mitsamt hochpoliertem Silberbesteck aus dem Kasten geholt. Mutter legte das steif gestärkte blütenweiße Tischtuch mit Spitzenbordüren auf den Tisch. Darauf kamen die weißen Porzellanteller mit den blauen Blumen und das silberne Besteck besonders gut zur Geltung. Deckte sie den Tisch für die Gäste, durften ihr die Jungen lediglich zusehen, denn immer hatte sie Angst um die guten Stücke, welche sie hütete wie eine Glucke ihre Eier. Im gleichen Raum existierte ein eleganter Ofen, der bis zur Decke reichte und mit weißen Kacheln besetzt war. Beheizte man den, entstand schnell eine wohlige Wärme im Raum. In den kälteren Monaten, wenn man die Zeit zu Hause bei stundenlangem Spiel am Tisch verbrachte, genoss man es besonders, nicht frieren zu müssen. Schach oder Kartenspiel, das war in der Familie ein beliebter Zeitvertreib. Darüber hinaus widmete sich Alexander auch gerne seinem Metallbaukasten. Mit den metallenen Grundplatten konnte man nach Plan etwas aufbauen und zusammenschrauben, das machte dem Jungen großen Spaß. Der dunkle wuchtige Esstisch, an dem sie spielten, war aus Holz und rund um den Tisch herum platziert standen die mit Leder überzogenen Stühle. Schwere und dicke goldfarbene Vorhänge hingen von der Decke herunter und bedeckten beidseitig die weißen, feinen Gardinen. Im Herrenzimmer oder Raucherzimmer, so nannten sie den Raum, stand ein ausziehbarer Tisch mit dazugehörenden Stühlen. Mit gemustertem, hellgrauem Stoff war ein protziges Sofa überzogen, das zusammen mit zwei passenden Sesseln an einer Wand stand. Über dem Sofa hing das große Ölbild, mit goldfarbenem, breitem Rahmen eingefasst, auf dem ein Segelschiff zu sehen war. Alex stand oft als Knabe staunend davor, er fand das Gemälde wunderschön. War Besuch im Haus, lief alles immer nach dem gleichen Muster ab. Die männliche Gesellschaft verzog sich nach dem Essen ins Herrenzimmer, um dort bei einem Cognac und üblicher Zigarre ihre eigenen Gespräche zu führen. Die Bezeichnung des Raumes sagte eigentlich alles. Frauen und Kinder hatten dort nichts zu suchen, das wusste jeder und hatte es zu respektieren. Durch die Türe vernahm man das angeregte Gespräch der Männer, diese trennte das Wohnzimmer von dem besagten Gemach. Die Frauen der Schöpfung beschäftigten sich mit dem Abwasch und der Jungmannschaft. Im Herrenzimmer stand ein dunkelgrauer Kanonenofen aus Gusseisen, der wurde am Morgen selbstverständlich schon eingeheizt, wenn männliche Gäste geladen waren. Mit alten Zeitungen und kleinen Holzspänen entfachte man das Feuer und auf die Glut gab man anschließend Eierkohle, die langanhaltende Wärme abgab. Später, als Dora von ihrem Mann getrennt lebte und der Raum nicht mehr benutzt wurde, diente dieser bald schon dem älteren Sohn Malte als Schlafraum. Alex nächtigte weiterhin bei seiner Mutter im Zimmer, dort war Platz genug für zwei.

Zur damaligen Zeit war es noch selten, dass jemand ein Badezimmer in der Wohnung besaß, wie es heutzutage nicht mehr wegzudenken wäre. Man wusch sich in der Küche am Abwaschbecken mit Waschlappen und Seife, auch die Zähne putzte man dort. Die Familie war im Besitz einer Zinkwanne, die am Sonnabend zum wöchentlichen Bad jeweils aus dem Keller in die Wohnung getragen wurde. Alles sich Befindliche im Raum musste im Vorfeld zur Seite geschoben werden, damit die Wanne überhaupt in der Küchenmitte Platz fand. Auf dem Herd erhitzte man in großen Mengen das Wasser, welches nachträglich in die graue Zinkwanne gegossen wurde. Die Küche hüllte sich jeweils in dichten Nebel, es dampfte und man konnte kaum noch etwas erkennen. Nicht jeder hatte sein eigenes Badewasser, alle benutzten sie dasselbe. Nur wurde mit einem Henkelgefäß immer wieder mal Wasser ausgeschöpft und durch heißes ersetzt. Dieses wöchentliche Ritual war ein angenehmes Vergnügen, aber gestaltete sich als unglaublich zeitaufwendig. Im Winter legte Mutter die Badetücher immer auf den geheizten Ofen, und wenn man aus der Wanne stieg, hüllte man sich im warmen Tuch ein. Ihr temporäres Badezimmer war sehr klein und ungemütlich. Hätte es kein Fenster gehabt, wäre es eher einer Abstellkammer gleichgekommen. Der Herd in der Küche wurde wie die Öfen mit Kohle beheizt. Das setzte voraus, dass täglich eingefeuert wurde, wenn man etwas Warmes auf den Teller bringen wollte. Die Kohle des täglichen Bedarfes trugen meist die beiden Jungen in Metalleimern vom Keller hoch. Heizte Dora ein, und es wollte sich kein rechtes Feuer entwickeln, ergab sich oft ein beißender Qualm in der kleinen Küche. Man drohte im Rauch beinahe zu ersticken, wedelte mit beiden Händen und riss schnellstens das kleine Fenster zum Hof auf. Das Klo befand sich auf einer der unteren Etagen im Haus, welches man mit vier anderen Familien zu teilen hatte. Man war also gezwungen, die Wohnung zu verlassen, um die Notdurft zu verrichten. Über die geschwungene Holztreppe erreichte man die Toilette und war dann heilfroh, wenn man nicht anzustehen brauchte. Im Winter gefror stets das Wasser in den Leitungen, eine mühsame Angelegenheit. Eine Petroleumlampe stand hinter der Schüssel und blieb über den ganzen Winter dort stehen, um die Installation eisfrei zu halten. Mit der Flamme der Petroleumlampe taute man die jeweils vereisten Rohre auf, damit das Spülwasser wieder floss. Klopapier schnitt sich jeder im eigenen Haushalt aus alten Zeitungen zurecht. Die Seiten wurden anschließend mit einer dicken Nadel auf eine Hanfschnur aufgezogen. Lief man zum Klo, trug man das Papierbündel wie eine Handtasche mit sich. Nicht sehr angenehm, sich mit dem rauen Papier den Hintern zu reinigen, aber man kannte nichts anderes. Im Keller des Hauses befand sich eine große Waschküche, welche nur über den Hof zu erreichen war. Hof und Grundstück waren umzäunt von einem Holzzaun, welcher dunkel gestrichen war. Betrat man durch die Eingangstüre vom Hof her die Waschküche, so stieß man rechts des Eingangs auf zwei Zinktröge, die auf einem massiven Eisengestell standen. Der große Waschkessel aus Kupfer, der ebenfalls mit Kohle beheizt werden konnte, befand sich in der Ecke und rechts davon stand die Mange. Lange hölzerne Wäschekellen, die wie übergroße Kochlöffel aussahen, hingen verteilt an einer Wand. Hatte Dora Waschtag, war Alexander oft dabei. Er erwies sich als guter Helfer und so durfte er ihr beim Mangen der nassen Wäschestücke helfen. Mutter fischte die heiße, gekochte Wäsche mit einer der langen Holzkellen aus dem Kupferkessel und gab sie in einen der zwei Tröge. Das dampfte und es hüllte sich alles wie beim Baden in der Küche in dicken Nebel. In den Trögen spülte Dora die Wäschestücke gründlich durch und zu guter Letzt kam dann Alexanders Einsatz. Die Mange war eine Maschine mit zwei dicken Gummirollen, die über einem viereckigen Trog angebracht waren. Durch die wurde die nasse Wäsche gedreht, was zur damaligen Zeit eine große Hilfe für jede Hausfrau darstellte, denn sonst hätten sie die Wäsche per Hand auswringen müssen. Betätigen konnte man die Rollen per Handkurbel, es war eine Knochenarbeit für den Jungen. Er half Mutter im Freien auch beim Spannen der Wäscheleinen, die sie an der Hausmauer an Haken einhängten und an den Stangen, die im Hof eingemauert waren, fixierten. War das Wetter gut, wurde die Wäsche im Hof auf die gespannten Leinen gehängt, ansonsten schleppte Mutter die schweren Wäschekörbe zum Trockenboden, welcher sich im Dach des Hauses befand. Waschtage gestalteten sich zur damaligen Zeit als sehr streng und beanspruchten einen ganzen Tag, und das von früh bis spät.

Einschulung

Alexander wurde am 01. April 1936 in Hamburg-Harburg einge-
schult, da war Vater aber noch zu Hause. Er besuchte die Volksschule, die eine reine Knabenschule war. Nach Beendigung dieser kam er mit zehn Jahren in die Mittelschule. Sein Bruder
Malte, damals schon in der Oberschule, war ein besonders guter und fleißiger Schüler, dem das Lernen besonders leichtfiel.
Auch Alex bereitete der Schulstoff nicht große Mühe, er fühlte
sich oft unterfordert. Überaus gerne ging er jedoch nicht hin,
verrät er mir grinsend. Seine Mutter war stets die treibende
Kraft und erbarmungslos bestand sie darauf, dass die Schularbeiten minuziös erledigt wurden. Man schrieb noch mit dem
Griffel auf die schwarze Schiefertafel. „Wie mir das hörbare
Kratzen des Griffels beim Schreiben auf die Tafel auf die Ner-
ven ging, es tat mir in meinen Ohren weh, aber man hatte es
hinzunehmen“, Alexander lacht. „Ich erinnere mich noch, als
wäre es gestern erst gewesen. Schrieb ich etwas nicht zur Zufriedenheit von Mutter, putzte sie mit feuchtem Schwamm das
Geschriebene bis zur Unkenntlichkeit aus. Wie habe ich mich
dann über sie aufgeregt, das kann ich dir ehrlich eingestehen.
Danach kam ihre Ermahnung, es das zweite Mal richtig zu machen. So kratzte ich verärgert weiter mit dem Griffel auf meiner schwarzen Tafel. Zwar oftmals mit etwas Missmut, jedoch
bemüht, es besser zu machen, ich kannte die Konsequenzen.“
In der Schule hatte Alexander einen strengen Lehrer, der aber
zu allen Knaben gerecht war, er mochte ihn gut leiden. Dieser
Lehrer brachte es fertig, seine Schüler zu motivieren, und es gab
fast keinen Jungen, der am Ende des Jahres ungern den Unterricht bei ihm besuchte. Er bestrafte die Knaben auch nicht mit
dem Stock, wie es zur damaligen Zeit üblich war, sondern bediente sich seiner eigenen Methoden. Die Schüler, welche nicht

gehorchten oder den Unterricht störten, mussten nachsitzen, die Hausaufgaben erledigen oder etwas schreiben. Alexander kam immer ohne Strafe davon, er war ein gehorsamer und angepasster Schüler, der nie auffallen wollte und das tat, was von ihm verlangt wurde. Damals waren die Klassen sehr groß, meist mit bis zu vierzig Schülern in einem Unterrichtsraum. Für den Lehrer bestimmt nicht einfach, da die Übersicht zu behalten. Deshalb bedienten sich sicherlich auch viele Pauker der berüchtigten Stöcke, mit denen sie die Kinder züchtigten und so zum Gehorsam erziehen wollten. Damals gab es auch zu Hause keinerlei Unterstützung der Eltern, wenn Kinder von den Lehrern geschlagen wurden. Manch einer hütete sich davor, zu Hause davon zu erzählen. Die Angst war zu groß, auch dort zusätzlich eine Ohrfeige oder eine Tracht Prügel zu erhalten. „Glücklicherweise schlug mich meine Mutter nie."

An seinem zehnten Geburtstag, es war ein Mittwoch am 28. August 1939, da benahm sich Mutter geheimnisvoll. Sie wollte mit ihm am Nachmittag in die Innenstadt laufen, warum ihr aber so viel daran lag, wusste der Junge nicht und er kam auch nach langem Raten zu keinem Ergebnis. Die beiden zogen nach dem Schulunterricht am späteren Nachmittag los und bewegten sich zu Fuß Richtung Stadt. Alex begleitete seine Mutter mit Gefallen, wenn es zum Einkaufen in die Stadt ging, denn meistens schaute eine Kleinigkeit für ihn dabei heraus. Und so vermutete er, werde das auch am heutigen Tag der Fall sein. „Diesen Geburtstag werde ich mein ganzes Leben lang nie vergessen, als ich mit Mutter zusammen das Geschäft betrat. Da standen Fahrräder in allen Größen und ich durfte mir dann tatsächlich eines davon aussuchen", erzählt er. Ausschließlich für ihn allein, er konnte sein Glück kaum fassen. Seine Mutter erzählte ihm, das Geld von seiner Großmutter väterlicherseits erhalten zu haben. Er selbst war der Überzeugung, dass sein Vater diese Sache beeinflusst hatte, denn bei seiner Großmutter wusste er nicht so recht. Er hatte immer ein sonderbares Gefühl im Bauch, wenn er Großmutter gegenüberstand. Er wusste wohl, dass er bei ihr nicht besonders hoch im Kurs war. Das störte ihn lange nicht mehr, er war es gewohnt, in der zweiten Reihe zu stehen und hatte es schon lange aufgegeben, über das Warum zu grübeln. Der ältere Enkel, sein Bruder, der war ihr wichtiger und ans Herz gewachsen, wie sie es oft auch verlauten ließ. Jetzt sollte er ausgerechnet von ihr dieses Fahrrad erhalten haben, das war sonderbar. Die Großeltern besaßen ein vornehmes Haus in einer bevorzugten Lage von Harburg-Eisendorf. Alexander war manchmal zu Besuch bei seiner Oma, aber diese Begegnungen empfand er nie als herzlich und es blieben ihm auch keine schönen Erinnerungen an diese Momente. Er mochte seinen Opa viel lieber leiden, der kam oft zu Besuch und immer dann, wenn er von seiner Arbeit nach Hause lief, schaute er kurz vorbei. Oma kam selten, denn sie konnte sich nicht damit abfinden, dass ausgerechnet ihr Sohn eine einfache Frau geheiratet hatte. Alexander wusste von seiner Mutter, dass sie vom Lande war und in primitiven Verhältnissen herangewachsen war. Im Gegensatz zu Oma, die aus gehobenen Verhältnissen stammte und einen anderen Lebensstil pflegte.

Als er mit seiner Mutter, die ihm beratend zur Seite stand, im Geschäft das passende Fahrrad der Marke Adler gefunden hatte, wurde dieses gleich seiner Größe angepasst. Man entfernte den bestehenden Sattel, denn dieser war für den Knaben um einiges zu hoch. Damals befestigte man einen neuen an der Querstange hinter dem Lenker. Diese Möglichkeit bot sich bei dem Fahrradmodell glücklicherweise an und so konnte der stolze Junge sich mit seinen Füßen am Boden abstützen. Nach der Anpassung nahmen Mutter Dora und ihr Sohn das Rad gleich mit. Oh, wie er sich freute. Zu Fuß begaben sich die beiden wieder nach Haue und Alexander konnte es kaum abwarten, sein Rad das erste Mal auszuprobieren. Zu Hause angekommen war es dann so weit, er setzte sich auf den Sattel des Rades und die ersten Versuche vorwärtszukommen, gelangen schon recht gut. Er stellte die Füße auf den Boden und mit gehenden Bewegungen kam er gut voran. Jeden Tag machte er Fortschritte, traute sich, die Beine anzuheben, um in das Pedal zu steigen. In Kürze entpuppte er sich als geübter Radfahrer, was ihm großen Spaß bereitete. Für dieses großartige Geschenk war er seiner Oma unendlich dankbar und schrieb ihr auch bald schon einen langen Brief, auf den sie allerdings nicht reagierte.

Wie gut es war, dass seine Mutter sich entschlossen hatte, das Rad am selben Abend noch mitzunehmen, das stellte sich am darauffolgenden Tag heraus. Im einzigen Fahrradgeschäft von Harburg wurden alle Fahrräder für das Militär konfisziert, hieß es. Harburg war eine Industriestadt und beinahe alle Geschäfte wurden von Juden betrieben, so auch das Fahrradgeschäft, in dem sie am Vortag eingekauft hatten. Danach wusste man, dass wieder einer ins Konzentrationslager gebracht worden war, dem man zuvor alles weggenommen hatte.

Nach und mit Beginn der Machtübernahme von Adolf Hitler 1933 wurden der staatliche und einzige Verband deutscher Jugend für Knaben (DJ) und für Mädchen der BDM (Bund deutscher Mädchen) gegründet. Dann später, im Jahre 1939, wurden diese zu einer gesetzliche Jugenddienstpflicht umgewandelt. Alle männlichen Jugendlichen in Alter von zehn Jahren mussten dem Jungvolk beitreten. Alexander kam dazu am 01.10.1939, kurz nach seinem zehnten Geburtstag, er war zum damaligen Zeitpunkt stolz dabei zu sein. Den ersten Tag beim Jungvolk erlebte er wie eine lose Zusammenkunft von Jugendlichen. Alles war für ihn wie ein Spiel, wie mit seinen Spielkameraden in dem ihm vertrauten Park. Das Erste, was den Neuankömmlingen vermittelt wurde, war sich in Dreierreihen lose zu formieren, auf Befehl des Jungzugsführers still und stramm zu stehen. Danach hieß es, rührt euch und immer wieder die gleichen Befehle, bis alles blind funktionierte. Das fand Alexander noch lustig und es gefiel ihm, es den Erwachsenen gleichzutun. Später kamen dann die Übungen rechts um, links um, rührt euch, stillgestanden, im Gleichschritt marsch. Alexander hört es noch heute in seinen Ohren, links, zwei, drei, vier, links, zwei drei, vier. So lernten die Knaben, mit Befehlen und Gehorsam umzugehen, zu marschieren und das im Alter von nur gerade zehn Jahren. Der feinfühlige Alexander hatte noch keine Ahnung, was ihm bevorstand, und wofür er da mit vielen anderen Knaben gedrillt wurde. Es war alles so spannend, vieles erlebte er, was ihm zu Hause nicht geboten wurde. Die Pimpfe (Bedeutung Furz oder Zünder für einen Marschflugkörper), so nannte man die Knaben im Sprachgebrauch. Jeder besaß zwei Uniformen, eine leichtere für den Sommer und eine wärmere diente der Zeit für kalte Monate. Ein braunes Hemd mit langen Ärmeln, die kurze dunkle Hose mit Gürtel gehörten zur Ausstattung. Um den Hals trug man ein dunkles Tuch, das mit einem braunen Lederknoten zusammengehalten wurde und am linken Ärmel die rote Bandage mit schwarzem Hakenkreuz. Zur Winterausstattung kriegten die Pimpfe eine lange warme Hose, dazu noch eine Schildmütze, mit Ohren- und Nackenklappen. Jeder erhielt beim Eintritt auch ein Fahrtenmesser, oder Kampfdolch, so nannte man den, war aber als Waffe glücklicherweise untauglich. Er erinnert sich zurück und erzählt, wie stolz und erfreut er über seinen neuen Besitz war. Wie er sich in voller Montur im Spiegel von Mutters Kommode damals von allen Seiten immer wieder betrachtete. Geschenkt wurde die Ausstattung keinem, denn seine Mutter musste dafür bezahlen. Sie hätte dieses Geld damals bestimmt besser einsetzen können, schimpfte sie oft. Diese Ausgaben zu meistern, das war damals bestimmt nicht einfach für Mutter Dora. Alexander schaute mich an und sagt: „Oh, ich höre heute noch, wie sie darüber fluchte und dabei erzürnt sagte: Das haben wir alles diesem Hitler zu verdanken! Hätte sie das während des Krieges gesagt, wäre sie gleich hops gegangen und im Konzentrationslager zur Umerziehung gelandet, wie es damals hieß", sagt Alexander. Dora war immer schon eine Gegnerin Hitlers, jedoch außerhalb der Wohnung war sie vorsichtig mit ihren Äußerungen. Alexander warnte seine Mutter oft, sie solle mit ihren gewagten Worten etwas vorsichtiger umgehen, die sie bislang glücklicherweise nur zu Hause verlauten ließ. Er hatte Angst um sie, außerdem wusste man nie, wo sich der Feind gerade befand, sogar die Wände hatten Ohren. Zur damaligen Zeit durfte man keinem trauen, nicht einmal seinem besten Freund. Der junge Alexander war durch sein Mitwirken beim Jungvolk beinahe schon fanatisch und überzeugt von dem, was er lernte und schon gelehrt hatte. Dass die ganze Sache einen militärischen Hintergrund anstrebte, bekam er erst später mit, als er alles besser verstand. Die Absicht, welche hinter allem verborgen blieb, eröffnete sich dem jungen Alexander mit zunehmender Reife und Hinterfragung vieler Dinge. Die Pimpfe wurden militärisch und sportlich geschult, auch Loyalität und Gehorsam gehörten zum Pflichtenheft. Man musste auch einen Teil von Hitlers Lebenslauf kennen, des Horst-Wessel-Liedes mächtig sein, dessen Melodie von Josef Hayden komponiert wurde. Den Text habe er immer noch präsent und er beginnt zu singen: „Die Fahne hoch! Die Reihen dicht geschlossen! SA marschiert mit ruhig, festem Schritt. Kameraden, die Rotfront und Reaktion erschossen, marschieren im Geist in unsern Reihen mit." Diese politischen Lieder hatten etwas Kämpferisches und rissen die Masse mit. Im Jungvolk lernte er viele solcher Lieder und sang auch selbst kräftig mit. Die Bedeutung der Texte war ihm nicht wichtig, er verstand sie nicht. Vielmehr waren es die Melodie und der Rhythmus, die diese Lieder für ihn ausmachten. Erst später erkannte er die Bedeutung der Texte, die ihn zum Nachdenken anregten. Einmal pro Woche trafen sich die Pimpfe, in Uniform gekleidet, in einem Gebäude, das nur dem Jungvolk zur Verfügung stand. Im Fähnlein der Gruppe wurden die Kinder politisch geschult, erzogen und gefügig gemacht. Ebenfalls wurde den Jungen erklärt, warum Hitler gegen die Juden war. Juden wurden so dargestellt, dass nur sie das Geld besaßen. Damit konnten sie ihre Geschäfte betreiben und sich alles kaufen, während die anderen zu wenig zur Verfügung hatten. Geld muss doch jeder zum Überleben haben, so fasste das Alexander auf und er verspürte eine große Ungerechtigkeit. Wenn die Juden das ganze Geld besaßen, war es ja klar, dass die Eltern davon wenig besaßen. Dazu bestand noch die Pflicht, die Kosten der Uniformen für die Kinder zu tragen, das tat Alexander leid. Es entwickelte sich allmählich auch in den Reihen des Jungvolkes Zorn gegen die Juden. Man spürte, wie auf den Straßen Unmut wuchs und die Juden zunehmend gemieden wurden. Man betitelte sie als Diebe der Nation. Leute, mit denen man sich zuvor auf der Straße ausgetauscht hatte, die man gerne mochte, denen wich man plötzlich aus. Zu sehen waren in Hetzzeitungen Karikaturen von Juden, dargestellt mit langen, spitzen Hakennasen. Die bösen, verzerrten Gesichter, auf einen Blick schreckliche, angsteinflößende Gestalten. „Wenn ich mich an jene schlimmen Zeiten erinnere, könnte ich vor Scham heulen", sagt Alexander. „Dass wir als zehnjährige Kinder schon erfolgreich negativ beeinflusst wurden, indem man uns weismachen wollte, man werde von Juden des Geldes beraubt, war kriminell. Wir Kinder glaubten das, und es hatte zur Folge, dass auch wir in unserem noch jugendlichen Alter die Juden hassten. Wenn ich heute an diese Zeit zurückdenke, muss ich zugeben, dass es damals leicht war, die öffentliche Meinung zu manipulieren", sagt Alexander. „Die Menschen hatten keine Arbeit, das tägliche Leben war schwierig, und so war es für Hitler leicht, ein ganzes Land in seinen Klauen zu halten. Gott sei Dank ist es heute nicht mehr so einfach, weil die Menschen anfangen, nachzudenken."

Die Schwertworte der Pimpfe lauteten: Jungvolkjungen sind hart, schweigsam und treu, Jungvolkjungen sind Kameraden und des Jungvolksjungen Höchstes ist die Ehr. Als Pimpfe hatte man die Möglichkeit, sich Abzeichen zu verdienen: Eisen im Alter von 15 Jahren, Bronze ein Jahr später, Silber mit 17 Jahren und zuletzt Gold mit Eichenkranz. Viele Jahre später verstand jeder diese Taktik sehr gut, sie war motivierend und zielgerichtet. Heute kann Alexander dazu nur eines sagen: „Ich konnte mir keine Abzeichen verdienen, denn mittlerweile war ich sehr kritisch geworden, besonders dem gegenüber, was geschah und mir undurchsichtig vorkam. Wenn mir etwas nicht gefiel, habe ich oft nachgefragt und galt deswegen bei Führern und meinen Kameraden als steter Nörgler. Das jedoch beeindruckte mich kaum, denn ich musste und wollte die Wahrheit erfahren." Sein noch so junges Leben ging weiter, der Winter 1939 stand vor der Tür und es nahte die Weihnachtszeit. Meistens gab es zu Weihnachten etwas Schnee und so bot sich die Gelegenheit, in das nahe gelegene Erholungsgebiet Haake zu gehen, denn nur dort konnte man rodeln. Dieses Gebiet erreichte man mit einer Stunde Fußweg, es war weit, jedoch für Alexander normal und immer ein großartiges Erlebnis. Mutter Dora begleitete ihren Sohn gerne und so war das Vergnügen auf dem Berg mit ihr zusammen doppelt so schön. Immer bevor sie zusammen den Heimweg antraten, wurde die große Butterstulle verdrückt und dazu gab es Tee. Mutter trug den Proviant, den sie zu Hause hergerichtet hatte, immer in dem braunen, mit Lederriemen versehenen Rucksack mit. Um sich für den erneut stündigen Fußmarsch zu stärken, brauchte man nach so einem Tag schon etwas Deftiges.

Auf dem Platz roch es nach Tannenharz und Süßigkeiten, es herrschte eine besondere Stimmung. Der Hauch von Zimtgeschmack, der dem Glühwein beigemengt wurde, durchströmte die Luft am Weihnachtsmarkt. Dora und die beiden Knaben liebten diese Zeit besonders. An Heiligabend zogen die drei los, um sich den Christbaum in der Innenstadt auf dem Rathausplatz zu besorgen. Immer beim gleichen Krämer, Herrn Lehmann, der seinen Verkaufsstand am Weihnachtsmarkt betrieb, schauten sie als Erstes vorbei. Alexander kicherte und sagte: „Die Auswahl des Baumes war schon eine Herausforderung. Drei Meinungen und unsere Mutter brachten wir zur Verzweiflung. Schau der, oder doch den anderen und schon sahen wir Brüder noch einen schöneren Baum. In der Tat, nach langem Hin und Her wurde dann schließlich entschieden und den Schönsten kaufte man." Es standen in der Adventszeit viele verschiedene Stände am Rathausplatz und die Marktleute boten so manches an verlockenden Waren an, die man als Geschenke zum Fest erwerben konnte. Man sah in fröhliche Gesichter, die durch die Gassen des Marktes schlenderten. Es herrschte eine entspannte und friedliche Stimmung. Die drei Besucher interessierte, wie viele andere, was alles ausgestellt auflag, und sie blieben an einigen Ständen stehen, um die zum Teil selbst hergestellten Geschenkartikel zu bewundern.

Es nahte Heiligabend und die Buben schmückten am Morgen des 24. Dezember mit ihrer Mutter zusammen den in der

Wohnstube aufgestellten Baum. Mit den goldenen Kugeln und dem schmucken Lametta und den weißen Kerzen sah er sehr schön aus, der Weihnachtsbaum von Dora und ihren Kindern. Die Spannung wuchs. Was es wohl dieses Jahr zur Bescherung geben würde, fragten sich Alexander und sein Bruder Malte. Sie konnten den Abend kaum erwarten. Vor der Bescherung bereitete Mutter immer das Wunschessen der Söhne zu. Es gab heiße Wienerwürstchen mit feinen, krossen Brötchen, das Festessen war perfekt. Auf dem Tisch standen die selbstgebackenen Kekse, dazu gab es Datteln und Orangen. Schokolade, die in einer Pappschachtel mit weihnachtlichen Motiven verziert war, fehlte an Weihnachten nie. Zu dem damaligen Zeitpunkt konnte man noch alles kaufen, was im darauffolgenden Jahr bereits nur noch mit Lebensmittelkarten zu erstehen war. Nun war es endlich an der Zeit, die Geschenke durften ausgepackt werden. Die Freude von Alexander war unbändig, denn er erhielt von Mutti seinen ersten Fotoapparat, dabei handelte es sich um die Agfa Box. Die obligaten Strümpfe und Unterhosen, die man ja gut gebrauchen konnte, interessierten Alexander an dem Abend kaum. Mutter Dora erhielt von ihren Söhnen einen verchromten Teekessel, den sie in der Küche gut einsetzen konnte. Alexander liebte die besinnliche Weihnachtszeit. „Ach, war das immer schön. Wie mir die schönen traditionellen weihnächtlichen Melodien aus dem Radio damals schon gefielen. Ich genoss das gemütliche, stimmungsvolle Beisammensein", schwärmt er. Das neue Jahr stand vor der Tür, dazu wünschten sich die Leute Glück, Gesundheit und Zuversicht. Viele fragten sich, was es wohl bringen würde, das Jahr 1939. Wie sich die Zukunft gestalten werde, man ahnte Schlimmes.

Am 01. September 1939 begann der Zweite Weltkrieg mit dem Überfall durch die deutsche Wehrmacht in Polen. Ein trauriges Kapitel hatte seinen Anfang genommen. Männer und ihre Söhne wurden eingezogen und mussten in den Krieg ziehen. Viele davon würden nie mehr nach Hause zurückkehren, dessen war man sich bewusst, das Leid war unbeschreiblich. Familien, deren Oberhaupt jetzt allein die Mütter waren, hatten eine schwere und harte Zeit vor sich. Wie lange diese Misere dauern würde, darauf gab es zum damaligen Zeitpunkt keine Antwort.

Im Oktober wurden die Lebensmittel rationiert. Ab diesem Zeitpunkt konnte jeder nur noch mit Lebensmittelkarten, die vom Staat ausgegeben wurden, einkaufen. Mit der Rationierung, die während des Krieges und bis 1950 galt, war eine bessere Kontrolle und Verteilung für die Bevölkerung gewährleistet. Für z. B. 30 Gramm Käse oder ein Ei wurde eine Marke mit Ablaufdatum ausgegeben. Ohne Marke bekam man nichts und die Einkaufstasche blieb zwangsläufig leer. Für jeden gekauften Artikel bezahlte man den Warenwert und gab dem Händler die ausgeschnittene Marke. Der Kaufmann klebte sie auf ein Blatt, wie das später abgerechnet wurde, weiß Alexander nicht mehr genau.

Die Hitlerjugend war 1930 eine wichtige Organisation im nationalsozialistischen Deutschland, die dazu diente, die Jugend körperlich und ideologisch auf die Ziele des Regimes vorzubereiten. Eine der vielen Aktivitäten, die von der HJ organisiert wurden, war das Basteln und spätere Präsentieren von Modellflugzeugen. Diese Aktivitäten sollten nicht nur technische Fähigkeit vermitteln, sondern auch den Gemeinschaftsgeist stärken. Alexander erinnert sich, wie an einem sonnigen Nachmittag im Frühjahr 1940 am Uferplatz Tische aufgebaut und diese mit dünnem Karton abgedeckt wurden. Die Tische waren ordentlich in Reihen angeordnet, und jeder Junge hatte seinen eigenen Platz, um sein Modellflugzeug zu präsentieren. Die selbstgebauten Flugzeuge aus Pappe waren in den Originalfarben bedruckt, einige trugen Markierungen und Abzeichen, die den echten Fliegern nachempfunden waren. Eine große Menge an Zuschauern, darunter neugierige Passanten und Eltern, sammelten sich um die Tische, um die handwerklichen Fähigkeiten der Jungen zu bewundern. Wärend der Präsentation erklärten die Jungen mit Begeisterung die Besonderheiten ihrer Modelle und die Techniken, die sie beim Bau des Fliegers angewendet hatten. Alexander war an diesem Tag aus einem besonderen Grund am Uferplatz. Er wollte sich unbedingt einige von diesen Flugzeugmodellen kaufen. Er ging von Tisch zu Tisch, bewunderte das handwerkliche Geschick, das in jedes der Modelle eingeflossen war. Zudem war er von der Leidenschaft und dem großen Wissen der Jungen, die alle etwa 14 Jahre alt waren, begeistert. Man konnte, sich die Flugzeugtypen, die zur Besichtigung aufgestellt waren, als Bastelbögen erstehen. Kaufte man einen davon, erhielt man auch gleich den Uhu Kleber dazu. Es waren nicht nur deutsche Modelle zu kaufen, sondern auch englische Flieger, wie zum Beispiel die Spitfire. Alexander erwarb damals die ME-109, die Stucka und ein Sturzkampfflugzeug, dazu noch den Bomber ME-111 und einige Modelle mehr. Mit den Modellfliegern unter dem Arm verließ Alexander den Uferplatz. Er wusste, dass er mit diesem Kauf eine neue Leidenschaft, eine Quelle der Kreativität entdeckt hatte. Viele Stunden verbrachte er am Tisch und schnitt die vorgedruckten Bögen sauber aus. Mit großer Sorgfalt, Freude und Hingabe klebte er die Modelle so zusammen, wie ihm das die Jungen am Uferplatz erklärt hatten. Ganz zum Schluss zog er noch Fäden zum Aufhängen ein. Die fertigen Flieger hingen später, mit Erlaubnis seiner Mutter, im Schlafzimmer an der Decke. Stolz betrachtete und fotografierte Alexander seine schwebenden Flugzeuge mit der Agfa Box, um dann anschließend die Erinnerungsbilder in seinem Album zu archivieren.

Sechs Wochen nach Alexanders Eintritt in die Mittelschule, am 01.04.1940, da fielen die Bomben auf den Stadtteil von Harburg. Zur damaligen Zeit sah man überall in der Stadt Werbung hängen, darauf las man in fettgedruckter Schrift: Mütter, verschickt eure Kinder. Traurig, aber wahr, muss ich gestehen und ein Schauer durchfährt meinen Körper. Bin ich dankbar, dass ich nicht in dieser instabilen Zeit zur Welt kam. Die Kinder, die damals in der Zeit des Dritten Reiches ihre Jugendjahre verbrachten, wurden derer beraubt. Leider werden solche Zustände niemals der Vergangenheit angehören, denn bis heute hat sich die Vernunft der Menschheit nicht verbessert und die Welt wird niemals ohne Krieg sein. So kam es, dass Mädchen und Knaben, auch Alexander, auf die Reise geschickt wurden. Die Kinderlandverschickung (KLV) war ein Programm im Dritten Reich, das wärend des Zweiten Weltkriegs organisiert wurde, um Kinder aus bedrohten Städten in sichere ländliche Gebiete zu bringen. Nebst dem Schutz vor Luftangriffen hatten diese Verschickungen noch einen anderen Sinn. Die Lager wurden von speziell ausgebildeten Jugendleitern geleitet, die die Kinder nach nationalsozialistischem Muster erziehen sollten. Von den Eltern getrennt sein, das fiel manchem Kind besonders schwer. Mit großer Angst und der Sorge, dass während ihrer Abwesenheit zu Hause etwas passieren könnte, sie bei der Rückkehr aus der Fremde ihre Eltern nicht mehr lebend sehen würden, war eine zusätzliche Belastung.

Erste Kinderlandverschickung Bamberg-Bayern

Die erste Kinderlandverschickung war im April 1940 und dauerte bis im September 1940. Den Eltern wurde dringend empfohlen, ihre Zustimmung zu geben. Besonders Kinder aus stark betroffenen Kriegsgebieten wollte man schnellstens wegbringen. Eltern durften ihre Kinder auch zu Hause behalten, oder aufs Land zu Verwandten bringen, das war jedem freigestellt. Die Knaben der Mittelschule von Hamburg wurden per Bahn transportiert, um dort von den Bombenangriffen verschont zu bleiben. Alexander erzählte mir, dass jedes Kind vor der Verschickung geprüft wurde und sich einem Eignungstest zu unterziehen hatte. Jüdische oder schwer erziehbare Kinder hatten keine Möglichkeit wegzugehen, es war ein aussichtsloses Unterfangen. Kosten für die Eltern entstanden bei der Landverschickung keine, denn der Staat übernahm Reise und Verpflegung. Alle Knaben der Mittelschule, insgesamt vier Klassen mit 80 Schülern, hatten sich jetzt für die Verschickung vorzubereiten. Die Reise führte die Kinder nach Bamberg in Bayern. Damals war es für die Behörden eine gewaltige logistische Leistung, muss man ergänzend erwähnen. Alexanders Mutter war sehr traurig über die Entscheidung, die sie fällen musste. Das geschah allein zum Wohl ihres jüngeren Sohnes. Ihr blieb nichts anderes übrig, so packte sie den Koffer für ihren elfjährigen Sohn für das bevorstehende Reiseziel. Wie lange die Kinder in der Fremde bleiben mussten, wusste am Tag der Abreise keiner. Der Vormittag im Frühjahr 1940, ein wunderschöner Morgen, die Sonne schien und man hätte meinen können, die Schüler würden einen Ausflug machen. Die Stimmung war derart gut und viele freuten sich auf das bevorstehende Abenteuer. Andere aber weinten, klammerten sich an ihre Eltern, sie wollten nicht weg von daheim. Während die Kinder mit ihren Lieben am Bahnhof standen, näherte sich der lange Zug. Alexander erinnert sich noch gut, wie der Zug mit lautem Getöse, einer dicken Rauchwolke, die aus dem Kamin der Lok quoll, im Bahnhof von Hamburg einrollte. Das Ungetüm, welches die Kinder nun ins Ungewisse führen würde, kam zum Stehen. Schon war er da, der Moment des Abschieds. Eltern und Angehörige weinten bitterlich, auch Mutter Dora konnte die Tränen nicht zurückhalten. Damals verstand Alexander diese Tränen nicht, denn für ihn und viele andere war diese Reise ein großes Erlebnis, das jetzt bevorstand. Er war aufgeregt, als er mit seinen Kameraden für die große Reise den Zug bestieg. Die Kinder, die sich mit den Lehrern und den Jungvolkführern nun im Zug befanden, öffneten in den Wagons die Fenster. Der Zug kam langsam in Bewegung und verließ die Haltestation, wo sie noch vor Kurzem gewartet hatten. Die Sprösslinge winkten den Eltern und den Menschen zu, die immer noch auf dem Bahnsteig standen. Das Bild vom Bahnhof und der Eltern wurde kleiner und löste sich schließlich ins Nichts auf. Im Zug herrschte eine gut gelaunte und überaus laute Stimmung. Die Lehrer, es waren etwa zehn, mussten die Knaben immer wieder ermahnen, sich anständig zu benehmen. Die Reise nach Bamberg war für die Buben damals etwas ganz Besonderes, alles war so eindrücklich. Was man zu sehen bekam, während man aus dem Fenster des Zuges schaute, war spannend. Die Reise führte durch ländliche Gebiete, man sah, wie Menschen auf den Feldern mit Pferden ihre Äcker bestellten. Dann bekam man das Bild von hügeligen Landschaften zu Gesicht, oder der dampfende Zug fuhr durch stark bewaldetes Gebiet. Alles sah anders aus als in dem vertrauten Daheim, in Hamburg-Harburg. Jetzt dachte Alexander an seine Mutter, wie es ihr wohl ergehen würde, ob sie möglicherweise noch traurig war und was sie gerade tat. Der erste lange Reisetag neigte sich dem Ende zu, es wurde bald schon Abend. Hungrig packte einer nach dem anderen den Proviantsack aus, aß und trank, was ihm von zu Hause mitgegeben worden war. Alexander freute sich über die schönen dicken Brotscheiben, die ihm Mutter geschmiert hatte und die er jetzt genüsslich verdrückte. Er kämpfte gegen den Schlaf, er war jetzt müde von der Reise. So legte auch er sich nach dem Essen, wie viele andere der Kindergruppe, auf die hölzerne, harte Sitzbank und schlief bald darauf ein. Einige der Knabenschar suchten in den Gepäcknetzen über den Holzbänken eine Möglichkeit zum Schlafen. Nach der kurzen Schlafphase kam Alexander die Nacht vor wie eine Ewigkeit. Immer wieder wälzte er sich auf der harten Bank nach links und wieder auf die andere Seite. Ohne Kissen, keine Bettdecke und ohne die Nähe seiner Mutter, die sich von ihm immer vor dem Schlafengehen verabschiedete, fiel das Einschlafen schwer. Das laute Geräusch der Dampflokomotive und der Gestank nach Kohle weckten ihn immer wieder auf. Es war inzwischen Morgen geworden, als er sich von der harten Bank erhob, um sich als Erstes einmal richtig durchzustrecken. Einer nach dem anderen kroch aus den Gepäcknetzen und andere erhoben sich wie er von den hölzernen Bänken. Bald schon herrschte im Wagon wieder reges und eifriges Gequatsche, wie am Tag des Reisebeginns. Am selben Tag sollten sie in Bamberg ankommen und jeder war gespannt, was ihn dort erwarten würde. Nachdem alle am Bahnhof von Bamberg den Zug verlassen hatten, ging es schon militärisch zu. Die Anweisung der Jungvolkführer lautete, sich in Dreiergruppen aufzustellen. Die Befehle wurden laut und bestimmt erteilt. Die Knaben stellten sich auf, so wie sie es zu Hause beim Jungvolk gelernt hatten. Von den Führern wurde weiter angeordnet, was man zu tun hatte. Sich in Marschordnung zu formieren, lautete das weiter Kommando, was natürlich nicht lautlos vonstattenging und immer wieder zu Ermahnungen führte. Die Pimpfe wurden von den Fanfarenbläsern des Jungvolkes von Bamberg am Bahnhof musikalisch empfangen und in Marschformation ging es los. In Reih und Glied mit Spiel begleitet, das war für sie als Pimpfen nichts Neues. Auch in Harburg wurden die Märsche durch die Stadt immer musikalisch unterstützt. Als die Gruppe dann schließlich die Unterkunft, ein ehemaliges Kinderheim, erreichte, bekam jeder bald schon seine Schlafstätte zugeteilt. Der Raum, in dem Alexander sein Bett bezog, war nicht groß. Darin standen lediglich vier dreistöckige Betten und dazu Kästen, die jeweils von zwölf Jungen bezogen wurden. Man hatte seine Utensilien zu platzieren und wurde anschließend mit der Hausordnung vertraut gemacht. Auch lernte die Knabenschar das Gebäude und die nähere Umgebung kennen. Wie das tägliche Leben auszusehen hatte, vermittelten die Führer des Jungvolkes auf gewohnt militärische Weise. Die waren von nun an die Ansprechpersonen der Kinder, doch das menschliche Gefühl ließ zu wünschen übrig. Heute erinnert sich Alexander noch besonders an einen seiner Mitschüler, er hieß Horst. Das war ein kleiner, pummeliger und lustiger Knabe mit O-Beinen. Der war so blitzschnell, dass ihn trotz seiner krummen Beine keiner zu fassen kriegte. Alexander fand stets Bewunderung für den Buben. Mit ihm verbrachte er eine gute Zeit im Lager, waren die Knaben doch insgesamt fünf Monate zusammen und weit weg von daheim. Horst schlief unter Alexander und er selbst in der Mitte des dreistöckigen Bettes. Lag man in den Betten, hatte man nach Befehl ruhig zu sein, aber manchmal ereilten Alexander Ideen, die er in die Tat umsetzte. Wie damals, als er im Schlafraum einen Bindfaden am Lichtschalter befestigte, um mit der gebastelten Konstruktion in der Nacht den Schalter zu manipulieren. Die Schnur, welche er am Lichtschalter befestigte, reichte bis zu seinem Etagenbett. Von dort aus zog er vorsichtig an der Schnur und das Licht ging an. Nach der Aktion löste er den leicht befestigten Bindfaden schnell, kroch unter die Bettdecke und stellte sich schlafend. Das Experiment war gelungen und er verkniff sich das Lachen. Es gab Aufregung im Zimmer, alle fragten sich, warum das Licht angegangen war und dementsprechend laut ging es im Zimmer her und zu. Bald darauf stürmte ein Lehrer ins Zimmer und wollte erfahren, wer der Verursacher der nächtlichen Schlafstörung gewesen sei. Niemand meldete sich und der geheimnisvolle Täter blieb unentdeckt. Glücklicherweise erwischte man ihn nicht, denn damals waren die Strafen nicht gerade sanft, das wusste jeder. So eine Strafe sah wie folgt aus: einen Besenstiel in beiden Händen waagrecht halten und hundert Kniebeugen machen. Alle Knaben hatten beim Vollzug als Betrachter beizuwohnen, es sollte als abschreckende Wirkung dienen. Jungen, die es traf, kippten nach solchen Strafen am Schluss vollkommen fertig um. Es scheint mir beinahe unglaublich, hätte ich diese Worte nicht aus Alexanders Mund gehört. Scheinbar wurde auch keine Rücksicht genommen auf den Zustand des Kindes. Der Betroffene durfte nicht aufhören, bis die angesagte Strafe vollumfänglich abgebüßt war, das war reine Schikane. Beliebt waren auch Prügel, die von den Führern an die Pimpfe delegiert wurden. Die Pimpfe mussten sich immer vier gegen vier aufstellen, es waren zwei Gruppen, die so einen Tunnel formten. Die zu Bestrafenden rannten auf Kommando durch den Tunnel los. Jeder der Pimpfe durfte auf den zu Bestrafenden mit Stöcken oder Fäusten einschlagen. Glück hatte nur der, welcher flink war und sich somit vielen Hieben entziehen konnte. Alexander traf es nicht oft. Er war in der ganzen Klasse der Kleinste und somit hatte er bei dieser Art von Strafe auch einen Vorteil. Mit eingezogenem Kopf und den schützenden Händen darüber rannte er tief gebückt durch den Tunnel durch und bekam auf diese Weise kaum etwas ab.

Tagwache im Heim erfolgte um 6.30 Uhr und als Erstes war Körperpflege angesagt. Anschließendes Bettenlüften und -bauen, Aufräumen des Spindes und der Stube, was natürlich durch die Vorgesetzten streng kontrolliert wurde. Verköstigt wurden die Kinder im Wasserschloss, das sich direkt an der Regnitz befand. Das Wasserschloss war ein imposantes großes Gebäude mit dickem Gemäuer und großen, hohen Fenstern. Das Gebäude mit seinen Innenräumen wirkte auf Alexander gigantisch. Jeden Morgen, pünktlich um 7.30 Uhr, war Appell. Die Jungen hatten sich in Marschkolonne aufzustellen, um anschließend im Gleichschritt das Wasserschloss zu erreichen. Das wiederholte sich jeweils morgens, mittags und abends, immer wenn es zum Essen ging. Nach dem Frühstück wurden die Jungen vier Stunden schulisch unterrichtet, gleich wie zu Hause in Harburg. Nach dem Mittagessen war Mittagsruhe, welche stets streng eingehalten wurde. In den einzelnen Stuben, so wurden die Schlafräume der Kinder genannt, hatten sich alle eine Stunde lang hinzulegen, dabei herrschte absolutes Sprechverbot, was nicht immer leicht war. Nach der Mittagsruhe standen militärische Ausbildung und Sport auf dem Tagesplan. Sie lernten, sich zu formieren und es wurde unermüdlich das Marschieren geübt. Auf Befehl stillzustehen, das gehörte ebenfalls zu dem Drill. Gehorsam stand ganz oben und dem beugte sich jeder bedingungslos. Stafettenlauf, Weit- und Hochsprung, Bälle werfen und Turnübungen waren in den sportlichen Instruktionen enthalten. Jeder Ablauf glich dem des vergangenen Tages, am Abend waren die Kinder erledigt vom täglichen Schliff. Da waren alle heilfroh darüber, sich nach dem Nachtessen ins Bett zu legen. In jedem Schlafraum schlief ein HJ-Führer mit einer Knabengruppe zusammen, die Lehrerschaft besaß ihre eigenen Schlafräume.

Die Stadt Bamberg gefiel Alexander außerordentlich gut und er benutzte oft die kurz bemessene Freizeit für einen Stadtbummel. Die Gebäude der Innenstadt waren teilweise wunderschöne Fachwerkbauten. Er hob seinen Kopf und bestaunte die imposanten Fassaden der Objekte. Natürlich hatte er als Begleiter meist seine Agfa Box dabei und fing damit unzählige Sujets ein. Da war der Dom, mit den vier herausragenden Türmen, von Weitem schon zu erkennen. Alex, ein interessierter Junge, besuchte viele Sehenswürdigkeiten der Stadt, die sich wahrhaftig lohnten zu besichtigen. Im Innern des Domes konnte er die Bamberger Reiter erkennen, original getreue Nachbildungen aus Stein gehauen. Auf Säulen konnte man die Figuren an verschiedenen Orten der Kirche bestaunen, er war fasziniert.

Ein wunderschönes Erlebnis mit schrecklichem Ende durchlebte Alexander, als ihnen im Heim ein kleiner Hund zulief. Wem das Tier gehörte, wusste keiner und so wurde von der Leitung entschieden, den Hund im Heim zu behalten. Alexander wurde einstimmig von den Knaben auserkoren, sich dem Tier zu widmen und es auch zu füttern. Er freute sich wahnsinnig über seine neue Aufgabe. Zum Fressen bekam der Hund lediglich Reste aus der Küche, was dem Tier offenbar mundete. Die holte Alexander jeweils bei Johanna, der Köchin im Wasserschloss, ab. Manchmal packte die Küchenfee noch zusätzlich einen Knochen mit in die Tüte. Struppi freute sich jedes Mal darüber und tat das, indem er wild herumhüpfte. Alsbald machte er sich knurrend und vergnügt jeweils über den Knochen her, von dem man sich nie traute, ihn ihm wegzunehmen. Dem Jungen bereitete die Verantwortung seiner neuen Aufgabe großen Spaß. Er gab dem Vierbeiner den Namen Struppi, weil er so zerzaust aussah und er ein gar lustiges Gesicht hatte. Oft sah ihn der zottige Hund mit seinen runden braunen Knopfaugen an, als wollte er ihm etwas mitteilen. Er wusste wohl, was dieser Blick zu bedeuten hatte, Struppi wollte mit ihm in die Stadt laufen oder einfach ausgelassen spielen. Er nahm ihn gerne mit, weil er schon nach kurzer Zeit sehr gut gehorchte. Struppi war kein Hindernis, er folgte ihm auf Schritt und Tritt. Er lief gut an der Leine und freute sich über die Zuwendung des Knaben. Die beiden hatten viel Spaß zusammen und bildeten ein gutes Gespann. Das Tier half dem Knaben, sein Heimweh, das ihn oft überkam, etwas zu vergessen. Er liebte dieses struwwelige Bündel über alles und hätte es am liebsten auch nachts nahe bei sich gehabt. Sein Jungvolkführer duldete es allerdings nicht, wenn Struppi ins Haus kommen wollte. Er schrie ihn an: „Geh raus, du blödes Vieh!" So richtete Alex für ihn ein Plätzchen in einem Seitenverschlag der Unterkunft her. Es tat Alexander immer unendlich leid, wenn er draußen schlafen musste. Was wäre denn schon dabei gewesen, wenn der zottige Struppi in einer Ecke im Haus geschlafen hätte, er verstand es nicht. Er hatte sich aber an die Anordnungen der Lagerleitung zu halten, denn er kannte die Strafen zu gut, die auf Ungehorsam standen. Zum Glück gab es die gute Seele Johanna, die war wie eine Mutter zu ihm. Sie war es auch, die Alexander eine alte dicke Decke gab, welche er für das Bett des Hundes benutzen durfte. So musste der arme Kerl nicht auf der nackten Erde liegen. Eines Tages, es war beim Spaziergang im Freien, Alexander löste den Hund von der Leine, um ihm etwas Freiraum zu gönnen, dabei sprang dieser auf die Mauer beim Wasserschloss. Die Mauer war etwa einen Meter breit und der Hund spielte ausgelassen mit ihm zusammen. Bellend sprang er auf und ab, hin und her. Alexander mag gar nicht mehr an jenen schlimmen Tag zurückdenken, als der geliebte Struppi von der Mauer mindestens fünf Meter in die Tiefe stürzte. Dort lag er nun und heulte, was dem Knaben durch Mark und Bein ging, was sollte er nur tun, er war verzweifelt. Er hob Struppi hoch, um nachzusehen, wo sich der Hund verletzt hatte, da war ihm schnell klar, dass dieser Sturz nicht ohne Folgen gewesen war. Als er sein rechtes Hinterbein berührte, bemerkte er dabei, dass dieses schlaff herunterhing. Struppig jaulte laut vor Schmerz und Alexander wusste, das Tier hatte aller Wahrscheinlichkeit nach eines seiner Beine gebrochen. Er rannte so schnell ihn die Füße trugen zum Heim und holte Hilfe beim Jungvolkführer. Alexander kämpfte mit den Tränen, als er von dem damaligen Kindererlebnis erzählte. In seiner so einsamen Zeit noch Struppi zu verlieren, das war traurig. Eingehüllt in die Decke, die Alexander von Johanna erhalten hatte, trug er das arme Tier, wie ihm vom Lagerleiter befohlen, schluchzend zum Schinder. „Das war eine der schrecklichsten Aufgaben, die ich in meiner Kinderzeit auszuführen hatte. Der Schinder, ein großer, kräftig gebauter Mann, mit schmalem Oberlippenbart und mit rotem Gesicht wirkte hart und kalt", so schildert Alexander das Aussehen des Mannes. Er wusste wohl, was die Aufgabe des Schinders war. Während Alexander Struppig in seinen Armen hielt, stülpte ihm der Mann ein Halsband über. Grob nahm er ihm den winselnden Hund aus seinen Armen, setzte ihn lieblos auf den harten Steinboden und tötete ihn mit Elektroschock, somit war die Sache für den Schinder erledigt. „Es ging schnell, aber ich musste laut weinen vor Schmerz. Den Schinder interessierte das nicht und er hatte nicht ein tröstendes Wort für mich übrig. Nach diesem schlimmen Akt rannte ich mit hängendem Kopf zum Heim zurück. Meine Augen waren vom vielen Weinen rot und dick angeschwollen, ich konnte kaum noch etwas sehen. Mich plagte ein Druck in der Magengegend, hatte dauernd das Gefühl mich übergeben zu müssen und fühlte mich elend und schuldig. Am selben Abend konnte ich nichts essen und mein Gewissen plagte mich derart, dass ich in jener Nacht kein Auge zubrachte. Die entsetzlichen Bilder tanzten gespenstisch vor meinen Augen. Wie ich den lieben Kerl vermisste, ich sah ihn immer zu vor mir. Wo er wohl jetzt war? So lernte man in den jungen Jahren schon die harten Seiten des Lebens kennen. Nicht einmal der Lagerleiter zeigte etwas Mitleid und ignorierte meinen Schmerz und meine bitteren Tränen." „Nimm dich zusammen und hör endlich auf zu heulen, ein Junge in deinem Alter tut das nicht", fuhr ihn sein Lagerleiter an. „Symbolisch bastelte ich für meinen unvergesslichen Struppi ein kleines Kreuz aus Holz. Beim Heim suchte ich ein schönes Plätzchen unter einer Hecke und steckte es dort ein. Seine Leine, die mir geblieben war, legte ich zusammengefaltet mit ein paar Wiesenblumen auf den Platz. Täglich lief ich zur Stelle hin, um meine Trauer zu bewältigen."

Manchmal durften die Jungen die Badeanstalt gegenüber dem Wasserschloss besuchen. Einige der Jungen verließen den Badeplatz verbotenerweise und schwammen über die Regnitz hin zum imposanten Wasserschloss, das sich wie eine Festung direkt am Wasser befand. Sie wussten, dass die Köchin Johanna am Arbeiten war. Alexander liebte diese Frau, sie hatte etwas Mütterliches. Bei ihr erhielt jeder der Knaben stets etwas außerhalb der täglichen Mahlzeiten und das war es wert, auszureißen. Immer wenn er mit seinen Freunden übers Wasser bei ihr zu Besuch war, erhielten sie von ihr eine mit Butter dick bestrichene Brotscheibe. War das ein Ereignis! Nur die Gefahr, der sie sich dabei aussetzten, konnten sie absolut nicht einschätzen. Immer begleitete sie das Glück, diese Aktionen schadlos und unbemerkt zu überstehen. Die Strömung der Regnitz war unheimlich stark. Sie mussten beim Zurückschwimmen immer ein Stück auf dem Wanderweg hochlaufen, um wieder sicher ans andere Ufer zu kommen, dorthin, wo sich die Badeanstalt befand. Der Jungzugführer ertappte die Ausreißer glücklicherweise nie bei ihren unerlaubten und gefährlichen Abenteuern. Auch die Jungen, die bei den damaligen Streifzügen nicht beteiligt waren, verpfiffen keinen.

Die Lehrerschaft, welche aus Hamburg dabei war, um die Knaben zu unterrichten, war bestrebt, den Schützlingen vieles zu ermöglichen. So lernten sie die Umgebung von Bamberg und auch Kulturgüter der Stadt kennen. Es wurden Denkmäler, Kirchen, Stadtteile und vieles mehr besucht. Zwar hatte Alexander die Stadt schon davor auf eigene Faust erkundet, aber er konnte sich dennoch kaum satt sehen. Bamberg, eingebettet in hügelige Landschaften, mit den steilen Felswänden, den Schluchten und der Regnitz, bot ein überaus malerisches Bild. Die Vierzehnheiligen, die eines Tages ebenfalls auf dem Besichtigungsplan standen, fanden reges Interesse bei allen Jungen. Es handelte sich um die Barockkirche von Bad Staffelstein, das dreißig Kilometer entfernt von Bamberg lag. Zwischen den zwei imposanten barocken Türmen befand sich der fantastische Haupteingang der Basilika. Im Innern der Kirche kam man aus dem Staunen nicht mehr heraus. Es erschien alles üppig und beinahe überdimensional, Säulen, Bögen, Fresken und der gewölbte Altar, alles in weißem Marmor gearbeitet und mit Gold reich verziert. Alexander konnte sich damals gar nicht vorstellen, dass für die Verehrung von Heiligen solch verschwenderische Bauten errichtet wurden. Das aus Spendengeldern der katholischen Bevölkerung, die sich teilweise jeden Pfennig am Mund absparte. In Coburg wurde den Knaben der Tiefbrunnen gezeigt, der in früheren Zeiten der Wasserversorgung galt und die Menschen mit Trinkwasser versorgte. Einmal besuchten sie die Stadt Nürnberg, dort bot sich die Gelegenheit, das von Hitler konzipierte Reichsparteitagsgelände zu besichtigen. Alles war Neuland für die Knaben und versetzte so manchen in Staunen.

Die vier Monate in Bamberg hatten Alexanders Kindheit geprägt. Das Lagerleben, die Fremde, der tägliche Drill, das laute militärische Gehabe, die fehlende Zuwendung und die Wärme von daheim, hatten dem Jungen zugesetzt. Er war heilfroh, im September 1940 endlich wieder in das ihm vertraute Harburg zurückzukehren, um mit Mutter und seinen Freunden wieder vereint zu sein. Mutter Dora sehnte den Tag herbei und war glücklich, als sie den Jüngeren ihrer Söhne am Bahnhof endlich nach langen Monaten in die Arme schließen konnte.

Während der Abwesenheit von Alexander wurde, sein älterer Bruder Malte beim Militär eingezogen. Mutter erzählte nicht viel davon, aber Alex bemerkte wohl, wie sie litt. Alexander hatte viel von seiner Zeit in Bayern zu erzählen, wie es ihm dort ergangen war, was er alles erlebt hatte und wie die anfängliche Euphorie in endloses Heimweh umgeschlagen war. Zusammen mit seiner Mutter schaute er sich die unzähligen Fotos an, welche er von sämtlichen Ausflügen und dem Lagerhaus geknipst hatte, auch ein Bild von Struppi war dabei.

1940, zurück in der Heimat

Das Zurückkommen hatte sich Alex anders vorgestellt. Mutter hatte nicht wie früher Zeit für ihn, sie arbeitete jetzt täglich und musste dabei das Haus verlassen. In der Heimat hatte sich in den letzten Monaten vieles verändert, es war Krieg. Es kam der Tag, an dem die erste Bombe auf das Seehafengebiet von Harburg fiel. Dabei entstand ein enormer Bombenkrater und das sollte nur der Anfang sein. „Es waren schreckliche Augenblicke, an die man sich erst gar nicht zurückerinnern mag", sagt Alexander: „Fast jeden Abend rannten wir und die Hausbewohner wegen häufigem Fliegeralarm in die schützenden Keller. Das machte mir große Angst und mein Herz spürte ich bis zur Halsgegend schlagen. Mutter, die dienstverpflichtet war, musste morgens früh aufstehen und arbeitete bis am späten Nachmittag in der Uniformfabrik als Näherin", erzählt er weiter. Das alles hatte zur Folge, dass Alexander zum größten Teil auf sich allein gestellt war und auch Hausarbeiten übernehmen musste. Gewissenhaft erledigte er die Arbeiten, die ihm von Mutter aufgetragen wurden. Damals besuchte er schon die Mittelschule in Harburg und seine Mutter kam sehr oft überarbeitet nach Hause und berichtete dann: „Stell dir vor, wieder haben die Ledermäntel heute zwei junge Frauen mit dem Stern abgeholt."Er wusste schon, was dieser Stern zu bedeuten hatte, es waren die Juden, die sich damit kennzeichnen mussten. Ledermäntel wurden die Männer der SS genannt, denn sie traten in schwarzen Mänteln und mit auf Hochglanz polierten Stiefeln auf und waren die Schutzstaffel des Führers und seiner Elite. Für Alexander damals unbegreiflich, warum wurden nur diese Menschen so behandelt, ausgegrenzt und verachtet? Sie gehörten doch auch zum Volk, waren Deutsche wie sie, man lebte zusammen und begegnete sich mit Freundlichkeit und Respekt. Plötzlich waren sie durch einen Stern auf dem Ärmel gekennzeichnet, als Außenseiter abgestempelt und wurden missachtet. Man durfte mit diesen Leuten, welche gebrandmarkt waren, weder eine Beziehung noch Freundschaften pflegen. Das wusste er von seiner Mutter und hatte es zuvor auch bei der DJ-Ausbildung so vermittelt bekommen. Das alles waren Fragen, die den elfjährigen Alexander in seinen noch jungen Jahren sehr beschäftigten. Die Erwachsenen hielten sich in den Aussagen meist bedeckt, war es die Angst, Nichtwissen oder einfach nur Selbstschutz? In ihrer Straße lebten auch Juden, liebe Menschen, mit denen man ein gutes Verhältnis pflegte, Familien mit Kindern und alte Leute. Einer nach dem anderen verschwand von der Bildfläche, wohin man sie alle brachte, blieb ein Geheimnis.

Finanziell war Dora zu Beginn des Krieges schon etwas knapp bemessen. Mit dem gesetzlichen Unterhalt an sie und die Kinder, welcher von ihrem getrennten Mann kam, der zusätzlichen Arbeit in der Uniformfabrik, brachte sie alle drei über die Runden. Durch ihre enorme Sparsamkeit konnte sie den Söhnen so manchen Wunsch trotzdem erfüllen, was ihr wichtig war. Sohn Malte, nun schon zwanzig Jahre alt, war bei der Luftwaffe als Bordfunker eingezogen worden, besuchte gerade eine intensive Ausbildung in Welzow in der Niederlausitz, in der Gegend von Dresden. Nach Beendigung der Ausbildung hatte er Einsätze in Russland zu absolvieren, das als Bordfunker auf der JU-88. Alexander hatte seinen Bruder in den zwei Jahren, während er wieder zu Hause war, nie mehr zu Gesicht bekommen.

Zweite Kinderlandverschickung Ungarn, Juni bis Dezember 1942

Eine zweite Kinderlandverschickung nahte und so ging es Ende Juni bis Ende Dezember 1942 nach Ungarn, nach Mörsèny. Alexander war bald schon dreizehn Jahre alt, als er mit anderen Jungen zusammen aufs Neue auf die Reise geschickt wurde. Eine Reise, abermals weg von zu Hause, um den Bomben des Krieges erneut zu entgehen. Klar war die Fahrt nach Ungarn wiederum ein enormes Erlebnis für Alexander, dennoch graute es dem Jungen davor. Wie hatte er gelitten, als er das letzte Mal vor zwei Jahren von zu Hause weggeschickt worden war.

Die Reise begann dort, an derselben Bahnstation in Hamburg-Harburg. Man wusste noch vom letzten Mal, wie alles ablief. Die Jungs wurden in Extrazügen mit der Eisenbahn von Harburg nach Passau an der Grenze zu Österreich befördert. In Passau wurde eingeschifft und die Knabenschar reiste auf der Donau ohne Unterbruch bis nach Wien weiter. Die Reise mit dem Raddampfer führte sie ins Ungewisse, in ein fremdes Land, zu fremden Leuten. Es ging vorbei an Dörfern, Städten, Schlössern und anderen Sehenswürdigkeiten. Was Alexander auf dieser Reise besonders faszinierte, waren die lauten Ausrufe der Matrosen. Wenn sich die Knaben alle zu einer Seite im Schiff begaben, kamen die Matrosen aufgeregt angesprungen. Das passierte dann, wenn sich an einer Uferseite eine besondere Sehenswürdigkeit zeigte, da musste man selbstverständlich Ausschau halten. Durch die einseitige Belastung, welche sie als Passagiere verursachten, neigte sich der Dampfer gefährlich zur Seite. Die Matrosen riefen dann laut: „Ondre Seite nieber!" Diesen Dialekt fand Alexander zum Piepen, so erzählt er mir. Nach der Landung im Hafen von Wien hatten die Jungen einen längeren Aufenthalt. Also blieben etwa acht Stunden Zeit, um Wien, die Stadt der glorreichen Vergangenheit, zu erkunden. Schon bei der Ankunft in Wien sah Alexander das Riesenrad und als Erstes führte ihn sein Weg direkt zum Heurigen. Er war begeistert, was er dort antraf. Eine Kabine vom Riesenrad war tatsächlich so groß wie ein Eisenbahnwagon, so kam es ihm damals mindestens vor. „Ach, war ich stolz, in eine der Kabinen des Riesenrades steigen zu können. Als sich das Riesenrad in Bewegung setzte, konnte ich bald schon über die Dächer der Stadt schauen. Der Blick in die Weite vermittelte mir Freiheit, die Welt lag mir zu Füßen", schwärmt er. „Ich fühlte mich gut und empfand unendliches Glück dort oben", lächelt er. Alexander war seiner Mutter ewig dankbar für das Taschengeld, denn ohne ihren Zuschuss hätte er das alles nicht erleben dürfen. Weiter erzählt er, dass er sich in Wien so gerne ein Eis gegönnt hätte, dann aber verzichtete. Jede unnötige Geldausgabe wäre eine Schmälerung seines kleinen Vermögens gewesen. Anschließend lief er in die Innenstadt, bestaunte die Staatsoper mit den Kupferdächern, die durch Korrosion in grüner Patina erschienen. Des Weiteren bewunderte er die schön angelegten und gepflegten Gartenanlagen, alles war traumhaft. Wie schön wäre es doch gewesen, mit einer ortskundigen und sachverständigen Begleitperson Wien zu besichtigen, wünschte sich Alexander damals. Dadurch hätte er viel mehr Eindrücke dieser schönen Stadt mitnehmen können. Die Zeit drängte und er kehrte zurück zum Schiff, denn weiter ging die Reise in Richtung Budapest. Alle erzählten sich gegenseitig, was sie während des Aufenthaltes in Wien besichtigt hatten. Was ihnen am besten gefallen und wie viel Geld sie ausgegeben hatten. Er berichtet weiter, erzählt dabei, wie er noch wisse, dass sie auf Deck am Boden in Wolldecken eingehüllt schliefen. Wie viele der Knaben seekrank wurden und kreidebleich herumtorkelten.

Bei der Einfahrt in den Hafen von Budapest sah man zur Linken das großartige ungarische Parlament mit den imposanten Türmen und Kuppeln. „Was war das für ein sehenswertes Gebäude am Ufer der Donau", sagt er begeistert. „Ein Anblick, Mensch, da kam ich aus dem Staunen nicht mehr heraus. Im Hintergrund erhob sich der Gellértberg, der mich weniger interessierte, obwohl das Panorama atemberaubend war. Langsam lief das Schiff in den Hafen ein, und für uns Jungen war die Reise auf dem Wasser zu Ende. Die Bleichgesichter, die fast die ganze Nacht kotzend an der Reling gestanden hatten, erholten sich zum Glück von der Tortur. Das gesamte Gepäck wurde nun vom Schiff getragen und auf Lastwagen umgeladen. Wir Knaben begaben uns in Begleitung der Lehrer und der HJ-Führer zu Fuß zur Station der Straßenbahn, mit der der wir schließlich zum Hauptbahnhof von Budapest gelangten. Der Laster mit dem gesamten Gepäck war bereits am Bahnhof angelangt. Hektisch wurden die Koffer zu den verschiedenen Zügen getragen, denn nicht alle fuhren nach Mörsèny. Von dort aus bestieg unsere Gruppe den Bummelzug, der uns zum Dorf Mörsèny (zu Deutsch Metschge) brachte. Ein Dorf weitab der Zivilisation", erzählt Alex. „Es gab nur einen Bahndamm und es machte gar den Anschein, man sei am Ende der Welt angekommen, der Zug hielt dort angeblich nur einmal täglich. Das kleine Dorf Mörsèny am Rande der Puszta lag verträumt und unberührt in einer Tiefebene, weit weg vom Krieg", lässt er verlauten. Ein Dorf am Ende der Welt wurde also zur neuen Heimat der angereisten Knabengruppe. Alexander weiß noch ganz genau, dass in jener Gegend damals viel Mais und Korn, auch Weinstöcke, angebaut wurden, es schien ein fruchtbares Gebiet zu sein. Er fährt weiter und sagt: „Ein Lehrer und ein HJ-Führer, welche die ganze Gruppe auf der Reise begleitet hatten, blieben mit uns zwanzig Knaben im Dorf zurück. Der Lehrer hatte uns innerhalb der schulischen Fächer zu unterrichten und der HJ-Führer übernahm seinen Teil in Sport und Erziehung."

„Das Bauerndorf, dessen Häuser alle an einer Straße gebaut waren, wirkte langgezogen und dennoch kompakt. Allerdings konnte man nicht sagen, dass es sich um Straßen gehandelte hätte, nein, es waren unbefestigte Feldwege oder Karrenwege. Für uns Kinder, die wir aus städtischen Verhältnissen kamen, eher ungewohnt, aber es war friedlich und schön. Wir Jungs waren im Vorfeld bereits eingeteilt worden für die Unterbringung in den einzelnen Pflegefamilien", erzählt Alex. Er wurde am Bahndamm von seiner Pflegemutter bereits erwartet. Sie machte ihm in der ersten Minute schon einen sehr liebenswerten, freundlichen Eindruck. Eine Frau mit mehrschichtigem, farbig gestuftem Rock und einer Halbschürze mit Rüschen umgebunden, das sollte nun seine Ersatzmutter für unbestimmte Zeit werden. Der Junge war froh und dankbar über den Platz, den er bekommen hatte. Nach der Begrüßung am Bahndamm, so erzählt er, begaben sie sich zu Fuß mit dem Gepäck zum Bauernhof, wo sie bereits erwartet wurden. Der Bauer, ein großer starker Mann, mit freundlichem Gesichtsausdruck stand vor dem Haus, als die beiden ankamen. Der Mann gefiel ihm ebenfalls auf Anhieb und er begrüßte Alex als Erster. „Er nahm meine Hand, drückte sie fest und schüttelte sie so stark, wie ich das gar nicht gewohnt war. Der erwachsene und einzige Sohn meiner neuen Pflegeeltern war ebenfalls im Haus und empfing mich gefällig. Ich schätzte ihn auf 25 Jahre, er schien lustig und nett zu sein, so wie seine Eltern."

Ein reges Treiben herrschte auf dem Hof, die Bauersleute beschäftigten neben Mägden auch Knechte. Es wurde gearbeitet und trotz der offenbar fehlenden Zeit, übersah man den Neuankömmling nicht, alle waren sie freundlich. Die Bauern sprachen dort immer noch schwäbisch, weil ihre Vorfahren im 17. Jahrhundert nach Ungarn ausgewandert und sogenannte Deutschschwaben waren. „Mir fiel es schwer, den Dialekt zu verstehen, bestimmt war der mit Ungarisch vermischt", grinst Alex und fährt fort. „Nach meiner Ankunft und der liebenswürdigen Begrüßung wurde ich dann aufgefordert, mich in die Küche zu begeben, dort roch es nach Gekochtem. In der sehr großen Küche stand ein langer knorriger Holztisch mit vielen Stühlen rundherum. Mein erstes ungarisches Essen vergesse ich nie mehr", er kratzt sich am Kopf. Sein Teller wurde gefüllt mit den gekochten Kartoffeln, darüber kam eine rotbraune Sauce mit Fleischstücken, alles sah sehr appetitlich aus.

„Von der Reise, die ich gut hinter mich gebracht hatte, war ich natürlich besonders hungrig. Endlich war das Tischgebet von den Bauersleuten und den Angestellten gesprochen und ich durfte mit dem Essen beginnen. So schaufelte ich ein Stück Fleisch auf die Gabel, schob es mir mit Heißhunger in den Mund und hielt mit Kauen inne. Das Essen, ein ungarisches Gulasch, welches die Bäuerin wohl mit viel Paprika zubereitet hatte, war derart scharf. Ich sprang wie von der Tarantel gestochen, hustend, nach Luft ringend von meinem Stuhl hoch und entfernte mich vom Tisch. Alle Anwesenden musterten mich unverständlich und begriffen nicht, warum ich wild herumhüpfte. Als ich mich vom Hustenanfall erholt hatte, gab ich zu verstehen, dass es für mich ungewohnt sei, derart scharf zu essen. Ich glaube, mein Feuertanz amüsierte die Leute bei Tisch", lacht er vergnügt.

Nach der Mahlzeit verspürte Alexander das Verlangen, sein neues Zuhause gründlich zu erkunden. Die verschiedenen Gebäude des Bauernhauses wollte er jetzt unbedingt besichtigen. Mit Erlaubnis der Bäuerin, seiner zeitlich begrenzten Ersatzmutter, begab er sich zu den Stallungen und beäugte alles ganz genau. Es schien ein großes Anwesen zu sein und er hatte den Eindruck, dass das keine armen Leute waren. Das Wohnhaus mit den Anbauten war wie ein U geformt. Rechts des Hauptgebäudes befand sich der Teil mit den landwirtschaftlichen Geräten und dem Pferdestall. Im selben Trakt sah er eine große Weinpresse stehen und dahinter ging es in den in Felsen gehauenen Weinkeller. Das war ein finsterer und sehr kühler Raum. Dort lagen mittel große Weinfässer, standen verschiedene Bottiche mit Schmalz auf Regalen und daneben lagerten runde, aufgestapelte Käselaibe. Die großen Milchkannen, die zum Kühlhalten der Milch abgestellt waren, fielen Alexander bei seinem Rundgang ebenfalls auf. Weiter führte ihn die Erkundungstour zum Kuh- und Kälberstall, das roch man schon, bevor man ihn betrat. Im dritten Teil lag die Unterkunft der Schweine, Schafe, und Ziegen, auch dort kam ihm ein strenger Geruch entgegen. Enten, Gänse und Hühner waren überall unterwegs. Es war ein aufgeregtes Geschnatter und Gackern der gefiederten Tiere zu vernehmen, als er seine Besichtigung fortsetzte. So viele Tiere hatte der Junge zuvor noch nie auf einem Hof gesehen. Links neben der Weinpresse war ein großer Backofen zu sehen, verschlossen mit einer schwarzen, breiten Ofentür. Nach intensiver Besichtigung des Hofes begab er sich wieder zum Wohnhaus, wo die Bäuerin ihm anschließend sein Zimmer zeigte. Der Raum, ein quadratisches Gemach mit zwei Fenstern, die zum Bahndamm hin ausgerichtet waren, erschien schlicht und einfach. Das Zimmer befand sich dort, wo auch die Knechte schliefen, das weibliche Personal nächtigte auf der anderen Seite des Flurs. Der Knabe packte seine Sachen aus dem Koffer und verstaute diese ordentlich in dem Holzschrank an der Wand. Außer dem Schrank stand vor den Fenstern ein Holztischchen, darunter war ein Stuhl geschoben. Das Bett, ein weiß gestrichenes Eisengestell, war mit weißer Bettwäsche bezogen. Plötzlich musste Alexander dringend zum Klo, er sprang zur Bäuerin hin und fragte diese aufgeregt nach dem Örtchen, nach der Toilette, und wurde zu seinem Leidwesen nicht verstanden. Die Bäuerin schaute ihn unverständlich an. Alexander hatte schon große Not, zeigte mit einer Geste zu seinem Hosenladen hin, denn viel Zeit blieb ihm nicht mehr. Die Frau lachte aus vollem Hals und fragte ihn auf Schwäbisch: „Brunschen moanscht." Er hatte keine Ahnung, was sie ihn fragte, sie aber erkannte sein Unverständnis und sagte erneut. „Ah, pissen moanscht." Daraufhin zeigte sie dem Knaben das Holzhäuschen mit dem ausgesägten Herz in der Tür, welches sich im Raum neben der Weinpresse befand. Er kannte die Latrine von seiner Tante, die einen Bauernhof in Deutschland betrieb, also war diese Art von Toilette nichts Neues für ihn. Erleichtert war er, endlich loszuwerden, was ihn arg geplagt hatte. Im Holzverschlag, der über der Jauchengrube lag, stank es nach Ammoniak. Das Klo war lediglich aus Brettern geschreinert und glich einer Sitzbank oder einer länglichen Kiste und lag über der Jauchengrube. Auf der Sitzfläche, wo man sich daraufsetzen konnte, war ein großes Loch ausgesägt, das mit einem Holzdeckel abgedeckt war. Den Po reinigte man mit Zeitungspapier, eine kratzige Angelegenheit, was er aber bei seiner Tante Mine auf dem Bauernhof und von zu Hause auch nicht anders kannte. Gespült wurde bei dem Plumpsklo nicht, man setzte einfach zum Schluss den Deckel wieder aufs Loch und fertig. Um die Hände zu waschen, war kein Waschbecken vorhanden, also ließ man es einfach bleiben. So neigte sich der erste spannende Tag dem Ende zu und Alexander hatte einiges an Eindrücken von seinem neuen Zuhause in Ungarn zu verarbeiten. Nach dem Nachtessen bei seinen Pflegeeltern fiel er todmüde in sein Bett und schlief bald schon tief und fest. An nächsten Morgen ertönte aus der Ferne ein Horn, er hörte es klar und deutlich. Was das zu bedeuten hatte, war ihm schleierhaft. Vom Hirten des Dorfes wurde es geblasen, so wurde ihm von der Hausherrin später beim Frühstück erklärt. „Wie mich das beeindruckte", sagt er und erzählt weiter: „Das wollte ich aus nächster Nähe erleben, was sich da abspielte. Dazu begab ich mich am darauffolgenden Morgen nach dem Aufstehen, noch vor dem Frühstück, auf die Straße und staunte nicht schlecht. Die Türen der Ställe der umliegenden Bauernhöfe waren geöffnet und die Kühe folgten dem dumpfen Klang des Hornes. Ich konnte es kaum glauben, alle liefen sie mit dem Hirten gemeinsam zu den Weiden. Es bot sich ein Bild der Idylle, es wirkte gar paradiesisch, wie so viele Tiere ohne Probleme der einen Person, dem Hirten, folgten. Beim Einnachten kamen sie alle wieder zurück, jedes Tier fand den eigenen Stall. Für mich schier unglaublich, aber ich sah es mit eigenen Augen, glaub mir, ich war tief beeindruckt." Der Tag der Knaben war strukturiert, Morgenessen bei der jeweiligen Gastfamilie, dann Schulunterricht, Mittagessen zu Hause. Nach dem Essen HJ-Ausbildung und um vier Uhr begab man sich nach Hause. Am Abend, nachdem bei der Bauernfamilie alle Tiere versorgt waren, nahm man gemeinsam am großen Küchentisch das Nachtessen ein. Da lag Brot, Käse und gut riechender Speck auf dem Tisch, auch der Topf mit Schmalz fehlte nicht. Seine Augen glänzen, als er mir sagt, wie ihm die Bäuerin seine Schmalzstulle schmierte, die er über alles liebte und dazu noch den großen Becher kalter Milch erhielt. Die Bäuerin besorgte ihrem Schützling außerdem noch extra gute Butter von der Molkerei nebenan, denn auf dem Hof wurde keine produziert. „Wenn wir bei Tisch saßen und ein neuer Laib Brot angeschnitten wurde, machte das die Hausherrin. Zuerst zeichnete sie mit dem Messer ein Kreuz auf die Unterseite des Brotes, so wollte es ihr Glaube. Das gute Brot, dessen Geschmack mir in den letzten vierundsiebzig Jahren unvergesslich blieb, buk die Bäuerin alle zwei Wochen, auch die Kuchen wurden in denselben Ofen geschoben. Es waren immer etwa acht sehr große Laibe, die dann im Weinkeller in Körben zugedeckt mit Tüchern gelagert wurden, so blieb im Brot die Feuchtigkeit erhalten." Alexander durfte der Pflegemutter beim Backen und in der Küche beim Kochen oft helfen, was er liebend gerne tat. „Sie zeigte mir, wenn es ihr die Zeit erlaubte, wie man Brotteig zubereitete. Auch lernte ich, wie Gerichte in Ungarn gekocht wurden. Die Bäuerin freute sich an meinem Interesse und teilte mir mit, dass sie der Mutter einen Brief geschrieben hätte, ob ich den noch lesen wolle, bevor sie ihn abschicke. Natürlich war ich neugierig, was sie Mutter berichtete, und las den Brief gespannt, der in mangelhaftem Deutsch verfasst war. Besonders die lobenden Worte, die sie für mich hatte, freuten mich außerordentlich."

Brief an Mutter Dora, von der Bauersfamilie (Abschrift):

„Liebe Freundin, nach langem Schweigen ergreife ich die Feder und spreche zu Ihnen aus einer Ferne durch dieses Papier, aber lautlos und stumm wie ein Fisch. Da sie als Mutter vor sieben Wochen Ihr Kind Alexander so weit in die Fremde geben mussten. Mit schwerem Herzen, aber mit der Hoffnung, ihn an einem sicheren Ort unterzubringen. Um das Leben eines so jungen Kindes sein Leben vor dem Feind zu retten. Liebe Freundin, wir haben Ihr Liebstes, was sie als Mutter auf der Welt haben, als unsere heiligste und Völkische Pflicht zur Pflege übernommen. So zu sagen, an den kleinen Jungen seiner Mutter Stelle stehen wir jetzt als Pflegeeltern. Liebe Freundin, Ihr Sohn Alexander, wie wir bemerken, fühlt sich ganz gut, wie zuhause. Er ist immer munter und froh. Sucht sich auch immer Beschäftigung, geht pünktlich zur Schule, und am Abend zurzeit schlafen: Heute ist Sonntag, da sind sie alle in die Nachbargemeinde in die Kirche gegangen. Ihr Sohn ist sehr folgsam und brav. Wir haben bisher noch keine Beschwerde gegen ihn: Vorgestern ist er abfotografiert worden, sitzt auf einem Pferd draußen am Feld im Acker, außerdem noch mit der ganzen Familie abfotografiert. Wenn die Bilder fertig sind, werden wir sie Ihnen zuschicken: Der kleine Alexander schreibt jede Woche seiner Mutter, wie ich bemerke, bekommen Sie wenig Post, er schreibt aber ordentlich genug. Der Postverkehr geht etwas langsam, dadurch bekommen Sie sein Schreiben sehr unregelmäßig. Er ist jetzt schon unsere Kost gewöhnt. Am Anfang war manches in der Kost nicht so wie zuhause, jetzt aber geht es schon. Was er bei am liebsten essen will, das sind hier Eier und Milch. Ich glaube, er wird, wenn er noch eine Zeit hier ist bei uns, als gelernter Koch nach Hause kommen, denn er interessiert sich stark für die Küche, wie das und jene Mahlzeit zubereitet wird. Ich muss nun schließen mein Schreiben, mögen Sie getrost sein, um Ihren kleinen Alexander, der ist versorgt. Jetzt ist er eben Baden gegangen, denn heute Nachmittag haben sie frei. Die besten Grüße von der Familie Mörsèny am 20. Aug.1942."

„Manchmal hatte ich das Glück und durfte den Bauern Gustav zum Feld begleiten, wenn ich nicht gerade die Schule oder HJ-Ausbildungen zu besuchen hatte. Die Pferde Zetresch, ein dunkelbrauner Hengst mit beinahe schwarzer, üppiger Mähne und einem langen Schweif, und Gêsche, eine gepunktete graue Stute mit einem weißen Fuß, waren starke Kaltblutgäule. Sie wurden als Zug- und Arbeitspferde eingesetzt und eingespannt, wenn der Bauer auf dem Feld zu tun hatte. Sie zogen den langen Leiterwagen mit Leichtigkeit und trotteten so gemütlich Richtung Feld. Auf dem Rücken des Pferdes Gêsche durfte ich dann mitreiten, was mir natürlich gefiel und stolz genoss ich es hoch zu Ross. Vor Gêsche brauchte ich mich nicht in Acht zu nehmen, die war zutraulich, lieb und geduldig. Dagegen Zetresch, ein hinterhältiger und unberechenbarer Gaul, da musste man wirklich auf der Hut sein. Wollte man das Tier streicheln, zeigte es stets die Zähne und zog dabei die Nüstern weit nach hinten. Ich hatte stets Angst, von dem Gaul gebissen zu werden, so verzichtete ich gerne auf dessen Nähe und hielt sicheren Abstand. Dazu kam, dass ich im Vorfeld vom Bauern immer gleichbleibend gewarnt wurde. „Nimm dich nur in Acht", sagte er zu mir, „das ist ein ausgekochter, frecher Gaul." Einmal, erinnert sich Alexander, hatte der Mann dem Tier das Zaumzeug anlegen wollen. Ehe er sich versah, biss Zetresch dem Bauern in den Hals und der fluchte laut, es klang so: „lsternem asanjad Kreiz Kruzi Narr noamoal, i moan i muass verecke." Alexander lacht und sagt: „Diesen Fluch benutzte der Bauer nur, wenn er sich wirklich über etwas ärgerte, was ihm nicht passte. Die Worte des Bauern waren ein Gemisch aus Ungarisch und Schwäbisch, das fand ich wirklich witzig und ich lernte den Fluch auswendig. Alle zwei Wochen fuhr mein Pflegevater mit dem Pferdefuhrwerk nach Tolna, um dort seine Sämereien für die Felder einzukaufen. Ich durfte immer, wenn ich mochte, mit ihm mitfahren. Die Distanz von Mörsèny zur Stadt Tolna betrug etwa 20 km, es war mit dem Pferdefuhrwerk eine lange beschwerliche Reise und man war tatsächlich den ganzen Tag unterwegs. Ich saß meistens neben dem Bauern auf dem Leiterwagen. Die Sitzfläche, ein gehobeltes Brett, war schon eine harte Unterlage, da war man froh, wieder zu Hause zu sein", lacht er vergnügt. „Nach der Heimkehr spürte man deutlich, wo sich der Hintern befand. Einmal bot sich bei einer Reise nach Tolna die Möglichkeit, mir in einem Gemischtwarenladen einen Tintenkuli mit kleinem Tintenfässchen für 14 Pengö zu erstehen. Das waren zur damaligen Zeit 10 Reichsmark und 36 Pfennige. Der Pflegevater erzählte mir auf der Heimreise, dass der Inhaber des Geschäftes Jude sei. Der Krämer in Tolna war ein liebenswürdiger Mann, der mich sehr gut behandelte, so wie Frau Tschebong aus der Leihbücherei. Das Bild entsprach absolut nicht dem, was ich von den Juden aus Hetzzeitungen meines Heimatlandes zu sehen bekam. Die Hassparolen von Deutschland gegen die Juden waren in Ungarn Gott sei Dank noch nicht angekommen. Dort zeichnete man noch keine Leute mit Bogennasen, die geldgierig und gar als Tiere oder Ungeziefer verschrien wurden und die es zu vernichten galt. Es erschienen auf Papier nicht die hässlichen Karikaturen in der Tageszeitung. Die jüdischen Leute in Deutschland waren zu bedauern und taten mir wirklich leid", sagt Alex. An jenem Abend, nach der Reise nach Tolna freute sich Alexander mächtig über den neu erworbenen Füllfederhalter, den es in Deutschland durch den Krieg nicht mehr zu kaufen gab. So füllte er den Kuli mit Tinte, indem er mit einer drehenden Bewegung die Flüssigkeit aus dem Fässchen aufsog. Als Erstes schrieb er gleich probehalber einen Brief nach Hause an seine Mutter. Er musste ihr doch endlich wieder einmal berichten, wie gut es ihm bei den Bauersleuten erging. Darüber hinaus sollte Mutter erfahren, dass er sich in Ungarn das erste Mal in seinem noch jungen Leben verliebte. Er wollte ihr unbedingt auch mitteilen, wie freundlich das Mädchen war, das er leider der Sprache wegen nicht verstehen konnte. Sie sprach nur Ungarisch und trotzdem führten die beiden einen regen Dialog. Die Leute, zu denen das Mädchen gehörte, kamen leider während seines Aufenthaltes nur einmal auf den Bauernhof zu Besuch, so war die Verliebtheit leider nur von kurzer Dauer. Es waren angeblich Verwandte der Bauersleute, wie er von seiner Pflegemutter vernahm. Die zwei Kinder spielten den ganzen Nachmittag, hatten viel Spaß und am liebsten hätte Alexander gehabt, das Mädchen wäre geblieben. Der junge Charmeur küsste das Mädchen zum Abschied auf die roten Wangen. Glücklicherweise besaß er ein Foto, wie er zusammen mit ihr auf dem Rücken von Gésche saß. Das Bild hält er bis heute in Ehren und hat es immer aufbewahrt. „Wie war ich damals traurig und schaute mir oft das Bild an, das ich von der Bauersfrau als Erinnerung erhielt. Betrübnis half mir nicht weiter, so widmete ich dem Mädchen doch wenigstens einen Leitspruch und schrieb:

Oh, unschuldige Jugend, du kennst nur die Wahrheit und die Tugend. Und doch, ganz unbedacht machst du es schon den Großen nach. Den Kuss, den du hier in Unschuld verschenktest, wie heiß er nur im Lenz, der ersten Liebe brennt."

Auf dem Heimweg vom Unterricht der Schule im Dorf kam Alexander immer an der Kirche vorbei. Sie stand mitten im Ort, eine kleine Kirche, die einer Kapelle ähnelte. Am Sonntag machten sich nach dem Frühstück alle fein, putzten sich heraus, um dann am Gottesdienst teilzunehmen. Die Familie, auch das Personal, waren katholisch und sehr gläubig. Alle besuchten ausnahmslos den Gottesdienst, das jeden Sonntag. Für Alexander war dieser Kirchgang immer etwas Besonderes, denn dann durfte er in der Kirche die Glocke läuten, nachdem er beim Pfarrer angeboten hatte, das tun zu wollen. Als er am Strick der Glocke zum ersten Mal zog, wurde er durch sein leichtes Gewicht in die Höhe gehoben und hing weit oben. Er bemerkte bald, dass er nach dem Ziehen das Zugseil loslassen musste, um den Boden unter den Füßen nicht zu verlieren. Während der Messe war es immer sehr ruhig in der Kirche und alle hörten den Worten des Priesters aufmerksam zu. Die Messdiener waren ebenfalls katholische Knaben aus Hamburg, die hier in der neuen Heimat ihres Amtes walten durften. Die Gebete wurden in Latein gesprochen, was sie von zu Hause ja gewohnt waren. Die Bevölkerung des Dorfes bildete eine beinahe familiäre Gemeinschaft und lebte sehr eng und friedlich zusammen. Sie begegneten sich wohlwollend und liebenswürdig. Nach dem Gottesdienst standen Männer, Frauen und Kinder zusammen auf dem Platz und diskutierten rege. Um was es ging, verstand Alex nicht.

Im Dorf stand die Maisernte an, da half man sich gegenseitig dabei, die Kolben zu putzen, indem man jeden Abend von Haus zu Haus lief. Es wurden lebhafte Gespräche geführt und dabei deutsche und ungarische Volkslieder gesungen. Alexander war auch mit von der Partie und putzte fleißig mit. Es gefiel ihm immer sehr gut, obwohl er von den Gesprächen kaum etwas verstand. Einmal kursierte ein Gerücht, das merkte der Junge wohl. Die Frauen hielten beim Tratschen ihre Köpfe eigenartig nahe zusammen und sprachen leiser als gewohnt. Im Dorf ging das Gerücht herum, dass sich zwischen dem HJ-Führer und einer Magd ein Verhältnis angebahnt hätte. Das Mädchen sei von dem jungen Mann, er noch keine zwanzig, sie noch weniger, geschwängert worden. Eine Schande sei das, hörte man die Leute sagen, denn zur damaligen Zeit außerhalb der

Ehe schwanger zu sein, war inakzeptabel. Es wurde ein großes Geheimnis gemacht, Alexander erfuhr nie, wie alles endete. Er bekam die Geschichte von seiner Pflegemutter wohl mit, die erzählte ihm aber auch nur das, was sie wollte. Das war dann wohl der Grund, warum die Magd plötzlich aus dem Dorf verschwand, wohin sie kam und was mit dem Kind geschah, darüber sprach keiner. Männer hatten es damals einfacher, so auch der HJ-Führer, sie waren schnell rehabilitiert, so als wären sie bei dem Akt unbeteiligt gewesen. Schließlich war es die Frau, die den dicken Bauch bekam und die man deswegen verpönte.

So verging die Zeit und der wunderschöne fünfmonatige Aufenthalt bei der lieben Bauersfamilie ging allmählich dem Ende entgegen. Nach dem Abschied, es war im Dezember 1942, verließ die Knabengruppe ihr Schutzdomizil in Ungarn und begab sich auf die Reise Richtung Heimat. Alexander nahm viele Erinnerungen mit, es war eine sehr schöne und harmonische Zeit, die ihm stets in bester Erinnerung blieb. Zurück führte die Reise mit dem Zug nach Budapest, dann nach Wien und schließlich nach Passau. In Wien hatten sie leider keinen Aufenthalt mehr, denn der Krieg war damals schon in vollem Gange und die Verantwortlichen waren bestrebt, die Kinder so schnell als möglich in ihre Heimat zurückzuschaffen. Von Passau aus reisten sie per Bahn bis nach Harburg. Dort wurden die Kinder von ihren Angehörigen mit Freudentränen in Empfang genommen, so auch Alexander von seiner Mutter. Wie war sie froh, ihn endlich nach der langen Zeit wieder in die Arme zu schließen.

Während der letzten Monate, als Alex in der Fremde war, hatte sich im Leben von Mutter Dora kaum etwas verändert, sie arbeitete immer noch in der Fabrik. Ihr älterer Sohn Malte war im Krieg, sie hatte von ihm schon länger keine Nachricht erhalten und war besorgt.

Zurück in Harburg

Alexander besuchte weiterhin die Mittelschule in Harburg und besorgte so gut wie er eben konnte einen Teil des Haushaltes. In Hamburg nahmen die Bombenangriffe immer mehr zu, besonders traf es die Industriegebiete an der Elbe, während die Wohngebiete noch verschont blieben. Die Bomber flogen hauptsächlich in der Nacht und man verbrachte stundenweise Zeit im Keller des Hauses. Alexanders Miene wird ernst und er sagt: „Wie uns die Angst im Nacken saß, besonders, wenn man Flugzeuge hörte. Wie sie immer näher kamen und mit ihren dumpfen Motorengeräuschen allgemeines Unbehagen auslösten. Nach der Entwarnung begaben wir uns unverzüglich in die Wohnung, legten uns erneut ins Bett, aber schlafen konnte man nicht. Die Nächte, die Dunkelheit, bereitete mir große Angst und oft zitterte ich am ganzen Körper. Am Morgen fühlte ich mich müde und abgeschlagen, wenn ich zur Schule ging. Während des Unterrichts war meine Konzentration nicht gewährleistet und so ließen auch meine schulischen Leistungen drastisch nach. Obschon ich willig war und lernen wollte, gelang es mir trotz allem nicht. Meine Mutter, die ewige Streberin, war nicht erfreut über meine schlechten Leistungen. Sie drängt mich zu mehr Fleiß, womit sie während des Krieges bei mir keinen Erfolg verzeichnen konnte.“

„Im Juni 1943 bekam ich plötzlich furchtbare Bauchschmerzen und unser Hausarzt stellte fest, dass ich an einer chronischen Blinddarmentzündung litt. Der Schmerz war schier unerträglich geworden und ich war froh, dass ich ins Krankenhaus Maria-Hilf in Harburg eingewiesen wurde. Notfallmäßig sollte ich dort noch am gleichen Tag operiert werden. Als mich Mutter am darauffolgenden Morgen zu Fuß zur Klinik begleitete, konnte ich auf der Strecke dorthin kaum noch gehen. In gebückter Haltung gehend und mit regelmäßigen Pausen schafften wir schließlich den beinahe einstündigen Weg. Im Krankenzimmer auf der Station verabreichte man mir bald schon eine Evipan-Spritze, die mich in einen sofortigen tiefen Schlaf versetzte. Ich erwachte später im Luftschutzraum der Klinik und bemerkte, dass ich noch gar nicht operiert worden war. Als man mich nach dem Fliegerangriff zum zweiten Mal narkotisierte, stülpte mir der Arzt eine Maske über Mund und Nase. Aus Spargründen wurde das zweite Mal Chloroform benutzt, das dauerte etwas länger, bis ich einschlief. An die Verfahrensweise erinnere ich mich noch ganz genau", sagt Alex. „Wie ich zählte und zählte und die Wirkung des Chloroforms erst bei hundert eintrat. Die Angst, unter der Maske zu ersticken, war schrecklich." Die Operation hatte Alexander gut überstanden. Er erinnert sich und erzählt weiter: „Nur der schwere Sandsack auf meinem Bauch, wegen allfälliger Nachblutung, der machte mir arg zu schaffen. Besonders beim Transport, wenn es bei Fliegeralarm galt, die Luftschutzräume aufzusuchen. Da wackelte der schwere Sack auf meinem Bauch hin und her." In Notsituationen musste alles schnell gehen und niemand nahm Rücksicht auf das Gejammer der Patienten. „Nach zwei Wochen durfte ich das Krankenhaus verlassen und begab mich allein zu Fuß nach Hause. Mit dem Unterschied, dass der Schmerz weniger war! Auf dem Weg erneuter Fliegeralarm, der durch Sirengeheul angekündigt wurde. Die Menschen auf der Straße rannten in panischer Angst vor mir her. Ich versuchte auch, schneller zu laufen, was mir kaum gelang, aber ich bewegte mich vorwärts, so gut es ging. Dabei hielt ich mich immer dicht an den Hausfassaden, bis ich Gott sei Dank zu Hause eintraf. Wie war ich froh, als ich mich bei Mutter in schützender Obhut befand."

Oftmals hörte Alexander in der Nacht bei Voralarm Radio. Die Fenster waren durch Stoffrollos verdunkelt und es brannte auch kein Licht in der Wohnung. Die Verdunkelung war Pflicht, damit die Bomber ihr Ziele nicht so einfach ausfindig machen konnten. Die Dunkelheit in den Räumen war beklemmend, schon fast bedrohlich, und es entstand immer ein ungutes Gefühl. Die menschenleeren Straßen, wo man nirgendwo ein Licht brennen sah, wirkten gespenstisch. Auf dem Fensterbrett im Wohnzimmer stand der kleine Volksempfänger. Alexander interessierte sich zum damaligen Zeitpunkt aber nicht für Volksaufklärung, sondern mehr für BBC London. Mit einem Stuhl setzte er sich vor das Radio, zog sich eine Wolldecke über den Kopf und das Gerät, denn es durfte niemand im Haus etwas hören. Man wusste während des Krieges nie, wer Freund und Feind war, obschon man der Meinung war, die Menschen um sich herum zu kennen. Ausländische Sender abzuhören, war damals bei schwerer Strafe oder gar Todesstrafe verboten. In Deutschland gab es nur den Drahtfunk, Mittel- und Langwelle, die Reichssender, die für das Volk zugelassen waren. Ausländische Sender würden aufhetzen und den Widerstandswillen des Volkes mindern, hieß es. Wenn Alexander heimlich Radio hören wollte, zog er den Stecker vom Drahtfunk aus und platzierte die selbstgebaute Antenne in der Buchse. Dann suchte er den Sender, das alles gestaltete sich manchmal etwas schwierig im Dunkeln. Immer wenn er wieder vor dem Gerät saß, musste er die Sender erneut suchen. Nach dem heimlichen Abhören zog er die Antenne aus und versteckte sie hinter der Besteckschublade. Es wurden damals durch die Post häufig Kontrollen durchgeführt, um Sünder auszumachen, die heimlich Radio hörten oder Funksender betrieben. Die hatten vom Reich den Befehl, mit montierten Richtantennen auf dem Autodach die Straßen abzufahren.

Alexander erzählt mir begeistert, wie er damals die Worte aus dem Empfänger hörte: „This is BBC London, Germany calling, wir bringen den Lagebericht für den Anflug unserer Verbände nach Deutschland. Man erfuhr auch, in welche Städte die Amerikaner und Engländer flogen. Welche Einsätze geflogen wurden, das erfuhr man über den Sender nicht", erwähnte er im Gespräch. „Welche Stadt wieder Ziel der Bomber war, das konnte man nur erahnen. Nach den Nachrichten kam meine geliebte Jazzmusik, die ich unter der Wolldecke versteckt in vollen Zügen genoss. Als absoluter Jazzfan habe ich damals ab und zu eine Platte von Luis Armstrong aufgelegt und mich an den Klängen erfreut." Der Musik ist Alexander sein Leben lang treu geblieben.

Das Anrücken der Alliierten wurde mit lautem Heulen der Sirenen im Voraus angekündigt. Dann galt es, sich wie immer in die privaten Kellerräume der Häuser zu begeben. Ob man je wieder unversehrt hochkam, wusste niemand. Im Keller standen überall verteilt Stühle an den Wänden. „Dicht saßen wir dort zusammen, ich immer an der Seite meiner Mutter", erzählt Alex. „Die Ruhe im Keller war beängstigend, besonders dann, wenn man das Dröhnen der Bomber vernahm." Selbst versuche ich mir diese gespannte Stimmung, die Furcht der Menschen, vorzustellen, dabei durchfährt mich ein Schauer. „Im finsteren, feuchten Kellergewölbe weinten Kinder und Erwachsene wimmerten leise vor sich hin, wenn das dumpfe Dröhnen der Flieger und die Einschläge der Bomben zu vernehmen war. Ich kann mich gut erinnern", sagt er, „wie in solchen Momenten, wenn der Boden unter den Füßen bebte, ich noch näher zu meiner Mutter rückte und ihre Hand festhielt. Man vernahm aus der Ferne die Einschläge, die immer näherkamen, der Putz fiel von den Wänden. Wir senkten alle unsere Oberkörper auf die Knie und schlangen die Arme schützend über die Köpfe. In solch schrecklichen Momenten warteten wir doch tatsächlich auf den Bombeneinschlag. Aus den Abständen der nacheinander folgenden Einschläge war abzuleiten, dass die Bombe uns nicht treffen konnte. War der Spuk vorbei, kehrte jeder erleichtert in die Wohnung zurück und jeder war froh, dass er an dem Tag mit dem Schrecken davonkam. Harburg wurde beim Angriff „Operation Gomorrha" glücklicherweise noch verschont, während andere Teile der Stadt schon in Schutt und Asche lagen", erzählt Alexander. „Die Lage in Harburg spitzte sich immer mehr zu und die Anspannung der Bevölkerung wuchs zunehmend. Zukünftig hatten wir ab sofort bei Fliegeralarm zum zweihundert Meter entfernten bombensicheren Hochbunker zu laufen. Alle in der Umgebung, es waren bestimmt fünf- bis sechshundert Personen, begaben sich dort bei Bombenalarm in Sicherheit. Im Schutz des Hochbunkers wartete man wie in den düsteren feuchten Kellern das Ende des Bombardements ab. Die Tage und Nächte vergingen zwischen Hoffen und Bangen. In der Nacht vom 24. auf den 25. Juli 1943 prasselten massenhaft Bomben auf das Hafenbecken von Hamburg nieder, es war schlimm. Die schweren Flugangriffe wurden durch die US-Amerikaner und die Briten, „Operation Gomorrha" veranlasst. Weitere Bomben galten vor allem dem Industriegebiet und der Zerstörung der Schiffe, die im Hafen vor Anker lagen. Am 28. des Monats passierte das Schlimmste, was ich in Hamburg je erleben musste. Der erbarmungslose Angriff auf den Arbeiterviertel und das Auslöschen der Bevölkerung im Hamburger Hafen waren furchtbar. Die Alliierten wollten mit ihrem Angriff die Moral der Deutschen strapazieren und den Widerstand schwächen, was ja gelang. In der Nacht zum 03. August fielen Brandbomben, das vorwiegend über den Wohngebieten. Durch die enorme Hitze und die damalige Trockenheit des Sommers kam noch der starke Wind dazu. Das Feuer wurde dadurch begünstigt und ganze Quartiere, deren Dachstöcke und Treppenhäuser vorwiegend aus Holz gebaut waren, standen in Vollbrand. Es entstand der Eindruck, dass der ganze Himmel in Flammen stünde. Zurück blieb Verwüstung, großes Leid und Verzweiflung unter den Menschen. Unzählige Zivilisten fanden bei den Angriffen der „Operation Gomorrha" den Tod. Die, welche dem Bombenhagel entkamen und überlebten, waren obdachlos und standen vor dem Nichts. Der Krieg ging unvermindert weiter und der Tod war zum damaligen Zeitpunkt unser steter Begleiter."

Dritte Kinderlandverschickung in die Tschechei

Es kam der Tag, an dem Dora ihrem Sohn offenbarte, es stünde eine erneute KLV vor der Tür. „Davor, es musste im März 1944 gewesen sein, hatte mein Bruder Malte acht Tage Kurzurlaub. Von seinem damaligen Einsatz in Russland sollte er später nach Belgien verlegt werden. Wir Brüder hatten uns während des Urlaubes viel zu erzählen." Einmal sagte Malte zu mir: „Ich werde dir jetzt etwas berichten, worüber du unter keinen Umständen mit einem anderen Menschen reden darfst! Wir haben den Krieg verloren, es fehlt der Sprit für das Betanken der Flugzeuge. Russland ist durch die Unterstützung der Amis zu stark und zu groß geworden, um eingenommen zu werden", sagte er mir. Alexander erinnert sich und spricht weiter: „1944 herrschte immer noch die Überzeugung der Überlegenheit. Überall wurde nur Sieg propagiert und das Volk war größtenteils davon überzeugt. Es gab kaum Zweifel, viele glaubten an ihren Führer Adolf Hitler. Dass man den Krieg verlieren würde, rettungslos der Absturz schon bevorstand, war für das deutsche Volk unvorstellbar. Damals im März war es das letzte Mal, dass ich meinen Bruder lebend sah."

Es nahte der Tag, an dem viele Kinder zum dritten Mal Abschied von den Eltern nahmen. Die Landverschickung fand am 03. Mai. 1944 statt. Wieder begann alles am Harburger Bahnsteig. Dieses Mal war es besonders schwer, die Heimat zu verlassen, denn man machte sich Sorgen darüber, was man nach der Rückkehr antreffen würde. So stand die große Menschenmenge wiederum zusammen, viele in Tränen aufgelöst. Abschied nehmen von den Eltern und weiteren Angehörigen, immer das gleiche Prozedere, das Alex überhaupt nicht liebte. Interessanterweise erinnert er sich auch nicht mehr klar an alle Einzelheiten jener Reise, die sie nach Leipnik in die Tschechei bringen sollte.

Wie sie dahin kamen, weiß er trotz intensiver Überlegung nicht mehr. Ich glaube, seine Ängste und Sorgen der damals schweren Zeit raubten ihm einen Teil der Erinnerungen. Anfang Mai 1944, als er mit seiner Mutter unter vielen wartend an den Geleisen stand, da war der Krieg noch in vollem Gange. Seine Mutter allein zu lassen, fiel ihm schwer, groß waren Angst und Bedenken, es könnte ihr etwas zustoßen.

Die Stadt Leipnik lag in einem dicht bewaldeten Gebiet und gehörte zu Böhmen und Mähren in der Tschechoslowakei. Eingebettet in eine sanfte Hügellandschaft konnte man auf einer Anhöhe das burgähnliche Gemäuer erkennen, das für unbestimmte Zeit sein Reiseziel sein sollte. Alexander gefiel die Landschaft, sie strahlte etwas Friedliches aus, sie schien ihm unberührt. Als sie im Lager ankamen, erfuhren sie, dass es sich um eine ehemalige Taubstummenanstalt der Stadt Leipnik handelte, in der sie wiederum ihr vorübergehendes neues Zuhause fanden. Alle der 200 Jungen wurden in das gleiche Lager gebracht, das zusammen mit etwa zehn Lehrkräften und den 12 HJ-Führern. Alex weiß noch genau, wie es dort aussah. Ein sehr langes, hässliches und braunes Gebäude, das freistand und von keinem anderen Haus umgeben war, soll es gewesen sein. Der Komplex bestand aus zwei Stockwerken und die Anlagen um das Lager herum waren nicht schön angelegt. Hinter dem Haus gab es zwar den großen Gemüsegarten und darüber hinaus zierten ein paar Bäume die fahle schmucklose Umgebung des kasernenmäßigen Hauses. Vor dem Gebäude befand sich ein großer Platz, dort wurde den Knaben kurz nach der Ankunft die Zimmereinteilung verkündet. Alles spielte sich wie gewohnt militärisch ab, sehr laut und bestimmt, also wusste jeder, was er zu tun hatte. „Als wir in der Gruppe, zu der ich nun gehörte, den großen Eingang des Gebäudes betraten, sah ich als Erstes die breite Treppe, die nach oben führte", sagt Alexander. „Ich begab mich mit acht weiteren Jungen zur zweiten Etage. Dort gelangten wir zu einem langen dunklen Flur, der führte uns zur Stube Nr. 5, die sich auf der rechten Seite, beinahe am Ende des Ganges, befand. Das Zimmer 5 lag im rechten Flügel des scheußlichen Gebäudes. Es bot sich ein ungemütliches Bild, als wir den Raum betraten. Leere Wände, das Zimmer spartanisch eingerichtet, man sah nur doppelstöckige Feldbetten, so wie es eigentlich in Luftschutzräumen anzutreffen war. Jeder bezog sein Bett und für die eigenen Sachen stand jedem Jungen ein Spind mit zwei Türen zur Verfügung. Links konnte ich darin meine HJ-Anzüge auf die Kleiderbügel hängen und unterhalb im Schrank befand sich eine Schublade, die für das Unterbringen von Schuhen geeignet war. Auf der rechten Seite im Spind gab es Regale für die Wäsche. Die Fächer oberhalb dienten dazu, Schreibutensilien und weitere persönliche Gegenstände zu verstauen. Im Schlafsaal standen auf der rechten Seite des Eingangs zwei Betten, die mit den Kopfenden zur Wand aufgebaut waren, und neben den einzelnen Lagerstätten stand je ein Spind. Dann kamen zwei Fenster, wieder Spinde und weitere Bettgestelle. Nach der Zimmerecke folgten drei doppelstöckige Feldbetten, die der Länge nach aufgestellt waren. Neben dem Eingang, links das Bett mit Kasten des HJ-Führers. Das erste doppelstöckige Bett auf der rechten Seite nach dem Eingang bezogen Manschien und ich. Die Betten nach dem Eck, Wessel und Hass. Dee und Berg teilten sich das dritte, Hagel, Benecke und Adi das vierte und fünfte Feldbett. Adrian, Adi genannt, wurde vom HJ-Führer als Stubenführer auserkoren. Adi war schon längere Zeit zuvor ein guter Freund von mir, besuchte an der gleichen Schule die höhere Klasse über mir. Manschien, der unter mir schlief, ging mit mir in Harburg in die gleiche Klasse. Auch hier saßen wir im selben Unterrichtszimmer und erledigten unsere Schularbeiten gerne zusammen, wir verstanden uns außerordentlich gut. Dass mein Freund Adi auch im selben Zimmer eingeteilt war, freute mich damals ganz besonders. Ich mochte ihn sehr gerne, auch gefiel es mir, jemanden in der Nähe zu haben, dem ich vertrauen konnte. Als Erstes inspizierten wir Buben die Betten. Die Matratze war ein Strohsack, darüber lag eine Wolldecke und dann kam das Bettlaken. Zudecken musste man sich mit einer Wolldecke, die zwar in einem Bettbezug steckte, aber dennoch kam ein eigenartig muffliger Geruch durch. Ich hatte von zuhause glücklicherweise meine eigene Bettdecke mitgebracht. Ich fror schnell und konnte mit meiner Decke dem schlechten Geruch der Wolldecke ausweichen. Auch als Kopfkissen war nichts anderes als ein Strohsack vorhanden, der ebenfalls in einem Bezug steckte. Der HJ-Führer, unser Vorgesetzter des Zimmers 5, war schlank und groß gewachsen und knappe 18 Jahre alt. Der konnte machen, was er wollte, kam nach Hause, wie es ihm beliebte, war ja sein gutes Recht", berichtet Alex. „Eigentlich ein angenehmer junger Mann, der uns bei militärischen Ausbildungen wenig schliff und uns Zöglingen viel Freiheit ließ. Er schrie unter normalen Umständen auch nicht herum, wie es andere taten, außer es handelte sich um Befehle, dann erhob auch er seine Stimme. Oftmals traf er spätabends, wenn wir alle in der Stube Nr. 5 schon schliefen, ein. Dann wälzte sich dieser sehr laut in seinem Bett, ohne Rücksicht auf die Schlafenden zu nehmen. An sich konnte man ihm nur diese Untugend anlasten, ansonsten war er wirklich verträglich. Seine schlechte Angewohnheit war für uns Jungen unangenehm, denn wir wurden durch ihn stets unfreiwillig geweckt und dadurch in unserem nächtlichen Schlaf gestört. Nach mehrmaligem Vorkommen setzten wir uns einmal zusammen und schnackten darüber, was dagegen zu unternehmen sei. Also heckten wir einen Plan aus und beschlossen dabei, sein Bett zu manipulieren. Wer das tun sollte, war die Frage, das Los entschied", Alex muss lachen, als er sich an den Moment erinnert. „Unglücklicherweise zog ich die Arschkarte und war demzufolge Vollzieher der auszuführenden Tat. Ich nahm das Gestell auseinander und baute es so zusammen, dass es unter seinem Körpergewicht zusammenkrachen musste, wenn er sich wieder zu später Stunde geräuschvoll in sein Bett warf. In der darauffolgenden Nacht, beim erneuten lauten Eintreffen unseres HJ-Führers, geschah es. Natürlich hatte keiner von uns ein Auge zugemacht. Nein, alle waren wir gespannt und wollten nichts verpassen. Wie er wohl das Einsteigen in sein manipuliertes Lager erleben würde? Als sich der HJ wie gewohnt in sein Bett fallen ließ, krachte dieses unter großem Lärm zusammen. Wir Jungen lachten alle laut unter den Bettzudecken und freuten uns, dass sich die Umbauarbeit gelohnt hatte. Der Geschädigte fluchte laut, erhob sich krabbelnd vom Boden, machte Licht, um sich ein Bild des Schadens zu machen. Schnell begriff er, dass es sich um einen böswilligen Streich handeln musste. Dann schrie er unbeherrscht herum und unbarmherzig hatten wir uns alle auf Befehl aus den Betten zu erheben und mussten strammstehen. Es war klar, dass sich dabei keiner von uns das Lachen nur eine Sekunde verkneifen konnte, daraufhin wurde der nur noch zorniger. Unser HJ-Führer ordnete nun mit lauter und bestimmter Stimme an, dass wir uns alle am kommenden Morgen beim Appell vor dem Gebäude in die vorderste Reihe aufzustellen hätten. Was auf uns zukam, war in dem Moment absolut unwichtig, wir hatten unseren Spaß.

Am nächsten Morgen stellten wir uns wie befohlen im vordersten Glied der Knabenmenge auf. Da verkündete der HJ-Führer das Strafmaß, nämlich 8 Tage Badeverbot, das war wirklich hart. Unser Stubenführer Adi hatte anschließend die Pflicht, dem Lagerleiter Otte zu melden, was und wie sich die nächtliche Begebenheit zugetragen hatte. Otte verzichtete schließlich darauf, eine Meldung an den höheren Verantwortlichen weiterzuleiten, sondern ließ unser Handeln als dummen Jungenstreich durchgehen. Warum man das nicht melden durfte, erfuhren wir später vom HJ-Führer persönlich. Gäbe es eine Klage gegen einen HJ-Führer an die Bannführung in Harburg, würde dieser unverzüglich abgezogen und sofort militärisch verpflichtet. So hielt man sich zurück und das Vorkommnis wurde nicht an den Lagervorstand weitergeleitet, jedoch der Strafe konnten wir uns trotzdem nicht entziehen."

Eines Tages bekamen sie im Lager den Bannführer, den höchsten der Hitlerjugend, zu Gesicht. Alle 200 Knaben hatten sich dazu im Hof aufzustellen, um den bedeutenden Mann ehrenhaft zu begrüßen. „Heil Hitler", riefen wir alle wie aus der Pistole geschossen und hoben dazu den rechten Arm zum Gruß. Bannführer Terjung, so hieß der Mann, war zuständig für unser Lager in der Tschechoslowakei und wollte sich bei seinem Besuch ein Bild über die Zustände in der Unterkunft machen. Der

Bannführer überbrachte Grüße aus der Heimat und das war es schon. So heimlich, wie er ankam, verschwand er auch wieder", erzählt Alex von dem spontanen Lagerbesuch.

Der Speisesaal, ein großer dunkler Raum, befand sich im ersten Stock des Gebäudes. In Reihen standen Tische und Bänke, dort wurden die Knaben von Angestellten bedient. Das Essen war meistens nicht überaus gut, außerdem gab es immer zu wenig. Das durfte man in den Briefen, die man nach Hause schrieb, nicht einflechten. Briefeschreiben wurde streng beaufsichtigt und somit ergab sich kaum die Möglichkeit, den Eltern die volle Wahrheit mitzuteilen. „Auch ich log in meinen Briefen an die Mutter, musste ich ja, denn es lag mir fern, sie mit den Miseren unseres Lagers zusätzlich noch zu belasten. Erinnere ich mich an Ungarn, an die Bauernfamilie, hätte ich in Tränen ausbrechen können", verrät er mir. „Was gab es dort für ein gutes reichhaltiges Essen", fährt er fort. „Hier lagen zwei trockene Scheiben Brot auf dem Teller, aber wenigstens gab es noch Schmalz dazu. Jeder erhielt ein Teller Milchsuppe, das waren Haferflocken mit warmer Milch übergossen. Das Mittagessen bestand meist aus Kartoffeln und reichlich verschiedenem Gemüse, was ja nicht ein Grund zum Meckern gewesen wäre. Aber selten sahen wir etwas Fleisch auf unseren Tellern. Am Abend stand Käse und Brot auf den Tischen, dazu wieder den obligaten Teller Milchsuppe. Unser Essen war minimal bemessen, denn jeder von uns Knaben hatte nach den Mahlzeiten oft noch Hunger. Am Abend des 07. Mai hatten wir genug und wir planten eine Meuterei. Bald schon riefen wir vereint: Wir haben Hunger! Nicht ein Lehrer kam gegen uns Burschen an, wir ließen uns nicht beruhigen. Am selben Abend erhielten wir dann wenigstens noch zusätzlich etwas Wurst, also hatte sich der Aufstand gelohnt." Alexander schrieb später an seine Mutter. Er bat in seinen Briefen oft um ein Paket mit Esswaren. Aber er wollte diese nur, wenn sie es nicht am eigenen Mund abzusparen brauchte. Auch hatte er die Bitte, sie solle doch mal zu Trude oder Schuhbring gehen und dort nachfragen, ob das Englisch-Buch für die 4. Klasse noch zu haben sei. Wenn ja, dann solle sie ihm dieses Buch doch so schnell als möglich zustellen. Alexander erhielt von seiner Mutter in den Paketen immer mal wieder etwas Geld, worüber er sich sehr freute und fein säuberlich Buchhaltung führte. So fand ich als Schreibende eine Abrechnung, die er an seine Mutter Dora schickte. Von den 20 Reichsmark, die er von ihr erhielt, kaufte er sich kleine Hörnchen, 8 Stück kosteten damals 31 Pfennige und eine Batterie für 37 Pfennige. Den Kinobesuch hatte er mit 30 Pfennigen eingeschrieben, am teuersten war die Reparatur seiner Armbanduhr, die kostete 4,40 Reichsmark. Am Schluss der Auflistung stand der Betrag von 0,09 Reichsmark, das blieb ihm noch als Restvermögen. Ich denke, er wollte seiner Mutter klarmachen, wie arm er dran war und hoffte auf eine erneute Geldspritze aus der Heimat.

Alexander sitzt neben mir und äußert sich, indem er sagt: „Weißt du, es wurde mir eigentlich erst später so richtig bewusst, wie schwierig die Kriegsjahre für Mutter gewesen sein mussten. Mir Geld zukommen zu lassen, war bestimmt nicht einfach für sie, denn sie hatte ja selbst kaum genug. Später schämte ich mich für meine Forderungen, die ich an sie stellte." Am Montag, den 07. Mai, habe der Unterricht der 4. Klasse begonnen, schrieb er weiter in seinem Brief an die Mutter. Er hätte viel Spaß am Lernen und müsse richtig ran, entnehme ich seinen Zeilen. Letzte Woche sei er in seiner Freizeit in das Dorf gelaufen, um eine Ansichtskarte zu kaufen. Darauf wäre das Lager abgebildet gewesen, in dem sie hausten. Leider gab es von den Ansichtskarten kein Exemplar mehr. Die Verkaufsdame versprach ihm, dass sie welche nachbestellen werde, und so musste Alexanders Mutter sich einfach noch etwas gedulden. Er entpuppte sich als fleißiger Schreiber, denn ich fand weitere Briefe in seiner Mappe, die er an seine Mutter geschrieben hatte.

Abschrift eines Briefes aus Leipnik, vom 06.05.1944

Liebes Muttchen!
Ich habe bis jetzt noch keine Post von Dir erhalten, aber das kann ja auch noch nicht sein, denn ich bin ja erst 4 Tage hier. Mir geht

es hier sehr gut. Wir führen hier ein faules Leben. Hier ist es dreimal besser als es in Bamberg war. Heute Morgen haben wir einen Ausflug zu einer Ruine gemacht. Es handelte sich um eine Burg eines früheren Raubritters. Es war einfach prima. Wir sind gerade zurückgekommen. Ich habe vielleicht einen Kohldampf. Na, hoffentlich gibt es heute Mittag etwas Besonderes auf den Tisch. Ich schreibe Dir nach dem Mittagessen weiter, darüber, was es gegeben hat. Liebe Mutti, ich werde Dir sehr wahrscheinlich ein kleines Päckchen schicken. Vielleicht bekomme in der Stadt die Radioröhre, die du benötigst. Ich kann es nicht mit Bestimmtheit sagen. Gestern habe ich meine Uhr zum Uhrmacher gebracht. Es ist eine Achse gebrochen. Ich kann sie Sonnabend schon wieder abholen. Ich will jetzt schließen, denn wir müssen gleich zum Essen raustreten. Es flötet gerade. Das Essen ist gutverlaufen. Es gab tatsächlich etwas ganz Gutes. Es gab erst eine Suppe vor. Dann Buchteln mit Bonschen, ein wunderbares Essen, was? Na, es hat aber prima geschmeckt. Nun will ich schließen. Ich hoffe, dass ich bald Post von Dir erhalten werde. Es grüßt Dich herzlich Alexander.

Alexander erzählte in seinen Briefen an Mutter vom Lagerleben, seinen Kameraden und hatte auch viele offene Fragen an sie. Er schrieb vom Tötungsversuch, dem versuchten Attentat am 20. Juli 1944 auf den Führer Adolf Hitler und wollte wissen, wie sie darüber dachte. Des Weiteren schilderte er ein Ereignis, das sie im Lager erlebten und erzählte vom Absturz eines englischen Bombers am 25. August. In jener Woche war ein großes Durcheinander im Haus. Es gab am Sonntag, bis und mit Freitag immer wieder Fliegeralarm, denn amerikanische Verbände überflogen das Gebiet, in dem sie untergebracht waren. Am Dienstag in der darauffolgenden Woche stürzte ein viermotoriges Flugzeug ab, das als letztes einer Staffel flog. Dieses zog plötzlich eine lange Rauchfahne hinter sich her, wie die Knaben von ihrem Lager aus beobachten konnten. Bald darauf sah man auch schon die Besatzung abspringen. Neun Männer konnten sie zählen, die mit ihren Fallschirmen in der Luft schwebten. Noch in der Luft gab es eine Stichflamme, die aus dem Inneren des Fliegers kam. Bald darauf war ein Feuerball am Himmel zu sehen, der sehr schnell in die Tiefe stürzte. Ein dumpfer Knall, dann Totenstille, auch in den Reihen der Jungen wurde es ruhig. Beim Absturz konnten sich alle Männer, bis auf den Piloten, mit den Fallschirmen retten, der verbrannte elendiglich. Durch ein Fernrohr, das von der Lagerleitung zur Verfügung gestellt wurde, sahen die Knaben, wie einer der Engländer mit dem Fallschirm landete. Dieser packte den Schirm in Windeseile zusammen und verschwand daraufhin im Wald. Die Tschechoslowakei war damals von der deutschen Wehrmacht besetzt, das war für die Bevölkerung jedoch kaum spürbar. Beim besagten Fliegerabsturz wurden die Überlebenden von der Wehrmacht gefangen genommen, am Lager vorbeigeführt und abtransportiert. Die gesamte Knabenschar schaute neugierig auf die Engländer, die stolzen Schrittes an ihnen vorbeizogen. Die Fliegergruppe betrachtete die uniformierte große Knabenmenge genau, ihre Blicke wirkten interessiert und neugierig. Beim Vorbeimarschieren der Engländer wurden die Jungen Zeugen, wie diese in ihrer Fliegerkombination aussahen, Spannung pur für die Burschen. Das Erlebte sorgte außerdem noch tagelang für Gesprächsstoff. Später liefen die Knaben aufgeregt zur Absturzstelle hin, dort war vom Flugzeug selbst nicht mehr viel übrig. Die Trümmer lagen in kleinem Umfeld herum und Alexander wunderte sich, warum das Innere des Cockpits noch heil war. Der Sitz des Piloten war luxuriös gepolstert, sah aus wie ein bequemer Sessel. Neben der Absturzstelle entdeckte Alexander noch ein intaktes Geschoss eines schweren Maschinengewehres, dieses nahm er zurück als Andenken ins Lager. Eigentlich war das verboten und gefährlich, dennoch versteckte er die Patrone bei seinen Spielutensilien und nahm diese dann sogar mit nach Harburg.

Lagerbericht vom Lehrer an die Eltern vom 10.06.1944

Liebe Eltern unserer Schüler!
Nach sechs Wochen unseres Hierseins ist es an der Zeit, Ihnen einen Bericht über das inzwischen Erlebte zu geben als Ergänzung

und Klarstellung zu dem, was Ihre Jungen Ihnen geschrieben haben. Die Unterbringung Ihrer Jungen ist zufriedenstellend. Es wohnen 12 bis 14 Jungen auf einem Zimmer. Zwei saalartige Räume sind mit 22 Schülern belegt. Die Verpflegung machte uns anfangs Schwierigkeiten. Die Jungen und wir Lehrer wurden nicht satt; dazu fehlte es an Küchen- und Essgeschirr aller Art. Die Verpflegung hat sich jedoch wesentlich gebessert, sodass jetzt keine Klagen mehr berechtigt sind. Die Sonderzuteilung für luftbedrohte Gebiete fällt fort; die Verpflegungssätze sind natürlich höher als die Normalzuteilung im Reich. Es wird durch ständige Kontrolle bei der Lebensmittelausgabe an die Küche dafür gesorgt, dass die Jungen die ihnen zustehende Menge erhalten. Morgens gibt es Milchsuppe, 4 Scheibe Brot mit Butter und Kunsthonig oder Marmelade. Mittags bekommen wir Suppe, täglich Fleisch (außer Freitag), Kartoffeln, frisches Gemüse (Salat, Kohlrabi, Blumenkohl) und 3- bis 4-Mal die Woche Nachspeise (Pudding, Gebäck, Eis). Wenn wir häufiger Pellkartoffeln essen, so entspricht das der Anordnung, die sich aus der Kartoffelversorgung ergibt. Wir haben im Lager reichlich Kartoffeln. Als Abendessen gibt es Suppe, Brot, Butter und Zubrot. Es fehlt noch manches an Küchen- und Essgeschirr; einiges ist inzwischen geliefert; das Fehlende soll in Kürze kommen. Da anfangs die Zahl der Reinmacherfrauen infolge des Arbeitseinsatzes zu niedrig war, ließ die Sauberkeit zu wünschen übrig. Nun sind noch mehrere Frauen eingestellt, sodass auch hier eine sichtliche Besserung eingetreten ist. Jeden Sonnabendnachmittag nehmen alle Jungen ein Brausebad. Eine große Brauseanlage ist im Keller vorhanden. Dabei wird die schmutzige Wäsche abgegeben und die gewaschene empfangen. Wäscherei und Blätterei (Büglerei) sind ebenfalls im Haus. Über den HJ-Dienst haben die Jungen mehrfach Klage geführt. Nach der Schularbeit haben die Jungen 2-Mal die Woche außer Sonntag frei. An den übrigen Tagen müssen die HJ-Führer die Jungen nach den Schularbeiten beschäftigen, weil es sonst unerträglich ist, 200 Jungen in einem Bau in Ordnung und Disziplin zu halten. Manche Eltern haben mit 2 oder 3 Jungen in den Ferien schon ihre liebe Last, und nun stellen Sie sich 200 muntere Burschen vor! Wollte man da jeden nach Herzenslust schalten und walten lassen, so würde alles drunter und drüber gehen. Ich werde zu einem späteren Zeitpunkt wiederum berichten. ...Heil Hitler ...Otte, Lagerleiter i.V.

Lagerbericht vom Lehrer 15.07.1944

Liebe Eltern,
den verschiedenen Zuschriften entnehme ich, dass die Zusendung der Elternbriefe allgemeine Zustimmung gefunden hat. Das Band, das bisher zwischen Elternhaus und Schule bestand, darf und soll jetzt nicht zerreißen, wo wir räumlich weit von Ihnen entfern sind. Deshalb fühlen wir uns besonders verpflichtet, die Verbindung zu vertiefen. In diesen Elternbriefen können nur allgemein interessierende Fragen angeschnitten werden. Im Besonderen, Ihr Kind betreffenden Fragen geben wir Ihnen gern zu jeder Zeit Auskunft. Gesundheitszustand und Verpflegung sind die nächstliegenden Fragen. Der Gesundheitszustand ist gut. Dass bei über 200 Jungen einige leichte Erkrankungen auftreten, ist natürlich. Aber von ansteckenden Krankheiten sind wir bisher verschont geblieben bis auf einen Fall, der gleich in den ersten Tagen unseres Hierseins auftrat und schon lange der Vergessenheit angehört. Eine schon lange im Schwesterndienst stehende Lagerschwester, Mutter von mehreren Kindern, sorgt gewissenhaft für die Revierkranken. Gegebenenfalls wird der Junge hier im Krankenhaus untersucht und beobachtet, oder er kommt nach Tebliz in das KLV-Krankenhaus, das von einer Hamburger Ärztin geleitet wird, in besonderen Fällen erfolgt Beobachtung und Untersuchung in Prag. Jedenfalls wird um das Kostbarste, was Eltern besitzen, das Möglichste getan. Vor einigen Jahren wurde Ihr Junge in Hamburg gegen Diphtherie schutzgeimpft. So wird auch in kürzester Zeit eine Scharlachschutzimpfung durchgeführt werden. Wenn Sie wissen, dass Scharlach und Diphtherie zeitweilig in den Lagern auftreten,

so werden Sie auch Ihres Kindes wegen dieser Vorsorge volles Verständnis entgegenbringen.

Die Verpflegung der Jungen hat sich sehr verbessert. Wir sind auch dauernd bemüht, den Kindern so viel zukommen zu lassen, wie nur möglich. Obst gibt es täglich. Wir haben beim Lager einen recht großen Garten, in dem ein Gärtner dauernd arbeitet. Jede Obstsorte ist reichlich vertreten und von der Ernte wird nichts woanders hinausgegeben und ist nur für das Lager bestimmt. Gleichfalls gibt es täglich frisches Gemüse in ausreichendem Maße. Es hat bestimmt kein Junge Grund zur Klage. Dass sich nach dem Schulunterricht und vor dem Abendbrot ein guter Hunger bemerkbar macht, ist natürlich und gut. Dann schmeckt das Essen auch. Es ist bestimmt nicht nötig, dass Sie den Jungen Brot-, Fleisch- und Fettmarken schicken, auch nicht so viele Päckchen und Pakete. Sie entziehen sich der Lebensmittel, die Lagerkost bleibt übrig, wir finden dann trockenes Brot in den Spinden, bei der Bevölkerung entsteht der Eindruck, dass die KLV die Kinder hungern lässt, und so etwas wird politisch ausgenutzt. Wir haben volles Verständnis dafür, wenn eine Mutter dem Jungen eine Freude machen will. Aber wenn Jungen in der Woche 4-5 Päckchen bekommen, dann stumpft die Freude ab. Bedenken Sie auch, wie das auf die Pimpfe wirken muss, die nur selten ein Päckchen oder Marken bekommen. Überprüfen Sie bitte einmal diese Frage nicht im engen Blickwinkel, der durch die Begriffe (Mutter) und (Junge) gebildet wird, sondern vom Standpunkt der KLV-Gemeinschaft. Sie werden dann gewiss Verständnis aufbringen, wenn wir hier eindämmende Maßnahme ergreifen müssen, falls die überflüssigen Schickereien nicht aufhören. Schicken Sie keine Erdbeeren und sonstiges Obst! Solche Sendungen verderben und verderben anderes Postgut. Seien Sie auch zurückhaltender in der Zusendung von Geld. Der Junge hat Letzteres doch nur recht wenig nötig, er bekommt im Lager fast alles. Sie verleiten ihn zu unnötigen Ausgaben, die selbst in Friedenszeiten nicht zu verantworten sind. Was ein Junge kauft, kaufen im nächsten Augenblick 30, 40 Jungen. Und ehe der Lagerleiter oder Lagerlehrer davon erfährt, hat sich das Kaufen dieses Stückes zu einer Krankheit entwickelt. So hatte ein Junge sich einen (finnischen) Dolch gekauft. Innerhalb von 2-3 Tagen waren bestimmt 40-50 Dolche im Lager, die ich sofort eingezogen habe. Lassen Sie Ihren Jungen Rechenschaft über seine Ausgaben ablegen. Bitten Sie ihn auch nicht, Dinge zu kaufen, die knapp geworden sind. Backpulver wurde in Massen gekauft und stellte sich hernach als Backfärbemittel heraus. Hier sind die Waren ebenso knapp wie dort. Dieses Einkaufen hat auch eine politische Seite, und die müssen wir in all unserem Tun besonders sehen, denn wir leben hier unter den Augen einer Bevölkerung, die zum großen Teil uns nicht freundlich gesinnt ist. Beim letzten Wiegen hat sich bei manchem Jungen eine geringere oder größere Gewichtsabnahme gezeigt. Wenn der Junge das geschrieben hat, so schließen Sie nicht etwa auf eine ungenügende Ernährung oder ein Kranksein des Kindes. Nach Aussage der Bannärztin ist das eine in fast allen Lagern auftretende Erscheinung, die auf die Umstellung in der Ernährung, Klimawechsel usw. zurückzuführen ist. Jeder Pimpf erhielt ein Paar Sandalen und hat in diesen barfuß zu gehen, damit Strümpfe und Schuhe geschont werden. Wenn bisher fast 1.000 RM (Reichsmark) für Reparaturen der Schuhe ausgegeben wurde, so dürfte das auch Ihnen zeigen, dass wir in unserer Sorge schon an rauere Tage denken. Heil Hitler ...Lagerleiter Otte

Leipnik, den 1.8.44

Liebes Muttchen,
heute möchte ich Dir, da ich gerade Zeit habe, einen kleinen Brief schreiben. Mir geht es noch immer sehr gut. Das Essen ist jetzt prima. Das Wetter ist im Augenblick sehr gut. Die Sonne brennt nur so vom Himmel. Wie ist dort das Wetter? Ich habe schon mal nach dem Essbesteck gefragt. Wie ist es damit? Mein Messer habe ich auch verloren. Ich habe alles von oben nach unten gekrempelt, habe es aber nicht gefunden. Schicke mir doch bit-

te ein Besteck. Sonntagabends war ich im Kino. Ich habe den Film „Schrammeln" gesehen. Er war prima. In unserer Stube sind jetzt neue Spinde gekommen. Die sind prima. Ich werde sie Dir auf der Rückseite beschreiben. Von der Stube auch. Von Malte habe ich heute auch einen Brief bekommen. Ich habe gleich geantwortet. Hast Du das Paket erhalten? Nun möchte ich schließen. Es grüßt Dich herzlich Dein Alexander.

Lagerbericht 15. August 1944

Liebe Eltern,
wenn wir in der Elternversammlung, zu der ich Sie am 28. Juli 1944 eingeladen hatte, in einem einstündigen Bericht über unser Lager und einer längeren Aussprache auch alle Fragen des Lagers ausgiebig besprochen und geklärt haben, so möchte ich Ihnen wegen des Abschlusses des Schuljahres 1943/44 noch Näheres über die Schule mitteilen. Die Schulzeugnisse haben wir den Jungen am 08. August 1944 ausgehändigt und sie Ihnen dann zugeschickt; sie bleiben in Ihren Händen. Alle 200 Jungen konnten erfreulicherweise in die höhere Klasse versetzt werden. Nur in vereinzelten Fällen erfolgte die Versetzung mit Bedenken. Ich hoffe, dass das Versäumte im Laufe des nächsten Halbjahres nachgeholt werden kann. Die 200 Jungen werden in 8 Klassen unterrichtet. Das bedeutet einen Klassendurchschnitt von 25 Schülern, der wesentlich unter dem früheren Durchschnitt in der Schule in Harburg liegt. Infolgedessen kann der Unterricht in der KLV viel persönlicher gestaltet werden als dort, und der Erfolg des Unterrichts ist bei kleinen Klassen erklärlicherweise am größten. Dazu kommt, dass der Unterricht in den 15 Wochen unseres Hierseins erst zwei Mal durch Fliegeralarm gestört wurde; während wir in Harburg zeitweise schon nach der ersten Stunde die Kinder nach Hause entlassen mussten. Nächtliche Störungen durch Alarm haben wir noch nie gehabt; deshalb sind die Jungen im Unterricht viel aufnahmefähiger als nach den stundenlangen Schlafunterbrechungen daheim. Der

Stundenplan ist nach der ministeriellen Stundentafel für Mittel- bzw. Hauptschulen aufgestellt, wobei die Unterrichtsfächer und die Klassen, die in Harburg infolge der Unregelmäßigkeit durch Alarm zu kurz gekommen waren, hier eine Stundenerhöhung erfahren haben, um die entstandenen Lücken auszufüllen. Nachmittags von 2-4 Uhr werden Schularbeiten gemacht, wobei ein Lehrer Aufsicht führt, der den Schülern die Rechenaufgabe nochmals zeigt, einen anderen zu besserer Schrift anhält usw. Im Allgemeinen reicht die Zeit von 2 Stunden für die Schularbeiten aus. Den oberen Klassen ist darüber hinaus nach dem Abendessen noch Zeit und Gelegenheit gegeben, sich auf den Unterricht vorzubereiten. Seit dem 08. August haben wir Ferien. In den Vormittagsstunden gehen Lehrer und HJ-Führer abwechselnd mit den Jungen ins Freie. Nach der Mittagsruhe von 2:00 Uhr bis 3:30 Uhr geht es zum Baden. Das Baden ist bei dem sehr niedrigen Wasserstand der Betschwa vollkommen ungefährlich; trotzdem gehen jeden Nachmittag alle HJ-Führer und 4-5 Lehrer mit, sodass Sie wirklich keinerlei Sorge zu haben brauchen. Ich möchte Ihnen wünschen, dass Sie einmal sehen könnten, wie schön braun Ihre Jungen gebrannt sind. Heil Hitler ...v. Geyso, Lagerleiter

Als dieser Brief von der Lagerleitung an die Eltern in Deutschland geschickt wurde, wusste Alexander noch nicht, dass sein 22-jähriger Bruder Malte in Belgien gefallen war. Es kam auch von seiner Mutter Dora keine Nachricht an ihn. Der letzte Brief, den Alexander an seine Mutter schrieb, war datiert mit 20.08.1944. In dem Brief erwähnte er, dass er von seinem Bruder Malte schon über einen langen Zeitraum keine Feldpost mehr erhalten hätte. Etwa um den 24. August 1944 herum wurde Alexander über den Tod seines Bruders endlich informiert, was ihn zutiefst betroffen machte. „Wie habe ich damals geweint, der Krieg nahm einem so vieles, das man liebte", sagt er mit trauriger Stimme. Im März bekam Malte noch seinen achttägigen Urlaub, bevor er nach Belgien versetzt wurde. Dass es das letzte Mal sein würde, ihn lebend zu sehen, an das dachte Alexander in keiner Weise.

Er erhielt nach der Todesmeldung die Genehmigung, am nächsten Tag in seine Heimat zurückkehren zu dürfen. Allein reiste er mit der Bahn zuerst nach Prag und bezog im Hotel Praha ein Zimmer, wo er dreimal zu nächtigen hatte. Von dort aus wurde ihm eine Begleitperson zugeteilt, es war ein junger Leutnant, der in Hamburg seinen Urlaub antrat. Gemeinsam reisten die beiden in einem Sonderzug, in welchem sich nur Militär verschiedener Waffengattungen befand. Einen Sitzplatz konnten sich die beiden jungen Männer nicht ergattern und so verbrachten sie die ganzen Reise im Stehen. Alexander erinnert sich, wie er in einer Ecke stand und plötzlich einsackte und so in kauernder Stellung schlief, der Transport schien ihm unendlich. Die Verpflegung war durch das Rote Kreuz gewährleistet. Man fuhr von Prag über Berlin, anschließend direkt weiter nach Hamburg. Er weiß nicht mehr, wie lange die Reise damals genau gedauert hatte. In Hamburg angekommen, verabschiedete er sich von seinem Begleiter und setzte die Weiterfahrt in einem Vorortszug nach Harburg fort. Es war damals für den Jungen ein schwerer Weg zurück zu seiner Mutter, besonders nach dem Tod des Bruders. In welcher Verfassung er seine Mutter antreffen würde, wusste Alexander nicht.

Todesmeldung des Bruders 1944

Er betrat das Haus, dann die Wohnung und wurde von ihr empfangen. Sie umarmte ihren Sohn und brach in Tränen aus. „Du bist das Einzige, was ich liebe und was mir bis heute geblieben ist. Wer weiß, was mir noch alles genommen wird", hörte Alex seine Mutter unter Tränen sagen. Sie war tieftraurig und wütend zugleich. Damals musste in jeder Wohnung ein Hitlerbild an der Wand aufgehängt sein. „Schau nur", wimmerte sie, „was hat uns dieser verfluchte Krieg denn gebracht, nur Elend, Schmerz, Zerstörung, Verlust und Misere, sonst gar nichts!" Mutter Dora riss unter Tränen das Bild von Hitler vom Haken und warf es zu Boden. Wutentbrannt trampelte sie darauf herum und schluchzte unentwegt weiter „Das haben wir auch diesem Kerl zu verdanken", schrie sie. Mutter erzählte, dass die Feldpost vom 14.08.1944 zurückkam und da wusste sie Bescheid. Ihr älterer Sohn war gefallen. In dem Brief, welcher ihr am 23.08 1944 zugestellt wurde, las man in Sütterlinschrift, die ich allerdings ohne Alexanders Hilfe nicht lesen kann:

Sehr verehrte gnädige Frau,
ihr Sohn, der Obergefreite Malte, ist am 11.08.1944 nach dem Start zu seinem ersten Feindflug abgestürzt. Ihr Sohn flog als Bordfunker in der Besatzung des Unteroffiziers Frei, der dabei mit der Besatzung tödlich verunglückte. Alle Nachforschungen, die die Unfallursache klären sollten, blieben bisher ergebnislos. Ihr Sohn hat seine Treue zum Führer und Volk mit dem Tod besiegelt. Möge Ihnen der Stolz auf diese Treue und echten deutschen Haltung in dieser schlimmen Zeit die Kraft geben, den Verlust zu tragen. Obwohl Ihr Sohn erst kurze Zeit zu meiner Staffel gehörte, erfreute er sich großer Beliebtheit. Er zählte zu meinen Besten und berechtigte zu größten Hoffnungen.

Nehmen Sie auch mein tiefstes Mitgefühl zu diesem schweren Unglück. Von den Kameraden der Staffel wurde Ihr Sohn am 13.08.1944 auf dem Soldatenfriedhof „Mons Belgien" zur letzten Ruhe geleitet. In den Herzen aller Kameraden wird er unvergesslich bleiben und die Staffel wird ihm ein Andenken für alle Zeiten bewahren. Für alle weiteren Fragen stehe ich Ihnen jederzeit gerne zur Verfügung. In ehrfürchtiger Teilnahme grüßt Sie Ihr Erwin Ziehbrügg.

„Was soll mir Kraft geben und auf was soll ich stolz sein?" fuhr Mutter fort. Alexander kommen die Tränen, als er mir den Brief vorliest, es muss ein schrecklicher Tag in seiner Jugendzeit gewesen sein. Seine Stimme klingt traurig und wird zunehmend schleppender. Er erzählt mir, dass der Inhalt des Briefes für seine Mutter und ihn kein Trost gewesen war. Überdies trösteten auch die erwähnten Lobe des Briefes nicht, die machten Malte auch nicht wieder lebendig. Der einzige Trost war damals nur, dass sie mit ihrer Trauer nicht allein dastanden. Im Haus gehörten Todesmeldungen zum Alltag, denn fast jede Familie hatte eine oder mehrere Angehörigen zu beklagen. War es nicht der Ehemann, Vater oder der Sohn, dann bestimmt jemand aus der weiteren Verwandtschaft. Die allgegenwärtige Trauer gehörte zu jedem neuen Tag dazu und schlechte Nachrichten gab es stündlich. Während des Krieges wurde vom NS-Regime ein Blockwart bestimmt, der für drei bis vier Häuser zuständig war. Der hatte jeweils die Pflicht zu melden, wenn etwas in den Häusern verdächtig erschien oder eine Meldung des Führers anstand. Bekam man den Blockwart zu sehen, da wusste man schon im Vorfeld, dass das nichts Gutes zu bedeuten hatte. Auch Todesmeldungen wurden durch ihn überbracht. Am darauffolgenden Tag öffneten sie den Brief, den Malte noch vor seiner Abreise an Mutter übergeben hatte. Dieser war mit rotem Siegellack verschlossen und auf dem Umschlag stand mit schwungvoller Schrift geschrieben: „Mein letzter Wille" und zusätzlich: „Erst öffnen, wenn hinterlegtes Militärtestament nicht mehr vorhanden ist". Malte hatte sein Testament am 26.12.1943 verfasst, darin war zu lesen: „Sollte mein Testament, das ich beim Militär hinterlegt habe, durch irgendeinen Umstand abhandenkommen, so ist dieses Dokument von mir als gültiger Ersatz erklärt. Ich bestimme hiermit, dass mein sämtliches Barvermögen und sämtliche Sachen an meinen Bruder Alexander geb. 28. August 1929 fallen. Meine Mutti soll bis zu seinem 21. Lebensjahr die Sachen verwalten. Malte z.Zt. Gefr.d.Ler.L.28959 CLg. Pa. Königsberg in Polen."

Auf der Rückseite des Testaments standen die Worte: „Sollten die Erben nicht mehr am Leben sein, so soll mein Vater auf keinen Fall irgendeinen Anteil haben."

Wie viel Hass musste sein Bruder gegen den Vater empfunden haben, als er seine letztwillige Verfügung verfasste.

Das Schlimmste stand noch bevor, man hatte die schmerzvolle Pflicht, Maltes Verlobte Hanna zu benachrichtigen, was dann Mutter übernahm. Die zukünftigen Schwiegereltern von Malte hatten einen gegenseitig guten Kontakt zueinander und schrieben sich in regelmäßigen Abständen. Dora schrieb nach dem Tode Maltes immer wieder an die Familie und erhielt plötzlich keine Antwort mehr. Man war sich einig, denen musste etwas zugestoßen sein. Alexander forschte später einmal nach dem Verbleib der Familie und schrieb an den Bürgermeister von Welzow in der Nd. Lausitz DDR. Der letzte Wohnsitz der Familie, welcher Mutter Dora bekannt war und an den sie die Briefe immer schickte, hatte wohl noch Gültigkeit, dennoch kam die Post zurück. Alexander erhielt die befreiende Antwort. Die Familie sei bei Kriegsunruhen am 20.04.1945 ums Leben gekommen, hieß es im Schreiben. Erst mit dem Fall der Mauer 1989 von Ost- und Westdeutschland erfuhr Alexander den wahren Grund und wurde gewahr, was wirklich geschehen war. Durch Befragungen der Nachbarn der Familie hörte er, dass sich alle beim Eindringen der russischen Truppen einer Selbsttötung unterzogen hatten. Der Grund des Selbstmordes war wohl die fanatische Zugehörigkeit zum Nationalsozialismus, nahm Alexander an.

Man soll Tote ruhen lassen, und so gab er sich mit dem Gehörten zufrieden und stellte keine weiteren Recherchen mehr an.

Nach dem Tod von Malte fühlten sich Alexander und seine Mutter öde, alleingelassen in ihrer Trauer und Ungewissheit. Über die Umstände, wie es geschehen war, wurden sie nicht weiter unterrichtet, die Aussage des Heldentodes musste genügen. Es gab kein Begräbnis in deutscher Erde, keine Trauerfeier, keinen Abschied. So erging es vielen Eltern, deren Söhne im Krieg zurückblieben, es traf alle ausnahmslos. Was Alexander zutiefst verletzte, war die Aussage seiner Großmutter. In einem Gespräch brachte sie doch tatsächlich die Worte über ihre Lippen, es wäre ihr lieber gewesen, es hätte ihn getroffen.

Alexander standen acht Urlaubstage zu, danach hätte er sich wieder zurück nach Leipnik begeben müssen. Seine Mutter verhinderte die Reise, indem sie Alexander einfach bei sich zu Hause behielt. Das durfte man tun, wurde aber bestraft, denn man erhielt schlicht und einfach keine Lebensmittelkarten mehr. Was das zu bedeuten hatte, wusste Dora nur zu gut, Hunger war das Fazit. Mutter war eine kluge Frau, sie wusste sich zu helfen und bettelte bei Freunden und Bekannten um das, was ihr fehlte. Dafür leistete sie Dienste, indem sie ihnen kaputte Kleider flickte.

Bomben fallen auf Harburg

Alexander war schon bald zwei Monate zu Hause, als am 25. Oktober 1944 durch das Heulen von Sirenen Luftangriffe angekündigt wurden. Einmal mehr, Furcht und Panik sah man in den Gesichtern der Menschen, die alle aufgrund eines erneuten Luftangriffs in den Bunker gehen mussten, um dort Schutz zu suchen. Diese Erfahrungen waren von intensiven Gefühlen geprägt und man hoffte nur eines: zu überlebten. Der ständige Alarm, Schlafmangel und die Enge der Bunker führten zu körperlicher und emotionaler Erschöpfung. Trotz der großen Angst und Unsicherheit entwickelten die Menschen ein starkes Gefühl der Zusammenhörigkeit. Man teilte das Essen und tröstete sich gegenseitig. Dieses Mal traf es den Stadtteil Harburg, in dem Alexander mit Bruder und Mutter viele Jahre sein zu Hause hatte. Bei dem katastrophalen Angriff durch die Alliierten Verbände wurden Gebäude wie Kirchen, wichtige Verbindungswege, Brücken und ganze Häuserkomplexe zerstört. In der Straße, in der sie wohnten, schlug die erste Bombe ein und traf dabei die Werkstatt des Tischlermeisters, die sich in nächster Nachbarschaft befand. Dabei zerbarsten im Haus Nr. 13 beinahe alle Fensterscheiben. Doras Wohnung war durch den Bombenangriff unbewohnbar geworden. Drei Wohnungen hielten dem Angriff stand und waren noch bewohnbar. Es wurde nach Lösungen gesucht und schließlich auch welche gefunden, also rückten die Bewohner des Hauses näher zusammen. So fand Alex mit seiner Mutter im Parterre bei den Nachbarn Plöse Unterschlupf. Die Gespräche aller drehten sich nach dem Angriff nur noch um Flucht und das weitere Überleben. Beim zweiten Angriff auf Harburg war es eine Luftmine, die den Hof des Nachbargebäudes traf. Dabei wurde auch die ganze Fassade des Hauses, in dem sie bei Nachbarn Unterschlupf fanden, vom Wohnkomplex abgetrennt. Betten der Schlafräume hingen nach unten über die Fassade hinaus und weiteres Mobiliar sah man völlig zerstört. Die Verwüstung, das Elend, die andauernde Angst und das unbeschreibliche Leid, das durch den Krieg ausgelöst wurde, schienen Alex so sinnlos. Glücklicherweise war das Treppenhaus des Hauses noch begehbar. Auf diese Weise bestand für die beiden die Möglichkeit, letzte Habseligkeiten zu retten. Alles war furchtbar zu erleben, es herrschten Fassungslosigkeit und Ungewissheit über die Zukunft. Über die toten Menschen, die Alexander sah, will er nicht sprechen, zu stark ist die Erinnerung an den Schmerz des Erlebten. Als das Haus, in dem Dora mit ihren Söhnen über Jahre lebte, nicht mehr bewohnbar war, wurden sie wie viele andere evakuiert. Ausgebombt und mittellos standen die Menschen zwischen den Trümmern auf den Straßen.

Der Mutter gelang es, ein Pferdefuhrwerk mit Leiterwagen und Fahrer zu besorgen. Auf den Wagen luden sie die noch heil gebliebenen Möbel, dazu packten sie alle verwendbaren Dinge mit ein. Mit dem Gespann zogen sie wie viele andere, die ihre Habseligkeiten auf Handwägen oder Schubkarren geladen hatten, los. Ihre Reise führte sie in die Nordheide, in das 30 Kilometer entfernte Dorf Buchholz, wo sie nach vielen Stunden endlich ankamen. Beim Kaufmann Stöver in der Lagerhalle wurde die Karre abgeladen. Sie ließen ihre Habseligkeit stehen und kehrten mit dem Fuhrwerk den beschwerlich langen Weg wieder zurück nach Harburg. In Sinstorf, bei Doras Freundin Sofie, fanden sie vorübergehend eine Bleibe. Es blieb noch so viel zu tun in Harburg. Unter anderem fehlten Mutter die Flüchtlingsausweise. Außerdem brauchte sie Bescheinigungen der Güter, die während der Angriffe zerstört worden waren. Mit Bezugsscheinen, die man erhielt, konnten Neuanschaffungen getätigt werden. An dem Tag, als die beiden in Hamburg auf dem Amt waren, passierte es zum dritten Mal. In der Straße, in ihrer alten Heimat, war das Haus jetzt nach einem erneuten Angriff völlig zerstört und ausgebrannt, nur noch Teile der Außenmauer waren zu erkennen. Ein schmerzliches Bild für Alex, hatte er doch seine ganze Jugendzeit in diesem Haus verbracht. Der Verlust seiner Heimat war für ihn damals schwer zu ertragen. Dem inzwischen 85-jährigen Mann laufen die Tränen über die Wangen. Es ist deutlich zu spüren, wie schlimm der Krieg für die Menschen damals gewesen war. Mich berühren Alexanders Worte: „Ich hoffe, dass diese schrecklichen Kriegsjahre und das, was geschehen ist, nie in Vergessenheit geraten. Es ist immer wichtig, die nächste Generation über die Geschehnisse aufzuklären. So etwas Unmenschliches wie der Völkermord an den Juden, die Geschehnisse der immensen Zerstörung von damals, müssen unbedingt präsent bleiben", seine Stimme klingt nachdenklich.

Dann kam der Tag, an dem die beiden Harburg endgültig verließen und für immer nach Buchholz zogen. Am 31.10.1944 beendete Alexander die Mittelschule in Harburg, welche er, während der letzten viereinhalb Jahre besucht hatte. Die restlichen Schulmonate vom 01. Dezember 1944 bis 31 Januar 1945 absolvierte er in Buchholz. Von Verwandten des Kaufmanns Stöver bekamen Mutter und Sohn an der Schützenstraße 11 eine Eineinhalbzimmerwohnung beinahe umsonst zu mieten. Da Dora noch eine Schwester hatte, die in Buchholz geblieben war, gestaltete sich für die beiden manches einfacher. Besonders hilfreich war der Start in das neue Leben. Während der Zeit, als Dora für sich und ihren Sohn die Wohnung an der Schützenstraße 11 einrichtete, durften sie bis auf Weiteres bei Verwandten hausen. Ich frage Alexander, ob ihm die neue Unterkunft gefiel. Daraufhin antwortet er mir mit einem zurückhaltenden Lächeln und mit nachdenklicher Miene: „Nein, primitiv war sie, ich kann dir das einmal aufzeichnen, oder ich erzähle dir in etwa, wie es aussah." Er beginnt mir zu schildern, wie er über Jahre hinweg mit seiner Mutter zusammen in ärmlicher Atmosphäre lebte. „Es war furchtbar, so zu hausen, aber man war froh, nur ein Dach über dem Kopf zu haben. Das war das Wichtigste und mit der Zeit gewöhnte man sich auch an das einfachere Leben", sagt er. Betrat man die Wohnung, sah man fast alles, was vom Krieg noch geblieben war. Auf der rechten Seite stand der Kohleherd und im Eck danach das Gestell mit dem Waschbecken und dem großen Krug darunter. Das Becken diente dazu, sich täglich waschen zu können. Die Anrichte mit den seitlichen Vitrinen, auf die er doch immer besonders stolz gewesen war, konnten sie auch retten. Da stand sie nun wieder und schmückte pompös die Wand auf der rechten Seite des bescheidenen Raumes. Auf den schweren Tisch mit den vier Stühlen aus dem Herrenzimmer hatte man auch nicht verzichten müssen. Vor dem Fenster platzierte Mutter das Blumengestell, wo jetzt blühende Pflanzen in Töpfen standen. Früher hatte Alexander nie einen Blick für Grünzeug, aber hier fiel es ihm plötzlich auf. Es lag wohl an der neuen Situation, man erfreute sich an den kleinen Dingen des Lebens. Die Schlafgelegenheit verteilte Dora äußerst geschickt. Sie schlief auf der im großen Raum stehenden Chaiselongue und Alexander im halben Zimmer. Im rumpelkammerähnlichen Raum standen sein Bett und ein Kleiderkasten für beide, Fenster gab es dort keines. Einen der Sessel aus dem Herrenzimmer brachte Mutter ebenfalls in die neue Bleibe. Dieser protzte vor dem immer kalt bleibenden Heizkörper, denn zum Heizen fehlte das Geld. Der Fauteuil diente als zusätzlicher Tisch, indem sie das hölzerne Bügelbrett quer über die beiden Seitenlehnen legte. Etwas instabil, aber dennoch nützlich. Man hatte schon zuvor in Harburg nach Ausbruch des Krieges gelernt, mit wenig auszukommen.

Alex war 15 Jahre alt, als alle jungen Burschen von Buchholz im selben Alter die Aufforderung erhielten, sich in der Volksschule einer Befragung zu unterziehen. Er hatte eine vage Vermutung, um was es sich bei der damaligen Vorladung handeln konnte. Also begab er sich zusammen mit einigen seiner Kameraden zur Dorfschule, wo sie von einem Komitee des Militärs empfangen wurden. Dieses setzte sich aus drei Offizieren der Wehrmacht und fünf Braunhemden der Nationalsozialistischen Verbände zusammen. Hinter einem langen Tisch saßen sie und mit steinernen Mienen beobachteten sie das Eintreffen der Jünglinge. An der Wand, im Rücken der Offiziere, standen die Fahnen der Wehrmacht und der Nationalsozialistischen Verbände, entrollt, eine nach der anderen in Reih und

Glied, wie Soldaten. Als Alexander aufgerufen wurde, stand er stramm und hob die rechte Hand zum Gruß. „Heil Hitler", sagte er klar, laut und deutlich und auch er wurde von den Offizieren mit dem Hitlergruß empfangen mit den Worten: „Wir freuen uns, dass du gekommen bist, um dich freiwillig zur Waffen-SS zu melden", hörte er einen der Offiziere sagen. Von Alexanders Seite überraschtes Schweigen, denn das stimmte nicht und war ihm neu, was man ihm da unterstellen wollte. Der Satz wurde wiederholt und Alexander war sich bewusst, welche Antwort von ihm erwartet wurde. Er überlegte und es überkam ihn im selben Moment ein derartiger Starrsinn. Er antwortete mit einem klaren „Nein", bevor eine weitere Frage von der anderen Seite kommen konnte. Ohne nachzuhaken, erhielt er den Befehl, sich in einen der Schulräume im oberen Stockwerk zu begeben, um dort in Ruhe nochmals über seinen Entscheid nachzudenken. Wie ihm befohlen, suchte er den Schulklassenraum auf, bei dem die Türe offenstand und setzte sich gleich in die erste Bank. Viele Gedanken kreisten durch seinen Kopf, während er allein im Raum saß und sich umsah. Hitler wollte die Macht über die Jugend, nur der diktierte, was zu tun und zu lassen war. Er sah das Bild des Führers an der Wand, das im Schulzimmer hing, der Tyrann war allgegenwärtig. Der tägliche Schulunterricht begann schon mit dem Hitlergruß. Beim Fach Rassenkunde wurde der Jugend beigebracht, was einen echten Arier ausmache. Die Herrenrasse seien sie und ihnen würde die alleinige Herrschaft Europas zustehen, so lernte man es. Als Pimpfe hatte man schon zu gehorchen und zu glauben, was jedem Einzelnen eingetrichtert wurde. Jetzt sollte er noch den Helden spielen, lernen mit Waffen umzugehen, nein, das war zu viel. Er erinnerte sich, wie stolz er gewesen war, als er die erste Uniform der Pimpfe getragen hatte. Die Zeit war vorbei, denn Alex besaß jetzt schon einen klaren Blick und erkannte die Gräuel des Krieges. Es kamen Alexander die Worte seines gefallenen Bruders Malte wieder in den Sinn. Hatte er nicht gesagt, der Krieg sei verloren? Heute kann er sich nicht mehr erinnern, wie lange er in der hölzernen Schulbank saß, bis man ihn zurückrief. Wieder stand er vor den uniformierten Männern und erneut stellte man ihm dieselbe Frage. Wie er sich mittlerweile entschieden hätte, wollte einer der Offiziere wissen. Seine Antwort lautete wiederum: „Nein". Alexander spürte deutlich, dass die Offiziere über seinen Entscheid verärgert waren. Sie hatten einen Fang weniger gemacht, dachte Alexander damals. „Heil Hitler, du kannst gehen", wurde er kaltschnäuzig verabschiedet und er durfte nach dem üblichen Hitlergruß den Raum verlassen. Er war wirklich erleichtert und froh darüber, den Entscheid getroffen zu haben. Außerdem wollte er seiner Mutter nicht noch mehr Schmerz zufügen, als sie schon durch den Tod von Malte erlitten hatte. Mit der Gewissheit, dass dieser Akt noch nicht zu Ende sein konnte, begab er sich nach Hause. Er schilderte seiner Mutter im Einzelnen, wie sich die Befragung zugetragen hatte. Das Unterfangen war dann auch nicht beendet, wie Alexander damals schon vermutete.

Marschbefehl mit 15 Jahren

Am 01.04.1945 erhielt er eine schriftliche Benachrichtigung und wurde laut Brief ins Militär eingezogen. Mit kaum 15 ½ Jahren hielt er somit den Marschbefehl in seinen Händen. Er hatte in Neu Wulmstorf, Ortsteil Rübke in Niedersachsen, im Alten Land an der Elbe einzurücken. In Rübke bei der Flak und Scheinwerferstellung hatte er sich zu melden. Der Abschied von zu Hause war herzzerreißend, Mutter wollte ihn nicht gehen lassen und er selbst hatte große Angst. Mit ihm wurden zwanzig weitere Burschen gleichen Alters rekrutiert. Sofort nach dem Eintreffen in Rübke wurde die Gruppe unter der Führung eines Leutnants über die Elbe gesetzt. Auf der anderen Seite erreichten sie das kleine Nest Vierlanden. Von dort aus fuhren sie mit Sack und Pack im Zug weiter nach Rendsburg. In den Abteilen fehlten die meisten Scheiben und der Wind zog empfindlich kalt durch den Bahnwagen. Während der Nacht, viele waren schon eingenickt oder schliefen, wurde die Gruppe durch Tieffliegerangriffe der Engländer aus dem Schlaf gerissen. Die Engländer hinderten den Zug durch ihre Angriffe an der Weiterfahrt. In den Abteilen wurde es hektisch und dabei entstand furchtbare Panik. Alle verließen rennend und schreiend die Waggons und brachten sich im Freien in Deckung. Die einen versteckten sich in kauernder Stellung hinter den Wagenrädern und andere krochen unter den Zug. Die Lok wurde von den Waggons abgekoppelt, denn besonders dieser galt der Angriff. Der Bombenhagel war vorbei und glücklicherweise wurde dabei keiner verletzt. Wieder bestiegen sie alle den Zug, der sich weiter in Richtung Rendsburg bewegte. Die Stimmung blieb nach dem Vorkommnis allerdings angespannt und gedrückt. In der Nähe des Hafens der Stadt Rendsburg stand der Zug erneut still. Es folgte ein weiterer Bombenangriff und ganz automatisch beugte man sich nach vorne und legte die Hände über den Kopf. Diesmal galt der Angriff einem Zerstörer der deutschen Kriegsmarine, der im Hafen lag. Ein wahrer Bombenhagel prasselte auf das Schiff nieder. Es schlugen auch Bomben in nächster Nähe des stehenden Zuges ein. In den Reihen der Menschen, welche im Zug saßen, blieb es ruhig, aber in den Gesichtern sah man Entsetzen. Plötzlich ein durchdringender und lauter Schrei. Es hatte einen der Kameraden, der an der Fensterseite im Abteil saß, am Arm getroffen. Die Splitter waren glücklicherweise klein, jedoch der Schmerz musste bestimmt deftig gewesen sein. Dem kreideweiß gewordenen Jungen wurde ein Notverband angelegt und damit war die Sache vorerst abgetan. Außer dem Schrecken kamen glücklicherweise keine weiteren Passagiere zu Schaden. Die Lokomotive des Zuges, die hielt dem Angriff nicht stand. Durch den Beschuss war die Zugmaschine nicht mehr betriebsbereit. Mit dem Austausch der Lok und einer langen Warterei setzte sich der Zug schließlich erneut in Bewegung. Die Reise führte sie weiter bis nach Flensburg zur dänischen Grenze hoch, das seit April 1940 unter deutscher Besatzung stand. Dort verließen die Zivilisten den Zug und die jungen Rekruten reisten weiter in Richtung Kolding, Velje und Arhus. Es ging weiter durch ganz Jütland hoch, an der Ostküste entlang, wo die rekrutierten Jungsoldaten am nächsten Tag in Aalborg, im Norden Dänemarks, eintrafen. Am Bahnhof stieg die Truppe auf militärische Lastwagen um und der Konvoi brachte sie auf eine Anhöhe oberhalb Aalborg, von wo aus man den Limfjord sehen konnte. Dort standen zahlreiche Holzbaracken, die der Truppe als Unterkunft zur Verfügung standen. Keiner wusste, wie lange sie in der Kompanieunterkunft bleiben mussten. Schon am nächsten Tag in der Früh begann die Ausbildung der jungen Rekruten. Sie bestand darin, sich mit dem Karabiner 98 und dem MG 42 vertraut zu machen. Sie mussten die Waffen fassen, die man sich zu zweit teilen musste, weil es angeblich zu wenig davon gab. Alexander gefiel das Ganze nicht, lächerlich sei es gewesen, eine Farce, ließ er verlauten. Die Ausbildung der jungen Truppe wurde durch einen herumbrüllenden Feldweibel erteilt. Bei den

Übungen hatte man sich mit dem Gewehr auf die Erde zu legen und mit blinder Munition auf eine etwa 20 Meter entfernte Zielscheibe zu schießen. Jeden Tag dieselben Übungen mit MG und Karabiner, immer der gleiche Unsinn, dachte Alexander zur damaligen Zeit, aber man hatte sich zu fügen. Er konnte sich gar nicht vorstellen, auf eine Person zu zielen, oder gar jemanden zu töten, das war nicht in seinem Sinne. Mit dem Erwachsenwerden hatte sich seine Gesinnung gegenüber Waffen grundsätzlich gewandelt. Waren die jungen Soldaten unterwegs, lautete der Befehl der Vorgesetzten, immer mindestens zu zweit aufzubrechen. Gewehre führten sie keine mit, jedoch beim Ausgang trug jeder eine Handgranate ohne Zünder am Koppelhacken eingehängt. Die sollte dem Selbstschutz dienen und zusätzlich abschreckend wirken. Man musste immer damit rechnen, dass man mit fanatischen Widerstandskämpfern in Berührung kam. So wurde es bei den militärischen Ausbildungen stets kommuniziert und indoktriniert.

Mit dem Sold, den sie in dänischen Kronen erhielten, waren sie manchmal in der Stadt unterwegs. Dabei entstand der Eindruck, von der Bevölkerung skeptisch und dennoch bedauernswert beäugt zu werden. Nichtsdestotrotz spürte man allerdings deutlich, dass die Dänen in ihnen auch den potenziellen Feind sahen. Die Leute verstanden die deutsche Sprache gut und es gab keinerlei Schwierigkeiten, sich mit ihnen zu verständigen. Alexander verbrauchte seinen Waffensold eigentlich nur für Brötchen, Butter und Gebäck. Außer dem täglichen Sold erhielten die noch jungen Soldaten vier Zigaretten und einen Viertelliter Schnaps pro Tag. Dafür hatte er aber keine Verwendung, so tauschte er die Ware gegen etwas Geld ein und war auf diese Weise immer gut bei Kasse. Absatzschwierigkeiten kannte er absolut nicht, denn die erwachsenen Soldaten der Kompanie, die in Nachbarsbaracken hausten, kamen mit dem Anteil der Rauchwaren und dem scharfen Getränk nicht aus.

Anfangs April wusste man noch nichts von der sich nähernden Kapitulation. In dieser Zeit hatte Alexander schrecklich Angst davor, noch zum Einsatz an die Front zu kommen und dort als

Kanonenfutter zu fungieren. Die Ausbildung unter täglichem Drill ging unerbittlich weiter, die Front brauchte Nachschub. Bis zu dem Tag hin, als der Kompaniechef die Kapitulation, den Zusammenbruch des Nationalsozialismus des Deutschen Reiches, auf allen Fronten bekanntgab, dauerte es nur noch fünf Wochen. Was diese Bekanntmachung des 09. Mai 1945 bei den Kindersoldaten auslöste, muss bestimmt nicht beschrieben werden. Heilfroh, nun endlich der Hölle entgangen zu sein, lag man sich mit Freudentränen in den Armen. Nun hatte die Schreckensherrschaft eines Verrückten und Größenwahnsinnigen endlich ein Ende gefunden.

Am darauffolgenden Tag landeten im Limfjord zwei englische Sunderland-Flugboote, das konnte man von der Kompanieunterkunft aus deutlich erkennen. Es wurde zum damaligen Zeitpunkt das Kapitulationsschreiben an die Führung der deutschen Besatzung in Dänemark überbracht. Die Bedingungen im Kapitulationsschreiben sahen vor, dass die geschlossenen, bewaffneten deutschen Truppen unter deutscher Führung in ihr Land zurückkehren mussten. Schon bald bekamen die Wehrmänner den Befehl zu packen, einen Tag später ging es schon los Richtung Heimat. Den Tornister bepackt, marschierten sie in Reih und Glied in ihren Knobelbechern „kurze grobe Stiefel" in Richtung Süden los. Strümpfe trugen viele schon länger keine mehr, so banden sie sich Fußlappen um die Füße. Es bot sich ein jämmerliches Bild, der Stolz der Truppe war abgeblättert, alle wollten nur noch heim. An den Sieg hatte man schon lange nicht mehr geglaubt, der Kampf war lange davor schon verloren. Trotzdem funktionierte jeder, so wie es angeordnet und befohlen wurde, weiter. Nach dreißig Kilometern Fußmarsch erreichten sie den ersten dänischen Bauernhof, der inmitten großer Buchen und Ulmen stand. Der erste Rastplatz, ein schöner Anblick. Hühner und Gänse, alle rannten sie auf dem Hof herum und es schien, als wäre der Krieg dort gar nicht angekommen. Als Soldat kam man fast in Versuchung, eines der gefiederten Tiere zu schnappen, denn der Hunger war allgegenwärtig. Die Truppe wurde durch das Militär der Marketenderei verpflegt und die kam selten pünktlich. Wiederholte Male erhielten die Männer schimmliges Brot, was natürlich immer wieder auf Widerstand stieß, aber es änderte sich nichts. Im Übrigen waren auch die weiteren Esswaren nicht gerade bekömmlich, aber wer Hunger hatte, der aß. Weil Alexander durch seinen Handel, den er betrieb, einigermaßen gut bei Kasse war, konnte er sich bei den Bauern mal mit Eiern, Speck und Brot eindecken. Dann baute er aus Steinen eine Feuerstelle, sammelte etwas Reisig fürs Feuer, wo er sich im Kochgeschirrdeckel die Eier mit Speck briet. Das Selbstgekochte verzehrte er mit Hochgenuss, zusammen mit dem gekauften Brot. Diese Selbstverpflegung wiederholte er dann, wenn sie auf Rastplätzen lagerten. Die Truppe übernachtete meist in Scheunen der umliegenden Bauernhöfe, die Lagerstellen waren im Vorfeld schon bestimmt worden. Etwa hundert Soldaten lagen zugedeckt mit Wolldecken im Stroh, keinen störte das stachelige Nachtlager. Vom Marschieren erschöpft und froh, endlich aus den Schuhen zu kommen, schlief man schnell ein. Viele von ihnen hatten die Füße voller Blasen, die wurden am Abend von Sanitätern mit Jod verarztet. Das trug nicht viel zur Verbesserung bei, denn am darauffolgenden Tag zogen sie weiter und zu den alten Blasen kamen neue hinzu. „Ich war der Kleinste der Kompanie, musste längere Schritte nehmen als die Langbeinigen. Ich spürte bei jedem Schritt, wie die Lappen in meinen Stiefeln scheuerten und konnte eines Tages nicht mehr weiterlaufen. Meine Füße taten mir derart weh und fühlten sich an wie blutige Klumpen. Als ich am Abend aus den Schuhen schlüpfte und die Lappen entfernte, hatte ich derart Schmerzen und konnte kaum noch auftreten. Nach dem Verarzten kroch ich in mein Strohlager und meine Füße pulsierten. Um alles in der Welt, wie war es möglich, so weiterzulaufen, überlegte ich mir. Am nächsten Morgen hatte ich Gott sei Dank das Glück, im Sanitätstransporter mitzufahren. Beim nächsten Rastplatz wurden wir Untauglichen abgeladen und es blieb Zeit, sich in Ruhe umzusehen, was es auf dem Hof zu ergattern gab. So vertrieben wir uns die Stunden und warteten auf das Eintreffen unserer Kameraden. Als die ganze

Truppe wieder zusammen war, wurde die Verpflegung angeliefert und man aß im Feld, von Hygiene ganz zu schweigen. Geschlafen wurde in ganzer Montur, denn man wusste nie, wann man zur Wache abkommandiert wurde."

Am darauffolgenden Morgen nach dem Frühstück und dem Kaffee, der einer dunklen Brühe glich, marschierte die Truppe weiter Richtung Grenze. Auch Alexander hatte sich wieder in seine Schuhe gequält. Die 300 Kilometer, also weitere zehn Tage Fußmarsch bis nach Flensburg an die Grenze zu Deutschland, waren für ihn eine Tortur. So wie es die Bedingungen vorsahen, trug es sich dann zu. Die Truppe wurde an der Grenze entwaffnet, es folgte die Leibesvisite eines jeden Einzelnen, dann kamen sie in englische Kriegsgefangenschaft. Die Engländer filzten sie von Kopf bis Fuß, sie wurden abgetastet und durchsucht, Alexander wurde dabei die Armbanduhr abgenommen. „Der verfluchte Engländer", sagt er, „diebisch, wie eine Elster riss er mir die Uhr vom Handgelenk und steckte sie in seine Hosentasche." Er war damals fuchsteufelswild über die dreiste Handlung, konnte aber als Gefangener nichts dagegen unternehmen. In den Klauen des Feindes hatte man den Mund zu halten. Das lernten die Soldaten, man war gewohnt zu schweigen und tat, was befohlen wurde. In der ehemaligen deutschen Kaserne, wo die aus Dänemark kommende Truppe untergebracht werden sollte, fehlte der Platz für alle. Alexander selber wurde bei einem Ritterkreuzträger der Luftwaffe vorerst für vier Tage einquartiert. Der verdiente Fliegersoldat der Luftwaffe lagerte in einem großen Zelt, darin standen zwei Betten, Tisch und Stühle. Auf dem Tisch befand sich ein Funkgerät mit Empfangsteil, für welches Alexander natürlich gleich großes Interesse zeigte. Wie gerne hätte er das aus der Nähe betrachtet. Damit konnte man sämtliche Radio- und Funkwellen empfangen. Er hatte zu Hause doch immer so seine geliebte Jazzmusik vom Hannoverschen Kapellmeister Willi Steiner gehört. Gefällige, aufmunternde Melodien, die gerade in der harten Zeit etwas Ablenkung brachten. Heute erinnert er sich noch genau an jenen Tag zurück, als wäre er gestern erst gewesen und sagt: „Kurz nach dem Krieg, man dachte, es sei alles kaputt, aber nein, die Sender arbeiteten wieder." Nach vier Tagen im Zelt des Offiziers erhielt Alexander dann ein Einzelzelt. Wer nicht mehr in den Kasernen untergebracht werden konnte, musste im freien Feld übernachten. Es traf dabei die Jüngsten der Truppe und so war er einer unter vielen. Die einfache Unterkunft diente ihm vorwiegend als Nachtlager und der Unterbringung seiner restlichen Habseligkeiten, welche er noch besaß. Darunter war der Tornister, darin einige Konservendosen aus Dänemark, die er während seiner Zeit dort käuflich erworben hatte. Leider hatte er das Pech, dass ihm die Konserven nach und nach von den Mitgefangenen gestohlen wurden. Jeder suchte nach etwas Essbarem, um damit den Magen zu beruhigen.

Es kamen die Entlausung und die medizinische Untersuchung der Kriegsgefangenen. Zur Entlausung hatten sie sich in Gruppen aufzustellen. Von oben bis unten wurden die Männer mit einem Mittel besprüht, das furchtbar stank. Das geschah mit einem Sprühapparat, damit wurde unter die Kleidung gespritzt. „Der Saft lief mir über den Rücken bis hinunter zu den Beinen", sagt Alex. „In dichten Nebel gehüllt, hielt jeder dabei die Luft an, um von dem Gift nicht allzu viel einatmen zu müssen. Die Entlausung der Truppe dauerte einige Tage an, bis schließlich alle von uns durch waren." Vom Engländer spürte man im Lager später kaum noch etwas, denn immer noch stand die Truppe unter deutscher Führung. Während der Gefangenschaft in Flensburg wurden in den Kasernen deutsche Filme vorgeführt, wie „Quax der Bruchpilot9" mit Heinz Rühmann. Diese Filme dienten zur Unterhaltung der Gefangenen.

Alexander ist dem 1994 verstorbenen Heinz Rühmann zum Verwechseln ähnlich. Er wurde oft darauf angesprochen, ob er ein Verwandter des Schauspielers sei. Meiner Meinung nach hätte er der Zwillingsbruder Rühmanns sein können.

Die Langeweile im Lager vertrieben sich die Männer mit Karten- und Brettspielen. Alle zählten sie die Tage, waren müde von den letzten Monaten und wollten nur noch nach Hause. Mittlerweile war es Mitte Juni geworden, die Tage waren lang, die

98

man nur mit Warten verbrachte. Alexander war oft im Lager-
areal unterwegs, um die Ohren etwas zu spitzen. So bot es sich
an, möglicherweise an brauchbare Informationen zu gelangen.
Eines Tages, er war wieder auf einem seiner Schnüffeltrips, als
er von der englischen Kommandantur ein reges Gespräch auf-
schnappte. Es handelte sich bei dem Dialog darum, freiwillige
deutsche Erntehelfer zu rekrutieren. Das hatte er deutlich gehört und verstanden, denn die englische Sprache war ihm nicht
fremd. Er wollte sich nützlich machen und sich zu diesem Dienst
melden, wenn das Angebot offiziell verkündet wurde, das stand
fest. Auf den deutschen Bauernhöfen fehlten Männer, viele waren gefallen und so war jeder Helfer Gold wert.

Am 01. Juli 1945, es war früh morgens, erhielten die Gefangenen den Befehl, sich bepackt und marschbereit in der englischen Kommandantur zu melden. Dort bekamen sie die Ent-
lassungspapiere aus der englischen Kriegsgefangenschaft. Die
Truppen wurden binnen kurzer Zeit auf zwanzig Lastwagen
verteilt. Wohin sie die anschließende Reise führen sollte, das
wusste keiner der Kriegsentlassenen. Von Rekrutierungen als
Erntehelfer, was Alexander am Vortag vernommen hatte, war
keine Rede mehr. Der Konvoi bewegte sich auf der Autobahn
Richtung Hamburg, fuhr dann aber weiter südlich, rechts an
Lüneburg vorbei gegen Celle. Alexander bemerkte wohl, dass
sie sich immer weiter von der Heimat wegbewegten, und so beschloss er, sich bei der nächsten Pinkelpause mit weiteren Kameraden abzusetzen. Gedacht getan, es bot sich beim ersten
Halt die Gelegenheit, sich davon zu machen und so verschwand
er in den Büschen. Wo seine Kameraden geblieben waren, war
ihm schleierhaft. Die wollten sich ebenfalls aus dem Staub machen, wo waren sie nur geblieben. Er konnte nicht warten und
entfernte sich in gebückter Haltung. Als er weit genug von den
militärischen Lastwagen befand, fühlte er sich schon sicherer.
Er hatte damals nur ein Ziel, das war die Rückkehr in seine Heimat. Geduckt verhielt er sich ruhig hinter einem Bretterver-
schlag, der sich seitlich eines zerstörten Wohnhauses befand.
Dort hielt er inne, bis die Lastwagenkolonne außer Sichtwei-

te war. Von denen, die mit ihm zusammen verschwinden wollten, fehlte weiterhin jede Spur. Also zog er los und begab sich zu Fuß in Richtung der Stadt Celle, die ihm von früher her bekannt war. Auch dort eine schreckliche Trümmerlandschaft, es stand kaum noch ein intaktes Haus in den Straßen. Er brauchte dringend eine Mitfahrgelegenheit, denn es war illusorisch, die hundert Kilometer am selben Tag bis nach Buchholz zu schaffen. Seine Füße waren dick aufgeschwollen und das Gehen fiel ihm schwer. An diesem Tag hatte er das Glück, mit verschiedenen Pferdefuhrwerken nach Celle und später in das niedersächsische Soltau zu gelangen. In Soltau harzte sein Weiterkommen, trotz der Bemühungen und vieler Anfragen in Geschäften und Handwerksbetrieben. Er stellte sich auf eine Nacht im Freien ein, glücklicherweise war es warm und regnete nicht. Vielleicht bot sich die Möglichkeit an, irgendwo bei einem Bauern im Ort Unterschlupf zu finden. Seine Essensvorräte waren zu Ende und das bisschen Brot, das ihm noch blieb, musste er gut einteilen. Wasser trank er an Brunnentrögen und füllte dabei auch immer seine Feldflasche auf. Entschlossen, im Gasthaus, auf das er gerade zulief, um etwas Essbares zu betteln, stieg er die Treppe hoch und trat in die Gaststube ein. Er trug noch seine Uniform und zeigte der freundlichen Wirtin den Entlassungsschein. Es half, denn diese brachte dem jungen Kriegsentlassenen schon bald ein dickes Wurstbrot aus der Küche. Das war wie ein Geschenk des Himmels und er setzte sich damit auf die Treppe des Wirtshauses und biss genüsslich in die Stulle. Die Frau schaute ihm dabei mit Wohlwollen zu und fragte: „Wo ist deine Heimat Junge?" Alexander hielt mit dem Essen inne, schaute zu ihr hoch und entgegnete. „Ich will nach Buchholz, aber das werde ich wohl heute nicht mehr schaffen." Darauf erwiderte ihm die Wirtsfrau, dass der Lastwagenfahrer in ihrer Gaststube hoch nach Buchholz müsse. Er hätte die Frau am liebsten umarmen mögen und konnte sein Glück an diesem Tag kaum fassen. Schon bald darauf saß er zusammen mit dem Fahrer tatsächlich im Lastwagen, der mit Holzkohlenantrieb fuhr. „Das Benzin fehlte damals", erklärt mir Alex, „so wurden besonders Lastwagen auf Holzkohleantrieb umgebaut." Er erinnert sich noch, dass hinter der Fahrerkabine ein großer Behälter zur Verbrennung der Holzstücke eingebaut war. Als der Fahrer den Generator des Holzvergasers aufgefüllt und angezündet hatte, ging die Reise los. Sie unterhielten sich über die Tragik der Kapitulation Deutschlands. Über die furchtbare Zerstörung und die vielen Opfer des Krieges. Wie es wohl zukünftig weitergehen werde und wie lange die Wunden der schrecklichen Zeit noch weiter bluten würden.

Langsam bewegte sich das Kraftfahrzeug durch zerstörte Dörfer in Richtung Buchholz. Alexanders Herz begann zu rasen, als er durch die Frontscheibe die Umrisse seiner Heimat erkennen konnte. „Wie sich Heimat anfühlt, das wusste ich in dem Moment, als ich wieder dort ankam", gesteht er. Wie unendlich dankbar war er dem Fahrer, der ihn heimbrachte. Zum Abschied schüttelte er ihm kräftig die Hand, bevor er schließlich mit Tränen in den Augen ausstieg. Vom Dorfrand aus begab er sich in Richtung Kirchplatz, welcher mit vielen hohen Bäumen umgeben war. Bald schlug er den Weg zur Schützenstraße ein. Wie er alles wohl vorfinden würde und es seiner Mutter ging, waren seine Gedanken, während er sich dem Haus näherte. Mutter hatte keine Ahnung, dass schon bald ihr Sohn vor der Tür stehen würde. Seit dem Tag der Einberufung am 01.04.1945, bis zu dem Tag, als er nach Hause zurückkehrte, hatte seine Mutter nichts mehr von ihm gehört. Er lief über den Hof und sah Mutter, wie sie draußen vor dem Haus werkelte. Als sie ihren Sohn erblickte, stand sie stocksteif, als wäre sie angewachsen. Ein ungläubiger Blick, den Mund weit offen. Dann kam sie ihm mit ausgestreckten Armen entgegen und rief: „Mein Junge, was bin ich froh, du bist heimgekommen!" „Wir lagen uns lange in den Armen, Freudentränen rannen uns über die Wangen, was war das für ein Moment der Erleichterung", erzählt Alex. Er kneift ein Auge zu und fährt fort: „Nach der Umarmung rümpfte Mutter die Nase, ich musste ja furchtbar gestunken haben. „So kommst du mir aber nicht ins Haus", sagte sie noch vor der Haustüre zu mir und lachte vergnügt. Alexander wusste zu gut, dass sie so, wie sie sich ausdrückte, es eigentlich auch meinte. Mutter kannte ihn nur gepflegt und sauber, das war er bei seiner Ankunft zu Hause natürlich nicht. Nebst dem Geruch war er auch noch dreckig und wie. Auf dem Feld hatte es keinen gestört, alle rochen und dreckig waren sie auch. Im Flur vor der Wohnungstüre zog Alexander sich schließlich aus. Die Uniform hätte man in eine Ecke stellen können, dabei wäre sie bestimmt nicht mal umgekippt. In der Waschküche stand er nackt und seifte sich von oben bis unten tüchtig ein, war das eine Wohltat. Nur seine geschundenen Füße, auf die er gerade hinunterschaute, erinnerten ihn bestimmt noch lange an die Zeit in Dänemark. Anschließend spritzte er sich mit dem Wasserschlauch gründlich ab, er fühlte sich wie neugeboren. Nun war er angekommen und die beiden hatten sich viel zu erzählen. An jenem Tag kochte Dora nur für ihren Sohn allein, es musste etwas besonders Gutes sein. Aus den bestehenden Vorräten, die waren bescheiden, bereitete sie ihm einen kräftigen, nahrhaften Eintopf aus Gemüse und Hülsenfrüchten zu. Alexander konnte es kaum erwarten, sich über das gut riechende Festessen herzumachen. Fast schon gierig schaufelte er mit der Gabel das Essen in seinen Mund, denn er hatte die Kochkünste seiner Mutter seit Monaten vermisst. Der Krieg, das Schreckensgespenst, war vorbei, kein Fliegeralarm, keine Bomben und nicht mehr die plagende Angst. Das Leben verlief ärmlich weiter, oder wurde noch schlechter als zuvor.

Kriegsende 09. Mai 1945

1945 war der Sommer heiß und trocken, darauf folgte ein kalter Winter. Viele Äcker lagen brach, waren ausgetrocknet oder durch Bomben beschädigt worden. In den Jahren unmittelbar nach dem Krieg gab es eine weitverbreitete Nahrungsknappheit. Landwirtschaftliche Infrastruktur wie Maschinen, Scheunen und Vorräte wurden geplündert und zerstört. Die Bauern mussten die Versorgung der Bevölkerung sicherstellen, oft unter schwierigen Bedingungen. Bei einigen Bauern auf dem Lande, auch in Buchholz, gab es noch Kartoffeln, Rüben und Eier zu kaufen. Man brauchte sich dort weniger Gedanken zu machen als die hungernden Leute in den ausgebombten Städten. Die Bauernbetriebe litten nach dem Krieg unter Arbeitermangel, manche Bauersfrau war mit Kindern allein auf sich gestellt. Für die war es schwer, denn sie besaßen kaum die Kraft, den Betrieb ohne fremde Hilfe weiterzuführen. Auf den Höfen fehlten die Männer und Söhne, die im Krieg gefallen waren. Zwangsarbeiter, hauptsächlich aus Polen, wurden in der Landwirtschaft und der Industrie eingesetzt. Daneben haperte es an Maschinen und Pferden, die zum Bestellen der Felder dringend gebraucht wurden, die Kriegszeit raubte alles. Oft, so erinnert sich Alexander, sei er abends, wenn es dunkel wurde, mit dem Bollerwagen losgezogen, um Essbares zu suchen. Einmal, als er sich wieder auf einem seiner nächtlichen Raubzüge befand und nach Holz und Zuckerrüben suchte, da sah er sie schon von Weitem, die zwei Ordnungshüter. Die beiden näherten sich zu Fuß bedrohlich seinem abgestellten Handwagen. Es war schon stockdunkel geworden, als er gerade eine dicke Rübe von Hand aus der Erde grub. Er musste sich jetzt ruhig verhalten und legte sich dazu auf den Bauch. Zwischen dem Kraut der Rüben konnte er die Polizisten gut beobachten. Beinahe wären die Männer über den Handwagen gestolpert, den er am Wegrand abgestellt hatte. Er hörte, wie einer zum anderen sagte: „Da guck mal, haben die Brüder wieder Rüben gestohlen." In der damaligen Zeit fragte man sich beim Stehlen nicht nach Moral, jeder musste es tun, um zu überleben. Dieses Mal hatte er auch noch Holz geladen, das er im nahegelegenen Wald gesammelt hatte. Man musste sich zu helfen wissen, wenn man etwas Wärme in die eiskalte Stube bringen wollte. Der Winter war derart hart, es herrschten eisige Temperaturen, die weit unter den Gefrierpunkt sanken. Viele Menschen starben in der damaligen Zeit nicht nur an Unterernährung, sondern auch am Erfrierungstod. Mit dem Diebesgut, welches Alexander nach Hause bringen wollte, wurde es in jener Nacht nichts. Er verschwand, denn er durfte nicht erwischt werden, also ließ er Wagen samt Beute stehen. Aufgeregt rannte er nach Hause, um seine Mutter zu holen. Der Wagen wäre ein zu großer Verlust gewesen, den sie schwer hätten verschmerzen können. Gemeinsam liefen sie zu der Stelle hin, wo Alexander den geladenen Wagen hatte stehen lassen, der aber war zwischenzeitlich verschwunden. So schlichen sie sich in den Hof der Polizeiwache und sahen dort tatsächlich ihren abgestellten Handwagen. Es war keine Menschenseele zu sehen und sie näherten sich dem hölzernen Gefährt. Flugs wurde er abgeladen, danach trugen sie ihren Handwagen gemeinsam vom Hof. Leise musste der Abtransport geschehen, denn die Wache sollte dabei nicht aufmerksam werden. Als sie wieder zu Hause waren, konnten sich die beiden köstlich über die geglückte Aktion amüsieren. Es war bedauerlich, sowohl den Verlust des Holzes als auch der bereits geernteten Rüben. Aus dem Selbstbedienungsladen der Natur, wo sich Alexander mit Zuckerrüben eindeckte, stellte seine Mutter Sirup her. Jeder Schluck eine besondere Köstlichkeit, was sie täglich außer stillem Wasser tranken. In der damaligen Zeit versuchten alle, so gut wie möglich über die Runden zu kommen. Sie hatten nicht viel, aber es reichte zum Überleben. Nicht die Vergangenheit, auch nicht die Zukunft, sondern das Heute bestimmte damals den Tag.

So packte Alexander eines Tages das Verlangen, mit fast 16 Jahren endlich seinen Vater zu treffen. Er hatte ihn seit vielen Jahren nicht mehr gesehen und auch nie etwas vom ihm gehört, aber er wusste durch die Oma, dass er den Krieg überlebt hatte. Seinen Vater Karl, der immer noch in Harburg lebte, wollte er nun richtig kennenlernen, dieses Recht stand ihm zu. Mutter war sehr verärgert über seinen Plan und drohte, indem sie ihm zu verstehen gab, er müsse gar nicht mehr nach Hause kommen, wenn er Vater besuchen würde. Den Seitensprung, der zur Trennung geführt hatte, konnte sie ihrem Mann wohl nie verzeihen, und sie fühlte sich nach wie vor sehr verletzt. Alexander war jedoch der Meinung, dass er dafür nicht verantwortlich sei, und fuhr gegen ihren Willen los. Mit dem Fahrrad radelte er Richtung Harburg, er spürte sein Herz in der Brust höherschlagen. Sein Vater lebte mit der Lebensgefährtin und den gemeinsamen Kindern, einem Jungen und einem Mädchen, zusammen. Alexander hatte demzufolge also noch Halbgeschwister, was er bis dahin nicht gewusst hatte. Die Überraschung für Alexanders Vater war groß, als er seinen Sohn nach so vielen Jahren gesund an der Türe empfing. Er freute sich so sehr über den langersehnten Besuch und schloss seinen Sohn fest in die Arme. Das Wiedersehen zwischen Sohn und Vater war nach den vielen Jahren sehr emotional. Das Getrenntsein war für Alexander und bestimmt auch für Vater Karl nicht einfach gewesen. Dazu galt es, den Tod seines erstgeborenen Sohnes Malte zu bewältigen. Die Lebenspartnerin Gustel, die Alexanders Vater nie heiraten konnte, weil ihn Mutter nicht freigab, nahm ihn liebenswert auf. Wie war er froh darüber, dass er diesen Schritt trotz Mutters Drohung endlich gemacht hatte, er fühlte sich erleichtert.

In der Zwischenzeit fuhr sein Vater nicht mehr zur See, wie er Alex berichtete. Bestimmt hatte er aus seiner gescheiterten Ehe mit Mutter etwas gelernt. Ein Seemann sollte keine Familie haben, denn er liebt nur die Ferne und das Meer, und die Familie ist für ihn nur von zweitrangiger Bedeutung. Alexander erfuhr von seinem Vater, dass er jetzt Offizier bei der Hafenpolizei auf festem Boden sei und diese Arbeit ihm gut gefallen würde. Er habe während der Kriegsjahre in Harburg im Hause seiner Eltern gelebt und dann später auch seine Lebenspartnerin zu sich geholt. Er erzählte vom Krieg und einer kuriosen Geschichte, die sich während jener Zeit zugetragen hatte. Sein Vater war ein gradliniger Mann, wurde nicht abberufen, weil er im Hafen von Hamburg gebraucht wurde. Eines Tages kam ein Offizier der SS auf sein Schiff, das dort vor Anker lag, erzählte Vater. Er hatte sich mit dem Mann in die Haare gekriegt, warum, das weiß Alexander nicht mehr genau. Sein Vater, der durch und durch Seemann war, ließ sich schon als Kapitän auf See nicht von den Matrosen provozieren. Die Besatzung unter Vaters Führung gehorchte und führte ohne Widerrede aus, was befohlen wurde, oder es gab Ärger und auch mal Prügel. Da kam nun ein Schnösel der SS gerade an den Falschen. Er verpasste dem SS-Typen, der unlautere Dinge behauptete, scheinbar links und rechts eine knallende Ohrfeige. Die Folgen waren hinlänglich bekannt, darauf stand während des Krieges klar die Todesstrafe. Weil Vater Karl guten Kontakt zu seinem höheren Vorgesetzten pflegte, veranlasste dieser seine sofortige Versetzung. So konnte er sich aus der Schusslinie der SS begeben und kam erst wieder nach Kriegsende zurück.

Nach seinem ersten Besuch beim Vater fuhr Alexander dann in regelmäßigen Abständen zu ihm, natürlich immer gegen den Willen seiner Mutter. Das aber ließ er sich nicht verbieten, denn die Begegnungen waren Alex wichtig. Ihm wurde bewusst, wie er den Vater während der vergangenen neun Jahre vermisst hatte. Das Gespräch zwischen Vater und Sohn war ausgedehnt und äußerst interessant. Außerdem konnten sie die Zeit etwas aufarbeiten, in der sie nun schon lange getrennt gelebt hatten. Alex, zwischenzeitlich ein junger Mann geworden, fühlte sich zu seinem Vater hingezogen. Was ihn als sechzehnjährigen Jungen brennend interessierte, war, wie Vater während des Krieges zum Dritten Reich stand. Von Mutter erfuhr er wenig, er kannte von damals nur ihre abgrundtiefe Abneigung gegen Hitler und den Krieg. Was erstaunlich war, als Vater ihm erzählte, dass sein Bruder Malte, bevor er versetzt worden war, ihn noch aufgesucht hatte. Von seinem Bruder selbst hatte er von diesem Besuch nie etwas vernommen. Er hätte es auch nicht geglaubt, denn seine Einstellung Vater gegenüber war nach der Trennung der Eltern äußerst feindselig gewesen. Das konnte Alexander auch der letztwilligen Verfügung seines Bruders Wort für Wort entnehmen. Wie Vater über den Tod seines Sohnes Malte gewahr wurde, das kann er mir nicht sagen, er hatte ihn nicht danach gefragt.

Deutschland war weiterhin durch die Amerikaner, Franzosen und die Briten besetzt. Der Osten, die russische Zone, war vom Westen abgeschottet. Die Besatzungsmächte sorgten für die Befreiung des Nationalsozialismus und dafür, dass das tägliche Leben funktionierte. Ämter mussten betreut werden, um das Staatswesen aufrecht zu erhalten. Auch solche Personen, die während des Naziregimes der Partei angehört hatten, arbeiteten weiterhin in ihren Aufgabenbereichen. Ein Beispiel war der Bürgermeister von Buchholz, ein überzeugter Nazi, er besetzte weiterhin sein Amt. Damals, von heute auf morgen, Ersatz für diese Leute zu schaffen, war nicht einfach. Manche nicht unbescholtene Personen, Kenner auf ihren Posten, hatten das Wissen, um sich den verwaltungstechnischen Angelegenheiten zu stellen. Aber die unverfrorene Verlogenheit und ihre Aussagen, sie wären nie Anhänger des Naziregimes gewesen, waren kriminell. Das sagten besonders die, die wirklich Dreck am Stecken hatten. Es waren genau solche, welche den Volksmord an der jüdischen Bevölkerung als Mitwisser abstritten.

Ganz Norddeutschland (Niedersachsen) wurde durch die Engländer besetzt. Die sprachen zwar eine andere Sprache, aber unterschieden sich nicht von der Bevölkerung Deutschlands. Mutter hatte damals, wie oft davor, einmal mehr eine gute Nase. Sie wusch einem Schotten die Wäsche und kam auf diese Weise zu Lebensmitteln, wie Brot, Butter und Wurst. Zu derselben Zeit erschienen auch wieder Tageszeitungen, wie der Harburger (Anzeigen und Nachrichten). Die Zeitung wurde bei Hergeröders am Sand gedruckt. Dort bekam Alexander auf eine Anfrage hin die Arbeit als Zeitungsausträger, das zum Lohn von acht

Reichsmark pro Monat. Er musste zwar früh aufstehen, um die Zeitungen auszutragen, aber er hatte Spaß und obendrein gab es etwas Geld. Seinen Verdienst, den durfte er für sich behalten und legte ihn für später beiseite.

In der Zeit nach dem Krieg bildete sich eine Gruppe befreundeter junger Leute, es waren fünf Jungen und fünf Mädchen, dazu gehörte auch Alex. Eines der Mädchen besuchte auf Kosten aller einen Tanzkurs in Buchholz, so sparte man Geld, buchhalterisch eine gute Idee. Sie war die talentierteste Tänzerin aller und konnte ihr Gelerntes später an die Übrigen der Gruppe vermitteln. An den Wochenenden trafen sich die Freunde regelmäßig zum Tanz. Dieser fand vor einer Gaststätte auf der Straße statt. Die sanften, beschwingten Musikklänge aus dem Wirtshaus drangen bis nach draußen zur Straße hin. Dabei eigneten sich die Paare die gezeigten Tanzschritte von Jutta und Harald an. „War das eine unbeschwerte schöne Zeit", gesteht Alexander. Er erinnert sich gerne an die Stunden zurück. Wenn der weiße Flieder wieder blüht, wurde von der Kapelle im Saal des Restaurant Cohrs gespielt. „Zu diesen Klängen schwelgten und tanzten wir auf der Straße", lacht er amüsiert. Während des Krieges blieb das Lokal Cohrs geschlossen. Der Besitzer war eingezogen worden und kam zum Einsatz an die Front. Dabei wurde Herr Cohrs schwer verwundet und verlor beim Kampf seinen rechten Arm. Die Behinderung hielt den Mann nicht auf, und so beschloss er, zusammen mit seiner Gattin das Lokal nach dem Krieg erneut zu eröffnen. Die Gaststätte mit angebautem Tanzsaal wurde für Ausflügler zu einem beliebten Ort der Unterhaltung und des Tanzes. Eintrittskarten kosteten im Winter ein Kohlebrikett und dazu zwei Reichsmark. Im Sommer bezahlte man lediglich das Geld für den Eintritt. Zwei Reichsmark, das war viel, obschon sich Alex den Eintritt mit seinem Ersparten hätte leisten können. Leider waren nicht alle gut bei Kasse, und außerdem war der Einlass in den Saal vor dem achtzehnten Lebensjahr untersagt. Demzufolge tanzten sie alle weiterhin auf der Straße vor dem Gasthaus.

Übertritt Gymnasium

Alexander besuchte immer noch die Mittelschule in Buchholz, das noch während der Zeit vom 01.09.1945 bis zum 31.03.1946. Dann zwei Monate später, am 08. Mai 1946, trat er ins Gymnasium in Hamburg St. Georg ein, das sich an der Bühlaustraße befand. Es war immer eine große Strapaze, mit dem Zug nach Hamburg und zurückzukommen. Die Abteile in den Zügen waren dauernd überfüllt, so stellte er sich einfach auf das Trittbrett des Wagons. An den seitlichen Stangen hielt man sich fest und fuhr so mit. Später gab es für Schüler extra Abteile, aber auch dort bestand kaum eine Chance, sich einen Sitz- oder Stehplatz zu ergattern. Es fehlte nach den Kriegsjahren noch und noch an geeigneten Transportmitteln. In den Zügen, die zum Teil immer noch ohne Fenster fuhren, war es ab dem Herbst saumäßig kalt und jeder war froh, wenn er am Ziel war. Die zwanzig Reichsmark für die monatliche Fahrkarte und das Schulgeld von sechzig Reichsmark waren für Alexanders Mutter schwer zu meistern. Alexander musste nach einem neuen Quell des Geldverdienens suchen und entdeckte den illegalen Schwarzmarkt. Er konnte Mutter schließlich nicht auf der Tasche liegen. Was aber sollte er auf dem Schwarzmarkt an die Leute bringen? Nach langer Überlegung hatte er die für ihn perfekte Idee. So kaufte er sich Leichtmetallnägel, kniff diese in kleine Stücke, welche dadurch einem Feuerstein ähnlich sahen. Diese verkaufte er später auf dem Schwarzmarkt. Seine Feuersteine fanden reichen Absatz, waren aber nicht zu gebrauchen. Eigentlich schämte sich Alex für sein Handeln, aber er tat es der Geldnot wegen. In der Nachkriegszeit beschiss jeder jeden, man musste überleben und machte aus Scheißdreck Schokolade. Genau gleich verhielt es sich bei den Zigaretten, die er ebenfalls anbot. Mit dem Bezugsschein für Raucherwaren erstand er Papier zum Rollen seiner Zigaretten.

Eine kleine Maschine diente dazu, die fermentierten zerriebenen Buchenblätter, die er anstelle von Tabak benutzte, sauber in das Papier einzurollen. Die Zigaretten der Eigenmarke verkaufte er auf dem Weg zur Schule, ebenfalls auf dem Schwarzmarkt. Das Angebot der Raucherware entwickelte sich ebenfalls als lukratives Geschäft, er kam kaum nach, die Kippen zu drehen. Bestimmt für den Käufer kein Hochgenuss, aber tödlich, das waren diese mit Sicherheit nicht, was sein Gewissen etwas beruhigte. Mit dem Vertrieb am Schwarzmarkt beteiligte er sich von da an an den Kosten der Schulgebühren und der Fahrkarte. Mutter wunderte sich immer wieder darüber, warum ihr Sohn plötzlich so gut bei Kasse war, aber das blieb zu Beginn sein Geheimnis. Manchmal war es nicht möglich, seine Ware für Geld an die Leute zu bringen, dann kam es zum Tauschgeschäft. Dadurch erwarb er mal ein Stück Speck oder gar Butter. Eines Tages, als er durch ein Tauschgeschäft wieder etwas Essbares nach Hause trug, kam spontan Mutters Frage: „Wo hast du nur das Geld für die Esswaren her?", bohrte sie neugierig. Jetzt musste er mit der Antwort ausrücken und sie tolerierte doch tatsächlich sein damaliges Verhalten, was er nie für möglich gehalten hatte. Durch die illegalen Geschäfte ihres Sohnes erfuhr sie Entlastung und hatte mehr Geld für tägliche Notwendigkeiten. Dem Schwarzmarkt fielen aber nicht nur Alexanders Käufer zum Opfer, auch er selbst tappte in die Falle. Eines Tages erstand er im Tausch eine Flasche Öl, die er zum Braten der geliebten Bratkartoffeln nach Hause brachte. Mutter war freudig überrascht und wollte gleich am selben Tag noch kross gebratene Kartoffeln zubereiten. Mit dem heißen Öl, das in der Pfanne schwamm, entwickelte sich zunehmend ein furchtbar stinkender und ätzender Qualm in der Küche. Was man Alexander auf dem Schwarzmarkt angedreht hatte, war demzufolge kein Speiseöl. Wie Mutter und er annahmen, musste es sich dabei um Torpedo-Öl gehandelt haben. Sein Tauschhandel ein Flop, die Vorfreude und die Kartoffeln beides im Eimer, Pech gehabt.

Immer noch trafen sich die Freunde regelmäßig zum Tanz vor dem Gasthaus Cohrs. Oftmals erntete die Gruppe, die am

Tanzen war, neidische Blicke. Die jungen Männer genossen die bewundernden Blicke der zahlreich herumstehenden Mädchen in vollen Zügen. Ihre Tanzkünste hatten sich mittlerweile auch wesentlich verbessert. Jeder führte die Tanzpartnerin sicher über das grobe Steinpflaster. Alexander fielen die Zwillinge, die wie viele andere zuschauten, schon den ganzen Abend auf, sie waren nicht zu übersehen. Dank des Lichts, das aus dem Saal auf ihre Gesichter schien, erkannte Alexander, wie hübsch sie waren. Obwohl die Mädchen auf den ersten Blick gleich aussahen, hatte er doch das Gefühl, minimale Unterschiede zu sehen. Die eine schien ihm etwas zarter zu sein und besaß feinere Gesichtszüge, die war es, welche ihn besonders ansprach. Als er bemerkte, dass die beiden Anstalten machten, den Platz zu verlassen, nutzte er die Gelegenheit, das Mädchen, das ihm gefiel, anzusprechen. Fast schon wollten die beiden uninteressiert weiterlaufen und hielten dann doch inne. Alexander stellte sich bei den Zwillingen vor und schaute die, welche ihm schon die Augen verdreht hatte, an. „Hättest du Lust, mit mir und der Tanzgruppe zusammen am nächsten Wochenende ins Nachbardorf zu gehen?" Denn auch dort wurde das Tanzbein rege geschwungen. Alexander war bereits jetzt schon in eines der Mädchen über beide Ohren verliebt. Auf seine Frage hin erwiderte sie: „Das muss ich mir erst überlegen, werde dich aber über meinen Entscheid informieren." Wie verabredet, traf er sich zwei Tage später vor dem Gasthof mit der attraktiveren der beiden, und es war ihm gelungen, sie für sich zu gewinnen. Sie erkundigte sich kritisch und genau, wie der Spaziergang ins nächste Dorf verlaufen würde. Nachdem ihr Alexander erklärte, dass die ganze Gruppe dabei sei, sagte sie zu. Alex lud das hübsche Mädchen zum Dank in die Gaststätte zu einer Tasse Kaffee ein, so wie es sich für einen Gentleman gehört. Er war überglücklich und bedankte sich für ihre Zusage. Normalerweise war die Mark bei Alex immer eher in seiner Hosentasche angewachsen. In diesem Moment spielte für ihn nicht einmal die zusätzliche Ausgabe des Kuchenstückes eine Rolle. Anschließend begleitete er Evelin nach Hause, dort, wo sie seit Kurzem in der Nähe des

Bahnhofes von Buchholz wohnte. Bevor er sich von ihr verabschiedete, musste er ihr unbedingt noch sagen, wie schön sie sei und wie sehr er sich auf das kommende Wochenende freue. Sie nahm sein ehrlich gemeintes Kompliment an und lächelte verlegen. Bewegten Schrittes und pfeifend setzte er seinen Heimweg Richtung Schützenstraße fort. Er malte sich in Bildern aus, wie wohl das Wochenende verlaufen würde. War er ihr Typ und im Stande, diese Frau für sich zu gewinnen? Er konnte den Moment des Wiedersehens kaum mehr abwarten, die Zeit wollte nicht vergehen. Doch dann nahte der Tag und Alex war zum ersten Mal so richtig aufgeregt. Beim Treffpunkt Cohrs, da sah er sie von Weitem stehen. In ihrer ganzen Schönheit wartete diese junge Frau bereits auf ihn. Alexander ging auf sie zu und fragte sich, ob sie wohl dieselben Gefühle für ihn empfinden würde. Er nahm Evelin kurzentschlossen bei der Hand und stellte sie allen der Gruppe vor. Bald schon bewegten sich die jungen Leute, lachend und singend ging es zu Fuß von Buchholz durch den Kleckerwald nach Bendesdorf. Sie begaben sich zielgerichtet zum Lokal, das sich neben dem Filmatelier befand. Das Dorf wurde durch den Streifen „Die Sünderin", in dem Hildegard Knef die Hauptrolle spielte, bekannt. Es entwickelte sich in ganz Deutschland zur damaligen Zeit ein Riesenskandal. Alle zerrissen sich die Mäuler, weil sich die Knef nackt filmen ließ, und exakt auf diesem sündigen Pflaster wollten sie tanzen. Die Tanzkapelle spielte den ersten Ton und schon bat Alexander Evelin um den ersten Tanz. Dabei passierte etwas, Alexander war perplex, er konnte es kaum fassen, wie leicht ihm diese Frau in seinen Armen lag. Er führte sie über den gepflasterten Platz und fühlte sich wie in Trance. Foxtrott, Tango, Walzerschritte, das alles war für sie offenbar kein Problem, dieses Mädchen tanzte beinahe profihaft. Alexander wagte es an dem Abend, seine Angebetete schon etwas stärker an sich zu drücken, er stieß dabei nicht auf Ablehnung. Bei den bescheidenen Annäherungsversuchen blieb es dann lange, er wollte schließlich nicht mit der Türe ins Haus fallen. Evelin war etwas über drei Jahre älter als er, sie war Jahrgang 1926, im Juli geboren. Sie war schön, hatte ein schmales Gesicht und ein zauberhaftes Lächeln. Ihr halb-langes, sehr dunkles und gelocktes Haar, das sie meistens offen trug, schmiegte sich schmeichelnd um ihr zartes Gesicht. Ihr Erscheinungsbild beeindruckte Alexander sehr und er vergötterte diese Frau. Die Zeit, in der sie sich kannten, war noch jung, aber die beiden waren über beide Ohren verliebt. Wenn sie auf dem Waldweg mit den Freunden nach Hause liefen, fühlten sie sich den Blicken ihrer Freunde ausgesetzt, wie gerne wären sie allein gewesen. Es ergab sich kaum eine Möglichkeit, sich die tiefen gegenseitigen Sympathien näher zu zeigen. Doch eines Tages trennten sich die beiden von der Gruppe, sie wollten endlich mal allein sein. Wie schön die erste körperliche Erfahrung mit Evelin zusammen war, Alexander stockt und erzählt langsam weiter. Seine Augen leuchteten, wie er mir gesteht. „Ich küsste ihren wohlgeformten Mund, die schönen Augen, den Hals und unsere Zeugen waren nur die Bäume des Klecker Waldes. Als ich mit meiner Liebkosung bei den Brüsten angelangt war, geschah danach das Wunderbarste in meinem noch unerfahrenen Leben, darüber will ich nicht unbedingt mehr erzählen", er schmunzelt dabei. Für beide war es im Klecker Wald das erste Mal. Die erste große Liebe, ein prickelndes Erlebnis, das schöner nicht hätte sein können, verrät er. Ihre Beziehung intensivierte sich nach dem Erlebten und sie verbrachten danach noch mehr Zeit zusammen. Mir schien, Alexander fühlt sich zurückversetzt in jene Zeit seiner ersten tief empfundenen Liebe. „Ja, den Ort meiner ersten Liebeserfahrung habe ich in schönster Erinnerung behalten", ergänzt Alexander. „Evelin war freundlich und meine Mutter mochte dieses Mädchen wie ein eigenes Kind. Meine Freundin hatte sehr angenehme Umgangsformen, wirkte ruhig und überlegt, dadurch gewann sie das Herz meiner Mutter im Flug."

In der Gruppe Waldeslust, wie sie sich nannten, trafen sich die jungen Männer hin und wieder auch zu einem gemütlichen Herrentreffen. Einmal ging es in den Weinkeller des Hamburger Rathauses zum Feiern, das ohne Freundinnen. Die Stimmung wurde durch den Konsum des Weines besonders heiter. Es wurde beschlossen, sich ab sofort alle zwei Monate regelmäßig ohne Anhang zu treffen. Der Gesprächsstoff war ein anderer, wenn man unter seinesgleichen zusammensaß. Da tauschten sich die Männer über ihre Zukunftspläne aus und widmeten sich politischen Ansichten. Mit dem Dabeisein der weiblichen Gesellschaft hätten sie doch eher andere Interessen verfolgt, das war allen klar. An jenem Abend begaben sich die Freunde leicht bis mittel beschwipst nach Hause. Sie sangen auf der Straße, was den Anwohnern nicht besonders behagte. Da und dort öffnete sich ein Fenster und die aufgedrehte Bande wurde ermahnt, doch bitte leiser zu sein. Am Buchholzer Bahnhof trennten sie sich und jeder ging danach seines Weges. Alexander trällerte auf seinem Nachhauseweg eine Melodie, die ihn nicht mehr losließ. So schrieb er die Noten und seinen eigenen Text dazu. „Wir trafen uns im Ratsweinkeller zum fröhlichen Beisammensein. Wir leerten unsere Kuchenteller und für Stimmung sorgte bald der gute Wein. Refrain: Noch ein Gläschen, lasst uns lustig sein, zu nem Glas Wein sag auch niemals nein. Denn Wein, Weib und der Gesang ist fürwahr der schönste Liebestrank. In vino veritas est." Weitere Strophen folgten und ich erkenne ein erneutes verborgenes Talent in ihm.

Über einen langen Zeitraum dauerte die große, ehrlich gemeinte Liebe zwischen Evelin und Alexander, als sie ihn begann, zur Heirat zu drängen. Was hatte er in dieser Zeit als Student einer Frau schon zu bieten, er war noch zu jung für eine Bindung. Eine Frau fühlt anders, das konnte Alexander gut nachvollziehen, er liebte sie ja auch. Bei dem Versuch, es ihr zu erklären, stieß er auf Widerstand. Evelin war etwas älter und wollte eine Familie gründen, wie sie ihm zu verstehen gab. Wie aber hätte er während der Gymnasialzeit eine Familie finanzieren können als absolut mittelloser Student? Das Einzige, was er ihr schenken konnte, waren seine Liebe und die bedingungslose Treue. Alexander sprach mit seiner Mutter darüber und bat sie um Rat. Sie aber wollte sich nicht in sein Leben einmischen und überließ ihm die Entscheidung. Also teilte er Evelin an einem Abend mit, dass sie einfach noch warten müsse, denn er könne sich unmöglich schon binden. Er wollte um alles in der Welt um diese große Liebe kämpfen, denn verlieren mochte er diesen Engel nicht. Seine Aussage gefiel ihr keineswegs, sie reagierte verletzt und stand ihm verständnislos gegenüber, was er durchaus verstand. Nach Wochen bemerkte Alex deutlich, wie sich Evelin immer mehr von ihm distanzierte. Sachlich teilte sie ihm eines Tages mit, dass sie sich neu verliebt habe. Er konnte es kaum fassen, sie wollte ihn doch tatsächlich verlassen. Seine Trauer um das gemeinsame Liebesglück war unendlich. „Wie habe ich nach der Trennung um meine erste große Liebe geweint", gesteht Alex. „Hätte ich Esel damals Evelin geheiratet, bestimmt wäre es mir im Leben nicht schlechter ergangen als es dann schließlich kam. Dass ich mich von der Schulbank trennen musste, wusste ich zu jener Zeit noch nicht. Ich litt lange noch unter dem Verlust von Evelin, aber das Leben musste weitergehen. Ich bin jeden Tag aufgestanden und habe das gemacht, was man von mir verlangt hat, aber so richtig Lust darauf hatte ich eigentlich nicht. Evelin heiratete nach kurzer Zeit den um einiges älteren Mann und zog mit ihm von Buchholz weg. Liebte sie diesen Mann wirklich, oder war es eine Flucht?" Alex fand keine Antwort. In seinem Kummer griff er wieder einmal zur Feder und widmete Evelin ein Lied im 4/4-Takt.

Heut hast du mich verlassen, heut bin ich wieder allein. Einsam geh ich durch die Straßen, ach, könnte ich doch nur bei dir sein. Deine Küsse waren so heiß, von Liebe sprachen sie und von Glück. Wie groß sind Verlangen und Hoffnung. Evelin, es kommt die Zeit, ich weiß, dann kehrst du zu mir zurück!

Das aber tat sie nicht und Alexander sah sie nie mehr wieder. Er hofft so sehr, dass sie mit dem Mann das Glück gefunden hatte, denn diese Frau verdient es, geliebt zu werden.

Währungsreform

1948 im Juni kam in den drei westlichen Besatzungszonen nach dem Befehl der Alliierten die Währungsreform. Das erfuhr die Bevölkerung über Radio und weitere Medien. Die nun ungültig gewordene Reichsmark wurde abgeschafft und als gültiges Zahlungsmittel galt ab sofort die Deutsche Mark. Für 100 Reichsmark erhielt man 6,50 Deutsche Mark und jeder erhielt zusätzlich vierzig Deutsche Mark als Startkapital. Im Osten verhielt es sich so, dass für eine Deutsche Mark 2,20 Ostmark bezahlt wurde. Anfang der 1950 Jahre zeichnete sich der Aufschwung ab und das Wirtschaftswunder brachte Bewegungen in das zerstörte Deutschland. Es konnten wieder Grundnahrungsmittel gekauft werden, in den Geschäften standen die Gestelle bis oben hin gefüllt. Etwa siebzig Pfennig habe man nach der Währungsreform für einen Laib Brot bezahlt, der zwei Pfund schwer war, erinnert sich Alexander. Die Bevölkerung war jetzt befreit von Ängsten und Zwängen, dennoch steckte das Erlebte bei allen noch tief in den Knochen. Endlich ein Leben ohne tägliche Sorgen, die großen Nöte gehörten der Vergangenheit an. Sofern es das eigene Budget zuließ, konnte wieder eingekauft werden. Bei Dora hatte sich die Zeit der Währungsreform nicht nur positiv ausgewirkt. Sie war nicht mehr in der Lage, Schul- und Fahrgeld für Alexander zu bezahlen. Dazu kam, dass die Versetzung von Alexander in die höher folgende Klasse am Gymnasium in Frage gestellt wurde. Alexanders schulische Leistungen hatten sich in letzter Zeit deutlich verschlechtert. Eine Wiederholung der Klasse schied aus finanziellen Gründen aus und aus diesem Grund entschied er sich für eine berufliche Laufbahn.

Während der Zeit, als er noch am Gymnasium an der Oberschule St. Georg Kl. 12/b war, machten die Studenten den einwöchigen Jahresausflug nach Borgwedel. Dort befand sich die

Siedlung Haithabu dänischer Wikinger und schwedischer Waränger. Eine frühmittelalterliche Stadt, die in der Nähe von Schleswig liegt. Alexander erinnert sich an die Zeitung des Ferienlagers, die aus seiner Feder stammte. Auf dem Entwurf, den er mir zeigt, verdeutlichte sich meiner Meinung nach einmal mehr seine künstlerische Fähigkeit, ich bin begeistert. Die Bleistiftzeichnung auf dem Titelblatt sieht hervorragend aus und stellt die Jugendherberge von Borgwedel dar. Ein älteres Haus, umgeben von Bäumen, das direkt an der Schlei stand. Inmitten unberührter Naturlandschaft lag eingebettet das kleine Dorf Borgwedel. Ein Dorf, das sich am Ostseefjord befand und besonders buchtenreich war. Eine Seite des Hauses beherbergte die jungen Männer aus Hamburg und in der anderen Haushälfte waren Gymnasiastinnen aus Schleswig untergebracht. Das war besonders interessant für die Hamburger Burschen. Die jungen Leute trafen sich an den Abenden im Garten und manch einer der Burschen fing Feuer, so auch Alex. Obwohl sein Verlangen, sich eine neue Freundin zu suchen, in weite Entfernung gerückt war, hatte es ihn gepackt. Sie hieß Telse und war eine dunkelhaarige hübsche junge Frau, so wie Evelin. Telse, ein wirklich freundliches, intelligentes Mädchen, Alexander hatte Gefallen an ihr. Aber es wollte sich nicht die Glut entfachen, wie er sie bei Evelin verspürte. Nach der kurzen Zeit im Lager wurde die lockere Freundschaft weiterhin gepflegt und sie behielten eine kameradschaftliche Verbindung. Manchmal erhielt Alexander per Briefpost wieder ein aktuelles Foto von Thelse und einmal schrieb sie dazu: Dies zum Geburtstag sende ich Dir, hoffentlich bist Du zufrieden mit mir. Da hast Du gebeten um ein Bild so schön und so konnte ich einfach nicht widerstehen. Es grüßt Dich Thelse.

Alexander und Thelse sprachen über alles, sie war für ihn wie eine Schwester, mehr wurde nicht daraus. Man sprach über das, was einen bedrückte und was einem persönlich wichtig zu sein schien, aber von der Liebe war nie die Rede. Schriftlich tauschten sie sich selten aus, aber mindestens einmal die Woche wurde ausgiebig telefoniert. Bei beiden fehlten gleichsam die finanziellen Mittel, sich gegenseitig besuchen zu können. Die Distanz Hamburg-Schleswig erlaubte nicht mehr und so verlief die Freundschaft allmählich im Sand.

Der junge Mann verguckte sich Monate später einmal mehr in Hamburg, dieses Mal war es Marion. Aber auch diese Bekanntschaft endete nach nur drei Monaten. Zwar teilten sie gleiche Interessen und besuchten zusammen Theateraufführungen und Konzerte, aber für mehr reichte es beidseitig auch nicht.

Ausbildung und erste Berufsjahre bei Pfaff

Im November 1949 war das Kapitel Gymnasium für Alexander abgeschlossen. Er war zwanzig Jahre alt und wollte möglichst schnell eine Ausbildung beginnen. Es gestaltete sich schwierig, einen Ausbildungsplatz zu finden, denn immer noch litt Hamburg unter den Folgen des Krieges. An der Mönckbergstraße standen noch die Gerippe der ausgebombten Häuser, ein schrecklicher Anblick. In ausgebrannten Gebäuden hatten sich wieder einige Unternehmen etabliert, so auch im Levantehaus. Es gab nur wenige private Unternehmen, in denen man sich als Azubi bewerben konnte. Er wollte eigentlich Pilot werden, aber zur damaligen Zeit lag alles am Boden. Die Fluggesellschaften waren kaputt, dadurch die Aussicht gleich Null, diesen Beruf erlernen zu können. Von Geschäft zu Geschäft begab er sich und fragte um einen Platz als Lehrling. Bei der Thiesing GmbH in Hamburg erhielt er dann glücklicherweise eine Zusage. Herr Thiesing, ein untersetzter Mann mit rundem Kopf, Stirnglatze und gutmütigem Gesichtsausdruck, hatte Alexanders Vertrauen geweckt. Als dann seine Frau ins Büro trat und ihn begrüßte, da wusste Alex, er war am richtigen Ort. Die schlanke kleine Frau war gut gekleidet, sie trug eine Brille und wirkte sehr mondän und weltoffen. Die Erscheinung des Ehepaares vermittelte ihm den Eindruck, dass beide aus der besseren Gesellschaft stammen mussten. Am 01. Dezember des gleichen Jahres begann er die Ausbildung als Großhandelskaufmann. Die Firma Thiesing GmbH in Hamburg war spezialisiert auf Elektrogeräte und Motoren. Seine drei Lehrjahre waren interessant und Alexander lernte viel. Besonders das selbstständige Arbeiten in der Firma wurde stets gefördert. Das Verhältnis gegenüber seinen Vorgesetzten war gut und es gab keinen Tag, an dem er nicht gern zur Arbeit fuhr. Nach den drei Jahren, die bis zum 30.09.1952 dauerten, blieb er einen weiteren Monat in derselben Firma und arbeitete weiter als Angestellter. In der Beurteilung der Geschäftsleitung las ich, dass seine Ausbildung nicht nur rein kaufmännisch erfolgte. Alex konnte sich auch anderen praktischen Tätigkeiten widmen. Mit seinen überaus guten zeichnerischen Fähigkeiten, welche er damals häufig unter Beweis stellte, wirkte er bei der Gestaltung der Hauszeitschrift mit. Alexander, als ehrlicher, fleißiger, zuverlässiger und ungewöhnlich williger Angestellter, wurde im Hause Thiesing sehr geschätzt. Sein ruhiges, einfühlsames Wesen brachte ihm viel Sympathie ein. Im Verkehr mit der Kundschaft war er geschickt, so die Bewertungen. Bei den gleichen Unterlagen fand ich überdies den Brief vom Direktor, welcher an Alexander gerichtet war, darin heißt es: „Mein lieber Alexander, gestern waren Sie den letzten Tag in der Thiesing GmbH und mussten fortgehen, ohne sich von mir verabschieden zu können. Ich hatte die Absicht, nachmittags ins Geschäft zu kommen, war aber leider verhindert. Dass ich Ihnen alles Gute wünsche, erwähnte ich in meiner Beurteilung. Dass ich Sie als jungen Menschen schätzen gelernt habe, möchte ich hierdurch auch zum Ausdruck bringen. Ich lege großen Wert darauf, Sie spätestens Anfang des kommenden Jahres einmal wiederzusehen. Ich möchte gerne etwas über den Erfolg in Ihrer neuen Stellung erfahren. Meine Wünsche gehen dahin, dass Sie sich im Leben gut bewähren! Mit den besten Grüßen und einer freundlichen Empfehlung an Ihre Mutter bin ich Ihr Thiesing."

Am 01.11.1952 wechselte Alexander nach seiner Ausbildung zur Firma Pfaff Nordwest GmbH, die sich in derselben Straße befand, wo er seine Lehrjahre zuvor absolviert hatte. Den Direktor vom Unternehmen Pfaff kannte Alexander sehr gut. Mit seinem Sohn Otto besuchte er vor seiner Ausbildung die Oberschule in Hamburg. Die zwei Studenten waren damals schon sehr gut befreundet. Freudemanns lebten ebenfalls in Buchholz und Alexander ging bei den Leuten ein und aus. Bei privaten Zusammenkünften im Haus seines Freundes Otto war der Vater sehr oft anwesend. Ihn interessierten die Tätigkeit und das Interesse der jungen Männer. Herr Freudemann war ein sehr aufgeschlossener, positiver Mensch und es ergab sich in seiner Gegenwart manch aufschlussreiches Gespräch. Bei einem dieser Gespräche kam von ihm die Frage an Alexander, der schon drei Monate bei Pfaff eingestellt war. Er wollte wissen, was bei Thiesing alles zu seinen Aufgabenbereichen gehört hätte. Alexander erklärte ihm, dass er dort, obschon er eigentlich die Ausbildung zum Großhandelskaufmann absolvierte und für elektronische Angelegenheiten zuständig gewesen wäre, sich hauptsächlich der Hauszeitung gewidmet habe. Er habe oft Zeichnungen von Geräten gemacht und auch das Firmenlogo von Thiesing erstellt. Das Logo war ein Strichmännchen, der Kopf eine Deutsche Mark. Die Bedeutung dieser Darstellung hatte sich Alexander damals gut überlegt, bevor er sie schließlich zu Blatt brachte. Um der Käuferschaft zu vermitteln, sich bei Thiesing günstig elektronische Geräte kaufen zu können, stellte er den Kopf des Männchens als ein DM-Geldstück dar. Thiesing, sein einstiger Boss, hatte während des Krieges die Verantwortung für den Nachschub von Funkgeräten und anderen elektronischen Anlagen übernommen. Über die Militärregierung konnte er nach dem Krieg von den Engländern Funkausrüstungen und weitere elektronische Geräte kaufen. Diese wurden über Thiesing GmbH zu günstigen Preisen an die Konsumenten weiter veräußert. Freudemann war erstaunt und begeistert ob dieser guten Überlegung von Alexander. Er schlug ihm daraufhin vor, sich doch einmal Gedanken über Werbung für Pfaff Nähmaschinen zu machen. Das ließ sich Alexander nicht zweimal sagen und machte sich zu Hause gleich ans Werk. Er konnte jetzt in Ruhe halbe Nächte arbeiten, es störte keinen, wie lange er aufblieb und Licht in seiner Bude brannte. Seit Kurzem lebte er in einem Zimmer mit Balkon, das im zweiten Stock am Ernst-Merck-Platz lag. Das Haus war aufgeteilt in sieben einzelne Räume, zusammen teilten sich die Mieter lediglich Küche und Bad. Mutter Dora war zwar keineswegs begeistert, als ihr Sohn auszog. Sie fühlte sich einsam, denn sie lebte fortan wieder allein. Alexander hatte sich den gemieteten Raum so eingerichtet, dass er sich auch Kleinigkeiten kochen konnte. Auf dem Zweiplatten-Rechaud, das auf einem

Beistelltischchen stand, erwärmte er sich zum Frühstück den Kakao und die Haferflockenmilchsuppe. Mit dem Spesengeld, welches er von der Firma erhielt, leistete er sich meist im Restaurant das Mittagessen und abends aß er kalt.

Motiviert, etwas Brauchbares auf die Beine zu stellen, nahm er eines Abends entschlossen Blatt und Stift zur Hand und was er zeichnete, war eine Weltkugel. Auf der war im unteren Teil zu lesen: DIE WELT NÄHT AUF PFAFF. Stunde um Stunde investierte er, bis er dann schließlich überzeugt die Arbeit abschloss. Der Direktor, fasziniert von Alexanders Kreation, zog es weiter und so wurde seine Werbezeichnung von G.M. Pfaff Nordwest GmbH übernommen. Für die grafische Gestaltung erhielt Alexander damals fünfzig DM. Hätte er gewusst, wie teuer Werbung war, bestimmt wäre er mit den 50 DM nicht zufrieden gewesen. Als neuer Angestellter im Bereich Nähmaschinen war er zuständig für das Maschinenlager. Zu seinen weiteren Aufgabenbereichen gehörten zudem Buchhaltung und Betreuung der Kassenführung. Nach der Einarbeitung übernahm er schon bald die Leitung der Kredit- und Inkassoabteilung. Eine Aufgabe, die ihm besonders viel Spaß machte. Auch hatte er einen weiteren Wirkungskreis im Außendienst erhalten, dies als Assistent bei Verkäufen. Immer höher konnte er bei Pfaff seine persönliche Karriereleiter emporsteigen. Neuanwerbung und Coaching von Händlern und Vertretern, der Aufbau von weiteren Filialen, gehörten ebenfalls in sein Tätigkeitsfeld. Er erhielt darüber hinaus die Kompetenz, den Direktverkauf von Nähmaschinen zu tätigen. Später übernahm er die Überwachung der Werbung und die Betreuung der Auszubildenden. Alle Aufgaben und Herausforderungen, denen er sich mit großem Interesse und Hingabe stellte, machten ihm keine Mühe. Täglich begab sich Alex mit Spaß an seine Arbeit und schätze sich glücklich, dass ihm so viel Vertrauen zuteilwurde.

Karin, die er 1952 kennenlernte, war damals erst sechzehn Jahre alt, er dreiundzwanzig. Er begegnete ihr an der Steinstraße in Hamburg in einem Schallplattengeschäft zum ersten Mal. Dort bediente sie gerade einen Kunden, als er sie von Weitem wahrnahm. Sie gefiel ihm gut und er wollte diese junge Frau unbedingt kennenlernen. Wo gab es bessere Möglichkeiten als in einem Verkaufsladen, dachte sich Alexander und sprach sie an. Es war als Kunde doch sein gutes Recht, sich von ihr beraten zu lassen. Er ließ sich die neusten musikalischen Hits abspielen, über die er aber eigentlich schon gut Bescheid wusste. Die junge Frau gab ihm bereitwillig Auskunft, dass seine Annäherung einen anderen Hintergrund hatte, ahnte Karin damals nicht. Alexander erfuhr von ihr, dass sie in Ausbildung zur Verkäuferin tätig sei. Somit war er auch in der Lage, ihr etwaiges Alter abzuschätzen.

Es stand bei Freudemanns im Hause wiederum ein Fest bevor. Jeder der acht jungen Männer hatte die Aufgabe, seine Freundin mitzubringen. Er, der immer noch solo war und dem das Mädchen vom Plattengeschäft gefiel, musste es wagen, sie einzuladen. Im Vorfeld hoffte er insgeheim auf eine Zusage ihrerseits und begab sich vor Ladenschluss noch an die Steinstraße. Die junge Frau entdeckte ihn als Kunden schon bald und kam geradewegs auf ihn zu. Er begrüßte sie und ließ seinen ganzen Charme spielen, welcher ihm bis zum jetzigen Tag nicht abhandengekommen ist. Er stellte sich an diesem Tag bei ihr mit seinem Namen vor, denn er wollte damit ja etwas bewirken. Sie war freudig überrascht und blickte ihm in die Augen. „Ich heiße Karin", sagte sie. Da nahm Alex seinen ganzen Mut zusammen und lud die junge Frau kurzentschlossen nach Buchholz zur Feier ein. Sie wirkte zwar nicht abgeneigt, gab ihm jedoch mit einem Lächeln zu verstehen, dass sie erst zu Hause nachfragen müsse. Zumindest kannte er jetzt schon ihren Vornamen, alles andere hatte Zeit. Insgeheim hoffte er, sie würde ihm keinen Korb geben. Am darauffolgenden Tag lief er erneut zum Geschäft hin und hatte ein eigenartiges Kribbeln im Körper, er glaubte, er hatte sich verliebt. Jetzt stand er vor ihr und erhielt ihre Zusage. Allerdings mit der Bemerkung, dass ihre Eltern nicht wussten, dass es nach Buchholz zu einem Fest gehen würde. Bestimmt hätten sie Nein gesagt, betonte sie, deswegen habe sie die Erlaubnis auch aufs Minimum beschränkt. Alexander spürte ihre Zuneigung, das verriet ihr Blick. Bestimmt hätte sie den Eltern nichts vorgegaukelt, wenn nicht doch ein Funken Interesse an seiner Person dagewesen wäre. Die Schummelei war Alex etwas unangenehm, denn er übernahm schließlich Verantwortung für die junge Frau. Seiner Meinung nach hätte sie ihren Eltern gegenüber besser die Wahrheit gesagt, riet er ihr. Die wussten nicht einmal, wo sie sich aufhielt, und am Ende hatte sie sogar verschwiegen, dass sie mit einem Mann verabredet war. Der Abend im Hause von Freudemanns war, wie in der Regel ja immer, spannend. Karin war freudig überrascht ob der Gastfreundschaft und seines Bekanntenkreises.

Nach zweimonatiger Bekanntschaft mit Karin bestand Alexander darauf, sie endlich seiner Mutter vorstellen zu dürfen. Karin willigte ein und er nahm seine neue Gefährtin mit nach Hause. Alexander bemerkte wohl, dass Mutter über seine Wahl nicht sonderlich begeistert war. Karin war doch ein nettes Mädchen, war freundlich, aber vielleicht nach Mutters Empfinden etwas zu quirlig und zu vorlaut. Später kam seine Mutter einmal auf ihn zu und äußerte sich zu seiner neuen Bekanntschaft mit den Worten: „Ich muss dir sagen, deine Freundin gefällt mir in ihrer Art nicht besonders, aber es liegt in deiner Entscheidung, mit wem du glücklich werden möchtest." Seine Freunde mit Anhang, die waren alle begeistert von Karin und er konnte nicht verstehen, dass sie bei Mutter nicht ankam. Alexander kümmerten Mutters Worte nicht, er mochte Karin und sie trafen sich in regelmäßigen Abständen. Er wurde bald schon bei ihren Eltern am Bömersweg in Hamburg empfangen, denn die wollten wissen, mit wem sich ihre Tochter traf. Karins Eltern lebten unter behelfsmäßigen Bedingungen in einer Villa, in der ersten Etage, die vor dem Krieg einer jüdischen Familie gehört hatte. Die Wohnung war notdürftig eingerichtet, denn für viele Familien war es schwierig, ein komfortables und gutausgestattetes zuhause zu unterhalten. Fazit war, sie passten nicht in das herrschaftliche Haus. Alexander war von zu Hause durchaus nicht an Luxus gewohnt, aber im Gegensatz zu dem, was er bei Karin sah, lebte Mutter fürstlich. Zusammen mit den Hausbewohnern des Parterres teilten sie sich außerhalb der Wohnungen die übrigen Räume, wie Keller und Dachgeschoss des Hauses. Die Wohnung wurde ihnen nach der Ausbombung in Hamburg zugewiesen und dort blieben sie auch später wohnen. Es gab drei Töchter, Karin, Ulla und Helga, Letztere wurde Pille genannt. Dann war da der Sohn Hubert. Alle pflegten sie ein gutes Verhältnis zu den Eltern. Pille, die jüngste der Schwestern, nannten alle so, es war ein Kürzel des Nachnamens der Familie. Die Eltern, eine typisch deutsch nationalsozialistische Familie, waren Hitleranhänger und mit vier Kindern das, was dem damaligen Familienbild entsprach. Es gab sogar Verdienstkreuze für Mütter, diese Frau war im Besitz eines solchen Kreuzes, denn ab und mit dem vierten Kind wurde es vergeben. Hitler rief das ins Leben, denn so sollte die arische Rasse herangezüchtet werden. Bei seiner ersten Begegnung mit Karins Eltern bekam Alexander von der familiären Vergangenheit und deren Einstellung absolut nichts mit. Die Leute gefielen ihm gut, es waren kluge, aufgeschlossene Erdenbürger. Der Rest war einerlei, ihm gegenüber waren sie zuvorkommend und freundlich. Alexander spürte, dass er angenehm aufgenommen wurde, was wollte er mehr? Die Freundschaft zwischen Alexander und Karin entwickelte sich bald zu einer tief empfundenen gegenseitigen Liebe. Endlich konnte er sich von seinem Liebeskummer befreien, der stets ein Hindernis war, in eine neue Beziehung einzutauchen. Sein Leidensweg war hart gewesen, jetzt spürte er wieder Hoffnung und Liebe. Wie lange er über den Verlust von Evelin geweint hatte und oft schlapp und antriebslos zur Schule gegangen war, darüber sprach er nicht mal mit Mutter. Während seiner Ausbildung und auch danach lernte er wohl, damit umzugehen. Der innigste Wunsch, Evelin könnte eines Tages zurückkommen, der blieb aus. Nun war endlich der bohrende Schmerz überwunden, seine Lebensfreude war wieder präsent und der Weg stand offen für die neue gemeinsame Beziehung. Er und Karin verstanden sich ausgesprochen gut und hatten viele gemeinsame Interessen, es passte in allen Teilen. Seit dem Tag, an dem Alexander seine neue Liebe im Musikgeschäft entdeckt hatte, war schon geraume Zeit verstrichen. Die Eltern von Karin waren dauernd bestrebt, die Ehe doch endlich zu vollziehen, sie seien doch schon so lange zusammen. Die liebe althergebrachte Tradition war eben das Denken der Familie, konservativ und traditionsgebunden, besonders das der Mutter. An dem Tag, als Karin im Februar 1957 ihren einundzwanzigsten Geburtstag feierte und somit volljährig war, machte Alexander seiner Angebeteten im Haus der zukünftigen Schwiegereltern den Heiratsantrag. Sie war sichtlich gerührt und beantwortete seine Frage mit einem innigen Kuss und einem langgezogenen „Ja".

Heirat mit Karin

Nach dem beidseitigen Segen der Eltern führte Alexander seine junge Frau am 30.03.1957 in der Kirche St. Michael zum Traualtar. In ihrem blütenweißen Kleid und dem langen Schleier sah sie aus wie eine Märchenprinzessin. Seine Karin, die für ihn schönste aller Frauen und das vollkommene Glück in seinem Leben. Als er in der Kirche ihr „ich will" vernahm, hatte er das Gefühl, sie sei es nun, die mit ihm durch Höhen und Tiefen des Lebens schreiten würde. Er wollte ihr die Treue halten, alle Tage ihres gemeinsamen Lebens. Wie war er stolz und überglücklich. Nach dem rauschenden Hochzeitsfest verzogen sich die Frischvermählten in das kleine Zimmer, in dem Alexander immer noch hauste. Die Bleibe war bescheiden und wirklich klein, aber den Verliebten reichte es. In der ersten gemeinsamen Nacht, die sie zusammen verbrachten, schliefen sie nicht gerade viel, verrät Alex. Sie hatten davor nie die Gelegenheit gehabt, nur eine Nacht zusammen zu sein. Karins Eltern duldeten nicht, dass ihre Tochter vor der Heirat bei Alex übernachtete, das war damals so Sitte. Was die Leute wohl denken würden, waren die Bedenken. Jetzt war ihre Ehe besiegelt und sie konnten sich so oft lieben, wie sie wollten, und keiner hatte etwas dagegen.

Die Frischvermählten bezogen einige Wochen nach ihrer Heirat endlich eine achtundsechzig Quadratmeter große Zweieinhalbzimmerwohnung in der Hamburger Mitte. Im Haus lebten lediglich vier Parteien, dabei handelte es sich hauptsächlich um ältere Ehepaare. Die konnten sich Kaution und Monatsmieten besser leisten als junge Leute. Das Neubauquartier lag in einem ruhigen, von der Hauptstraße abgewandten, Teil der Stadt. In der näheren Umgebung gab es die Möglichkeit, in Tante-Emma-Läden alles zu besorgen, was man täglich benötigte. Direkt gegenüber vom Haus befand sich eine kleine nette Parkanlage. Die

Wohnung war hell und freundlich, obendrein mit zum Teil eingerichteter Küche und einem Badezimmer. Zur damaligen Zeit kostete die Wohnung warm 108 DM und war für Normalsterbliche wie Alexander und Karin schon eher Luxus. 1957 gestaltete es sich besonders schwierig, an Wohnungen zu gelangen. Bei einer Heirat allerdings und dem eingeführten Punktesystem für Wohnungserhalt war die Chance größer, etwas Vernünftiges zu erlangen. Alexander und seine Frau verfügten über tausend Punkte, damit kamen sie günstiger zu der Wohnung. Je weniger Punkte man vorwies, desto höher wurde auch die Kaution. Fünfhundert Punkte erhielt das Ehepaar durch die Heirat und zweihundertfünfzig Punkte wurden Alexander durch den Tod seines gefallenen Bruders zuteil. Das Testament, in dem Malte seinen Bruder Alexander begünstigte und ihm alle beweglichen und unbeweglichen Güter vermachte, kam ihm nun zusätzlich zugute. Die noch fehlenden Punkte ergaben sich aus dem Zuzug seiner Mutter in die gemeinsame Wohnung. Familienzusammenführungen, wie es Alexander damals auf dem Papier deklarierte, verhalfen zu dem Glück, die Wohnung überhaupt zu erhalten. Mutter Dora verpflichtete sich lediglich auf dem Papier zum Zuzug, in Wirklichkeit blieb sie weiterhin in Buchholz in der alten Wohnung. Recherchen um Recherchen und viele Behördengänge waren notwendig, um alle Möglichkeiten auszuschöpfen, damit die Miete günstiger ausfiel. Die Kaution von 1.080 DM war ein dicker Brocken, zehn Monatsmieten zum Voraus, viel Geld, aber Alexander konnte es finanzieren. Seine Schwiegereltern schlugen die Hände über den Köpfen zusammen, als sie erfuhren, welche Kosten das junge Paar zu bewältigen hatte. Es sei doch unsinnig, ob er eigentlich verrückt sei, ließen sie gegenüber Alexander verlauten. Sich so etwas zu leisten, sei unnötig und absurd. Er verdiente bei Pfaff gut, hatte bereits etwas auf der hohen Kante und ließ sich nicht sagen, was er zu tun und zu lassen hatte. Die Wohnung mit neuen modernen Möbeln einzurichten, bereitete den beiden großen Spaß. Mit der Zeit fühlten sich die Verliebten in den vier Wänden richtig wohl. Alexander und Karin lebten ein gutes, zufriedenes und überglückliches Leben, es stimmte in allen Lagen. Nach Karins Ausbildung im Schallplattenverkauf und der darauffolgenden Heirat mit Alexander blieb sie danach fortan zu Hause. Sie widmete sich den Haushaltspflichten, wie damals die meisten Frauen Deutschlands. Die Zeit konnte sie sich einrichten, wie es ihr gefiel und mit dem Geld, das ihr zur Verfügung stand, tun und lassen, was ihr beliebte. Karin war eine Haus- und Ehefrau, die man sich nur wünschen konnte, und trug zum täglichen Glück von Alexander bei. An den Abenden, wenn er von der Arbeit zurückkam, stand immer ein gutes Abendbrot auf dem gedeckten Tisch, was er sehr zu schätzen wusste. Nach dem Essen setzten sich die beiden meistens aufs Sofa und erzählten sich gegenseitig, wie ihr Tag verlaufen war. Oftmals entschlossen sie sich zu einem abendlichen Spaziergang durch den nahegelegenen Park. Es war an einem Abend, sie hatten es sich gerade in der Stube gemütlich gemacht und tranken schon das dritte Glas Wein. Karin war leicht angeheitert, locker gestimmt und sprach belangloses Zeug. Plötzlich wurde sie etwas ernster und wandte sich Alexander zu: „Jetzt will ich dir etwas über meine feine Familie erzählen, was du nicht weißt und wahrscheinlich auch nicht für möglich hältst, aber hör mir gut zu." Alexander war sehr gespannt, was ihm seine Süße, so nannte er sie, mitzuteilen hatte. Sie begann und berichtete über ihre Eltern, indem sie sagte: „Du weißt, dass mein Vater einen Bruder hat, den Prokuristen, der für die Verkehrsbetriebe der Bundesbahn arbeitet." Er nickte zustimmend und sie erzählte weiter. „Der war zuerst mit meiner Mutter verheiratet, bis sich dann herausstellte, dass seine Neigung zu Männern stärker war als zu seiner Ehefrau, er ist schwul. Diese Situation war während des Dritten Reiches unhaltbar und daraufhin ließ sich Mutter von ihm scheiden." Sie fuhr fort und sagte: „In der Phase der Trennung war Mutter aber schon schwanger mit mir." Er war erstaunt über die Offenbarung seiner Frau, von der er zuvor keine Ahnung hatte, ging ihn ja auch nichts an. Alexander, ein absoluter Gegner voreiliger Kritik, gefiel es nicht, sich in das Leben anderer einzumischen und wollte sich auch nicht anmaßen, darüber zu urteilen. Er kannte den Prokuristen lediglich von Besuchen bei seinen Schwiegereltern. Es war eine hochinteressante Persönlichkeit, belesen, sprachbegabt, man schätzte ihn als Alleswissender in Politik und Wirtschaftsfragen. Das, was ihm Karin da erzählte, war Alexander aus verständlichem Grund bis dahin verschwiegen geblieben. Das Verhältnis zwischen den Brüdern, also Karins Mutter und den Geschwistern, war immer in Ordnung, so machte es jedenfalls den Anschein. Was sich damals ereignet hatte, also das Fremdgehen, musste ja die krönende Rettung für den Prokuristen gewesen sein. Das Ansehen und seine Ehre waren somit gerettet. Die Eltern von Karin outeten sich ihm gegenüber niemals zu dem Thema, so blieb es bewusst, aber doch weiterhin verheimlicht.

Als Alexander erfuhr, dass seine Karin nach vier Jahren Ehe das erste Mal schwanger war, war die Freude groß, Vater zu werden. Dass sich ihre Lebensweise verändern würde, dessen waren sich die werdenden Eltern durchaus bewusst. Die Freiheiten, die sie bis dahin genossen hatten, würden zukünftig etwas eingeschränkt sein und in finanzieller Hinsicht gäbe es ebenfalls Veränderungen. Karins Verdienst blieb seit der Heirat aus und mit dem Kind musste der Gürtel bestimmt noch enger geschnallt werden, das war beiden klar. Das Paar aber freute sich riesig und im Vordergrund stand jetzt nunmehr die Gesundheit von Frau und Kind. Alexander besuchte zusammen mit Karin den Hausarzt, der ihnen die vermutete Schwangerschaft bestätigte. Jetzt war der werdende Vater fortan noch mehr besorgt um seine geliebte Frau und nahm ihr im Haushalt ab, was er konnte. Durch ihre unkomplizierte Schwangerschaft fand sie Alexanders Haltung oft etwas übertrieben. Obwohl Karin von Woche zu Woche runder wurde, blieb sie trotzdem sehr beweglich. Dennoch gestalteten sich einige Arbeiten des Umfangs wegen etwas schwieriger. Oft war sie dann doch froh um seine angebotene Unterstützung. Alexander war geübt im Umgang mit Nähmaschinen und nähte Karins Umstandskleider selbst. Sie sollte in der Schwangerschaft gut aussehen und nicht wie viele Frauen, die mit ihren Standardröcken daherkamen wie aufgeblasen. Gemeinsam kauften sie schöne Stoffe ein und zu Hause entwarf Alexander mit seiner schwangeren Frau zusammen die passende Garderobe. Halbe Nächte verbrachte er hinter der Nähmaschine, fertigte die zugeschnittenen Stoffe zu Kleidern an, was er für seine Frau liebend gerne tat. Die neun Monate verstrichen wie im Flug, Karin hatte glücklicherweise eine gute, problemlose Schwangerschaft. Alles befand sich an Ort und Stelle, das Bettchen und den Kinderwagen bekamen sie von Bekannten geschenkt. Die Erwartung, auf das ihnen noch unbekannte Wesen, war groß. Im Winter. 1961 war es so weit, ihr Töchterchen erblickte das Licht der Welt. Alexander erinnert sich sehr gut an den Tag, wie er im Krankenhaus vor dem Kreißsaal wartend auf einem der Stühle saß. Damals hatten Väter bei den Geburten nichts zu suchen. Nach Stunden des Wartens durfte er endlich ihr gemeinsames gesundes Kind sehen. Wie war er gerührt und überglücklich, als er das kleine Bündel, sein Kind, in die Arme schließen durfte. Sie war so winzig, schien zerbrechlich und er hatte Angst, sie zu verletzen. Ein gesundes Kind, die Dankbarkeit war unendlich groß. Seine Frau hatte ihm das Mädchen geschenkt, er übersäte sie mit Küssen. Nach den Strapazen der Geburt wollte er seiner Frau die wohlverdiente Ruhe gönnen und begab sich bald auf den Nachhauseweg. Jetzt war er mit 32 Jahren ein jung gebackener Vater und er hätte seine Freude am liebsten mit allen auf der Straße geteilt.

Die Unsicherheit, sein eigenes Kind anzufassen, schwand schlagartig, als er Karin mit dem Mädchen nach einer Woche nach Hause holte. Er erzählt davon, wie er die Momente genoss, wenn er mit seiner kleinen Alia Zeit verbrachte. Sie war ein pflegeleichtes, anschmiegsames Baby, das junge Familienglück war so perfekt, es hätte nicht besser sein können. Oft betrachteten Alexander und Karin ihr kleines Wunder, das vor ihnen zum Wickeln auf dem Tisch lag. Sogar war man sich bereits einig geworden, ein zweites Kind haben zu wollen und das möglichst bald. Somit bestand die Aussicht, dass die Geschwister gemeinsam aufwachsen konnten, war ja nicht verkehrt. Die Zeit eilte dahin und die Kleine war in der Zwischenzeit schon drei

Monate alt geworden. Ihr Lachen war so süß, sie war der Sonnenschein der jungen Familie. Auch die Freude der Großeltern war groß, zumal es für alle das erste Enkelkind überhaupt war. Opa Karl, vernarrt in das Mädchen, trug sie auf seinen Armen, als wäre es sein eigenes Kind. Er hob sie stets aus dem Kinderwagen und knuddelte das Mädchen, wenn er zu Besuch kam. Interessant war, wie gut er sich mit seinem Enkelkind beschäftigen konnte. Für Alexander erstaunlich, denn er selbst hatte keine Erinnerung daran, vom Vater je eine Liebkosung erhalten zu haben. Als die Kleine schon etwas größer war, hob er sie weit hoch zur Wohnzimmerdecke, dann ging es in seinen Armen wieder nach unten, klein Alia kreischte vor Freude. Alexander hatte seinen Vater immer als eher zurückhaltenden, gefühlsarmen Menschen erlebt. Jetzt lernte er mit seinem Kind eine andere Seite dieses rauen Mannes kennen.

Alexanders Schwiegervater, ein Bankangestellter, arbeitete in Hamburg. Eines Tages fragte er bei Karin und seinem Schwiegersohn nach, ob es nicht möglich sei, einen ausländischen Mitarbeiter für geraume Zeit in ihrer Wohnung zu beherbergen. Es handle sich dabei um einen Mann, der befristet von Schweden nach Deutschland zur Ausbildung käme. Weil Alexander und seine Frau in der Lage waren, das kleinste Zimmer für kurze Zeit abgeben zu können, sagten sie zu. Sie waren der Meinung, dass sich dies auch positiv auf ihre monatlichen Kosten auswirken würde, da sie das Zimmer schließlich nicht umsonst hergeben würden.

Der Fremde, Lars Sörensen, machte einen guten Eindruck, als sie ihn das erste Mal zu Gesicht bekamen. Er war Schwede, freundlich, höflich, von mittelgroßer Statur und trug einen petrolfarbigen Anzug. Dazu ein weißes Hemd mit umgebundener blauer Krawatte, eine gepflegte Erscheinung. Er war glattrasiert und sein blondes, gewelltes Haar war streng nach hinten gekämmt. Man zeigte ihm das Zimmer und dabei konnte er sein mitgebrachtes Gepäck schon mal abstellen. Er schaute sich im Raum um, er schien ihm zu gefallen und er nickte seinen Gastgebern wohlwollend zu. Später gesellte sich der Angereiste auf

Einladung der Gastgeber ins Wohnzimmer. Auf diese Weise wollten Alexander und Karin den Neuen näher kennenlernen. Die Wohnstube wurde vom Fremden diskret inspiziert, wie Alexander aus seinen Augenwinkeln wohl bemerkte, während Karin in der Küche den Kaffee kochte. Das Lob des zukünftigen Mitbewohners fiel sehr hoch aus, er zeigte Bewunderung für die moderne Einrichtung ihrer Wohnstube. Was seinen Vorstellungen des Zusammenlebens entspräche, wollten Alexander und Karin im Gespräch von ihm wissen. Den Preis des Zimmers hatte man im Vorfeld bereits abgesprochen und er war damit zufrieden. Er äußerte den Wunsch, vielleicht das Frühstück und Nachtessen bei ihnen einnehmen zu dürfen. Alex überließ die Entscheidung seiner Frau, denn sie bestimmte den Haushalt. Karin gab ihr Einverständnis, denn für sie spielte es keine Rolle, ob nun zukünftig eine Person mehr bei Tisch saß, und so kam man seinem Wunsch entgegen. Die weitere Unterhaltung mit dem Neuling war sehr interessant, dabei erzählte er von seiner Heimat und der Familie, die in Schweden lebte. Sie kriegten mit, dass er verheiratet war und eine Tochter hatte, die etwas älter als ihre Kleine war. Er sei im Lehrerberuf tätig gewesen und arbeite aber seit geraumer Zeit schon bei einer Bank in Stockholm. Die Konversation wechselnd, kam man unweigerlich auf die vergangenen bitteren Kriegsjahre. Wie sich diese damals in Schweden auswirkten, wollte Alexander von ihm wissen. Wie Hitler Schweden erpresste, um deutsche Kampfflugzeuge ohne Behinderung über das Land fliegen zu lassen, waren ebenfalls Themen an jenem äußerst interessanten Abend. Außerdem lernten Alexander und seine Frau das politische System der Demokratie von Schweden näher kennen, was sich außerordentlich spannend anhörte. An den Wochenenden blieb Lars Sörensen meistens zu Hause, wenn er nicht gerade den Wunsch äußerte, sich seinen Gastgebern anschließen zu dürfen. Die Zeit mit ihm als Gast war angenehm und gut. Nach drei Monaten, Anfang August 1961, bevor er schließlich in seine Heimat zurückkehrte, äußerte er einen besonderen Wunsch. Er wollte unbedingt mit seinen Gastgebern in die Ostzone fahren, bevor er nach Schweden zurückkehrte. Gesagt, getan, so besuchten Lars und seine Gastgeber gemeinsam den Ostteil Berlins. Durch die schwedische Zulassung hatte Lars freie Fahrt in der gesamten DDR. Alexander und seine Frau durften als Bürger der Bundesrepublik Deutschland nur bis Ostberlin fahren. Wären sie weitergereist, hätten sie sich an der Ostgrenze eine Genehmigung besorgen müssen. Wollte Alexander seine Freunde aus Kleinbodungen in Thüringen, das mitten in der DDR lag, treffen, fuhr er nach Ostberlin und dort sah man sich. Zum Glück hatten sie die Reise noch getan, denn am 13. August 1961 beschloss die DDR-Regierung, die Grenzen dicht zu machen. Der Mauerbau begann, die befestigte Staatsgrenze entstand, welche für die Menschen unüberwindbar werden sollte. Viele verließen den Osten in letzter Minute, weil sie den Aufschwung im Westen nicht mehr abwarten konnten. Ostberlin war einer der vier Sektoren der geteilten Stadt und Hauptstadt der DDR, eine komplizierte politische Angelegenheit. Die Mauer prägte das Leben der Menschen im Westen und im abgetrennten Osten. Ganze Familien wurden buchstäblich auseinandergerissen, eine traurige Angelegenheit für die Betroffenen. Mit dem Kontakt war auch die Kommunikation unmöglich geworden, nicht einmal das Telefonieren mit der Familie war mehr möglich. Während im Westen der Aufschwung nach den Kriegsjahren in vollem Gange war, blieb in der DDR alles beim Alten. Nach der damaligen Reise in den Osten verließ Lars Sörensen die befristete Anstellung in Hamburg und zog zurück zu seiner Familie nach Stockholm. Vor der Abreise war man sich einig, dass man sich, so Gott will, im nächsten Jahr in Schweden wiedersehen wollte.

Die kleine Alia war jetzt 20 Monate alt, lief herum, plapperte wie ein Wasserfall und bereitete ihren Eltern viel Freude. Karin und Alex erwarteten ihr zweites Kind und Alia freute sich auf ein Geschwisterchen. Einundzwanzig Monate nach ihr kam 1962 der Stammhalter Olaf zur Welt. Mit dem gesunden Jungen wurde die Familie um ein Mitglied reicher. Die glücklichen Eltern waren sich bewusst, dass mehr Arbeit auf sie zukam. Sie meisterten die gemeinsame Aufgabe hervorragend und es zeichneten sich keine nennenswerten Probleme ab. Das Mädchen freute sich sehr über ihren kleinen Bruder Olaf und konnte es kaum erwarten, bis sie mit ihm spielen konnte. Olaf gedieh prächtig, war ein aufgeweckter Junge und nahm schon früh seine Umwelt wahr. Er freute sich immer riesig, wenn seine Schwester in sein Bettchen schaute. Als der Kleine etwas größer wurde und die beiden gemeinsam spielen konnten, wurden sie unzertrennlich. Die berufliche Belastung ließ Alexander wenig Zeit, sich intensiv um die Kinder zu kümmern, was er bedauerte. Aber an den Wochenenden, da ging er voll in seiner Vaterrolle auf.

Durch den Wirtschaftsboom, der deutlich spürbar war, hatten die Menschen mehr Geld. Viele leisteten sich ein Auto, so auch Alexander und seine Frau. Sie kauften sich 1963 einen gebrauchten VW, der war zwar schon zehn Jahre alt, aber in gutem Zustand. Von einem Privatmann, der sich einen neuen Wagen zulegte, bot sich die Gelegenheit, den roten Käfer zu erwerben. Ein Fahrzeug war das Fortbewegungsmittel schlechthin und erfüllte die Mobilitätsbedürfnisse der Familie vollkommen. Dadurch war es jetzt möglich, an den Wochenenden gelegentlich einen Ausflug zu machen. Sogar die Idee, mit dem Käfer nach Schweden zu fahren, kam auf. Das Problem war nur der Geldbeutel, der nach der Neuanschaffung kaum eine solche Reise zuließ. Karin wollte aber unbedingt nach Schweden und so bat sie ihre Schwester um 1.000 DM. Die Schwester überließ ihr das Geld zinslos, aber Alexander bestand darauf, das Darlehen schriftlich zu regeln, weil er sich dabei nicht wohlfühlte. Schließlich ermöglichte die erhaltene Finanzspritze die ersehnte Reise nach Schweden.

In Stockholm wurden die Ankömmlinge sehnsüchtig erwartet und der Empfang war herzlich. Lars stellte Alex und Karin seiner Frau Wilma vor, diese freute sich sichtlich über den Besuch aus Deutschland. Die Frau von Lars war attraktive und selbstbewusst. Eine hochgewachsene wasserstoffblonde Frau mit ausdrucksstarken braunen Augen, sie sah aus wie ein Fotomodell. Am Abend lernten sie einige Freunde und Verwandte kennen, die zu dem gemeinsamen Treffen eingeladen waren. Es wurde viel über Deutschland, die Entwicklung des Landes und natürlich auch über Persönliches gesprochen. Es war ein sehr schönes, lockeres Beisammensein während der gesamten Tage. Sie wurden in schwedische Bräuche eingeführt und lernten die Hauptstadt mit ihren unzähligen Sehenswürdigkeiten kennen. Lars organisierte eine Bootsfahrt auf den Wasserstraßen der Stadt. Die Bootsfahrt führte sie in die Innenstadt und weiter an den Schären und Inseln Stockholms vorbei in Richtung Ostsee. Auch die beiden Kinder, Alia und Olaf, hielten dem Reiseprogramm bravourös stand und ließen sich problemlos durch die strenge Urlaubszeit führen. Es war und blieb eine unvergessliche Zeit, die sie zusammen mit Wilma und Lars Sörensen in Schweden erleben durften. Weiterhin pflegten sie den guten Kontakt.

Alexander arbeitete weiter bei der Firma Pfaff. Nach elfjähriger Tätigkeit erhielt er die Möglichkeit und das Angebot, zum 01. Januar 1963 die Leitung des Nähmaschinenhauses in Lüneburg zu übernehmen. Direktor Freudemann wusste, dass die Filiale bei Alexander in guten Händen sein würde. Alex war sich bewusst, dass der Weg zur Arbeit weit war und das Verzicht bedeutete. Aber die berufliche Herausforderung ausschlagen, dazu war das Angebot zu verlockend. Karin würde in Zukunft den ganzen Tag mit den Kindern allein sein. Dennoch waren sie sich nach dem intensiven Gespräch einig, dass Alexander den Schritt wagen und die Leitung der Verkaufsfiliale übernehmen sollte. Glücklicherweise hatten sie den Wagen, damit war es einfacher, nach Lüneburg zu kommen, denn die tägliche Hin- und Rückfahrt betrug sechzig Kilometer. In seiner neuen Tätigkeit, die er am 01. Januar 1963 antrat, beschäftigte sich Alexander nicht nur mit den innerbetrieblichen Verwaltungsarbeiten. Auch beim Aufbau der erfolgreichen Vertriebsorganisation konnte er sich einbringen. Das entnehme ich den Erfahrungsberichten, die Alexander mir zum Lesen mitbrachte. Als er schon eine Weile in seinem neuen Umfeld tätig war und deshalb oft erst spät abends nach Hause kam, fühlte sich Karin oft einsam. Den ganzen Tag allein in Hamburg, nur mit den Kindern, keine Freunde, das gefiel ihr nicht. Ganz nach Lüneburg ziehen, das wollte sie auf keinen Fall. Nun war es an der Zeit, Alexander musste sich etwas einfallen lassen. Über dem Laden befand sich noch eine Etage, dort standen die Räume leer, die als Wochenaufenthalt hergerichtet werden konnten. Von der Geschäftsleitung bekam er die Zusage und erhielt die Kompetenz, über die Räume frei verfügen zu können, was für ein Glück. Bevor man diese Räumlichkeiten benutzen konnte, mussten allerdings zuvor Renovierungsarbeiten durchgeführt werden, da die Räume teilweise durch Brände während des Krieges beschädigt worden waren.

Nach Absprache mit Karin machten sie sich mit dem Schwager von Alex ans Werk. Die beiden Kinder fanden derweil bei den Schwiegereltern Unterschlupf. Jetzt wollten sie die Räumlichkeiten so gut wie es eben ging verschönern. Es wurde verputzt und tapeziert, auch die Decken und Türen erhielten einen neuen Anstrich. Alle Böden der Wohnung schliffen sie mit viel Ausdauer ab und danach wurden diese ordentlich mit Wachs behandelt. Unglücklicherweise bot sich nur eine Waschgelegenheit in der Wohnung an, duschen und baden konnten sie nicht. Für die Küche reichte wieder einmal mehr der alte Elektrokocher mit zwei Platten aus Alexanders Junggesellenbude. Mit gebrauchten Möbeln und Lampen waren die drei Räume bald schon sehr nett eingerichtet. Karin war glücklich, jetzt mit den Kindern zukünftig während der Woche in Alexanders Nähe zu sein. Am Freitagabend fuhren sie gemeinsam zurück nach Hamburg, in ihr trautes Heim. Da sie für die Benutzung der Räume nichts zu bezahlen brauchten, fraß es auch kein Loch in die Haushaltskasse. Lange reichte Karin die doch eher spartanische Unterkunft, bis ihr die gut ausgestattete Küche und das Bad, was sie in Hamburg besaßen, fehlten. Sie konnte sich in Lüneburg nebstdem schlecht integrieren und dadurch wuchs ihre Unzufriedenheit erneut. Alexander versuchte, seine Frau zu verstehen, denn in Hamburg fehlte es ihr an nichts. Also wollte Karin nicht mehr länger auf die Vorteile verzichten und entschloss sich, unter der Woche wieder allein in Hamburg zu bleiben. Das tat der ehelichen Beziehung nicht unbedingt gut, bemerkte Alex bei einem Gespräch mit ihr.

Es verstrich Zeit, so wie eben Zeit verstreicht, er blieb während der Arbeitstage in Lüneburg und seine Frau lebte mit den Kindern in Hamburg. Karin gestaltete die Tage mit den Kleinen abwechslungsreich und verbrachte viel Zeit im Freien, dabei lernte sie Leute aus der Nachbarschaft kennen. Wochen später fuhr Alex wieder jeden Tag von Hamburg nach Lüneburg und zurück. Seine Familie, die er über alles liebte, war ihm wichtig und er scheute weder Zeit noch Wegstrecke. Die Abende allein zu verbringen, dazu hatte er wirklich keine Lust mehr. Nur schade um die Energie und die Zeit, die sie in das Projekt investierten.

Nach einem weiteren Jahr, Anfang 1964, ging es der Firma Pfaff nicht mehr so gut. Das Angebot wurde allerdings noch erweitert, indem man sich zusätzlich auf Strick und Bügelmaschinen im Sortiment spezialisierte. Trotz der großen Anstrengungen zeigten sich die Verkäufe schleppend und überall galt es einzusparen. Alexander wurde die Provision der selbst verkauften Maschinen von zwei auf ein Prozent gekürzt, das fand er absolut unangebracht. Klar, war es mühevoll geworden, Leute zum Kauf einer Maschine zu überzeugen. Damals kostete eine normale Nähmaschine schon an die tausend Deutsche Mark. Er verkaufte sehr oft hochwertigere Geräte, die um die zweitausendfünfhundert DM kosteten. Die Provision war ein Zusatzeinkommen, auf das er unter keinen Umständen verzichten wollte. Er suchte das Gespräch mit der Geschäftsleitung, aber der Versuch zu verhandeln, scheiterte. So kam es, dass er Ende April 1964 seine Kündigung an die Geschäftsleitung der G.M. Pfaff AG schrieb. Es fiel ihm absolut nicht leicht, nach wunderschönen Jahren in der Firma Pfaff sein Arbeitsverhältnis aufzulösen. Die Entscheidung war gefasst, er wollte gehen. Die Leitung war derzeit sehr erstaunt über seine Kündigung, brachte jedoch Verständnis für seine Reaktion auf. Man versuchte ihn mit allen Mitteln zu überreden, weiterhin zu bleiben, aber Alexander blieb bei seinem Entscheid. Er verließ das Unternehmen Pfaff Ende des Monats, im April 1964. Auf eine interessante, lehrreiche und harmonische Zeit blickte er dennoch zurück, die Firma Pfaff war für Alex eine Bereicherung gewesen.

Nun stand er auf der Straße und musste sich auf die Suche nach einer neuen Herausforderung machen. Er schrieb Bewerbungen und erhielt Angebote von großen Firmen als Abteilungsleiter, aber die Lohnangebote fielen leider immer bescheiden aus. Er brauchte eine Zwischenlösung, damit konnte er Zeit gewinnen und sich in Ruhe nach einer passenden Stelle umsehen. Bald fand er einen Job bei einer Versicherungsgesellschaft, den er am 01.06.1964 antrat. Er hatte eine Familie zu versorgen und konnte sich einen längeren Lohnausfall nicht erlauben. An der neuen Stelle wurde ihm ein gutes Salär bezahlt, aber bald schon war klar, dass diese Arbeit nicht seinen Vorstellungen entsprach. In den meisten Fällen war ein Besuch in den Abendstunden erforderlich, in denen die potenziellen Kunden zu Hause waren. Es handelte sich um Lebensversicherungen, die er den Leuten verkaufen sollte. Ihm gefiel das eher aggressive Akquirieren keineswegs, denn der Druck, so zu verkaufen, belastete ihn. Das musste er ändern, denn ein Job für lange war das nicht. Alex löste das Arbeitsverhältnis bei der Versicherung, wurde daraufhin bei der Direktion eingeladen. Man bot ihm an, zukünftig als interner Angestellter bei der Firma weiterhin tätig zu sein, was er ablehnte. In seinem Kopf kreisten andere Gedanken, sein Interesse galt den Geldinstituten. Ihm schwebte vor, sich als Bankangestellter zu bewerben, das interessierte ihn brennend. Verbissen machte er sich daran, an verschiedene Banken seine Bewerbungsunterlagen zu schicken. Bei einer Bank durfte er sich doch tatsächlich bald schon vorstellen. Es handelte sich um eine Sparkasse, die sich in Hamburg befand. Nach dem ersten Vorstellungsgespräch erhielt er eine schriftliche Antwort und wurde zu einem weiteren Gespräch eingeladen. Dabei ging es um die Bedingungen, die er zu erfüllen hatte. Es ging um Gehälter und Vergünstigungen, die den Bankangestellten gewährt wurden, das hörte sich für Alex spannend an. Insgeheim erhoffte er sich, die Stelle zu bekommen, obwohl das Salär um einiges geringer ausfiel als das seiner vorherigen Arbeitsplätze. Mögliche Aufstiegsmöglichkeiten wurden im Vorfeld ebenfalls angesprochen. Er musste nicht einen Moment lang überlegen und sagte zu.

Neuer Lebensabschnitt

Nun begann ein neuer Lebensabschnitt, den er am 01. November 1964 bei der Sparkasse antrat. Das Familienleben verlief ab dem Tag um einiges geregelter und entspannter. Die Abende gehörten wieder seiner Familie und endlich konnte er sein ersehntes Vateramt voll ausleben. Die Kinder, zwei und bald vier Jahre alt, liebten es, mit dem Vater zu spielen. Das Mädchen und der Junge waren sich auch beim Aushecken dummer Dinge einig. Einmal, so kann sich Alexander erinnern, wurden am Fernseher Fallschirmspringer gezeigt. Danach hatten sie die kluge Idee, das Gesehene nachzuahmen. Mit einfallsreicher Idee stellten sie mit Hilfe des Vaters ihren eigenen Fallschirm her. Damit sprang der kleine Olaf vom Küchentisch und brach sich dabei ein Bein. Das Bürschchen forderte die Eltern, während das Mädchen alles überlegter und vorsichtiger anging. An den Wochenenden besuchte Alexander mit den Kindern nach dem Frühstück oft den Park in Barsbüttel. Der bewaldet schöne Rundgang führte sie um den Öjendorfersee. Der Bube bewältigte schon längere Strecken zu Fuß, aber ließ sich trotzdem gerne in der Karre schieben. Immer hatte Alexander einen Beutel mit trockenem Brot dabei, damit fütterten sie die Enten und Schwäne. Der Spaß war riesengroß, wenn die gefiederte Schar an Land geschwommen kam, der Junge vergaß sogar seine Karre. Am See wurden nach dem Krieg Trümmer und Schutt gelagert und später nach und nach für die Gestaltung der Ufer- und Parklandschaft verwendet. Es entstand ein Naturjuwel und niemals hätte man gedacht, was dort verborgen lag.

Karin, die meistens zu Hause blieb, bereitete in der Zwischenzeit das Mittagessen für die hungrige Familie zu. Dazu war es ihr recht, auch mal Zeit, ohne die Kinder verbringen zu können. Alexander liebte die Wochenenden, es erfüllte ihn mit Freude, mit den Knirpsen etwas zu unternehmen. Hin und wieder führte sie die Reise nach Buchholz zu Mutter Dora, oder ab und zu schauten sie mal bei Opa Karl und Gustel rein. Ihr nächster Besuch galt den Eltern am Winterhuderweg in Hamburg. Es war die neue Adresse, an die seine Schwiegereltern umgezogen waren. Die Wohnung, in der sie jetzt lebten, war um einiges kleiner als das Haus davor. Es gab keinen Garten, den sie mitbenutzen konnten, sie lebten fortan in der ersten Etage mit Balkon. Die Umgebung des Hauses städtisch und nicht mit viel Grün bewachsen, wie das zuvor in der alten Villa der Fall gewesen war. Das neue Daheim kam moderner daher, die Räume nicht mehr so arg hoch, es wirkte alles gemütlicher. Vieles wurde vor dem Umzug mit Wehmut weggeschmissen, obwohl man an jedem einzelnen Stück hing. Es schien zwecklos, die neue Wohnung mit unnützen Dingen vollzustopfen. Die Räumlichkeiten wirkten jetzt geordneter und es herrschte nicht mehr das wirre Durcheinander wie zuvor im Haus. Damals hatte aber auch keines der Möbelstücke in die eigentlich schicken Räume gepasst.

Bei den Eltern von Karin saßen oftmals alle der Familie beisammen und Karins Vater las aus Büchern vor. Das tat er schon, bevor Alexander und Karin sich kannten. Die Zusammenkünfte hatten es in sich, selbst die zwei Kleien horchten den Geschichten ihres Opas aufmerksam zu, obwohl sie den vorgetragenen Inhalt nicht verstanden. Meist handelte es sich bei seinen Lesungen um Romane, wie die Buddenbrooks von Thomas Mann, oder auch um Werke berühmter Dichter. Er hatte das Talent, mit seiner Vortragsweise und der tiefen Stimme jeden Zuhörer zu faszinieren. Die Geschwister von Karin hatten damals noch keinen Nachwuchs und so waren die Kinder bei den Großeltern, Onkeln und Tanten groß im Kurs und wurden natürlich gehörig verwöhnt.

Ging es nach Buchholz zu Oma Dora, da freuten sich die beiden Kleinen ganz besonders. Buchholz, damals noch ein reines Dorf, jeder kannte den anderen. Die Kinder hatten Freiheit, konnten spielen und den nachbarlichen Bauernhof besuchen. Dort lebten Kühe, Pferde und gefiederte Tiere, das ländliche Leben behagte den beiden. Mutter Dora bekochte die Familie jedes Mal und ließ sie erst nach Kaffee und Kuchen wieder fahren. Dora war stets traurig, wenn sich der Abschied näherte, denn in ihrer Bleibe fehlte Leben. Nach dem Aufbruch konnte man ihr Winken aus dem Auto noch lange sehen.

Die Arbeit der Kundenbetreuung bei der Bank, für welche Alexander am Schalter eingeteilt war, gefiel ihm sehr gut. Um das Institut besser kennenzulernen, wurde er von Zeit zu Zeit in eine andere Filiale versetzt, die sich alle in Hamburg befanden. Dabei lernte er neue Arbeitsbereiche kennen und somit konnte er durch interne Ausbildung sein Wissen erweitern. Schon bald erhielt Alexander am 01.02.1965 seinen festen Platz in einer Filiale in Wellingsbüttel. Er hatte dort alle gängigen Arbeiten am Schalter zu verrichten, die er schon zuvor getätigt hatte. Neu hinzu kam, dass er zuständig wurde für die Vergabe von Kleinkrediten. Alles, was sich Alexander erwünscht und worauf er hingearbeitet hatte, ging in Erfüllung. Seine Frau, die er über alles liebhatte, die gemeinsamen gesunden Kinder und zu guter Letzt die Beschäftigung bei der Bank waren Gründe zum glücklich Sein.

Immer noch wohnte die Familie am Osterbrook 6, wo sich eigentlich alle wohl fühlten. Doch eines Tages bekamen die Angestellten Angebote, dabei handelte es sich um Häuserbau. In Planung standen 21 Reiheneinfamilienhäuser, welche nach dem Bau schlüsselfertig an Klienten verkauft werden sollten. Die Banker genossen Vorrang, da wurde Alexander hellhörig, kam aber leider zu spät. Eigentum schaffen, war das überhaupt möglich für ihn, ob er sich das leisten dürfe, diese Gedanken durchfuhren seinen Kopf. Es passierte alles sehr schnell und die Häuser waren weg, bevor Alexander zugreifen konnte. Nur durch den Kaufrücktritt einer Kundin wurde das Thema Eigentum erneut aktuell. Ein Reihenhaus mit drei Schlafzimmern, Wohnraum, Küche und Kellerräumen, fertig erstellt, kostete damals 98.000 DM. Jetzt kam die Finanzierungsfrage, wie zum Geier sollte er das ohne flüssige Geldmittel bewältigen, fragte er sich. Kurz davor schloss er erst einen Bausparvertrag über 30.000 DM ab und zahlte monatlich 50 DM ein. Mit der Einlage von 300 DM, die er zwischenzeitlich angespart hatte, konnte er das Haus nicht kaufen, was war zu tun? Glücklicherweise kannte Alexander den zuständigen Mitarbeiter der Hypothekenabteilung gut und zusammen erstellten sie einen Finanzierungsplan. Den Bausparvertrag dotierte man mit 3.000 DM, nicht sehr sauber und legal, denn dort lagen ja nur gerade mal 300 DM. Dazu bekam Alexander einen Kredit über 10.000 DM direkt von der Bank. Diese Sonderkondition galt Hauskäufern, die bei der Bank tätig waren. Der Kredit überdauerte den Zeitraum von zehn Jahren, zinslos. Auf diese Weise reichte es für die Anzahlung des Hauses, obschon ein großes Risiko bestand. Die Restsumme von 85.000 DM konnte Alexander mit einer Hypothek beleihen. Die Bankangestellten kamen damals in die Gunst eines besonders tiefen Zinssatzes von 3,5 %. Die monatliche Belastung des Hauses von rund 248 DM, das konnte die Familie bewerkstelligen. Das zinslose Darlehen der Bank musste in monatlichen Raten zurückbezahlt werden. Der Bausparvertrag lief normal weiter. Nach reiflicher Überlegung entschloss sich Alexander mit seiner Frau zusammen zu dem Schritt, sie unterzeichneten den Vertrag. Damit war die junge Familie zum Hausbesitzer geworden. Der Bau der Häuser begann im Mai 1964 und es blieb genug Zeit, sich auf den Umzug vorzubereiten.

Alexander besuchte zweimal wöchentlich die Baustelle, um zu sehen, wie sich das Projekt entwickelte. Die Bauentwicklung machte nach Alexanders Beurteilung einen guten Eindruck und er war wirklich froh, sich dafür entschieden zu haben. Im Juni des darauffolgenden Jahres, das Haus war fertig erstellt und die Familie bezog am 15.06.1965 ihren Besitz. Die Möbel aus der Osterbrook Wohnung, auch die Kücheneinrichtung, waren beim Domizilwechsel dabei, denn für neue Sachen war kein Geld vorhanden. Das Vierzimmerhaus wurde mit viel Liebe eingerichtet, alles stand bald an Ort und Platz, nur der Garten, da fehlte die Bepflanzung. Als Erstes baute Alexander den Jägerzaun, hin zur Straßenseite. Zum einen als Schutz für die Kinder und auch als Abschluss des Grundstückes. Mit der Zeit widmete man sich der

Botanik, und es wurden da und dort Sträucher gepflanzt, auch die Saat des Rasens gedieh prächtig. Nicht mehr eingeschlossen in einer Wohnung genossen sie jetzt das Sitzen im Freien, dort wo sie den Platz mit Steinplatten belegt hatten. Nach und nach entwickelten sich Gespräche mit der Nachbarschaft, oft geschah das durch die Kinder, welche draußen spielten. Ansonsten hielt man sich eher bedeckt, denn die Zeit war dünn bemessen und die Wochenenden galten den eigenen Familien. Karin entschloss sich, in dieser Zeit, als sie das Haus erwarben, eine Teilzeitstelle zu suchen. Bei der Sparkasse, wo Alexander tätig war, bekam sie ein interessantes Angebot. Die Bank bot ihr an, in der Abteilung Ausführung der Ablage des Schriftenverkehrs und der Dokumente einzusteigen, was sie am Abend erledigen konnte. Das Stellenangebot behagte Karin und sie nahm die Herausforderung als Quereinsteigerin an. Immer wenn Alexander von seiner Arbeit nach Hause kam, verließ Karin das Haus für vier Stunden und fuhr zur Arbeit. Auf diese Weise war es möglich, die Kinder intern zu betreuen, und außerdem kam dazu noch der finanzielle monatliche Zuschuss. Zufriedenstellend war es nicht, am Abend arbeiten zu müssen. Lieber hätte sie einen Tagesjob gehabt, das aber wollten sie beide der Kinder wegen nicht. Karin ging in ihrer Arbeit auf und das familiäre Verhältnis schien dadurch nicht beeinträchtigt zu sein. Aber da hatte sich Alexander wohl getäuscht, denn er merkte nicht, dass sich seine Frau immer mehr von ihm entfremdete. Er hatte ihr wohl schon lange nicht mehr genügt und ersatzweise musste sie sich mit anderen Männern vergnügen.

Der schreckliche Abend im Februar 1967 saß Alexander noch Jahre später wie klebriger Harz im Kopf. Am nächsten Morgen fühlte er sich so schlecht wie schon lange nicht mehr, er hatte in der Nacht kaum ein Auge zugetan. War es ein böser Traum, der ihn so traktiert hatte, oder war es doch die Wirklichkeit, war sein erster Gedanke beim Erwachen. Alles tat ihm weh, nun stand er vor dem Badezimmerspiegel und versuchte, sich zu rasieren. Es fiel ihm schwer, die Klinge über sein Gesicht zu führen. Wie froh er war, dass er an diesem Tag nicht arbeiten musste, denn jetzt hatte er wirklich nicht mehr die Konzentration und die Energie, um zu arbeiten. Er putzte sich die Zähne, seine Augen waren geschwollen und rot vom Weinen. Er wollte gar nicht in Selbstmitleid versinken, aber der seelische Schmerz holte ihn immer wieder ein, und wieder liefen ihm Tränen über die Wangen. Wut überkam ihn und abgrundtiefe Verachtung für seine verlogene Frau. Diesen Idioten hatte es wohl einen Dreck geschert, dass er mit der Anmache bei seiner Frau eine Familie zerstörte. Und sie, die dumme Ziege, fiel auch noch auf so einen Typen herein. Warum man so etwas nur tun kann, waren die Gedanken von Alexander, als er die gemeinsamen Kinder fröhlich lachend neben sich sah. Beide standen in ihren gemusterten Schlafanzügen im Bad. Die Kleine schaute ihren Papa von der Seite an und fragte. „Papa, bist du traurig, warum weinst du?" „Ach, mein Schatz, Papa hat sich Rasierwasser in die Augen gerieben und das hat gebrannt, deshalb die Tränen", log er sein Kind an. Der Junge war noch kleiner und konnte Gefühlsschwankungen noch weniger einordnen. Alexander erinnerte sich an seine eigene Kindheit, sollte es den beiden Kleinen jetzt so ergehen wie seinem Bruder und ihm, unverständlich. Er wollte, er musste, um die Liebe kämpfen, denn so schnell durfte er nicht aufgeben. Erst im Nachhinein wurde ihm klar, dass Karin sich oft zurückzog, wenn er mit ihr im Bett kuscheln wollte. Aber fast täglich beteuerte sie ihm ihre Liebe, küsste Alexander, wenn er das Haus verließ und abends wiederkam. Existierte zwischen ihnen eine Unstimmigkeit, sprach man darüber und suchte eine konstruktive Lösung. Eigentlich führten sie eine harmonische ausgeglichene Beziehung und Streitigkeiten waren selten. Er konnte es nicht glauben, so eine fantastische Schauspielerin müsste prämiert werden, dachte er, während er sein Haar nach hinten kämmte. Die Frau brachte es doch fertig, über einen schon langen Zeitraum, von Alexander unbemerkt, ein Doppelleben zu führen. Er wurde allerdings nie Zeuge eines Techtelmechtels. Von Bekannten, auch von Familienmitgliedern, wurde er darauf aufmerksam gemacht, wie beispielsweise bei einer Feier. Da trat sein Schwager an ihn heran und riet ihm, besser auf seine Frau aufzupassen. Wie Karin mit den Männern umgehen würde, sei doch nicht akzeptabel. Aber immer, wenn

Alexander seine Frau wegen solcher Vorkommnisse ansprach, wurde ihm höchstens krankhafte Eifersucht nachgesagt und so verzichtete er zukünftig auf Tadel. Einmal saß sie einem zwanzigjährigen Mann auf den Knien, den Alexander auch kannte. Sie knutschte mit ihm herum, war es Provokation oder war sie auf der Suche nach Bestätigung. Karin verriet ihrem Mann nicht, was sie damit bezwecken wollte. „War ich damals ein Esel, ich hatte ihr so vertraut, sie ehrlich geliebt und versucht, ihr jeden Wunsch von den Lippen abzulesen." „Du warst und bist wohl zu gutmütig, lieber Alexander. Dazu etwas naiv, nur das Gute im Menschen zu sehen", entgegne ich ihm. „Ja, das mag sein, aber was sollte ich denn tun? Ich wollte doch nicht immer der Spielverderber sein, wie mir nachgesagt wurde. Einmal schmiss mir Karin an den Kopf: „Ach Alex, mach doch wegen kleiner Dinge kein Theater, das ist doch alles nur Spaß." „Nach Spaß sah das wahrhaftig nicht aus", fährt er fort. „Bestimmt lag es auch daran, dass ich zu wenig Zeit für meine Frau hatte. Ich war oft nur auf meine Arbeit fixiert, nein, schon fast versessen darauf, das stimmt, deshalb mit Sicherheit nicht unschuldig am Scheitern unserer Ehe", sagt Alexander.

Wenigstens besaß sie den Anstand, den Umschlag ihres Rechtsanwalts, der das Scheidungsbegehren beinhaltete, Alexander erst am Freitagabend zu überreichen. „Ich kann den Schlag ins Gesicht gar nicht beschreiben, der mich damals traf, als ich den Umschlag ihres Anwalts öffnete." Alexander hatte in keiner Weise mit so etwas gerechnet, jetzt war er aufgewacht und begann zu überlegen. Wie und was konnte er gegen das Vorhaben seiner Frau unternehmen? Die Jahre des gemeinsamen Lebens wollte er nicht kampflos aufgeben, waren sie doch verbunden mit so viel Schönem. Gute Erinnerungen an ihre bedingungslose wertvolle Liebe und wie sie begonnen hatte. Zwei kleine Kinder, die ihre Eltern brauchten, er fragte sich inständig, wie es wohl weitergehen sollte. Er suchte das Gespräch mit Karin und schlug ihr vor, doch wenigsten den Versuch machen zu wollen, ihre Ehe zu retten. Er meinte sie zu kennen, da aber war unbemerkt eine Mauer entstanden, die unüberwindbar schien. Alexander wollte von seiner Frau wissen, was sie zu dem Schritt bewogen hätte, fremdzugehen. Ihm war es schleierhaft, zumal er davon überzeugt war, dass ihre Ehe in bester Ordnung sei. Die Antwort von Karin war kurz und bündig und für ihn schockierend. Sie ließ mit kalter Mine verlauten, dass sie ihn nicht mehr liebe und absolut nichts mehr für ihn empfinde. Den Rest könne er aus dem Schreiben ihres Anwalts entnehmen. Aus der Zuschrift des Anwalts wurde Alexander nicht schlau, denn dort stand lediglich geschrieben, dass sich Karin unwiderruflich scheiden lassen wollte. Er solle das bitte nicht auf die lange Bank schieben und so schnell als möglich Namen und Adresse seines rechtlichen Vertreters bekanntgeben. Das wurde ihm im Brief des Anwaltes mitgeteilt, welchen er im Februar 1967 erhielt. Alexander konnte es kaum verstehen, denn die Zeit als Karin noch in seinen Armen gelegen und die Liebe mit ihm zusammen genossen hatte, lag noch gar nicht lange zurück.

Ich will Alex nicht so recht glauben, was er mir über jene Zeit erzählt. Daraufhin bringt er die ganzen Scheidungsunterlagen mit und was ich lese, spricht Bände. Seine Frau unterstellte ihm Dinge, die wohl kaum der Wahrheit entsprachen. Sie belastete ihn mit derart negativen Aussagen, er hatte keine Chance. Ich verstehe die Welt nicht mehr, als ich die vielen unschönen Worte lese, die seiner Person galten. Wenn sie in seinen Armen läge, so denke sie immer an einen anderen, gab sie unter anderem an, also hatte sie sich klar neu verliebt. Alexander nahm sich keinen Anwalt und verteidigte sich selbst, denn er wollte auf keinen Fall, dass seine vergangene Ehe in den Dreck gezogen wurde. Dem Scheidungsurteil lag der Vergleich zu Grunde, Karin musste sämtliche Kosten der Scheidung tragen. Sie hatte nur Anrecht auf ein Kindergeld von 110 DM pro Kind, ihren eigenen Unterhalt beantragte sie nicht. Die Kinder wurden zur damaligen Zeit leider meist den Müttern zugesprochen, zum Wohl der Kinder hieß es, dagegen war Alexander machtlos. Was das spätere Besuchsrecht seiner zwei Kleien betraf, kam noch einiges auf ihn zu. Es war maßlos enttäuscht und fühlte sich gedemütigt, das Ganze kostete ihn unendlich viel Kraft.

Scheidung

Der Fall zeigte deutlich, dass Karin sich schuldig fühlte, und so wurde die Scheidung bald vollzogen und am 26.05.1967 abgeschlossen. Nach der rechtskräftigen Scheidung blieb Karin noch drei Tage im Haus, da ihr das Hausrecht bis zum Ende des Monats zugesprochen wurde. Er hatte damals, gleich nach der Scheidung, seine Mutter aus Buchholz zu sich geholt, denn er ahnte Schlimmes. Sie würde bestimmt die drei Tage ausnutzen wollen, um wegzubringen, was sie haben wollte. Allerdings bestand eine Hausratsinventur und laut gerichtlicher Bestimmung war festgelegt worden, den Hausrat eins zu drei aufteilen zu müssen. Wie vermutet, trug es sich zu, sie hielt sich nicht an die gerichtlichen Bestimmungen. Täglich standen Verwandte vor dem Haus und plünderten, was wegzutragen war. Die Kinder hatte sie schon bei ihren Eltern abgegeben und somit war sie ungehindert, zu agieren. Alexander war bei der Arbeit und Mutter Dora stand hilflos dabei. Sie konnte wenigstens verhindern, dass nicht der ganze Hausrat abtransportiert wurde. Glücklicherweise ließ Karin ein Handtuch, ein Badetuch und etwas Bettwäsche zurück. Am Vorabend ihres Auszugs brachte er wohlweislich die Waschmaschine mit Helge, seinem Freund, ins Nachbarhaus. Helge und seine Familie pflegten auch zu Karin eine enge Freundschaft, jedoch konnten sie ihre Handlung nicht nachvollziehen. Viele schüttelten den Kopf, denn Ihre Ehe galt bei vielen als mustergültig. Keiner hätte nur im Geringsten an eine Trennung der beiden gedacht, auch Alexander selbst nicht. „Was hatten wir mit den Nachbarn für eine schöne Beziehung. Die Frau von Helge, die Blumen liebte, half uns beim Bepflanzen unseres Gartens. Ich und meine Frau hatten zu Beginn absolut keinen grünen Daumen und waren dankbar für jegliche Hilfe. Es trug sich zu, dass die Nachbarin während unserer Abwesenheit einmal Heinzelmännchen spielte und Frühlingsknollen in die Erde unserer Rabatten steckte. Das frische Grün, was sie uns liebevoll pflanzte, spross, aber ich mit meinem botanischen Unwissen riss es als vermutetes Unkraut wieder aus."

Am ersten Juni verließ Karin dann endgültig das Haus und zog zu ihren Eltern in die gemeinsame Wohnung. „Mein Gott, ich weiß noch genau, wie es sich anfühlte, als Karin die Haustüre öffnete und mit unseren gemeinsamen Kindern, sechs und vier, das Haus verließ. Sie, ohne ein Wort zu sagen, ich stand im Flur. Tränen füllten meine Augen und den Kleinen blieb nicht mal Zeit, sich von mir zu verabschieden, denn Karin wusste es geschickt zu verhindern. Ich blieb zurück, es ging mir damals wirklich mies", sagt Alexander mit fester Stimme. „Weiterleben in der Gewissheit, keine Familie mehr zu haben, war belastend, dazu hatte ich die Liebe verloren, das machte mich fast verrückt. Niemals hätte ich nur den leisesten Gedanken gehabt, dass ich je etwas in dieser Art erleben müsse", fügt er hinzu.

Die Dämmerung war bereits hereingebrochen, als Alexander die dicken Gardinen im Wohnzimmer zuzog, es fehlte jetzt die attraktive Perspektive. Für wen und für was er eigentlich in diesem Haus weiterleben sollte, war das wirklich alles gewesen? Ich verstehe seine Traurigkeit von damals. Schuldfragen kamen, er forschte bei sich selbst, wie weit er durch eigene Fehler am Gesamten beteiligt war. Waren es Versäumnisse seinerseits, die zum Scheitern der Ehe beigetragen hatten? In der Zeit nach der endgültigen Trennung von Karin kamen wiederholt die Gedanken, wie sein Leben wohl zukünftig aussehen und weiter gehen würde? Was war zu tun, was sollte mit dem Haus geschehen? Die neue Situation überforderte ihn maßlos. Einerseits musste er den monatlichen Unterhalt für seine beiden Kinder finanzieren, andererseits waren noch die laufenden Kosten. Diese zahlten sich nicht von selbst. Seine eigenen Bedürfnisse waren bescheiden, essen, das musste er, was er in den letzten Wochen maßlos vernachlässigte. Er wollte das Haus an und für sich behalten, da aber musste er sich kurzfristig etwas einfallen lassen. Eine Annonce aufgeben, die zwei Zimmer mit Bad- und Küchen-

mitbenützung zur Vermietung anbieten, das konnte die Lösung
sein. An den langen einsamen Abenden hatte er genügend Zeit,
das Notwendige zu veranlassen. So richtete Alexander die beiden freien Räume in der oberen Etage neu ein. Er allein beanspruchte lediglich einen kleinen Teil des Hauses. In Hamburg
kannte er ein Möbelgeschäft, dort bestand die Aussicht, preis-
günstig einzukaufen. Die Ausstattungen wurden in der DDR
hergestellt und die Einrichtungsgegenstände waren brauchbar
und preiswert. Er stattete beide Räume mit praktischen Möbeln
aus, die tagsüber als Wohnraum dienten. Die passenden Gardinen wurden genäht und aufgehängt. Die Räume sahen schick
aus und nun fehlten noch die Mieter. Das aufgegebene Inserat
war ein voller Erfolg. Es meldeten sich auf sein Ausschreiben
hin viele Interessenten, darunter eine junge Frau und außerdem ein gleichalteriger Mann. Die Begeisterung der unabhängi-
gen Interessenten zeigte Alexander, dass er den Geschmack der
Betrachter getroffen hatte. Für die Miete verlangte er 120 DM,
das schien ihm angemessen zu sein und beide sagten am selben
Tag auf der Stelle zu. Die Bedingung, die Alexander stellte, war,
dass er eine Übernachtung im Haus von Freund oder Freundin
nicht billigte. Dafür eignete sich die Infrastruktur des Hauses
nicht, was bei den zukünftigen Mietern auf Verständnis stieß.
Am 01. Juli zogen die beiden Mieter ins Haus ein. Der Mieter,
ein unkomplizierter, ruhiger und angenehmer Mann, der sich
stets an die Hausordnung hielt, war kaum zu spüren. Die Mie-
terin Rosie stellte auch keine großen Ansprüche, war auch nett
und genügsam. So wie Alexander von ihr mitbekam, musste sie
der Wahrscheinlichkeit nach auch geschieden sein. Sie sprach
von einem Kind, aber Genaueres vernahm er nicht und wollte
es auch nicht wissen. Ihr begegnete Alexander unausweichlich
täglich in der Küche, was ihn absolut nicht tangierte, im Gegenteil. Er fand die Gespräche mit ihr interessant und spürte
wohl ihren Versuch der Annäherungen. Obwohl Rosi eine hübsche junge Frau war, sie war nicht sein Typ. Er ging nicht auf
ihre Anmache ein, denn er wollte ihr keinesfalls falsche Hoffnungen machen. Zu jener Zeit hielt sich bei ihm das Verlangen

in Grenzen, sich einem Abenteuer aussetzen zu wollen, ihm reichte das Erlebte. Des Weiteren waren die Gefühle für Karin, mit der er schließlich zwei Kinder hatte, noch nicht abgekühlt. Er war nicht der Typ, der sich einem One-Night-Stand hingab und konnte den schönen Augen von Rosi problemlos widerstehen. Ab und zu hatte sie den Wunsch fernzusehen, worauf er bejahend reagierte. Durch seine Tätigkeit bei der Bank war er abends meist mit Tätigkeiten im Haus beschäftigt. Alles sauber zu halten, die Wäsche zu besorgen, Büroarbeiten zu erledigen, alles beanspruchte Zeit, dadurch blieb das Wohnzimmer von ihm eher unbenutzt. Mit den Mitbewohnern hatte Alexander keinerlei Probleme, das Zusammenleben gestaltete sich friedlich, jeder respektierte sein Gegenüber.

Den Akt der Scheidung hatte Alexander in der Zwischenzeit etwas verdaut und schon kam die erneute Niederlage. Es reichte nicht, dem, was er hinter sich hatte und dazu den stetigen Problemen des Besuchsrechtes seiner Kinder, zu trotzen. Ihm wurde nachgesagt, dass er die Kinder gar nicht mehr sehen wolle, was nicht der Wahrheit entsprach. Er vernahm obendrein, dass sich die Kleinen geäußert hätten, ihren Vater nicht mehr besuchen zu wollen. Das waren harte, schmerzhafte Worte, denen er ausgesetzt war. Es stellte sich die Aufgabe, gegen diese Angriffe vorzugehen. Dazu kam ein erneuter gerichtlicher Weg, dem er sich zu stellen hatte, dieses Mal ging es um das Darlehen seiner Schwägerin und deren Ehemann. Es handelte sich dabei um das Geld, welches Karin damals für die Reise nach Schweden von ihrer Schwester ausgeliehen und Alexander dazu dummerweise seine Zustimmung gegeben hatte. Nun wollten die zwei ihr Geld sofort zurückhaben, was Alexander durchaus begriff. Seinerzeit hatte man sich leider nur mündlich geeinigt, die Frist der Rückzahlung festgelegt und das Datum vom 01.01.1971 bestimmt. Bei Gericht wurde jedoch angegeben, man hätte sich auf den 01.08.1967 geeinigt, was willkürlich gewählt wurde. Er setzte seine geschiedene Frau als Zeugin ein und hoffte, sie würde wenigstens jetzt die Wahrheit sagen. Die aber beteuerte vor Gericht, es hätte keine Abmachung in Bezug auf die Rückerstattung gegeben. Er konnte verstehen, dass durch die Trennung der Familien kaum noch Interesse bestand, ihm das zinslose Darlehen weiterhin zu gewähren. Dennoch war es ein Unding, sich derartiger Abmachungen zu widersetzen. Er wollte damals seinem Schwager eine Quittung für das angebotene Geld ausstellen. Der aber war der Meinung, dass mangelndes Vertrauen unter Verwandten nicht üblich sei. Alexander vertraute den beiden, glaubte an ihr Wort und verzichtete auf die schriftliche Abmachung, was er danach bitter bereute. Das Glück der Beweislage bestand darin, dass Alexander zu der Zeit, als er die 1.000 DM von seinem Schwager entgegennahm, gleichzeitig einen Sparvertrag abschloss. Der dauerte genau bis zum fälligen Datum der Rückzahlung. Diesen hatte er eigens abgeschlossen, um das geschuldete Geld pünktlich zurückzubezahlen. Es half alles nichts, das Tribunal entschied gegen ihn. Alexander musste das Darlehen früher begleichen und die Hälfte der Gerichtskosten erlegte man ihm zusätzlich noch auf. „Nun, alles hat auch etwas Gutes, ich konnte so wieder einen Teil meiner Altlasten abhaken, obwohl es mich fast Kopf und Kragen kostete." Die Genugtuung kam dann sechs Jahre später in einem Brief an Alexander. In dem stand geschrieben:

Lieber Alexander,
wir wissen, dass wir uns dir gegenüber nicht korrekt verhalten haben und bitten dich hiermit um Verzeihung. Uns ist auch klar, dass es mit diesem einen Wort nicht abgetan ist, aber wir haben den Wunsch, wenigstens einen Waffenstillstand mit dir zu schließen. Wir hatten doch miteinander unzählige schöne Stunden verlebt, die nicht wegzuwischen sind. Lieber Alexander, sag uns deine Einstellung zu diesem Thema. Wir würden dich auch gerne wiedersehen, aber es liegt in deiner Hand und du sollst entscheiden.

Es grüßen dich dein Schwager und Schwägerin

Alexander erwiderte den Brief und teilte ihnen mit, dass einem Neuanfang nichts im Wege stünde und er sich auf ein Wiedersehen herzlich freue.

Schon hatte Alexander neun Monate des Alleinseins hinter sich gebracht und wollte seinem Leben wieder einen Sinn geben. Bis dahin widmete er sich nur noch seiner Arbeit und dem Haus. Plötzlich verspürte er das Verlangen, sich unter Menschen zu begeben, um sich zu vergnügen und wieder einmal herzhaft zu lachen. Am 02.03.1968, es war ein Sonnabend, entschloss er sich dazu und fuhr in Richtung Reeperbahn, wo er seinen Wagen am Fischmarkt abstellte. Planlos durchstreifte er den Anfang der Meile. An den Fassaden betrachtete er die blinkenden Leuchtschriften in verschiedenen auffälligen Farben. Es gab Cabarets, Bars, Cafés und andere Milieu bezogene Schuppen, aber auch Tanzlokale, dabei fiel ihm das Babarina auf. Entschlossen, reinzuschauen, trat er ein und stieß als Erstes zur Garderobe, die von einer freundlich und gut gekleideten Dame bedient wurde. „Guten Abend mein Herr, so ganz allein unterwegs", sagte diese mit verschmitzter Miene und zwinkerte mit einem Auge. Jetzt erst fiel ihm auf, dass es wohl nicht üblich war, in seinem Alter allein unterwegs zu sein. Na ja, hätte ja sein können, dass er erwartet wurde. „Ja, ich komme allein und bin das erste Mal hier", gab er ihr zur Antwort. Mit dem Geld, das er bei der Garderobiere zu entrichten hatte, war auch zugleich der Eintritt ins Lokal bezahlt, das sich eine Etage höher befand. Die Frau wünschte ihm einen schönen Abend, den er sich heute besonders erhoffte. Er begab sich zur Treppe, die in einem Halbkreis nach oben führte und mit rotem Teppich belegt war. Was sich dem Betrachter beim Eintreten in das Tanzlokal bot, war eine exquisite gepflegte Ausstattung, es gefiel ihm auf Anhieb. Die runden Tische, jeweils mit vier rot gepolsterten Stühlen, waren Nachahmungen von Louis Philippe. Die Tanzfläche schien groß und im Hintergrund spielte eine Live-Band. Das gedimmte Licht und der Schein der Kerzen verliehen dem Raum Romantik und Glanz. Die Kellner bedienten ihre Gäste im Frack und es herrschte ein emsiges Treiben, das Lokal war an jenem Abend gut besucht. Alexanders Blicke durchstreiften den Raum, bis er einen freien Tisch entdeckte. Er setzte sich auf dem gepolsterten Sessel gemütlich nieder und sah sich um. Es saßen nur Paare am Tisch, Einzelpersonen waren kaum zu sehen. Er dachte an die Garderobiere, die sich wunderte, dass er allein gekommen war. Es wäre sicher schöner gewesen, nicht allein am Tisch sitzen zu müssen, aber das konnte sich ja im Laufe des Abends noch ändern, dachte er. Damals zeigte sein Geldbeutel keine großen Ausbuchtungen und so bestellte er sich das günstigste Getränk der Karte. Ein Glas Weißwein für 5 DM, damit musste er den ganzen Abend auskommen.

Neu entdeckte Liebe

In unmittelbarer Nähe seines Tisches saß eine junge Frau, ebenfalls allein, und Alexander hegte den Gedanken, sie einzuladen. Er schaute immer wieder heimlich zu ihr hinüber, hoffte dabei inständig, dass nicht bald jemand kam und seinen Plan zunichtemachte. Er begutachtete die Frau genau, stellte dabei fest, dass sie hübsch, sehr schlank und modisch angezogen war. Mit ihrem beinahe schwarzen, kräftigen Haar, das ihr rundliches Gesicht umhüllte, sah sogar die große dunkle Hornbrille in ihrem Gesicht gut aus. Er nahm den ganzen Mut zusammen, erhob sich vom Sessel und begab sich zum Tisch der alleinsitzenden jungen Frau. Ob sie in Begleitung hier sei, fragte er, wenn nein, er sie vielleicht zu sich an den Tisch einladen dürfe. Sie schaute hoch zu Alexander und erwiderte mit einem zögernden Lächeln: „Ja, das dürfen Sie", und erhob sich vom Stuhl. Mit dem Glas in der Hand wechselte sie anschließend den Tisch und bezog den Stuhl zu Alexanders Rechten, den er der jungen Frau zurechtrückte. Alexander erkannte, dass sie etwas kleiner war als er und das passte auch für die eventuelle Aufforderung zu einem Tanz. Er war an dem Abend des Tanzens wegen gekommen und hoffte, dass auch die junge Frau das gleiche Interesse hegte. Schnell entstand ein angeregtes Gespräch, bei dem man sich gegenseitig mit dem Vornamen vorstellte. Das Orchester spielte mehrheitlich moderne Stücke und dann, als Alexander Julia zum Tanz aufforderte, gerade einen Foxtrott. Die Dunkelhaarige freute sich ob der Aufforderung sichtlich und begleitete ihn leichtfüßig zum Parkett. Mit Freude stellte Alex fest, dass seine Partnerin keine Anfängerin sein konnte. Es bereitete ihm großen Spaß, die junge Frau übers Parkett zu führen. Es ging schon gegen Mitternacht, als Alexander aufbrach. Am Sonntag holte er seine Kinder und da wollte er fit sein. Ohne ein erneutes

Treffen zu vereinbaren, verabschiedeten sich die beiden voneinander und jeder ging seinen eigenen Weg. Alex war glücklich über den gelungenen schönen Abend, er hatte sich schon lange nicht mehr so gut amüsiert.

Die kommende Woche fuhr Alexander zur Arbeit, gelöster und entspannter als zuvor. Es tat ihm gut, dass er endlich wieder ins Leben zurückgefunden hatte. Das Wochenende nahte, sein Verlangen, etwas zu unternehmen, war wiederum da, also entschloss er sich, erneut zum Babarina hinzufahren. Im Hinterkopf den Wunsch, die Frau von neulich dort wiederzusehen. Die Unbekannte, er wusste, dass sie Julia hieß und in Hamburg lebte, mehr war ihm nicht bekannt. Die Unterhaltung mit ihr war interessant gewesen und es schien, als sei sie eine sehr lustige und fröhliche Person. Gesagt, getan, der Samstag stand wieder ganz im Zeichen der Unterhaltung im gemütlichen Lokal. Seinen Platz, mit Sicht zur Eingangstüre hin, hatte er bezogen, denn er wollte sie unter keinen Umständen verpassen. Seine Augen klebten regelrecht am Entree, auch während er an seinem Glas nippte. Später, als er sich im Lokal umsah, erspähte er seine Tänzerin von letzter Woche weiter hinten. Dort saß sie in Begleitung einer anderen jungen Frau. Alexander machte sich bemerkbar, indem er Julia zuwinkte und hoffte, sie würde ihn wiedererkennen. Julia erhob sich von ihrem Stuhl und kam mit ausgestreckter Hand zum Gruß auf ihn zu. Sie schlug ihm vor, sich doch zu ihnen an den Tisch zu setzen, was sich Alexander nicht zweimal sagen ließ. Sie machte ihn mit der Begleiterin bekannt, lieber wäre ihm natürlich gewesen, er hätte sie allein getroffen. Alexander wollte diese Situation nicht so recht passen, aber es war nicht zu ändern. Der Abend blieb öde und langweilig, es bot sich nicht mal die Chance, Julia zum Tanze zu bitten. Die zwei jungen Frauen waren derart in ihr eigenes Gespräch verstrickt, kicherten am laufenden Band und Alexander fühlte sich deplatziert. Die beiden Frauen wollten das Lokal wechseln, aber Alexander hatte keine Lust dazu und blieb. Das schien ihm wie eine Abfuhr und somit erledigte sich diese Angelegenheit mindestens für heute, der Abend war gelaufen. Das

Tanzen wollte ihm nicht mehr so recht Spaß machen und schon bald verließ er das Nachtlokal und fuhr nach Hause. In der darauffolgenden Woche ertappte er sich trotz allem immer wieder beim Gedanken, dem Wunsch, Julia wiedersehen zu wollen. Eine Adresse oder Telefonnummer und nicht einmal den Nachnamen kannte er von ihr, so konnte er sie nur mit Glück in der Disco erneut antreffen.

Die Musiker spielten gerade „All You Need Is Love" von den Beatles, als er eintrat. Dort saß sie in einem hellgelben, knielangen, engen Cocktailkleid und darüber trug sie eine schwarze kurze Jacke. Auf dem Tisch lag eine kleine Tasche von Chanel, ein wirklich apartes Mädchen, dachte er, als er sie sah. Dieses Mal war sie allein und er packte den günstigen Moment und begab sich auf direktem Weg an ihren Tisch. Er fragte sie, ob er sich zu ihr setzen dürfe und auf ihre Zustimmung hin bestellte er sich dann sein obligates Glas Weißwein und lud Julia ebenfalls zu einem Drink ihrer Wahl ein. Sie entschuldigte sich für ihr Verhalten von letzter Woche. Dabei erklärte sie, die Bekannte hätte den Wunsch geäußert, das Lokal zu wechseln und sie habe schlecht Nein sagen können. Alexander sprach sie nicht darauf an, gab nicht zu, wie enttäuscht er war und äußerte sich lediglich, indem er sagte, das sei schon in Ordnung gewesen und er habe sich auch allein weiterhin sehr gut unterhalten. Der Abend, den sie erneut zusammen verbrachten, war ausgefüllt mit Plaudern, Lachen und Tanzen. Er wusste zu gut, wie sich Verliebtheit anfühlte, und an dem Abend war es um ihn wieder einmal geschehen, auch Julia himmelte ihn an. Das Orchester war dabei, die Instrumente wegzuräumen, also war es Zeit, das Lokal zu verlassen.

Im Ausgehviertel herrschte immer noch eine überschwängliche Stimmung, die Straßen waren voller Leben, während Alexander sich mit Julia zum Wagen begab. Er hatte den Wunsch geäußert, sie nach Hause zu bringen, denn auf diese Weise erfuhr er, wo die neue Angebetete wohnte. An dem Abend kam es zu keiner körperlichen Annäherung, man gab sich zum Abschied nur einen flüchtigen Kuss auf die Wange. Zumindest aber verabredeten sie sich fürs darauffolgende Wochenende. Er freute sich, die junge Frau wiederzusehen. Gleichzeitig fragte er sich, ob der große Altersunterschied nicht doch etwas störte. Sie wirkte reifer, aber sie war mehr als sechzehn Jahre jünger als er, fast eine Generation. War es nicht unvernünftig, sich an eine so junge Frau heranzumachen? Er fuhr vom Hamburger Viertel Lurop, in dem Julia bei ihren Eltern wohnte, weg. Was konnte man gegen Gefühle tun, wenn man der Verzauberung willenlos ausgeliefert war? Es war nun seine Aufgabe und Pflicht, mit ihr ein ernstes und offenes Gespräch zu führen, das wusste er. Schon bei der nächsten Begegnung wollte er das Gespräch in diese Richtung lenken. Er musste wissen, was sie davon hielt, sich mit einem viel älteren Mann einzulassen. In der sich anbahnenden Beziehung hatte er wahrhaftig nicht das Bedürfnis, eine Vaterrolle zu übernehmen. Vater war er, oder was ihm davon leider noch geblieben war.

Am Montag ging es wie gewohnt zur Arbeit. Der einzige Ort, an dem er in letzter Zeit zwischenmenschliche Beziehungen pflegte. Er erzählte seinem Freund, der im Hypothekenwesen tätig war, von seiner Begegnung der letzten Wochenenden. Dieser hieß es gut und freute sich darüber, dass Alexander endlich wieder Boden unter den Füßen spürte.

Die angebrochene Woche verflog rasend schnell, schon wieder war es Samstag. Alexander stand vor dem Spiegel in seinem Badezimmer und studierte sein Gesicht. Der prüfende Blick verriet ihm, dass er für seine 39 Jahre gar nicht so übel aussah. Falten waren noch keine zu sehen, aber die Haarpracht hatte bereits etwas gelitten. Heute aber legte er besonders großen Wert auf sein Äußeres, denn er wollte Julia gefallen. Mit dem Rasierwasser Old Spice After Shave sparte er an dem Tag nicht und verteilte es großzügiger auf seinem Gesicht als sonst. Nach einem letzten prüfenden Blick in den Spiegel begab er sich ins Schlafzimmer und stand vor dem Kleiderschrank. Was sollte er anziehen, was würde Julia gefallen, fragte er sich laut. Er schob die Kleiderbügel, an denen Anzüge hingen, von einer Seite zur anderen und entschied sich dann schließlich für den dunkelblauen mit feinen Streifen. Dazu ein weißes Hemd mit passender Krawatte, das war angemessen. Er fühlte sich gut, als er mit den hochglanzpolierten schwarzen Schuhen das Haus verließ und mit seinem Wagen Richtung Sankt Pauli fuhr. Nahe am Friedhof fand er einen Parkplatz und begab sich leichten Fußes und voller Erwartung in das ihm zwischenzeitlich vertraute Tanzlokal. In der Meile war wie immer allerhand los und es herrschte lebhafter Betrieb. Da schlenderten auf den Gehsteigen schrille Gestalten, die durch ihr Äußeres auffielen. Aber auch normal gekleidete Leute und Touristen waren unterwegs. Bordsteinschwalben warteten auf Kundschaft und posierten leicht bekleidet an verschiedenen Stellen der Straße. Da saß sie nun, seine neue Flamme, schlank und reizend. Wiederum war sie gut angezogen und dazu trug sie den passenden Schuh, auch die Frisur saß. Er begrüßte Julia mit einem zaghaften Kuss auf die Stirn und setze sich gleich zu ihr an den Tisch, ohne davor zu fragen. Man bestellte sich den obligaten Drink und erzählte sich von den Alltagssorgen der Woche. Bei dieser Gelegenheit erfuhr Alexander, was Julia beruflich machte: Sie arbeitete als Verkäuferin in einem kleinen Schuhgeschäft. Sie hatte dort, wie sie sagte, ihre Lehre gemacht und war jetzt Filialleiterin. Auch er erzählte, wie und wo er sein Geld verdiente. Er benutzte die Gelegenheit und fädelte das Gespräch geschickt in Richtung seiner Vergangenheit ein. Alex berichtete von seiner Scheidung, den Kindern, dem Besuchsrecht, der Unterhaltszahlung und über seine finanzielle Situation und das Haus. Er wollte Julia nichts vorenthalten, sie sollte im Vorfeld wissen, wie es um ihn stand. Ehrlichkeit war für ihn ein großes Wort. Zum Altersunterschied, den er anschnitt, äußerte sich Julia sehr sachlich und beteuerte, es würde sie absolut nicht stören, wenn ein Mann älter sei, denn sie könne mit Jüngeren eh nichts anfangen. Ihr letzter Freund sei auch um Jahre älter gewesen als sie und das habe die Beziehung keinesfalls beeinträchtigt. Wichtig sei doch die gegenseitig empfundene Liebe und die Ehrlichkeit. Damit hatte sie ihm wahrlich aus seiner Seele gesprochen. Worte, die schmeichelten, da musste er wohl hoch im Kurs sein, trotz seines Alters. Schon fast vergaßen sie, zu tanzen, bis dann ein Stück gespielt wurde, dass sie beide bewog, auf die Tanzfläche zu gehen. Green Grass von Elvis spielte die Band. Engumschlungen bewegten sich die Verliebten zu den Klängen, die aus den Instrumenten ertönten. Jetzt küsste er Julia während des Tanzens immer wieder zärtlich auf die vollen Lippen. Sie ließ es zu und erwiderte seine Zärtlichkeit. Auch dieser Abend ging dem Ende entgegen, man hatte vieles aus dem Leben des anderen erfahren. Engumschlungen verließen die beiden das Babarina und spazierten gemütlich durch die Menschenmenge in Richtung des parkierten Wagens. Sie musste sich beeilen, es war spät geworden, Julia sollte schon zu Hause sein. Die Tatsache, dass die Frau schon mehr als 22 war, interessierte scheinbar ihren Vater nicht. Wenn sie nicht zur vereinbarten Zeit eintraf, gab es Zoff mit dem alten Herrn, der dann unbeherrscht und ätzend herumbrüllte. Alexander parkierte den Wagen nahe dem Haus, wo Julia wohnte. Sie begab sich zum Eingang und er wollte abwarten, bis Licht in der Wohnung brannte, so hatten sie es abgesprochen. Es blieb dunkel und Julia kehrte zum Auto zurück, stieg ein und sagte: „Mein Vater, dieser Idiot, hat mich schon wieder nicht reingelassen, immer das gleiche Theater." So fuhren die beiden anschließend in die kleine Seitenstraße, dort war es um diese Zeit menschenleer und dunkel, nur der Sternenhimmel leuchtete über ihnen. Wie ein entfachtes Feuer, Alexanders Herz schlug fast doppelt so schnell, als er die junge Frau fest in seinen Armen hielt. Sie küssten sich auf der hinteren Sitzbank des Wagens stürmisch und leidenschaftlich und dabei kam es unentrinnbar zu näherem körperlichem Kontakt. Es tagte schon, als Julia versuchte, erneut in die Wohnung zu gelangen. Diesmal mit Erfolg durch die Hilfe ihrer Mutter, die zwischenzeitlich die Tür geöffnet hatte. Offenbar wurde Julia hauptsächlich vom Vater kurzgehalten, obwohl sie volljährig war. Alexander erfuhr, dass ihr Vater sie nach einem Ausgang beim Eintreffen zu Hause einmal mit einer Cola-Dose auf den Kopf geschlagen hatte. Die dabei entstandene Wunde, die angeblich durch einen Sturz geschehen war, musste genäht werden. Alexander konnte solche Ausbrüche von Gewalt und Unbeherrschtheit kaum nachvollziehen. Was zum Teufel war das für ein schwacher Mensch, den er auf kurz oder lang sicher kennenlernen würde. Wie kam dieser auf solche abstrusen Ideen, seine Tochter zu schlagen. Die Weiterfahrt an die Weißenseestraße zum Haus erlebt Alexander wie in Trance. Er summte die gehörten Melodien des vergangenen Abends nach, war gut gelaunt, einfach glücklich und hätte die ganze Welt umarmen mögen. Als er mit Schwung in die Sammelgarage fuhr, war es taghell. Im Innern der umliegenden Häuser war noch kein Betrieb, als er sich trippelnd und tanzend dem Eingang seines Hauses näherte.

Das kommende Wochenende hatte er Mutter Dora aus Buchholz zu Besuch, dazu lud er auch seine neue Freundin ein. Mutter sollte das Recht haben zu wissen, mit wem er nun seine Zukunft verbringen wollte. Er erzählte ihr davor schon von seinen Treffen, dabei erwähnte er außerdem den großen Altersunterschied. Der Altersunterschied solle nicht das Wesentliche einer Beziehung oder späterer Ehe ausmachen, meinte Alexanders Mutter. Wichtig sei es, sich ehrlich zu lieben und füreinander einzustehen, meinte sie. Er war sehr angetan, ob der Worte von Mutter, denn er hatte nicht derart offenes Denken ihrerseits erwartet. Als Julia eintraf, war Dora zu Beginn schon von der jungen Frau begeistert. Schnell entwickelte sich zwischen den beiden Frauen ein nettes Gespräch. Dabei entstand für Alex beinahe der Eindruck, sie würden sich schon über einen längeren Zeitraum näherstehen. Die erste Hürde war somit übersprungen, jetzt hing es noch von seinen Kindern ab, wie diese auf seine Neue reagieren würde. Der Abend war gemütlich und mit viel Gesprächsstoff ausgefüllt. Julia verbrachte die folgende Nacht in Alexanders Haus, auch Mutter Dora blieb. Am kommenden Morgen nahmen die drei das gemeinsame Frühstück am Küchentisch ein. Alexander war unruhig, er dachte darüber nach, dass gerade dieser Tag wegweisend sein würde. Vieles hing davon ab, wie sich sein weiteres Leben entwickelte.

Heute fuhr er zum ersten Mal in Begleitung einer Frau Richtung Rotenburg, um die Kinder abzuholen. Wenn der Erfolg des

Tages so gut wie das Wetter war, dann hatte Alexander an diesem Sonnabend einen Lottosechser. Als sie bei seiner Exfrau vor dem Haus vorfuhren, wartete diese schon mit den Kindern auf dem Gehsteig, pünktlich wie immer. Die Kleinen, wie immer gut gekleidet und schön frisiert, das musste er Karin lassen. Jedes Mal war es ein emotionaler Moment, auf den er sich freute, wenn er seine Kinder in den Armen hielt. Alexander machte Julia mit seiner geschiedenen Frau bekannt. Seine Exfrau wirkte besonnen und begrüßte seine Neue, obwohl ihr Blick doch etwas abwägend wirkte. Julia war das völlig egal, sie hatte nichts zu verlieren und streckte ihr die Hand entgegen. Klar war, dass sie gegenüber seiner Ex keine überschwängliche Freundlichkeit an den Tag legte, denn sie wusste Bescheid über das Geschehene. Für die Kinder war Julia eine Fremde, sie verhielten sich eher zurückhaltend und etwas scheu. Während der Fahrt nach Hause änderte sich die Verschlossenheit der Kinder und sie plapperten unentwegt auf sie ein. Als die vier zu Hause ankamen, war das Eis vollends gebrochen und die Kinder nahmen Julia voll in Beschlag. Oma Dora hatte das Essen schon fertiggekocht und alle begaben sich nach dem Begrüßungstanz der Kinder bald schon zu Tisch. Alex genoss das Zusammensein, es fühlte sich an wie damals, als er, Karin und die Kleinen noch eine Familie waren. An diesem Tag wurde ihm klar, die Beziehung zu Julia hatte Zukunft. Zum einen liebte er diese Frau abgöttisch, auf der anderen Seite war zu spüren, dass seine Kinder Julia akzeptierten. Bei weiteren Besuchstagen zeichnete sich ab, dass sich die Beziehung zwischen Julia und den Kindern derart vertiefte, dass diese abends am liebsten geblieben wären. Leider war Karin nie damit einverstanden, dass die zwei ein ganzes Wochenende hätten bleiben dürfen. Den Grund dafür kannte Alexander nicht und sie wollte ihn ihm gegenüber auch nicht erörtern. Offenbar hielt sie an den gerichtlichen Vereinbarungen fest und daran gab es absolut nichts zu rütteln. Ebenfalls bestand sie darauf, dass man die beiden sehr pünktlich zurückbrachte. Alexander hatte sich daran zu halten, sonst wäre sie gezwungen, ihren Anwalt einzuschalten, beteuerte sie des Öfteren. So gewöhnte sich der Verdonnerte an den Zustand und ließ sich durch die Drohungen und das Machtgehabe von ihr nicht groß beirren. Alexander erfuhr, dass Karin in einer neuen Partnerschaft lebte, mit einem Mann, der eine Versicherungsagentur von seinem Vater übernommen hatte. Er war ebenfalls geschieden und wohnte schon über einen längeren Zeitraum im selben Haus, eine Etage tiefer. Wie Karin hatte der Mann zwei Kinder aus erster Ehe, die ebenfalls bei der Mutter lebten.

Erste Begegnung mit Julias Eltern

Ende Mai 1968 feierte Egon seien Geburtstag, der Vater von Julia wurde 51 Jahre alt. Dabei sahen sich Alexander und Julias Eltern zum ersten Mal. Zu seinem Erstaunen lud man ihn schriftlich zu dem Anlass ein. Natürlich wollte er nicht mit leeren Händen eintreffen. So überlegte Alex krampfhaft, welches Geschenk wohl für den Gastgeber geeignet sei. Er fand das ideale Mitbringsel für den Jubilar, es handelte sich dabei um eine Flasche Cognac. Um den Bauch der Flasche war eine zierende grüne Schürze gebunden, darauf das Wort Friedensstifter mit rotem Garn gestickt. Diese Flasche musste es sein, die er Julias Vater schenken wollte. Bestimmt hatte er zukünftig die Aufgabe, zwischen Vater und Tochter den Friedensstifter zu spielen, weil sich die beiden sehr oft in die Haare gerieten. Mit Blumen für die Gastgeberin, seiner eventuell späteren Schwiegermutter, und dem Cognac für den Jubilar stand er am Tag des Geburtstagsfestes vor ihrer Wohnungstür. Er war schon etwas nervös, als er den Knopf der Klingel drückte. Julia musste hinter der Tür auf ihn gewartet haben, denn sofort öffnete sie, umarmte und begrüßte Alexander mit einem Kuss. Bäri, der schwarze Pudel, wedelte mit dem Schwanz und begrüßte ihn ebenfalls freudig, was man vom Rest der Familie nicht behaupten konnte. Egon, der ihn zunächst kritisch begutachtete, ehe er ihn begrüßte, machte schlussendlich mit der Hand eine einladende Geste und ließ ihn eintreten. „Das ist also dein Tintenpisser, Julia?", fragte er, während er Alexander zu den übrigen Gästen begleitete. Der Hausherr bedankte sich für das mitgebrachte Geschenk von Alexander, aber das war es schon. Er mochte Cognac nach Aussage Julias sehr, äußerte sich aber nicht weiter über die Originalität der Verpackung. Bestimmt wollte Egon gar nicht wissen, was Alexander mit dem Spruch auf der umgebundenen

Schürze mitteilen wollte. Während Julias Mutter die Blumen mit Freude in Empfang nahm, bat sie Alexander und die weiteren Anwesenden, am Tisch Platz zu nehmen. Julias Mutter, eine sympathische großgewachsene Frau, blond und schlank, wirkte zurückhaltend. Egon hatte ein volles Gesicht und der ausgeprägte Schmollmund gaben ihm ein unverwechselbares Aussehen. Obwohl er etwas kleiner als seine Frau war, verlieh ihm sein Körperbau, mit etwas Bauchansatz eine gewisse Präsenz. Das dichte Haar, das in vollen Wellen seine Stirn umrahmte, verlieh ihm eine gewisse Vitalität, die sein Alter geschickt kaschierte. Im Gegensatz zu seiner Frau war Egon nicht zu überhören. Julias Beschreibung ihres Vaters entsprach exakt der Realität. In Julias Familie gab es noch den Bruder, der ebenfalls anwesend war und seiner Mutter ähnelte. Er war großgewachsen, ebenfalls blond, eine charmante Erscheinung, ein Frauenschwarm und redegewandt wie sein Vater. Alexander spürte an diesem Tag wohl, dass der Sohn und Stammhalter bei Egon um einiges höher im Kurs stand als die Tochter. Der um zwei Jahre jüngere Bruder verstand es nach Aussage von Julia exzellent, den Vater, um den Finger zu wickeln und sie blieb meistens auf der Strecke. Wie oft musste sie von ihrem Vater hören: Das kannst du nicht, da bist du zu blöd dazu, eigentlich immer nur demotivierende Bemerkungen aus seinem Munde. Alexander war überzeugt, er musste dieses Mädchen, das er liebte, so schnell als möglich aus dem Spannungsfeld befreien. Nur auf diese Weise lernte sie, auf eigenen Füßen zu stehen und konnte mehr Selbstwertgefühl entwickeln.

Der Tag gestaltete sich feuchtfröhlich, dabei bot man Alexander schon bald das vertraute Du-Wort an. Bei Tisch hörte man den ganzen Nachmittag und Abend eigentlich fast nur eine Stimme, das war die von Egon. Er genoss es sichtlich, im Mittelpunkt der Anwesenden zu stehen und verknurrte alle zum Anhören seiner Prahlerei. Bekanntlich haben Menschen ja nicht nur negative Seiten, sondern immer mal zeigen sich auch Gewohnheiten, die angenehm überraschen. Als die am Tisch Sitzenden versuchten, ein Lied anzustimmen, das aber nicht so recht gelingen wollte, erhob sich Egon vom Stuhl. Er wollte seine Gäste beim Gesang unterstützen und begab sich alsbald in die hinterste Ecke des Speisezimmers. Dort enthüllte er seine Hammondorgel und setzte sich auf den davorstehenden Hocker. Was danach abging, das hätte Alexander nie für möglich gehalten. Dieses Großmaul spielte mit einer Hingabe, einer Sicherheit, bewundernswert. In jenem Moment hatte Egon bei Alexander doch noch einen Punkt an Sympathie gewonnen, das Musizieren hatte er wirklich im Griff. Die Anwesenden beklatschten Egons musikalische Darbietung, was ihm natürlich überaus gut gefiel und schon erntete er wiederum die Lorbeeren für sich. Man kam sogar auf die Idee, das Tanzbein zu schwingen und so schob man mit vereinten Kräften die Möbel zur Seite, um Platz für eine Tanzfläche zu schaffen. Das heiterte die Stimmung schlagartig auf, Egon spielte auf seiner Orgel, was das Zeug hielt. Man sang zu bekannten Schlagermelodien, tanzte und die Stimmung war grandios. Alexander sah auf die Uhr an seinem Handgelenk, die zeigte schon nach Mitternacht, als er sich entschloss aufzubrechen. Nachdem er sich von den Eltern und den noch Anwesende verabschiedet hatte, verließ er in Begleitung von Julia das Haus. Am liebsten hätte er sie jetzt mitgenommen, aber aus Rücksicht und wegen der steten Probleme mit Egon verzichtete er darauf. Beim Abschied im Auto bebte sein Körper, das Verlangen nach Julia war groß. Er wollte diese Frau in seiner Nähe haben, mit ihr Freud und Leid teilen, sie ehren und lieben, bis hin zum Tode. Sie küssten sich zärtlich, ehe Julia aus dem Wagen stieg und dem Haus zu lief. In seinem Kopf kreisten Gedanken an seine Geliebte, als er im Wagen nach Hause fuhr. Wie sollte er es anstellen, Julia einen Heiratsantrag zu machen, hatte er davor die Eltern zu fragen? Er musste sich auf die Straße konzentrieren, denn in der Nacht auf Sonntag war reger Verkehr. Als er nach seiner Heimkehr in der Küche saß und sich noch ein Bier genehmigte, stand sein Entschluss fest. Gleich beim nächsten Rendezvous wollte er um Julias Hand anhalten. Am darauffolgenden Abend rief sie an, um sich mit Alexander zu verabreden, das passte in sein Konzept. Er lud seine Angebetete zum Aperitif bei sich zu Hause ein, anschließend wollte er sie zum Essen ausführen. Im Stadtteil Rahlstedt gab es ein schönes Lokal, das er kannte, und dorthin wollte er sie mitnehmen. Sie musste nicht überlegen, folgte der Einladung spontan und war von Alexanders Vorschlag angetan. Er kaufte an dem Tag einen großen Bund roter Rosen, den wollte er ihr beim Heiratsantrag überreichen. Der Abend nahte, Alexander hatte den Salontisch schön hergerichtet und in der Vase standen die Blumen für Julia im Wasser. Sie kam sehr pünktlich und war wie immer nett angezogen. Den Weißwein hatte er kühl gestellt und etwas zum Knabbern stand in einer Glasschale auf dem Tischchen im Wohnzimmer. Julia setzte sich auf das dunkelbraune Sofa. Wie sollte er nur beginnen, dachte er, als er Julia in seinen Armen hielt. Sie küssten sich immer wieder und beide waren wie im siebten Himmel. Als Alexander den Weißwein aus dem Kühlschrank holte, hörte er ihre Worte: „Am liebsten würde ich gar nie mehr nach Hause gehen, bei dir gefällt es mir so gut. Ich liebe dich über alles und keiner könnte mich mehr von dir trennen, auch mein Vater nicht." „Dann heirate mich doch", rief er amüsiert aus der Küche. Er kam zurück und goss den Weißwein in die bereitgestellten Gläser. Er prostete Julia zu und stellte ihr nun die entscheidende Frage: „Liebste Julia, würdest du mich unter all diesen Umständen, die du bereits kennst, heiraten wollen?" Ja, kam es wie aus der Pistole geschossen. Sie erhob sich, umarmte ihren geliebten Alexander und übersäte ihn mit Küssen.

Heiratsantrag und Verlobung

Er nahm die roten Rosen aus dem Wasser, kniete vor seiner Liebsten auf dem Boden, überreichte ihr den Blumenstrauß mit den Worten: „Du hast mich heute in diesem Moment zum glücklichsten Mann auf Erden gemacht." Seine Liebste saß jetzt neben ihm, er konnte sie spüren und dieses Mal wollte er keine Fehler mehr machen. Sich mehr Zeit nehmen für seine Zukünftige und nicht die Arbeit in den Vordergrund stellen. Der Weißwein geriet in Vergessenheit und war warm geworden. Den konnten sie nach dem Essen schließlich auch noch trinken, lachten beide vergnügt. Die Verliebten verließen Hand in Hand das Haus, gingen zur Garage, in der Alexanders Auto stand, und fuhren schließlich zum Restaurant. Dort empfing sie ein Kellner des Restaurants und führte sie zu dem Tisch, den Alexander zuvor bestellt hatte. Nachdem sie Platz genommen und den Wein und das Essen bestellt hatten, sprachen sie bereits über ihre Hochzeit. Am 14.06.1968, einem Sonntag, sollte ihr Eheversprechen gefeiert werden. Wen man dazu einlud, musste noch näher besprochen werden. Das Essen an dem Abend war köstlich und der ausgewählte Rotwein passte hervorragend. Nach Dessert und Kaffee entschlossen sie sich, nach Hause zu fahren. Sie wollten nicht länger der Öffentlichkeit ausgesetzt bleiben, schließlich waren sie verliebt. Zu Hause konnten sie sich umarmen, sich hemmungslos küssen und niemand störte sich an ihrem Verhalten. An jenem Abend blieb Julia und fuhr nicht zu ihren Eltern zurück.

Alexander war unendlich glücklich, die Zukunft wieder in Gemeinsamkeit zu verbringen. Jemanden in seiner Nähe zu wissen, den er liebte, das war ein Gefühl der Freude. An der Seite von Julia Zeit zu verbringen, war eine Bereicherung. Ihren Körper zu spüren, sie zu liebkosen, machte ihn unendlich glücklich. Die Nacht verlief stürmisch, so wie es sein sollte, wenn man frisch verliebt ist. Am nächsten Morgen ließen sie sich Zeit mit dem Aufstehen. Als sie noch eng umschlungen im Bett lagen, schlug er Julia vor, bei ihm einzuziehen, was sie gerne tun wollte. Es gab nur ein Problem: Rosi, die Untermieterin, wohnte noch im Haus, hingegen war der junge Mann schon ausgezogen. Immer wieder hatte Alexander Rosi gebeten, sich etwas anderes zu suchen, aber sie machte keine Anstalten, das Haus zu verlassen. Erst nach einer weiteren mündlichen Kündigung raffte sie sich dann endlich auf und ging auf die Suche nach einer neuen Wohnung.

Die Einladung zur offiziellen Verlobung war an die Gäste verschickt. Dazu gehörten nach reiflicher Überlegung nur die nächsten Familienmitglieder, es ergab sich lediglich eine Gesellschaft von sieben Personen. Alexander schlug vor, die Verlobungsfeier im Hause zu machen, denn es würde mit Polterabend und der anschließenden Hochzeit wohl noch einiges an Kosten auf sie zukommen. Sie fand die Idee großartig und willigte ein. Der große Tag nahte, sie räumten das Haus auf und wischten in allen Ecken. Am Gartenzaun brachten sie ein Plakat an, darauf war zu lesen: Alexander und Julia verloben sich heute. Nach dem Frühstück gab es einen kurzen Regenguss, das Wetter war leider nicht so, wie man es sich für eine Verlobung gewünscht hätte. Den ganzen Tag blieb der Himmel von Wolken überzogen. Julia hatte ihr dunkelblaues, hautenges, sexy Kleid mit den weiß geflammten Streifen angezogen, die wie Federn aussahen. Dazu trug sie einen offenen weißen Schuh mit kleinem Absatz, Alex war begeistert. Er, der einen petrolblauen Anzug mit Weste und dazu ein weißes Hemd trug, erntete ebenfalls lobende Worte. Die umgebundene silbergraue Fliege war dann noch das i-Tüpfelchen. Ein entzückend strahlendes Paar war nun bereit, seine Gäste zu empfangen. Es blieb nicht mehr viel Zeit, denn am frühen Nachmittag trudelten die Eltern und der Bruder von Julia ein. Bald darauf kam auch Alexanders Vater mit seiner Lebenspartnerin Gustel. Die Mutter von Alexander blieb aus gesundheitlichen Gründen fern. Wäre sie gekommen, würde sie mit Bestimmtheit niemals mit Karl am selben Tisch sitzen.

Die Torten standen bereit, der Kaffee war gekocht und in der großen Kanne warmgestellt. Als alle der Familie Platz bezogen hatten, erhob sich Alexander und begrüßte die Familienangehörigen ganz offiziell. Er erwähnte gleichzeitig, wie sie sich auf diesen Tag gefreut hatten. Er zog seine Liebste nahe an sich, legte seinen Arm über ihre Schulter und sprach weiter: „Wir feiern heute unsere Verlobung und freuen uns, diesen besonderen Moment mit euch zu teilen. Die Anmeldung zur standesamtlichen Hochzeit haben wir bereits getätigt. Genießt die Stunden mit uns zusammen und lasst euch verwöhnen." Julia und Alexander waren danach beschäftigt, die Gäste zu bedienen, schnitten die Tortenstücke, schenkten Kaffee ein, und wer wollte, konnte von Alexander auch einen Cognac serviert bekommen. Die Süßwaren kamen bei den Geladenen gut an, denn am Schluss blieb kaum noch ein Rest übrig. Geschenke der Familie, von Freunden und Bekannten waren auf einem Gabentisch aufgestellt und das Verlobungspaar hatte nun Zeit, einen Teil dieser zu öffnen. Eines der originellsten Geschenke, so erinnert sich Alexander, war ein Teekupferkessel. Der sah sehr schön aus, hatte aber bereits ein Loch im Boden. Ob es als Jux gedacht war, oder vom Spender irgendwo im Angebot gekauft wurde, das erfuhren sie nie, zudem auch keine Karte dabei lag. Nach dem Kaffee war es Zeit, die Gläser zu erheben, um auf das Verlobungspaar anzustoßen. Dazu gesellten sich dann auch die Nachbarn und einige Freunde und das Wohnzimmer war gestoßen voll. Das zukünftige Hochzeitspaar freute sich über den gelungenen und schönen Tag. Gegen Abend löste sich die Gruppe auf, denn alle der Familie wussten, dass Alexander und Julia anschließend unbedingt noch ins Krankenhaus zu Mutter Dora nach Buchholz fahren wollten. Sie lag schon seit geraumer Zeit dort, hatte Magenkrebs im Endstadium und musste rund um die Uhr betreut werden. Trotz ihres Leidens bat sie immer um ein Stück Erdbeertorte mit Sahne, welches Julia und Alexander ihr an diesem Tag mitbrachten. Erstaunlicherweise verdrückte sie das Tortenstück mit großem Appetit. Seine Mutter, die so viel durchgemacht und stets gearbeitet hatte, musste auf diese Weise aus dem Leben scheiden, das stimmte ihn traurig. Zum einen die Trennung vom Vater, dann der Krieg, dazu der Verlust ihres Sohnes Malte zu guter Letzt noch die Probleme von ihm. Alex hätte ihr wahrlich etwas anderes gegönnt als hier über Wochen leiden zu müssen. Sie blieben immer nur kurz bei Mutter, denn lange Besuche ertrug sie nicht mehr, ihre Kraft schwand mehr und mehr. Sie stand schon über einen längeren Zeitraum unter Morphium, sackte zwischendurch immer wieder weg, doch das Medikament stillte wenigstens die kolossalen Schmerzen.

Alexander hatte seine Kinder seit Anfang Mai nur zwei Mal zu Gesicht bekommen. Oftmals passte es nicht, wenn er sie bei sich haben wollte. Der inzwischen neue Ehemann von Karin bestand darauf, die Besuchstage von nun an zu bestimmen, und so blieben die Kinder leider öfter fern. Hätte er auf sein Besuchsrecht pochen wollen, wären ihm die Kinder polizeilich zugeführt worden, das wollte er vermeiden, so verzichtete er auf die regelmäßig festgelegten Besuchstage. Das Einzige, was blieb, waren die monatlich pünktlichen Unterhaltszahlungen, die er zu leisten hatte. „Kinder sind doch immer die Leidtragenden einer gescheiterten Ehe", meint Alexander bei einem Gespräch.

Am 24.08.1968 war der Polterabend angesagt, für den schon vieles organisiert worden war. Da wollten sie noch einmal so richtig auf die Pauke hauen. Zu dem Tag luden sie Nachbarn, Freunde, die Familie und alle Angestellten der Zweigstelle der Sparkasse von Wellingsbüttel ein. Die Fete feierten sie ebenfalls zuhause im Garten. In der Küche stand ein reichhaltiges Essbuffet, kalte und warme Fleischplatten, die Ilse und Egon beim Schlachter vorbereiten hatten lassen. Zusätzlich gab es Sandwiches und mundgerechte Häppchen von Julia. Verschiedene Brote lagen auf dem Tisch, Früchte und Saures konnte man ebenfalls essen. Jeder der zahlreichen Gäste durfte sich bedienen und sollte sich zu Leibe führen, was ihm gerade schmeckte. Es war mehr als genug zum Essen da, keiner sollte das Haus mit Hunger und Durst verlassen müssen. Die Gesellschaft unterhielt sich blendend, die Stimmung stieg, es wurde gesungen und viel gelacht, einfach eine lustige fröhliche Gruppe. Als man zum zweiten Teil überging, sich eher nur noch dem Flüssigen widmete, Schallplatten auflegte, war somit auch der Tanz eröffnet. Das ganze Haus samt Garten wurde in Beschlag genommen. Gäste, welche es ruhiger haben wollten, denen begegnete man im Treppenhaus, oder in der oberen Etage des Hauses. So verlief der Tag und erst nach Mitternacht verließen die Ersten das rauschende Fest, andere blieben bis zum Morgengrauen. „War das eine schöne Feier", betont Alexander, die er natürlich auf Filmen und Fotos festhielt. „Nach dem gelungenen Polterabend ging es ans Aufräumen", lacht er. „Das war dann die unangenehme Seite des vergangenen Tages. Wir kehrten haufenweise Scherben zusammen, glücklicherweise nur vor dem Haus. Wenn dieser Brauch dem Glück zu dienen vermag, dann fegten wir von Herzen gern." Als alles wieder in Ordnung war, stand die Hochzeit bevor. Sie lebten nun schon zwei Monate zusammen und beschlossen, sofort zu heiraten, eigentlich nur wegen des Geredes der Leute. Zur damaligen Zeit zerriss man sich liebend gerne das Maul über wild zusammenlebende Paare.

Zweite Heirat und Flitterwochen

Das Aufgebot hatten sie vor Wochen schon bestellt und so fand die Hochzeitsfeier wie geplant am Freitag, den 30. August statt. Ein herrliches Wetter, gut ausgewählt für die Besiegelung ihres Eheglücks. Bei der Hochzeit sollte es weniger turbulent zu und her gehen als noch die Woche davor. Die standesamtliche Trauung planten sie lediglich in kleinem Rahmen unter Ausschluss von Freunden und Nachbarn. Julia trug an diesem besonderen Tag ein weißes kurzes Spitzenkleid mit einem zierlichen Schleier, der in ihr schwarzes Haar eingearbeitet war. Der Brautstrauß bestand aus weißen Orchideenrispen und war mit zartem Grün von Asparagus geschmückt. Wie es damals der Tradition entsprach, suchte der Bräutigam ohne die Liebste die Blumen aus und brachte diese am Tag der Hochzeit zur Zeremonie mit. Um dem Wunsch von Julia gerecht zu werden und bösen Überraschungen vorzubeugen, besprach er mit ihr zuvor, wie sie sich den Brautstrauß in etwa wünschen würde. Treffpunkt zur standesamtlichen Trauung war am Vormittag auf dem Rathausplatz in Rahlstedt. Dort überreichte er seiner Liebsten den Hochzeitsstrauß. Wie hätte Alexander seiner Julia eine Heirat in der wunderschönen Alt Rahlstedter Kirche gegönnt. Er, der schon einmal verheiratet war, konnte nicht ein zweites Mal vor dem Altar getraut werden. Dazu sagt er: „Zur damaligen Zeit duldete die Kirche kein zweites Eheversprechen in ihren Gotteshäusern, geschiedene Leute waren verdammt. Interessant war nur, dass die Kirchen an den Steuern geschiedener Leute weiter festhielten. Eine inkonsequente Haltung, nur da ging es eben um das liebe Geld. In dem damaligen Brief teilte man uns mit, dass wir nicht das Recht besäßen, uns kirchlich trauen zu lassen. Außerdem teilte man mit, dass zukünftige Besuche in der Kirche nicht unbedingt erwünscht seien." Das war dann doch wohl zu viel übler Nachricht. Ich selbst war der Meinung, dass nur die katholische Kirche komplizierte Regeln hat, aber Alexanders Aussage belehrt mich eines Besseren. „Aus diesem Grunde traten Julia und ich gleich nach der Absage der zuständigen Kirche und dem schriftlichen Bescheid durch die Pastorin aus dem Verein aus und ließen uns dann nur standesamtlich trauen", verrät Alex. Die Standesbeamtin gestaltete die Vermählung außerordentlich schön und festlich. Beim Betreten des Standesamtes ertönte die Hochzeitsmelodie von Felix Mendelssohn Bartholdy, der Marsch aus dem Sommernachtstraum. Egon geleitete seine Tochter nach traditionellem Brauch auch ohne kirchliche Trauung zum Standesamt. Alexander bekam Gänsehaut, als der Brautvater ihm seine Tochter anvertraute. „War das ein emotioneller Moment." Egon und Karl, die Väter des Brautpaares, traten als Trauzeugen auf, sie standen links und rechts der Brautleute und bekleideten ihr Amt hervorragend. Die Standesbeamtin hielt eine tiefgründige Rede, sie sprach dabei über das Wort Ja, das einem nicht immer leicht von den Lippen gehen würde. Heute seien sie gekommen, um sich das Ja-Wort zu geben, hörte man sie sagen. Als sich das Paar an diesem Tag das entschlossene, für sie leichte auszusprechende Ja-Wort gegeben hatte und die goldenen Ringe an ihren Fingern glänzten, erklang noch einmal eine wunderschöne Melodie. Aus einem sich im Raum befindlichen Lautsprecher ertönte ein Stück von Richard Wagner, Egon sei Dank. Alexander durfte seine Frau küssen, sie waren von nun an Mann und Frau. Die Frischvermählten bedankten sich für die gedankenreichen Worte bei der Standesbeamtin. Diese wünschte ihnen Glück und verabschiedete sich von der kleinen Hochzeitsgesellschaft. Nun wurde das Brautpaar umarmt, jeder gratulierte und wünschte von Herzen alles Gute für eine glückliche gemeinsame Zukunft. Nach der Trauung versammelten sich alle vor dem schönen Rathaus, um sich noch vom Fotografen ablichten zu lassen. Dort standen die zwei geschmückten Privatwagen, die Julias Mutter mit großer Hingabe eigenhändig verziert hatte. Grüne Girlanden mit weißen Rosen waren geschickt und gekonnt an den Kühlerhauben der beiden Wagen angebracht, ein schöner Anblick. Mit den festlich herausgeputzten Autos ging es aufs Land, in Richtung Bad Segeberg, zu einem urigen Landgasthof. Eine grüne Oase außerhalb der Stadt, die nach den letzten ereignisreichen Tagen genau das Richtige war. Die Gesellschaft war zum Hochzeitsmal gemeldet und ließ sich dort gut bürgerlich verpflegen. Nach einem reichhaltigen Mittagessen am schön geschmückten runden Tisch tranken sie später den Kaffee im Freien unter Bäumen im Schatten. Die wunderschön verzierte dreistöckige Hochzeitstorte fehlte nicht. Da hatten Gustel und Vater Karl wohl entgegenkommend in den Geldbeutel gegriffen. Julia und Alexander wurden an ihrem Hochzeitstag des Weiteren großzügig beschenkt. Sie erhielten von den Anwesenden nach dem Kaffee einen Umschlag, den Julia schließlich mit viel Spannung öffnete. Sie konnte ihr Erstaunen nicht verbergen und las die Zeilen vor, die schwungvoll geschrieben und durch die Feder von Karl aufs Blatt gekommen waren. „Liebes Hochzeitspaar", las Julia, „Im Namen aller heute Anwesenden habe ich diese Zeilen geschrieben. Das Glück der Liebe soll euch begleiten auf eurem gemeinsamen Weg in eine wunderschöne Zukunft. Respektiert euch gegenseitig, vertraut euch und steht immer zusammen, auch wenn es mal Wind und hohe Wellen in der Beziehung gibt. Wir unsererseits möchten uns alle erkenntlich zeigen, indem wir euch einen kleinen Zuschuss zur Mitfinanzierung eurer Hochzeitsreise schenken möchten." Eine unerwartete Überraschung, mit der sie nicht gerechnet hatten und die sie natürlich freudig verdankten. Am Nachmittag hatten Julia und Alexander etwas Besonderes vorbereitet, es ging zur Besichtigung der Freilichtbühne am Kalkberg. Dort, wo jeweils die Winnetou-Festspiele aufgeführt wurden, damit wollten sie die Familie überraschen. Das gelang, denn alle waren vollumfänglich begeistert ob der einzigartigen Kulisse. Auf dem Nachhauseweg gab es einen Halt am See, um dort mit Sekt die schöne Hochzeitsfeier ausklingen zu lassen.

Als sie in der Klinik bei Mutter im Zimmer standen, war es schon Abend. Bei ihr vorbeizuschauen, schien ihnen gerade heute sehr wichtig. Dora freute sich sehr, die beiden in der Hochzeitskleidung zu sehen. Tränen füllten ihre Augen, sie nahm alles wahr, obwohl sie geschwächt und bereits vom Tode gezeichnet in ihrem Bett lag. Wie sehr liebte Alexander seine Mutter. Er hatte ihr alles anvertraut, denn seine Mutter war eine Seele von Mensch. Es herrschte stets eine tiefe Bindung zwischen ihm und seiner Mutter. Der Anblick an dem Abend war schmerzlich, zumal er sich bewusst war, dass sie nicht mehr lange zu leben hatte. Eines war sicher, die vorwiegend schönen Erinnerungen an sein Muttchen würde er sein ganzes Leben lang im Herzen bewahren. Es machte ihn damals so glücklich, dass Mutter mit Julia gleich den guten Draht gefunden und sich die beiden auf Anhieb verstanden hatten. Am Krankenbett hielt sie die Hand von Julia fest, als wollte sie ihr damit sagen, wie froh sie über ihre Verbindung mit Alexander sei. Die Worte fielen der Todkranken schwer und sie musste sich mit dem Sprechen auf ein Minimum beschränken. Wenn Mutter Dora an den Tagen, wenn sie zu Besuch kamen, die Augen schloss, wussten sie, es war Zeit zu gehen. An jenem Abend fiel der Abschied schwer, denn in den nächsten 17 Tagen waren sie auf Hochzeitsreise. Alexander plagte das Gewissen, was wohl in der Zwischenzeit während ihrer Abwesenheit mit seiner Mutter alles passieren könne, waren seine Gedanken. Er hatte Angst davor, dass sie genau in der Zeit ihrer Flitterwochen sterben könnte. Er war durch die Ärzte im Bilde, wie es um seine Mutter stand. Es könne noch mehrere Wochen dauern, hieß es. Sie würden guttun, den Urlaub anzutreten, riet der zuständige Arzt, trotzdem waren die Bedenken groß. Schweigsam verließen sie das Klinikzimmer der Palliativmedizin und liefen Richtung Parkplatz.

Die zwei hatten das Bedürfnis, vor ihrer Hochzeitsreise noch etwas zur Ruhe zu kommen. Daher machten sie sich schnellstens auf den Heimweg, es musste noch gepackt werden. Die Aufsicht des Hauses übernahm ein verlässlicher Nachbar. Sie entschlossen sich, mit dem eigenen Wagen zu reisen, denn so bestand die Möglichkeit, schnell zurückzukehren, sollte etwas mit Mutter sein.

Naturns im Südtirol war das Ziel ihrer Hochzeitsreise und so starteten sie am 01. September in der Früh. Mit dem vollbepackten 1200 VW ging es Richtung Hannover, Göttingen, in südliche Richtung gegen Würzburg, Nürnberg und schließlich nach München. Es war eine Strecke von beinahe 800 Kilometern, deshalb wollten sie sich auf halber Strecke nach einer geeigneten Übernachtungsmöglichkeit umsehen. Im Hotel zur Post, einem älteren und dennoch ansprechenden Gebäude in Aschheim, bezogen sie ein Zimmer zur einmaligen Übernachtung. Geschafft von der strengen Zeit der Arbeit im Geschäft und dem Reisetag legten sich die beiden nach dem Nachtessen bald ins Bett. Die Betten im Hotelzimmer waren so hoch, man musste regelrecht hochkrabbeln. Das fühlte sich an wie zu Großmutters Zeiten. Legten sie sich hin, öffnete sich wie von Geisterhand die Schranktüre. Wahrscheinlich lag es am Holzboden, der sich beim Betreten der Betten neigte. Es gab viel zu lachen, sogar die Müdigkeit war wie weggeblasen. Immer wieder stiegen Alex und Julia aus den Betten und wiederholten die Aktion. Ihre Unterkunft war gemütlich und sauber, auch das Frühstück am Morgen ließ die Herzen höherschlagen. Was gab es da nicht alles, verschiedene Brotsorten, Butter, Marmelade, Eier, Wurst und ein duftender Kaffee wurden serviert. Immer wieder brachte die Kellnerin im schicken Dirndl noch mehr an den Tisch, sie wussten gar nicht, wie sie alles essen sollten. Nach dem reichhaltigen Frühstück und der Bezahlung setzten die beiden ihre Reise fort und erreichten Naturns im Südtirol nach etwa vier weiteren Fahrstunden. Bei Pranters, dort wo Julia schon als Kind mit ihren Eltern während des Urlaubs im Südtirol eingekehrt war, da verbrachten sie ihre Flitterwochen. Ein gepflegtes Hotel, das Vater Egon für die beiden im Vorfeld gebucht hatte. Der Empfang im Hotel war außerordentlich herzlich. Toni und seine Frau umarmten Julia, die sie noch von früheren Aufenthalten her kannten. Alexander wurde ebenfalls freundlich begrüßt, als sei er auch schon Gast im Hotel gewesen. Das Zimmer, welches ihnen angeboten wurde, war klein, für Verliebte ausreichend. Die Frischvermählten besuchten die Umgebung, deswegen waren sie um die Mittagszeit eigentlich immer unterwegs, aßen nur morgens und abends im Hotel. In der Gegend von Naturns gab es etliche Möglichkeiten zum Wandern und diese nutzten sie täglich. Sie begaben sich zu Fuß auf Almweiden, wo das Vieh auf fetten grünen Weiden graste. Auf den Wanderwegen sah man rechts und links eine reiche Artenvielfalt von Blumen und kam auf dem Weg an schönen Almstübchen vorbei, die zur Einkehr einluden. Dort stärkten sie sich, tanken ein Glas frischer Alpenmilch, dazu aßen sie eine Scheibe Bauernbrot, einfach aber sehr gut. Manchmal gönnten sie sich ein Jause-Brettchen, das war belegt mit wunderbar durchwachsenem Speck. In der Höhe genossen sie die Stille, die Natur und die wunderbare Bergluft, der ideale Aufenthalt für Verliebte. Die fantastische Weitsicht, die sich dort bot, man sah bis hin zur Ortler Gruppe und den Spitzen der Dolomiten. Wie schön die Farben der Natur sich vermischten, das satte Grün der Almweiden, die verschneiten weißen Kappen der Bergspitzen waren ein Genuss anzusehen. Das Blau des Himmels und die Farbtupfer blühender Blumen, eine Pracht, für Naturfreunde eine immer wiederkehrende Begeisterung. So verbrachten die Frischvermählten ihre Flitterwochen im sonnenreichen Südtirol und genossen das ländliche Dasein und die Liebe. Weg von der Stadt, dem Alltag, dem Getümmel und den Sorgen erholten sie sich in den zweieinhalb Wochen prächtig. Eines Abends wurden Alexander und Julia von einem Einheimischen im Restaurant des Hotels zu einem Spumante eingeladen. Von dem Mann vernahmen sie, was es in der Gegend an Sehenswertem noch zu besuchen gab, das hörte sich spannend an. Auch über das Dorf Mutters konnten sie so einiges in Erfahrung bringen. Der Einheimische besaß die Begabung, alles spannend darzustellen, und sie hingen geradezu mit den Ohren an seinem Mund. Julia schmeckte der Schaumwein an dem Abend derart gut, dass sie sich das Glas immer wieder nachfüllen ließ. Schon bald stand eine zweite Flasche auf dem Tisch. Es war genug, er musste seine Frau jetzt ins Zimmer bringen, denn er wollte nicht, dass sie sich eine Blöße gab. Am Tisch noch kaum bemerkt, aber dann im Zimmer, da war es um Julia geschehen. Sie lachte nur noch, lag wie eine Halbtote auf dem Bett, kraftlos und unfähig, sich auszuziehen. Alexander zog ihr die Kleider aus und legte sie ins Bett. Dreimal fiel sie laut lachend aus dem Bett, und er musste seine Frau wieder mühsam hochheben. Betrunkene waren doppelt so schwer wie sonst. Erstaunlich für Alexander war, dass Julia am nächsten Tag weder Magenprobleme noch einen Kater hatte. Nach dem ominösen Abend besuchten sie Dörfer in den Tälern, auch Meran stand auf dem Programm, Julia war fit wie ein Turnschuh. Sie nahmen sich vor, so bald wie möglich wieder in die Gegend zu kommen, denn die Begeisterung über die vergangenen Tage war groß. Lag es am ersten gemeinsamen Urlaub oder hatte diese Gegend etwas Magisches, frage ich mich. Die erlebnisreiche Zeit in Naturns ging zu Ende und so kehrten die Urlauber am 17. September in ihre Heimat nach Hamburg zurück.

Nach der Hochzeitsreise in Hamburg

In Hamburg verschlechterte sich der Zustand von Mutter, die immer noch in derselben Klinik lag. Sie vermochte kaum mehr zu sprechen, reagierte dennoch mit ihrem Blick auf das Eintreffen ihres Sohnes und der Schwiegertochter. Am 21. September, man hatte ihr die Erlösung wahrlich gegönnt und trotzdem traf es Alexander mitten ins Herz, als er seine Mutter verlor. Durch die zuständige Krankenschwester der Abteilung wurde ihnen mitgeteilt, dass Mutter Dora vor etwa einer Stunde friedlich eingeschlafen war. Alexander und Julia wären so gerne bei ihr gewesen und wollten sie begleiten, nun kamen sie zu spät. Wollte sie allein sein und ohne Gesellschaft ihren Weg antreten, waren die Gedanken von Alex, als er die kalten Hände seiner Mutter hielt. Wie schön, dass sie auf ihre Rückkehr gewartet hatte. Nach drei Tagen wurde Dora dem Feuer übergeben und anschließend in Heimaterde auf dem Friedhof von Buchholz beigesetzt. Nur wer sie kannte, wusste, was Alexander an jenem Tag verlor. Er verdankte seiner Mutter alles so viel. Sie war die, die ihn großgezogen hatte und die einzige, von der er während seiner Kindheit etwas Liebe geerntet hatte.

Alexander liebte seine Arbeit bei der Bank in Wellingsbüttel, und Julia war nach wie vor im Schuhgeschäft über der Straße tätig. Eigentlich praktisch, denn am Morgen verließen sie das Haus gemeinsam und kehrten nach der Arbeit auch so wieder nach Hause zurück. Nach und nach, als der Verkehr in Hamburg immer mehr zunahm, entschlossen sie sich, mit öffentlichen Verkehrsmitteln an den Arbeitsplatz zu gelangen. Die Haltestelle des Busses befand sich in unmittelbarer Nähe ihres Hauses. Im Fünf-Minuten-Takt bestieg man den Bus und verlor weniger Zeit. Es gestaltete sich außerdem bequemer, als mit dem eigenen Wagen während der Stoßzeit in die Stadt zu gelangen. Ihre Mittagspausen terminierten sie so, dass sie sich gleich um die Ecke, immer zur selben Zeit, im kleinen Kaffeehaus trafen. Dort aßen sie eine Kleinigkeit, es war sinnlos, in der kurzen Zeit, die blieb, nach Hause zu fahren. Wellingsbüttel, eine bevorzugte, teure und gehobene Gegend, brachte die entsprechende Kundschaft in die Sparkasse. Alexander machte es großen Spaß, sich mit Leuten dieser Klasse auseinanderzusetzen. Gerade die brachten gutes Geld, was ihnen monatlich übrigblieb, und legten es auf Sparkonten an. Sie wollten beraten werden und das war seine Aufgabe. Er empfahl solchen Kunden Anlagen, die sich rentabel und zinsbringend gestalteten. Er, der in Geldsachen besonders vorsichtig war, prüfte im Vorfeld die Angebote, auch wenn es sich um Finanzen anderer Menschen handelte. Eines Tages kam ein betuchter Herr, ein langjähriger Kunde der Sparkasse, und wollte eine größere Summe in Aktienpapieren anlegen. Alexander riet ihm davon strengstens ab, denn dieses Papier war derart hochgepuscht und konnte innerhalb kurzer Zeit auch wieder im Keller landen. Der Kunde, der ja bekanntlich immer König ist, wollte es nicht glauben. Dass die offenbar zu hoch bewertete Anlage so schnell sinken könne, hielt der Kunde für unmöglich und legte trotz Abraten von Alexander an. Es kam zum Abschluss und der Sturz stellte sich schneller ein, als man denken konnte. Dieser versuchte anschließend ihn und die Bank haftbar zu machen, musste dann aber kleinbeigeben. Der Verlust fuchste den Geschädigten arg, er blieb dennoch Kunde und ließ sich weiterhin von Alexander beraten. Bei der Bank arbeiteten insgesamt zwölf Personen, die Hälfte war weibliches Personal, somit den Männern gleichgestellt. Er arbeitete nun schon seit vier Jahren in der gleichen Zweigstelle und bereute keinen Tag, den Schritt je gemacht zu haben. Mit der Bankleitung und den Arbeitskollegen pflegte Alexander ein außerordentlich gutes Verhältnis. Er durfte einen Teil der Auszubildenden übernehmen, was ihn mit Stolz erfüllte. Alexander strahlt über das ganze Gesicht, als er erzählt: „Stell dir vor, einer meiner damaligen Lehrlinge, späterer Filialleiter einer Zweigstelle, hieß Helmut. Er war ein tüchtiger und lustiger Bursche, mit dem habe ich noch heute regen Kontakt. Wir telefonieren in regelmäßigen Abständen zusammen. Er ist heute auch pensioniert, demnach auch ein alter Esel wie ich. Helmut reist mit seiner Frau, die im Rollstuhl sitzt, auf Kreuzfahrtschiffen über die Weltmeere, dafür bewundere ich ihn. Bis dahin erhielten wir immer die Zeitung der Bank", erzählt Alex, „dann plötzlich war Funkstille. Das bedauerte ich sehr, denn wir wussten nicht mehr Bescheid, was sich änderte. Waren nicht mehr orientiert darüber, wer in Pension ging oder gestorben war. Kann sein, dass die dachten, ich sei zwischenzeitlich senil geworden und es würde sich nicht länger lohnen, mir die Sparkassenzeitung zukommen zu lassen. So hält mich nun mein ehemaliger Lehrling immer auf dem Laufenden, berichtet mir, was sich verändert und an Aktuellem erwähnenswert ist."

Julia, die immer noch im selben Schuhgeschäft arbeitete, machte die Arbeit eigentlich Spaß, sie verdiente bisher gut. Der Verkauf von Spezial- und Arbeitsschuhen an Handwerker war mit einer Verkaufsprovision verbunden, das lohnte sich für sie. Meistens war die Provision höher als ihr eigentlicher Grundlohn. Doch in letzter Zeit lief der Verkauf schleppend. Das ältere Ehepaar, dem das Schuhgeschäft gehörte, investierte ihrer Meinung nach zu wenig, um das Geschäft zeitgemäß zu führen. Der Einkauf des Schuhwerks zeichnete sich nicht dadurch aus, dass man das Augenmerk auf moderne Schuhe richtete, wichtig war, dass der Laden lief. Alexander schlug ihr vor, sich doch bei der Bank zu bewerben, bei der er arbeitete. Er selbst hatte es bei Pfaff erlebt, wie die Arbeit weniger wurde und sich damit auch die Verdienstmöglichkeiten schmälerten. Er dachte an ihre Rente im Alter, die sicher höher ausfallen würde, wenn sie in der Bank arbeiten könnte. Da er den Personalchef persönlich kannte, war es möglich, für sie den Kontakt herzustellen. Immer wieder wurden Arbeitskräfte als Quereinsteiger gesucht, hauptsächlich Kassiererinnen im Schalterbereich. Julia konnte sich nach ihrer Bewerbung tatsächlich bei der Bank vorstellen. Sie erhielt eine Zusage ohne Probezeit und konnte im September des gleichen Jahres ihre neue Stelle als Kassiererin antreten. Nun musste sie die Stelle auf Ende August kündigen, was ihr schwerfiel. Das große Vertrauen, das ihr dort immer entgegengebracht worden war, schätzte sie sehr. Die Zeit, die Julia bis zum Neuanfang blieb, nutzte sie, um sich abends zu Hause intensiv auf den Job vorzubereiten. Alexander unterstützte seine Frau tatkräftig, denn er hatte Erfahrung am Schalter. Sie arbeitete gerne mit Zahlen und freute sich auf die Herausforderung als Kassiererin.

Im Haus von Alexander und Julia hatte sich in den letzten zwölf Monaten viel verändert. Alles wurde neu eingerichtet, denn Alexander wollte nicht mehr an sein altes Leben erinnert werden. Außerdem fand er es unzumutbar, dass Julia in der Einrichtung leben sollte, die seine Vergangenheit geprägt hatte. Auf dieses Ziel hin musste gespart werden, denn mit der großen Kelle konnten sie nicht anrichten. Neben der Einrichtung stand 1970 auch ein neues Auto auf dem Plan. Der alte, klapprige VW 1500 wurde immer mehr zum Problem. Bei Regen stand die Beifahrerseite immer unter Wasser. Wenn Julia im Auto saß, badete sie regelmäßig ihre Füße. Erst als Alexander einmal die Verkleidung abnahm, sah er, dass in der Türe die werkseitigen Abflusslöcher fehlten. Zu spät, der beige Mercedes Benz 200 Automatik war bestellt und der Käfer schon verkauft. Leider konnten sie den gepflegten Gebrauchtwagen, den sie zu einem lukrativen Preis gekauft hatten, erst nach ihrem Urlaub abholen.

Wieder ging es nach Südtirol, diesmal zu Käthi nach Mutters. Auch diese Pension kannte Julia aus ihrer Kindheit, als sie mit ihren Eltern dort Urlaub gemacht hatte. Anfang August, so erinnert sich Alexander, starteten sie in den zweiwöchigen Urlaub und fuhren mit dem alten VW gen Süden. Es goss in Strömen, erzählt er, als sie Hamburg verließen und die arme Julia stand einmal mehr mit den Füßen im Wasser. Alle Decken und Handtücher, die sich im Auto befanden, dienten dazu, die Beifahrerseite trocken zu legen. Bei jedem Halt mussten die Decken ausgewrungen werden. Um dem eindringenden Wasser Herr zu werden, verstopften sie vor der Weiterfahrt die leckenden Stellen. Alexander wunderte sich immer wieder, dass Julia so ruhig bleiben konnte, das war sonst nicht ihre Art. Im Gegenteil, sie amüsierte sich über die Misere und lachte lauthals, wenn sie wieder einen Schuh voll Wasser herauszog. Als die beiden nach der beschwerlichen Reise bei Käthi ankamen, wurden sie von ihrer Gastgeberin auf das Herzlichste begrüßt. Zuerst breiteten sie die nassen Decken und Tücher auf der Wiese vor der Pension zum Trocknen aus. Man wusste nicht, wie bald man diese wieder benötigen würde. Die Besichtigung des Hauses war für Alex speziell. Alles schien etwas unordentlich und trotzdem strahlte das Haus in seinem Innern eine gewisse Wärme und Gemütlichkeit aus. Draußen war zu sehen, dass die Fassade des Hauses unverputzt war. Efeuranken schlängelten sich malerisch an der Fassade empor, und die verwitterten Fensterläden verliehen dem Gebäude zusätzlich den rustikalen Charme. Das war damals 1970 in Österreich üblich, seine Häuser nicht verputzen zu lassen. Auf diese Weise sparte man Steuern und zugleich das Geld für die Fertigstellung der Häuser. Am Abend des gleichen Tages begaben sich die Gäste des Hauses in den Raum, eine Art Stube, wo für das Abendbrot aufgetischt war. Käthi kochte gut und deftig, was Alexander beim ersten Abendessen feststellte. Das zeichnete sich auch bei der Figur von Käthi besonders gut ab, denn sie war beinahe so rund wie hoch. Mit der Ordnung im Haus hatte es die Gastgeberin wohl gar nicht. Als Betrachter kam man aus dem Staunen nicht heraus, auch in der Küche sah es aus, als hätte eine Bombe eingeschlagen. Da türmte sich das Geschirr überall dort auf, wo es noch einen freien Platz gab, etwas abzustellen. Die Urlauber waren es wohl gewohnt, mit Hand anzulegen. So trug jeder mit einer Selbstverständlichkeit sein eigenes benutztes Geschirr in die Küche. Irgendeiner der eingemieteten Gäste wusch es dann auch mal ab. Die Stimmung allerdings, die war grandios, man kam aus dem Lachen kaum heraus. Allein durch die Art, wie Käthi aus ihrem bewegten Leben erzählte, war erstaunlich. Sie hatte Hebamme gelernt, aber das Geld, das sie damit verdiente, reichte nicht aus. Das bewog die Frau dazu, in dem vererbten Haus ihrer Eltern, Bett und

Frühstück anzubieten. Auf Verlangen bereitete Käthi auch ein Nachtessen zu. Die Zimmer waren erstaunlicherweise tadellos, Betten und Wäsche einwandfrei. Bei der Hygiene fehlte es nicht im Geringsten, da kam ihr wohl der Beruf der Hebamme entgegen. Der Arbeit in der Küche, vor allem dem Aufräumen, war sie bei Weitem nicht gewachsen. Aber das hinderte Käthi nicht daran, die Pension zu führen, es waren Leute da, denen es gefiel. Der Ort und das Haus müssen etwas Magisches gehabt haben, denn viele kamen jedes Jahr wieder.

Alexander und Julia besuchten die Städte Innsbruck und Mittenwald, alles noch bei strahlendem Wetter. In den darauffolgenden Tagen trübte sich der Himmel zusehends, Regenwolken zogen auf und es goss nur noch wie aus Kübeln. So beschlossen sie, der Sonne entgegenzufahren und begaben sich frühmorgens in Richtung Süden über den Brennerpass. Auf einem Hinweisschild lasen sie, dass es bis nach Venedig 268 km seien. Keine große Entfernung, dachten die beiden und glaubten, die Distanz in drei Stunden schaffen zu können. Dem war dann bei Weitem nicht so, aus den drei gewollten Stunden wurden acht. Sie befanden sich immer noch 15km von ihrem Ziel entfernt. Alexander war gewohnt, Autobahnen zu benutzen und unterschätzte dadurch das Befahren der kurvenreichen Passstraße. Er rechnete auch nicht mit derartigem Schwerverkehr. Die Lastwagen kämpften sich schwerfällig zur Passhöhe empor und an ein Überholmanöver war erst gar nicht zu denken. Sie mussten sich ein Hotel zur Übernachtung suchen, das stand fest. In Mestre, einem hübschen Vorort von Venedig, wurden sie fündig. Keine Ersatzkleidung, keinen Schlafanzug und keinerlei Toilettenartikel dabei, so traten sie an den Empfang des ausgewählten Hotels. Nur ein Tagesausflug sollte es werden, das war ihr Plan gewesen. Mit Ach und Krach schafften es die beiden, ohne Bagage einzuchecken. Wohl eher unüblich, dass der Page des Hauses Gäste ohne Koffer auf das Zimmer begleitete. Dieser musterte die Besucher mit einem misstrauischen Blick, was die Ausflügler schon bemerkten. Glücklicherweise waren alle notwendigen Utensilien, die sie zur täglichen Pflege benötigten, im Badezimmer vorhanden, nur eine Zahnbürste gab es nicht. Was wohl Käthi denken musste, fragten sich Julia und Alexander. Die hatte keine Ahnung, wo sie steckten, und die Telefonnummer ihrer Gastgeberin hatte man nirgendwo aufgeschrieben. Damals war die Kommunikation noch etwas komplizierter, dazu sprachen sie im Hotel zum Leidwesen der Ankömmlinge nur Italienisch. Käthi hatte gar nicht gemerkt, dass sie weggefahren waren, sie hatten sich ja auch nicht abgemeldet. Die Idee, am selben Abend wieder zurück zu sein, zerschlug sich im Wind. Die beiden galten am Abend wohl als vermisst und Käthi musste sich furchtbar geängstigt haben. Nur war es so, dass Alexander und Julia von Käthi bei der örtlichen Behörde nicht als Gäste eingetragen waren. Sie erhob zwar beim Eintreffen die Kurtaxe, aber beherbergte sie scheinbar schwarz. Eine Vermisstenanzeige von nicht angemeldeten Pensionsgästen aufzugeben, gestaltete sich demnach schwierig. Aus Angst, es könnte den beiden doch etwas zugestoßen sein, begab sie sich am darauffolgenden Morgen doch noch zum Meldeamt für Tourismus.

Julia und Alexander hatten ausgezeichnet geschlafen, die Sonne schien und es versprach, ein wunderbarer Tag zu bleiben. Nach dem ausgiebigen Frühstück im Speiseraum des Hotels bezahlte Alexander anschließend die Zeche. Sie hatten nur Deutsche Mark im Geldbeutel, kein Problem, die Italiener nahmen deutsches Geld gerne entgegen. Nun führte sie ihre Reise doch noch nach Venedig, ihrem Wunschziel entgegen. Vor der Stadt, auf dem öffentlichen Parkplatz, war die Möglichkeit, den Wagen abzustellen, das gegen eine saftige Gebühr. Der Markusplatz, den jeder von Bildern kennt, da wollten sie hin. Der Weg führte sie über die Rialtobrücke, welche den Canale Grande überspannt. Der Markusplatz war nicht nur mit unzählig vielen Menschen, sondern auch mit Hunderten von Tauben, die mit Betteln beschäftigt waren, besiedelt. Sämtliche Geschäfte, die sich auf dem großen Platz befanden, lockten die Besucher an und wurden interessiert durchstöbert. Am Ende des Rundgangs kamen sie zu einem Laden, da wurde Murano-Glas angeboten. Außerdem gab es im hinteren Teil des Verkaufsladens eine Glasbläserei zu besichtigen. Alexander und Julia staunten, sie waren fasziniert, wie dort aus Glas in verschiedenen Farben Tiergestalten angefertigt wurden. Murano-Glas war damals schon sehr teuer, dennoch erwarb man einen mehrfarbigen Hahn und dazu noch eine Ente. Venedig ohne Kanalfahrt, das ging auf keinen Fall, also begaben sie sich an eine der Einstiegstellen und mieteten eine Gondel. Der Gondoliere ruderte sie auf den Wasserstraßen durch die Stadt. Dabei bestaunten sie die altehrwürdigen Patrizierhäuser mit den wunderbaren Fassaden. Zusammengefasst konnte man sagen, dass sich diese Gondelfahrt durchaus gelohnt hatte. Störend dabei war einzig der Gestank, der die Romantik beeinträchtigte, möglicherweise wurde die gesamte Notdurft in die Wasserkanäle abgeleitet. Alexander und Julia standen an jenem Tag etwas unter Zeitdruck, gönnten sich aber trotzdem noch ein traditionelles Fischgericht. Venedig wurde für die Ausreißer zu einem unvergesslichen Erlebnis. Am späteren Nachmittag traten sie den Nachhauseweg nach Mutters an und die Rückreise verlief reibungsloser als die Anfahrt. Sie erreichten in vorgerückter Stunde die Pension, wo sie ja immer noch als vermisst galten. Käthi, die den Motor des Autos gehört haben musste, kam im geblümten Nachthemd aus dem Haus. Sie war sichtlich erleichtert, als sie sah, wie ihre verschollenen Gäste gesund und wohlauf aus dem Wagen stiegen. Man erklärte ihr, wie sich alles zugetragen hatte, und stieß glücklicherweise auf volles Verständnis, was nicht selbstverständlich war. Die genussvollen Tage verstrichen und schon neigte sich der Urlaub dem Ende entgegen. Mit der muffligen Kutsche, dem VW, ging es heimwärts über Innsbruck, München, hoch Richtung Magdeburg und Hannover. Nach zwölf Stunden Autofahrt erreichten sie todmüde die Hafenstadt Hamburg. Jetzt gab es nur noch: Auto ausräumen, eine Kleinigkeit essen, unter die Dusche und dann ab in die Heia.

Zurück im Alltagsleben verließen sie wie gewohnt am Morgen das Haus, begaben sich zur Arbeit und kehrten nach getaner Arbeit zurück. Gesprächsstoff war an den Abenden genügend vorhanden, hatte man sich doch einiges vom Tag zu erzählen.

Julia hatte beschlossen, dass sie noch bis zum Ende des aktuellen Monats im Schuhgeschäft des älteren Ehepaares arbeiten wollte. Die verbleibende Zeit im Schuhgeschäft nutzte sie, um eine reibungslose Übergabe an die Nachfolgerin zu gewährleisten. Das Eheleben von Alexander und Julia funktionierte in jeder Hinsicht, es war ein Nehmen und Geben. Die beiden liebten sich von ganzem Herzen und es fehlte nur noch das gemeinsame Kinderglück, das zu vollendetem Familienglück hätte beitragen können. In letzter Zeit sprach man immer wieder darüber. Warum es nicht zustande kam, dass Julia schwanger wurde, teilte ihnen ein Gynäkologe mit. Es sei beinahe unmöglich, dass sich in ihrer Gebärmutter ein befruchtetes Ei einlagern könne, und so werden sie mit großer Wahrscheinlichkeit kinderlos bleiben. Alexander hatte immer wieder den Eindruck, dass Julia im Vorfeld mehr wusste, sie wollte sich nie über das Thema weiter austauschen. Er hätte sich über neues Leben gefreut, sie aber beteuerte, dass ihr die Kinderlosigkeit nichts ausmache und sie darüber auch nicht unglücklich sei. Das Unangenehmste an dem Zustand war lediglich, wenn man von anderen Leuten darauf angesprochen wurde. Ob man denn keine Kinder haben wolle, war oft die Frage und es schien, als sei man der Gesellschaft etwas schuldig. Wenn die Kinder von Alexander kamen, war Julia in ihrem vollen Element, begleitete die Sprösslinge zum Spielplatz oder hatte sonst zu Hause ein Programm auf die Beine gestellt, das je nach Wetter. Leider hatte sich in Bezug auf das Besuchsrecht in der Zwischenzeit immer noch nichts geändert. Karin bestand darauf, dass die Kinder strikt nach ihrer Vorstellung abgeliefert wurden, und so war man immer etwas eingeschränkt. Die Zeit fehlte dauernd, etwas Größeres zu unternehmen und über Nacht durften sie sowieso nicht bleiben. Zumindest aber genossen sie die Kinder und nutzten jede Stunde der wertvollen Gemeinsamkeit. Karin bekam mit ihrem neuen Lover und späteren Ehegatten noch ein weiteres Mädchen. Ein sehr sympathisches Kind, das, als es dann etwas größer war, auch mit Alexander und den Kindern mitgehen wollte. Erstaunlicherweise erlaubte Karin das Mitnehmen des

Töchterchens. Die drei verstanden sich außerordentlich gut, obwohl ein großer Altersunterschied sie trennte. Es stand nichts
im Wege, auch das dritte Kind war herzlich willkommen, waren schließlich Halbgeschwister.

Die Abende wurden länger, der Spätherbst hatte Einzug gehalten, das war an den Bäumen, die ihr Laub fallen ließen, zu
erkennen. Alexander fand nun auch Zeit, sich neben den beruflichen Aufgaben im Haus nützlich zu machen. Davor wurde
aber als Erstes der Garten winterfertig gemacht, die Stauden gekürzt und zusammengebunden. Die hohe Thuja-Hecke hin zum
Nachbarn hatte dann den Schnitt auch hinter sich. Rabatten
und Töpfe rings um das Haus herum gehörten zu Julias Aufga-
benbereich. An den Abenden, wenn sich Alexander nach dem
Nachtessen an die Arbeit machte, beschäftigte sich Julia mit
den Aufgaben des Haushaltes. Er selbst hegte schon lange den
Wunsch, die Wände im Eingangsbereich und das Treppenhaus
mit Oregon Pine Rifts, einem hellen Tropenholz, vertäfeln zu
wollen. Das bedurfte sorgfältiger Vorplanung. Dazu brauchte er
einen geeigneten Tischler, der es verstand, umzusetzen, was er
sich das vorstellte. In Herrn Haller fand er den Mann, mit dem
er zusammen das gemeinsame Werk startete. Tagsüber wurde
vom Tischler gesägt und angepasst, was Alexander am Abend
nach der Arbeit schmirgelte und mit klarem Lack versah. Bis tief
in die Nacht hinein ging das über Wochen hinweg, mit dem Vorteil, dass er danach keine Schlaftablette benötigte. Sein Ziel, im
Januar die Arbeit zu beenden, schaffte er mit Hilfe des Schrei-
ners. Damit war die erste Etappe seiner weiteren Vorhaben geschafft. Der Eingangsbereich erstrahlte in neuem Kleid, worüber
sie sich täglich freuten. Nun blieb Alexander wieder Zeit, sich
vermehrt einem seiner Hobbys, dem Lesen, hinzugeben. Ihm gefiel es, spannende Romane zu lesen, aber besonders Krimis hatten es ihm angetan. Abenteuer und Familiengeschichten deck-
ten seine Leselust ebenfalls ab. Bücher, die ausgezeichnet und
durch die Presse publiziert wurden, gehörten zu seinen Favori-
ten. Die Literatur ließ er sich vorwiegend vom Verlag Readers
Digest zukommen. In den Regalen des Wohnzimmers standen

Buch an Buch gereiht, und warteten nur darauf, vom Bücherwurm Alexander verschlungen zu werden. Nachts im Bett las er oftmals stundenlang und nicht selten wurde es bald hell, als er das Licht seiner Nachttischlampe ausknipste. Für Julia war lesen nicht eine Beschäftigung, die sie überaus gerne mochte, ihre Freizeit widmete sie lieber dem Teppichknüpfen. Auf dem Rahmen, den Alexander ihr besorgt hatte, kreierte sie große Vorleger. Sie schuf sogar eine ganze Bettumrandung für das Schlafzimmer. Die Motive waren farbenfroh und glichen derer, die man aus Indien und Persien kennt. Allerdings benutzte sie gröbere Wolle und somit wurden die Teppiche nicht so fein, wie solche, die durch Knüpfkünstler aus dem Orient hervorgebracht wurden. Langeweile kam im Hause der beiden nie auf, sie gestalteten ihre Freizeit vielseitig. Besonders Freitagabends nach der Arbeit war der Druck groß. So schnell wie möglich nach Hause, dann kochen und essen und eintauchen ins Wochenendvergnügen. Sie lieben es, sich in einem Tanzlokal zu vergnügen und sich mit Freunden zu treffen.

Vorbereitung und Reise in die DDR

Der kommende Samstagabend war reserviert für Egon und Ilse. Gemeinsam kauften Alexander und Julia eigens dafür ein, denn sie wollten die Eltern verwöhnen. Der Tisch war gedeckt, der Braten schmorte im Ofen, als der Besuch eintraf. Das Menü, das an diesem Tag von Julia auf den Tisch kam, wurde mit Genuss verspeist und gelobt, worüber sich die Gastgeberin selbstverständlich freute. Egons niederträchtige Art wandelte sich zum Besseren. Früher hätte er niemals ein Kompliment an seine Julia ausgesprochen, im Gegenteil. Der köstliche Weißwein, der spritzig und kalt in den Gläsern perlte, schien den Besuchern zu munden, denn immer waren die Gläser leer. Der Abend galt nicht nur dem gemeinsamen Essen, sondern auch der Reiseplanung von Ilses Eltern, die erneut nach Roggendorf in die DDR zu Emmi und Karl Restorf reisen wollten. Paul und Magda, die Großeltern von Julia, lebten in Hamburg, sie waren durch den Bau der Mauer von vielen der Verwandtschaft getrennt worden. Sie verreisten beinahe jedes Jahr in die Ostzone, um dort ihre Angehörigen zu besuchen. Dem Wunsch trug man Rechnung und versuchte zu realisieren, was es an Planung bedurfte. Paul und Magda waren schon ältere Leute und besaßen kein eigenes Fahrzeug. Dass ein Transport in die Ostzone gewährleistet war, bedurfte der Hilfe ihrer Familie. Während man bei Tisch saß, sagte Ilse: „Der Berechtigungsschein der Eltern für das Visum ist schon beantragt." Alexander und Julia, die mit den Großeltern fuhren, hatten noch ihre persönliche Einreisegenehmigung für den Tag zu besorgen. Private Reisen in die Ostzone konnten nur in den Besucherbüros beantragt werden, die von Beamten der DDR bedient wurden. In den Räumen für DDR-Reisende fühlte man sich stets unwohl und beobachtet, es herrschte dort meist eine gedrückte Stimmung. Für Westdeutsche galt die DDR als Diktatur, obwohl der Osten Deutsche Demokratische Republik genannt wurde. Das Diktat unter dem Vorsitzenden Erich Honecker war deutlich zu spüren. Jetzt stand es fest, die Reise mit den Großeltern in das 70km entfernte Roggendorf war für Juli 1971 angesagt. Geschenkideen stellten sie nie vor große Probleme, denn im Osten fand alles aus dem Westen Verwendung. Grundlebensmittel konnten die Bewohner dort erstehen, jedoch Früchte wie Bananen oder Orangen waren käuflich unerreichbar, hauptsächlich für gewöhnlich sterbenden Menschen. Auch elektronische Geräte, dort im üblichen Handel nicht verfügbar, kaufte man im Westen ein. Kaffee und luxuriöse Essenswaren waren auch willkommen. Bis zur geplanten Reise blieb genügend Zeit, um sich über weitere notwendige Mitbringsel auszutauschen. Wie und wo man das Unerlaubte im Wagen unauffindbar verstauen wollte, darüber musste aufs Neue reiflich nachgedacht werden. Alexander entschloss sich, für Nordika, die Tochter von Julias Freundin, den langersehnten elektronischen Rechner mit eingebauter Papierrolle mitzubringen. Damit konnte sie eintippen und auf der Papierrolle das Resultat ausdrucken. Alexander erstand gleich zwei der Geräte, beide kosteten etwa 160 DM, denn nie wusste man, ob man allenfalls noch eine weitere Person damit beschenken konnte. Sie wollten zusätzlich genügend moderne westliche Bekleidung mit einpacken. Besonders für Julias Freundin, deren Figur und Größe kaum von der Julias abwich. Sie war im gleichen Alter und freute sich mächtig über die netten Kleidungsstücke, das wussten die Westler. Jede Person durfte für den Eigengebrauch mitführen, was sie während des Aufenthaltes benötigte. Die Bestimmungen erhielt man von der Zollbehörde der DDR, wie aber war zu kontrollieren, was jeder Einzelne brauchte. Also beschloss man, einzukaufen, was außer vier Personen noch im Auto Platz fand. Wie jedes Jahr, wenn Paul und Magda verreisten, musste alles bis aufs i-Tüpfelchen geplant sein. Die Reise in die DDR war den alten Leuten wichtig und durch die Hilfe der jüngeren Generationen immer wieder machbar. Die DDR-Reise stand und bei Alexander und Julia ging man zu Kaffee, Kuchen und dem üblichen Cognac über. Zu vorgerückter Stunde beschlossen die Eltern aufzubrechen und wurden herzlich verabschiedet.

Mitte Juli war es so weit, bereits alles im Wagen verstaut, was für die Familie zusammengetragen wurde. Gemeinsam mit Julia holte Alexander die Großeltern zu Hause ab. Eine aufgeregte Stimmung herrschte in der Wohnung von Paul und Magda. Magda rannte von einer Ecke zur anderen, während sich Paul noch einen hinter die Binde goss. Es schien, als stünde den beiden eine Weltreise bevor, hatten sie alles zusammen, was sie für den Aufenthalt mitnehmen wollten und fehlte auch nichts. Alexander trug den bereitgestellten Koffer und die Taschen zum Wagen und verstaute diese in dem schon vollgestopften Kofferraum. Was wohl die Oma da alles dabeihatte, ging ihm durch den Kopf, als er den Kofferraumdeckel nur noch mit Mühe zu bekam. Die gut einstündige Fahrt von 70km nach Roggendorf, von Hamburg Altona Richtung Osten zur Grenze der DDR hin, war kurzweilig. Paul, ein gemütlicher, liebenswerter alter Mann erzählte vom Hafen, den Fischen, die ihm vor zwei Tagen ins Netz gegangen waren. Magda, die mollige Oma von Julia, beschwerte sich darüber, dass er wieder das ganze Geld versoffen habe, welches er ihr vom Erlös des Fischverkaufs geben hatte wollen. Die alten Leute gerieten sich oft in die Haare, dennoch brauchten und liebten sie sich. Es nahte der erste Schlagbaum vor der Grenze und der Puls bei den Insassen stieg schon leicht an. Sie alle wussten zu gut, dass sie Waren mitführten, die sie unmöglich hätten deklarieren können, wie das Geld hinter dem Radio. Am Grenzposten bekam man einen Platz zugewiesen, wo die DDR-Zollbeamten anschließend den Wagen durchsuchten, dazu mussten sie alle aussteigen. Des Weiteren hatten sie die Einreisegenehmigung vorzuweisen und darüber hinaus die Zollpapiere auszufüllen. Darin war zu deklarieren, was man an Waren mitführte. Vorsichtshalber gab Alexander die beiden Rechner an, einerseits, um die Gemüter der mürrischen Beamten zu beruhigen und andererseits dadurch etwas abzulenken. Er wusste zu gut, dass der Schmuggel elektronischer Rechner illegal war. Hätten sie ihn damit erwischt, wäre die Investition hin gewesen, außerdem drohte Strafe. Die Beamten der innerdeutschen Grenze waren richtig scharf darauf, etwas Unerlaubtes zu finden. Für den Zwangsumtausch der Währung bat man sie zur Kasse. Pro Person und Tag des Aufenthaltes in der DDR bezahlte jeder 15 DM und erhielt dafür 1:1 Ostmark ausbezahlt. Zusätzlich hatte man an der Grenze die einmalige Straßengebühr von 10 DM zu entrichten. Das Verbot, Ostmark einzuführen, interessierte Alexander wenig. Er hatte durch seine Arbeit bei der Bank die Möglichkeit, an Ostmark zu kommen. Sie schmuggelten das Geld eigens, um die Familie zu beschenken. Sie lebten im Westen gut und wollten ihren Angehörigen etwas Gutes tun. Das Versteck des Geldes befand sich grundsätzlich hinter dem festeingebauten Radio im Auto. Ausbauen ging schnell und der Aufbewahrungsort war zur damaligen Zeit relativ sicher. Die Beamten waren glücklicherweise nie auf die Idee gekommen, es hätte sich hinter dem Gerät ein Geld Versteck befunden. An der Grenze begleitete Alexander permanent das Glück, das musste wohl an seinem seriösen Aussehen gelegen haben. An jenem Tag waren die Zollbeamten nebst der sauertöpfischen Mine großzügig und durchsuchten den Wagen nicht im Detail. Ungehindert setzten sie ihre Reise nach Roggendorf fort. Die Freude war groß, als sie eintrafen, Emmi und Karl mussten bestimmt schon auf den Besuch aus dem Westen gewartet haben. Sie standen schon vor dem Haus, als Alexander den Wagen auf dem unbefestigten naturbelassenen Weg Richtung Hof steuerte. Es folgte eine hocherfreute herzliche Begrüßung, indem man sich in die Arme nahm. Besuch von Paul und Magda aus dem Westen war schließlich nur einmal im Jahr. Bald schon wurde nicht endend ausgepackt, was sich im Auto befand, und anschließend ins Haus getragen. Die Schwestern Emmi und Magda waren in der Küche schon in ein lebhaftes Gespräch verwickelt, während sich der Rest über die Diele in Richtung guter Stube bewegte. Als sich schließlich die Frauen nach ihrem Schwatz in der Küche auch in die Stube begaben, herrschte am Tisch reges Geplauder, es gab viel zu berichten. Emmi verteilte die Stücke des köstlichen Früchtekuchens, den sie zuvor am Morgen gebacken hatte. Dazu gab es duftenden Kaffee aus dem Westen. Alexander und Julia blieb an dem Tag nicht allzu viel Zeit, denn sie mussten wieder zurück nach Hamburg. Emmi und Karl bewirteten ihre Liebsten immer sehr großzügig, denn sie wussten wohl, dass sie durch ihre Ankömmlinge stets reich beschenkt wurden. Wie groß die Freude war, als Emmi und Karl ihre Geschenke auspackten, erkannte man an den Gesichtern der Ossis. Wie gut sie alles gebrauchen konnten, was in der DDR nicht erhältlich war, betonten sie vermehrt. Für die beiden war an diesem Tag Weihnachten und Ostern gleichzeitig. Bedauerlicherweise kamen Nordika an dem Tag nicht. Wie gerne hätte Alexander die Augen von Nordika gesehen, wie sie die Rechner, welchen er gekauft hatte, ausgepackt hätte. Später erfuhren sie, dass Nordika die beiden Rechengeräte an die Leitung des Konsums der DDR für sehr gutes Geld weiterverkaufte. Es war laut Gesetz gewiss nicht gestattet, doch gerade die von der oberen Gilde galten als korrupt und das bis zum Gehtnichtmehr. Wie Karl und Emmi außerdem berichteten, konnte Nordika von dem Geld, welches man ihr für die Rechner bezahlte, die ganze Wohnungseinrichtung finanzieren. Die Tischgespräche im Osten folgten einem sich immer wiederholenden Betreff. Man unterhielt sich über die Lebensweise und Weiterentwicklung des Westens. Die hatten keine Ahnung, was sich die Westler alles über den Tisch kaufen konnten. Nicht wie die Bürger der DDR, bei denen vieles nur illegal funktionierte. Ein einfaches Beispiel, so erzählt mir Alexander, war es mit Früchten aus dem Ausland. Jedes Geschäft hatte die Anzahl ihrer Kunden an die Behörde zu melden. So wurde eine etwaige Zuteilung der Waren berechnet, die dem Weiterverkauf dienten. Kaufte ein Bekannter oder Freund des Krämers im Laden ein, ging schon die eine oder andere Frucht unter dem Ladentisch weg, es gab, solange es hatte. Die Intershops, die von der Bevölkerung Honecker Läden genannt wurden, hießen so, weil Honecker diese damals ins Leben rief. In den Geschäften gab es westdeutsche Ware zu kaufen, die aber nur mit Westgeld zu bezahlen war. Leute, die durch Verwandte immer wieder mal eine Westmark-Geldspritze erhielten, vermochten es, dort Waren zu erwerben. Vom Waschmittel, über Kosmetik und Kleider erhielt man alles, was das Herz begehrte, sogar teure Unterhaltungselektronik. So kamen täglich begehrte Devisen ins Land, nur der Bevölkerung diente es nicht. Der Aufenthalt in Roggendorf war für Julia und Alexander von kurzer Dauer, trotzdem hatte man sich doch sehr über das Wiedersehen gefreut. Die Heimreise nach Hamburg verlief ruhig und sie trafen in den späten Abendstunden an der Weißenseestraße ein.

Am nächsten Tag kamen Alexanders Kinder und da wollten sie frisch sein, deswegen begaben sie sich schon bald zu Bett. Im Laufe des Vormittags fuhr er wie gewohnt los und holte die beiden. An den Tagen, als sie kamen, wollten sie die Jungmannschaft ganz klar verwöhnen. Oftmals fuhren sie gemeinsam los und kauften für die beiden Klamotten ein, die sie gerne haben mochten. Das war nützlicher als Spielsachen, von denen eh schon genügend vorhanden war. Sie vergnügten sich auf Spielplätzen, die mit allerlei Geräten bestückt waren oder setzten sich in ein Café zum Eis essen. Außerhalb der Stadt befand sich ein Park, da gab es damals schon eine Schwebebahn. Ein nicht alltägliches Erlebnis der speziellen Art war bereichernd, wenn sich die Kinder am Seil festhielten. Da war der Spaß besonders groß, wenn sie 50 Meter durch die Luft glitten.

Die Ehe von Karin, der Ex von Alex, und dem Versicherungsagenten hielt nur gerade sieben Jahre. 1978 wurde auch diese geschieden und schon stand ein Neuer auf der Matte, die drei Kinder taten Alexander wirklich leid. Der dritte war Polizist und den heiratete sie ein Jahr darauf. Alia im gleichen Jahr achtzehn und der Sohn sechzehn, befanden sich zum damaligen Zeitpunkt bestimmt nicht in einer einfachen Lage. Wieder Verlust, Unsicherheit und Ängste, was dann schließlich auch noch dazu führte, dass sich die beiden Teenager von Alexander und Julia lossagten. Von seiner Alia hatte er schon lange nichts mehr gehört und sein Sohn sagte ihm: Lass mich in Ruhe". Alexander versuchte, durch Briefe an seine Kinder den Kontakt aufrecht zu erhalten. Vergeblich warum, fragte er sich oft und fand keine Antwort. Es folgte eine harte und schmerzhafte Zeit, aber es war nicht zu ändern, was konnte man tun. Es blieb nur die Hoffnung, dass seine Kinder eines Tages zu ihrem Vater zurückkehren würden.

Abstecher Amsterdam

Im September 1971, es war eine regnerische Zeit in Hamburg, Julia und Alexander hatten sich eine Woche Ferien genommen. Sie hofften, dass in den drei Tagen, in denen sie die Stadt der Tulpen besuchen wollten, sich das Wetter dort einigermaßen freundlich zeigte. Amsterdam kannten sie nicht und wollten eigentlich schon im Mai, der Blumen wegen, reisen. Zu viele Verpflichtungen hinderten sie daran, im Frühjahr wegzufahren. Dafür stand jetzt ihr neuer Wagen in der Garage und sie entschlossen sich, damit die Jungfernfahrt auf sich zu nehmen. Die etwas mehr als 500km entfernte Stadt Amsterdam würden sie locker erreichen und so fuhren sie los Richtung Bremen und weiter in westliche Richtung ihrem Ziel entgegen. Unterwegs planten sie zweimal einen Kaffeehalt ein und aßen die belegten Brötchen, die Julia in eine Vorratsdose gepackt hatte. Über der Grenze zeigte sich das Wetter auch nicht umwerfend, die Sonne machte sich rar, aber zumindest blieb es am Ankunftstag trocken. Als sie am Nachmittag in Amsterdam eintrafen, sah man Unmengen an Fahrrädern, die von der Bevölkerung auf den Straßen benutzt wurden. Alexander hatte Respekt vor den Drahteseln und fuhr besonders vorsichtig. Es bedurfte großer Konzentration, den Wagen durch die belebte Stadt zu steuern, erzählt er. An vielen Fahrrädern war vorne und hinten eine Holzkiste angebracht, die Leute transportierten so ihre Einkäufe, das sah originell aus. Die Straßen den Kanälen entlang waren gesäumt von hohen Bäumen, deren Äste wie ein schützendes Dach über den Straßen hingen. So schnell wie möglich wollten sie ein Hotel mit Parkgelegenheit finden, was ihnen mittels Stadtplans schnell gelang. So konnten sie später die Stadt ungezwungen zu Fuß erkunden. Sie ließen sich dann in einem typischen Grachten-Hotel nieder, dessen Zimmer nach holländischem Stil eingerichtet war. Ein knorriger, knochenfarbiger Kleiderschrank und ein ebensolches Bettgestell standen im Raum. Außerdem zwei wuchtige Sessel, die für großgewachsene Holländer absolut zugeschnitten waren. Der Blick aus dem raumhohen Fenster richtete sich hin zur Keizersgracht, dem Hauptkanal, den sie am gleichen Tag unbedingt noch besuchen wollten. Nur schnell das Gepäck abstellen, wenig Zeit verlieren und schon ging es los. Alex hatte sich zu Hause sehr gut vorbereitet und sich einen Stadtführer und gutes Kartenwerk gekauft. Als Erstes begaben sie sich zum Einstiegsort für die Fahrt auf dem Kanal. Auf dem gemütlichen, nicht sehr großen Schiff genossen sie die Spazierfahrt zu Wasser. Dabei fielen ihnen die unzähligen farbenfrohen Hausboote auf, welche an den Quaimauern verankert lagen. Das Treiben der Bootsbewohner zu beobachten, war sehr imposant. Dennoch kaum vorstellbar, das ganze Jahr hindurch auf diese Weise zu hausen. Für einige der Bewohner Amsterdams war es scheinbar damals aus Spargründen notwendig, so zu leben. Wie ihnen erklärt wurde, hatten Leute, die auf Hausbooten wohnten, um einiges weniger an Steuern zu bezahlen als diejenigen in befestigten Häusern. Die Hausboote seien verankert und würden in der Regel immer an derselben Stelle bleiben, informierte sie ein Einheimischer. Jedes der Boote erschien in einer anderen Aufmachung, es gab solche, da waren auf den Dächern gemütliche Sitzplätze eingerichtet. Andere waren üppig mit Pflanzen geschmückt, ein beschauliches Erscheinungsbild. Die Bootsfahrt auf der Keizersgracht führte sie unter engen Brückenbögen durch, vorbei an geschichtsträchtigen Hausfassaden, es war ein Erlebnis. Nach einer Stunde endete die Exkursionsfahrt und die Stadtbummler schlenderten weiter durch malerische Gassen. Gut, dass sie den Stadtplan dabeihatten, denn in diesen Straßen konnte man sich leicht verlaufen. Auf dem Weg zum Hotel sahen sie hinein in den finsteren und engen Treppenaufgang eines Hauses. Fasziniert blieben sie stehen und stellten fest, dass die Treppe mehr einer Leiter glich. Dieses Bild imponierte beiden auf amüsante Weise. Es war gar nicht daran zu denken, welche Gefahr sich einem Ungeübten mit dem steilen Aufgang bot. Die Stufen waren kurz und demzufolge schwer begehbar. Eine Person mit Schuhgröße 45 musste bestimmt auf den Schuhspitzen hochsteigen. Mit einer bepackten Tasche kaum machbar, so beurteilte man das als Tourist. Julia schmerzten die Füße arg und sie war heilfroh, im Hotelzimmer endlich aus den Schuhen zu kommen. Den Abend verbrachten sie im Hotel, aßen das Menü des Hauses und tranken dazu ein kühles Heineken. In der lebhaften Gegend, wo sie eingecheckt hatten, blieb die Nacht erstaunlich ruhig, auf jeden Fall schliefen sie tief und fest. Der zweite Tag war gut vorbereitet, denn sie wollten möglichst viel von der Stadt und deren Kultur kennenlernen. Gerade als sie nach dem Frühstück das Hotel verließen, kam das erste Highlight auf die Städtebummler zu und sie blieben wieder stehen, wie am Tag zuvor. Andere Länder, andere Sitten und in Amsterdam live den Einzug in ein Haus mitzuerleben, das war schließlich nicht alltäglich. Da zogen sie das Mobiliar mit dem Flaschenzug an der Fassade hoch und brachten es auf diese Weise ins Haus. Als Tourist kam man aus dem Staunen nicht heraus. Allein der engen Treppenhäuser wegen gab es auch keine andere Möglichkeit. Weiter führte sie ihr Weg anschließend in Richtung Zentrum, an farbenfrohen, wunderschönen historischen Bauten vorbei, die beinahe etwas märchenhaft wirkten. Sie besuchten das Anne-Frank-Museum und den königlichen Palast, die distanzmäßig nicht weit auseinander lagen. Überdies besichtigten sie das gigantische Nationalmonument, das den Opfern des Zweiten Weltkrieges gewidmet war. An der Hotelrezeption riet man ihnen, eine Fahrt auf der Prinsengracht zu machen, denn diese gelte als eine der Schönsten. Vom Museum der Anne Frank waren sie vollauf begeistert, denn dort war zu sehen und zu spüren, wie die Frau gelebt hatte. Auf dem Platz rund um das Nationalmonument herrschte emsiges Treiben, da luden schöne Geschäfte zum Einkaufen ein. Obwohl die Zeit des Aufenthaltes in Amsterdam nur kurz bemessen war, sammelten sie viele imposante Eindrücke der Stadt. Am Abend schlenderten sie vor Beendigung ihrer Exkursion noch durch die kleinen gemütlichen Straßen der Tulpenstadt. Mindestens ein bleibendes Souvenir und den holländischen Käse wollten sie sich unbedingt kaufen. Zurück im Hotel entschlossen sie sich, zum Ausklang ihres Aufenthaltes noch ein typisches Essen der Umgebung zu verzehren. Es bestand aus Kartoffeln und etwas wie Sauerkraut, dazu wurde eine Wurst gereicht. „Es war köstlich", schwärmt Alexander. Der Abend war noch jung, als sie zu Bett gingen, denn am Morgen erwartete sie nach dem Frühstück die Reise zurück nach Deutschland.

Zuhause, man saß jetzt an den Abenden liebend gerne in der warmen Stube, las ein Buch oder unterhielt sich über Möglichkeiten etwas zu unternehmen. Es blieb in dieser Jahreszeit wieder mehr Freiraum, sich mit Freunden zu treffen, wie damals Jochen und Barbara Teegen. An einem Samstag in der Früh am Alexanderplatz in Berlin bei der runden großen Urania-Weltzeituhr trafen sich die befreundeten Ehepaare. Großberlin, die ehemalige DDR-Hauptstadt, war nach dem Krieg in vier Teile eingeteilt worden. In den westlichen, den französischen, einen US-amerikanischen zusammen mit einem britischen und den russischen Sektor, den größten Teil Berlins. Bonn war damals die Hauptstadt der Westdeutschen, das bis zum Fall der Mauer 1998. Ein Treffen in der Stadt Berlin war für West- und Ostdeutsche möglich, aber wieder nur mit Berechtigungsschein. Den beantragte man auf dem Amt für Besuchs- und Reiseangelegenheiten. Westdeutsche hatten es wesentlich einfacher, es bedurfte keiner großen Bürokratie. Es reichte der Personalausweis, aber nur wenn man sich innerhalb der Stadt bewegte. An dem Tag, als sich die alten Freunde trafen, war es für Jochen unbegreiflich, dass Armeeangehörige in amerikanischer Uniform sich in der ganzen Stadt frei bewegen konnten. Allen Ernstes wandte er sich an Alexander und fragte: „Sag mal, sind wir nun von den Amerikanern besetzt?" Alexander musste so lachen, bis er bemerkte, dass die Frage wirklich ernst gemeint war. Gegen Abend suchten sich die Freunde am Alexanderplatz ein Lokal, wo man westdeutsche Spezialitäten essen konnte. Alexander bestellte für alle eine Mockturtelsuppe (Schildkrötensuppe) mit Klößen. Jochen und seine Frau waren sehr erstaunt ob der Bestellung und meinten dazu, ob man so etwas überhaupt auch essen könne. Als die Speisen aufgetragen waren und man mit dem Essen begann, war absolute Ruhe bei Tisch, die Teegens genossen alles schweigend. Für Alexander, Julia und Teegens war es ein besonderer Tag, denn man sah sich nicht sehr oft und freute sich umso mehr auf das Zusammensein. Alles Schöne endet bekanntlich und so kam die Zeit des Abschiedes, der wie immer etwas schmerzlich war. Alexander und seine Gemahlin blieben noch eine Nacht in Berlin, denn zu später Stunde wollten sie den Heimweg nicht mehr antreten. Einmal, so kann sich Alexander erinnern, waren sie mit Gerhard und Anita, auch Freunde aus der DDR, ebenfalls in Berlin unterwegs und suchten sich ein Lokal zum Abendbrot. Zu diesem Zweck fuhren sie in den östlichen Teil der Stadt und hielten vor einem Restaurant, welches er dem Namen nach kannte und eher der gehobenen Klasse angehörte. Gerhard bot sich an, nachzufragen, ob ein Tisch für vier Leute frei sei, kam aber mit negativem Bescheid zurück. Alex hielt das für unmöglich, denn auf dem Parkplatz stand kaum ein Wagen und so entschloss er sich, selbst ins Lokal zu gehen. Er bediente sich seines ganzen Charmes, um einen Tisch für vier Personen zu bestellen, er würde mit DM bezahlen, fügte er beiläufig hinzu. Kein Problem, lautete die Antwort des freundlichen Kellners, er werde ihm gerne den Tisch vorbereiten. Gerhard regte sich verständlicherweise furchtbar darüber auf und meinte. „So wie ihr nur mit der DM winkt, steht euch alles offen." Den Ärger seines Freundes verstand Alex durchaus, war auch nicht in Ordnung. Also begaben sich die vier alsdann ins Innere der Gaststätte und bezogen den bestellten Tisch. Beim Durchstöbern der Speisekarte, die verschiedene Gerichte auswies, beschränkte man sich auf zwei Varianten. Gerhard und seine Frau gaben dieselbe Bestellung auf. Der Kellner, der die Wünsche der Gäste aufnahm, sagte, es täte ihm leid, aber er könne nur eines der Gerichte anbieten, das genau das war, was Alex und Julia bestellt hatten. In den größeren Restaurants während DDR-Zeiten eigentlich nicht üblich, ob der Grund Gerhard war, Alexander fand es nicht heraus. Trotz der unangenehmen Vorkommnisse war es ein reiches Zusammensein und ein Tag volle Freude.

Vater Karl verabschiedet sich

Ein sonniger Tag im Frühjahr, Alexander und Julia fuhren in ihrem Wagen Richtung Harburg. In Hamburg ließen sich die Leute auf den Straßen von den wärmenden Sonnenstrahlen verwöhnen. Harburg war damals Industriegebiet und die Gebäudekomplexe sahen nicht besonders anmutig aus. Die ganzen Straßen waren ohne Bäume, karg an Grün und wirkten grau. Es waren einfache Arbeiterviertel, die das Bild der Gegend prägten. Alexanders Vater und Gustel, seine zweite Ehefrau, die er aber erst nach dem Tod seiner Mutter 1968 heiraten konnte, waren altershalber in dieses Gebiet in eine neue kleinere Wohnung umgezogen. Das Elternhaus, in dem sie zuvor mit den beiden Kindern in der Dachwohnung gelebt hatten, wurde verkauft. Der Erlös ging an Karls Schwester, also an Alexanders Tante, welche seine Großeltern bis zum Tod hin liebevoll gepflegt hatte. Vater Karl fühlte sich in der letzten Zeit nicht besonders gut, häufig plagten ihn Magenbeschwerden. Es musste wohl auch daran gelegen haben, dass er sich gerne dem Whisky widmete. Es verstrich kaum ein Tag, an dem er nicht ein halbes Glas davon pur herunterkippte. Mit zunehmendem Alter mengte er dem Johnny Walker Red Label Blended Scotch Whisky die Hälfte an Wasser zu. Er bemerkte wohl, dass sich das Feuerwasser nicht unbedingt gut auf seinen wohl schon geschädigten Magen auswirkte. Über allfällige Schmerzen klagte er nie, aber von seiner Frau Gustel bekam Alexander einiges an Informationen mit. Karl und Gustel freuten sich immer sehr über Besucher, besonders dann, wenn Alexander und Julia die Kinder dabeihatten. Opa Karl konnte die Kinder sehr gut unterhalten, er erzählte mit Hochspannung von hoher See, wie damals, als Alexander selber noch ein Junge war. Jetzt erinnert er sich zurück, wie Vater oftmals im Schrank des Wohnzimmers kramte und Bilder aus der Zeit, als er noch Kapitän war, suchte.

Im Dezember, Vater wirkte müde und hatte zwischenzeitlich merklich an Vitalität abgenommen. Bei dem Besuch wurden sie von ihm gebeten, sie mögen ihn doch bitte nicht mehr besuchen. Das war die typische Art seines Vaters, er wollte nicht, dass jemand sah, wie schlecht es um ihn bestellt war. Alexander wusste somit genau, wie er sich fühlte, es war traurig, aber seinem Wunsch wurde Rechnung getragen. Zu Weihnachten brachte man Karl ins Krankenhaus, wo er Anfang Januar 1972, im Alter von 77 Jahren, starb. Mit ihm verlor Alexander einen ehrlichen aufrichtigen Menschen, den er immer achtete. Leider blieb Alexander die Chance verwehrt, während seiner Jugendzeit und auch später, seinen Vater richtig kennenzulernen. Nach dem Tod des Vaters wurde Alexander von Gustel, der Witwe, des Erbes wegen angesprochen. Sie äußerte sich klar und deutlich, dass er von seinem verstorbenen Vater nichts zu erwarten hätte. Geld sei keines vorhanden, was Alexander auch nicht begehrte. Interessant war nur, dass Vater ihn darüber in Kenntnis gesetzt hatte, wie hoch seine monatliche Rente immer ausfiel. Er bekam zwei Renten ausbezahlt, eine staatliche von der Polizei und die andere aus seiner beruflichen Laufbahn als Kapitän. Außerdem korrespondierte er mit Amerikanern, orientierte diese über die deutsche Schifffahrt und das brachte ihm regelmäßige Nebenverdienste ein. Im Club der Cap Horniers Bruderschaft, wo nur Kapitäne, die das Cap drei Mal umsegelt hatten, dabei waren, bezahlte er den Mitgliederbeitrag, erhielt außerdem für seine Auskünfte, die er schriftlich beantwortete, ebenfalls Honorare. Also war bestimmt etwas übrig, nur bewegte das Alexander keinesfalls. Nach dem Tod seines Vaters hatte er nur den einen Wunsch. Vater war im Besitz zweier Kapitänsmützen, einer weißen und einer schwarzen. Beide waren bestickt mit dem Emblem, „Club der Cap Horniers". Eine dieser Mützen wollte er unbedingt als Andenken an seinen verstorbenen Vater bekommen. Gustel tat sich sehr schwer, eine der Mützen herzugeben, aber nach langem Bitten von Alexander rückte sie dann schließlich die schwarze heraus. Nach Alexanders Aussage hatte sie mit der früheren Seefahrt ihres Vaters nichts zu tun. Sie kannte ihn nur als Offizier der Schifffahrtspolizei. „Wenn ich das nächste Mal zu dir komme, werde ich sie mitbringen", sagt er freudestrahlend. Mit der Mütze war die Erbangelegenheit seines Vaters also erledigt. Wäre ein Testament vorhanden gewesen, hätte man Alexander von Amts wegen bestimmt benachrichtigt.

Heute sitzt Alexander wieder bei mir am Tisch und hält die schwarze Cap Hornier Mütze seines verstorbenen Vaters in seinen Händen. Zusätzlich bringt er einen Umschlag mit, den er ebenfalls auf den Tisch legt. Er zieht mit Spannung den Zeitungsausschnitt aus dem Kuvert, der mit 28.07.1966 datiert ist. Der Artikel vom Harburger-Anzeigen und Nachrichten ist es wert, aufgeschrieben zu werden. Es handelt sich dabei um das Thema, wie Karl auf der „Maipo" die Weltmeere umsegelte.

„Berichte aus der Zeitung: Die Männer, die mit dem Segelschiff das Cap Horn bezwangen, nannten sich stolz Cap Horniers und waren fast alle in einer internationalen Organisation zusammengeschlossen. Diese trug den etwas langatmigen Namen, „Amicale Internationale des Capitaines au Long-Cours Cap Horniers". In der Bundesrepublik gab es damals noch rund 400 Cap Horniers, davon lebten in Hamburg acht. Zu ihnen gehörte auch Karl. Er umsegelte dreimal vor dem Ersten Weltkrieg das Cap Horn, und zwar zweimal ostwärts mit der „Maipo" und einmal westwärts mit der „Claus". Wohl beherrschten die Dampfschiffe schon die Weltmeere, als Karl mit gerade 16 Jahren auf dem Schnelldampfer „Kaiser Wilhelm der Große" als Moses (Logisjunge) das Meer kennenlernte. Doch richtig lernte er es erst kennen, als er die in Assel stationierte Tjalk „Nixe" bestieg, die in der Küstenschifffahrt eingesetzt war.

Bald jedoch lockte ihn die Ferne und er musterte als Leichtmatrose auf dem Vollschiff „Maipo" der Reederei A: G; von 1896, Hamburg an und lernte so die Ozeane aus erster Hand mit all ihren Schönheiten und Tücken kennen. Ging es doch von Hamburg um Cap Horn nach Australien, mit Stückgut und von dort mit Kohle nach Südamerika und zurück mit Salpeter nach Hamburg. Karl plauderte gern von der Zeit seiner Segelschifffahrt, der er in gewisser Beziehung nachtrauerte. Die „Maipo" konnte rund 3.000 Tonnen laden und hatte 23 Mann an Bord. So wie heute die Seeleute an Bord wohnen, davon träumten die Segelschiffsleute nicht einmal, denn auf der „Maipo" wohnten acht Matrosen, vier Leichtmatrosen, zwei Jungs und der Zimmermann in einem Raum. Die Verpflegung war laut Speiserolle von 1902 festgesetzt worden und bestand in erster Linie aus Salzfisch, Salzspeck, Corned Beef und Trockenkartoffeln. Frischfleisch und Frischgemüse gab es nur während der Liegezeit im Hafen. Auf die Frage, wie es denn mit dem Alkohol an Bord gewesen sei, lächelt Karl und meinte dazu, dass man an Bord wirklich nicht über zu viel Alkoholgenuss reden konnte. Es gab, wenn man auf See war, einmal wöchentlich einen Doppelkorn. Nur bei Schlechtwetter hieß es „Besahnschot an!", das hieß, es gab eine Sonderration Schnaps. Dass die Fahrensleute, wenn sie an Land waren, die Zeit nutzten, um ordentlich einen „auf die Lampe" zu gießen, lag klar auf der Hand. An Bord herrschte strenge Disziplin und die Rechte des Kapitäns waren viel weitgehender als heute. Das musste sein, denn man war oft mehr als ein Jahr unterwegs und nur eine feste Hand konnte die manchmal auftauchenden Zwistigkeiten unter der Besatzung im Keim ersticken. Ein Leichtmatrose erhielt einschließlich Verpflegung, zehn Mark monatlich, aber erst nach drei Monaten Fahrt wurde ihm sein Monatsheuer ausgezahlt. Desertierte jemand, so verfiel die restliche Heuer zu Gunsten des Schiffes. Kehrte der Desertierte eines Tages in seinen Heimathafen zurück, musste er, um sein Seefahrtsbuch wieder zu erhalten, als Leichtmatrose 20 Mark Strafe zahlen, Matrosen jedoch einen weit höheren Betrag. Wohl war der Ton an Bord roh, aber es war herzlich und die Kameradschaft war meistens gut, denn einer war auf den anderen angewiesen, wenn es galt, das Schiff durch alle Stürme und Wogen zu manövrieren. Als man auf die sogenannte „Linientaufe", sprich, Äquatortaufe, zu sprechen kam, sprach man von „Kielholen". Das bedeutet, der Täufling wurde unter dem Schiffsrumpf durchgezogen, um so seinen Mut zu beweisen. Dann lachte Alexanders Vater und meinte, das sei Seemannsgarn, dass die Fahrensleute den Landratten unter die Weste jubelten. Auf deutschen Segelschiffen habe es nie ein Kielholen gegeben, denn das sei und wäre in jedem Fall lebensgefährlich gewesen. Eine Taufe fand trotz allem statt, das mit viel männlichem und rauem Frohsinn. Es war beinahe so etwas wie handfester Bordkarneval. Wasser wurde in eine Persenning (imprägnierter Segelstoff) getan und der Täufling hinein getaucht, anschließend gab man ihm Pillen zu essen, die meistens ein Gemisch von Salz, Pfeffer, hartem Brot und Rizinusöl waren. Dass dem Täufling hinterher nicht ganz wohl war, sei erklärlich, aber man mischte nie direkt gesundheitsschädigende Mittel in die Pillen. Karl machte meist ein versonnenes Gesicht, wenn er von seiner „Maipo" sprach und gab noch manches Erlebnis ernster und heiterer Natur zum Besten. Die „Maipo" wurde, als ihre große Zeit auf den Ozeanen vorüber war, noch als „Hulk" im Hafen von Callao verwendet. Heute ist das Schiff längst abgewrackt. Die Hamburger Cap Horniers trafen sich von Zeit zu Zeit an der Lühe (linkselbischer Tidefluss in Niedersachsen) und tauschten dann ihre wertvollen Erinnerungen aus. Während der Zeit, als die weißen und braunen Segel noch die Ozeane beherrschten und man auch im Hamburger Hafen den Mastenwald, wie es in der Hamburg-Hymne so schön heißt, als eine Selbstverständlichkeit ansah. Wer als Kapitän das Cap Horn bezwang, trug den stolzen Ehrentitel „Albatros". Davon gab es damals in Hamburg noch zwei. Es waren Jonny Holst mit der „Parmax" und Richard Wendt, der es mit der „Padua" schaffte. Des Weiteren gehörten auch die Harburger, Alexanders Vater, Alfred Grasshof, Herbert Rabe, Johann Rossmann, Willi Gieseler und Herbert Winkelmann dazu, welche den Ehrentitel trugen."

Wenn ich die Bilder der stolzen Segelschiffe betrachte, die Alex dabeihat, bin ich überwältigt. Ich stelle mir vor, wie die Seeleute diese Riesen über die Weltmeere in alle Herren Länder und um das berühmt- berüchtigte Kap Horn steuerten. Dabei ereilt mich der Gedanke, dass es immer wieder ein überwältigendes Erlebnis gewesen sein muss.

Es kam der Tag des Begräbnisses, als Vater Karl seine letzte Reise antrat. Er wurde auf dem

Zentralfriedhof von Hamburg im Familiengrab von Gustel beigesetzt. „Jeder Hund hat bestimmt eine schönere Beisetzung, als sie mein Vater erhielt", gesteht Alexander. „Wir standen am Grab, Julia, Gustel und ich, meine Halbgeschwister glänzten durch Abwesenheit, warum erfuhr ich nicht." Nach dem traurigen Abschied des Vaters gab es anschließend in der Nähe vom Friedhof Kaffee und Kuchen. Weitere Kontakte zu Gustel wurden später über das Telefon getätigt, die Beziehung war gefühlskalt geworden. Zu seinen Halbgeschwistern entstand leider nie eine Verbindung. Wie lange Gustel noch lebte, weiß Alexander nicht, denn nach und nach schmälerte sich der Kontakt zu ihr. Die Verbindung endete schließlich nach einem halben Jahr ganz.

Der Alltag danach

Julia war nun schon eineinhalb Jahre bei der Sparkasse tätig und hatte sich als Kassiererin bestens integriert. Sie war bei Ihren Kollegen gerne gesehen und fühlte sich in der Bank sehr wohl. Ihren Vorgesetzten gegenüber verhielt sie sich nie unterwürfig, sondern hatte eher schon mal eine freche Klappe. Sogar die Kollegen sagten ihr oft, sie solle mit Anmerkungen doch etwas vorsichtiger sein, aber sie ignorierte die Worte meist. Die Vorgesetzten tolerierten ihr Verhalten und amüsierten sich oft über die rotzigen Sprüche, Alex enthielt sich einer Ermahnung seiner Frau. Er fragte dann doch einmal den Direktor, wie er denn mit seiner Gemahlin zufrieden sei. Der gab ihm zur Antwort: „Ihre Frau sieht man nicht, aber man kann sie gut hören." Julia war in ihrer Aufgabe sehr pflichtbewusst, besonders wenn es sich um Geld handelte. Das war wohl ihr Glück, sonst hätte sie bestimmt den Laufpass längst schon bekommen, meint Alex. Am Abend hatte die Kasse zu stimmen, war eine Differenz da, suchte sie so lange, bis der Fehler gefunden war. Dank ihres guten Erinnerungsvermögens war es ihr möglich, sich an die Abläufe des Tages zurückzuerinnern. Einmal hatte sie den Betrag an einen Kunden ausbezahlt, es waren etwas über DM 100 zu viel. Julia entsann sich aber am Abend genau, wo sich der Fehler eingeschlichen hatte. Die Person wurde angefragt, diese aber stritt ab, zu viel erhalten zu haben. Sie bestand allerdings beharrlich darauf, sich den Kunden selbst vorknöpfen zu dürfen. Mit Erfolg, der Kunde erinnerte sich plötzlich daran, zu viel bekommen zu haben. Leider war es so, dass nicht alle aufrichtig waren. Für Kassiererinnen am Schalter war deswegen höchste Konzentration geboten. Die Angestellten im Schalterbereich waren gefordert, denn oftmals gab es pro Tag 200 bis 300 Posten zu erledigen. Die ganzen Jahre bis 1998, während Julia bei der

Bank arbeitete, brauchte wegen ihr nie der Revisor gerufen zu werden, darauf konnte sie wirklich stolz sein, erzählt Alexander.

In der kommenden Zeit stand zu Hause wieder allerhand auf der Wunschliste. Man wollte sich eine Mauer von 1,75 m Höhe errichten lassen. Das Hausgrundstück war zur Straße hin abschüssig, der Jägerzaun stand noch, war aber schon etwas in die Jahre gekommen. Mit der Mauer ergab sich außerdem noch die Möglichkeit, an Terrain zu gewinnen. Für ihr Vorhaben hatten sie gespart und gönnten sich keinen Urlaub. Sie reisten lediglich wie jedes Jahr nach Ostdeutschland zu den Verwandten. Geld für Geschenke wurde schon ausgegeben, aber das hielt sich in Grenzen. Der Maurer, den sie eingestellt hatten, war ein sehr guter Arbeiter, aber leider meistens schon am Nachmittag betrunken. Er schlief regelmäßig auf der Terrasse der Auftraggeber im Liegestuhl ein. Sie ließen den Mann schlafen, denn er wurde glücklicherweise pauschal bezahlt. Erst nach Beendigung seiner getanen Arbeit, so war es vereinbart worden, bekam er schließlich sein Geld. Das Ergebnis ließ sich sehen, der Mann hatte handwerklich gute Arbeit abgeliefert. Alexander war ein Macher und ließ sich nach der Fertigstellung der Mauer jeden Samstag neun Kubik Erde anliefern, die mussten anschließend verteilt werden. Durch die Erstellung der Mauer gewannen sie einige Quadratmeter an Gartenfläche. „War das eine lustige Zeit", lacht Alex, „viele wollten mithelfen." Der Ex-Schwager mit seiner Frau, von dem er damals die 1.000 DM ausgeliehen hatte, und Pille mit ihrem Mann waren dabei. Die Schwestern von Alexanders Ex-Frau und deren Männer packten fleißig mit an. Auch Nachbarskinder trafen mit ihren kleinen Schubkarren ein und halfen tüchtig mit. Jeden Samstag wurde um das Haus herum mit vereinten Kräften Mutterboden verteilt und das wochenlang. Am Abend gab es jeweils eine kleine Feier, für diese Julia verantwortlich war. Ein jeder erfreute sich ob der getanen Arbeit. Danach wurde gegrillt, dazu stand genug zu trinken bereit. Alexander und Julia waren den Helfern unendlich dankbar für die große Mithilfe an ihrem Gartenprojekt. Ihre Helfer hatten nicht das Gefühl, ausgenutzt zu werden, obschon keiner mit Geld entlohnt wurde, das angebotene Essen und Trinken genügte ihnen vollauf. Nach etwa vier Wochen war die Erde endlich verteilt und Alexander begann mit der Verschönerung des Gartens. Er vermisste beinahe die gemeinsamen unterhaltsamen Arbeitstage in geselliger Runde. Jetzt konnte er den Rasen säen, pflanzte Sträucher und setzte Blumen ein. Es fehlten noch die Trittsteine der Gartenwege, die gestaltete er mit Zementplatten. Zur Terrasse hin baute Alexander den gewünschten Springbrunnen für Julia, was einiges an Vorarbeit abverlangte. Er zeichnete sich einen genauen Plan und führte die Arbeit so aus, wie er es vorsah. Auf einem Quadratmeter im Viereck hob er Erde aus und vergrub Schläuche für Strom und Wasser. Darüber kam eine Schicht Sand und dann folgte der feine Überzug aus Zement, um darauf dann die Mosaiksteine zu verlegen. Auf die Grundplatte montierte er eine mehrfarbige runde Plexiglasscheibe. Die sollte sich mit dem zugeführten Strom drehen und von unten her den Brunnen beleuchten. Mit dem Wasserstrahl und den immer wechselnden Farben entstand im Terrassenbereich ein wunderschönes Ambiente. Das Werk war vollbracht, Alexander war glücklich über das Ergebnis und Julias Wunsch, einen Springbrunnen zu besitzen, erfüllte sich damit ebenfalls. Nicht nur technische und kreative Hobbys gehörten zu seiner Freizeitgestaltung. Alexander liebte die Musik, er war ein großer Fan des alten Jazz, den auch Julia mochte. In Hamburg bot sich die Gelegenheit, Konzerte und Gesang bekannter Jazzsänger zu besuchen. Wie damals mit Louis Armstrong in der Ernst-Merk-Halle, er gerät richtig ins Schwärmen, als er davon berichtet: „Diese Stimme, seine Art und wie er die Trompete spielte, das war außergewöhnlich. Die Leute standen vor Begeisterung auf den Stühlen, johlten und klatschten, der Applaus wollte kein Ende nehmen, einfach grandios. Auch Ella Fitzgerald begeisterte mit ihrer kristallklaren, angenehmen und ruhigen Stimme, das war wie Balsam für unsere Ohren. Vor allem, als sie das Lied „Let's Fall in Love" anstimmte. Dann „Cry Me A River" und zum Schluss „Blue Moon", wir waren hingerissen. Benny Goodman stand bei einem Konzert sogar auf der großen Trommel.

Darauf begleitete er sein Orchester steppend, war das ein Spaß. Die ganze Ernst-Merk-Halle war am Toben, das kannst du mir ruhig glauben." Duke Ellington haben sie nur einmal erlebt, auf einer Tournee in Hamburg. Hatten sie nicht die Gelegenheit, solche wunderbaren Konzerte zu besuchen, widmeten sie sich ihrem bewegten Hobby, dem Tanzvergnügen.

Südtirol

Viele Jahre quartierten sie sich bei Louis und Luise ein und erfreuten sich am familiären Geschehen. Luise, eine einfache ruhige Frau, ging in ihrer Arbeit als Gastwirtin auf und verwöhnte die Gäste bis zum geht nicht mehr. Louis, ein liebenswerter
Mann, für Küche und Unterhaltung verantwortlich, hatte man
auch schnell ins Herz geschlossen. Julias Eltern kannten in der
Zwischenzeit schon viele Stammgäste des Hotels. Die kamen wie
sie immer wieder nach Naturns, denn das warme Klima Südti-
rols war anziehend. Die Gegend bestach nicht nur durch wunderschöne Natur allein, auch die atemberaubende Berglandschaft
vermochte die Feriengäste zu verzaubern. Oft saßen die Anwesenden der Pension am Abend im Freien, um die reine Bergluft
einzuatmen, danach ging es aber auch in den ausgebauten Keller des Hauses. Dort wurden Blau-Burgunder- oder Riesling-
Weine aus der Gegend angeboten, dazu aß man das köstliche
selbstgebackene Brot vom Wirten. Zu später Stunde servierte Lois selbstgemachte Pasta, so gut wie sie Alexander bis heute nie mehr aß. Gab es beim Gastgeberehepaar im Keller eine
offizielle Fete, wurde es fidel. Die ortsansässigen Karabiniers
fehlten an solchen Abenden auch nie. Alexander erinnerte sich,
dass ihre Waffen offen vor den Besuchen auf den Festtischen
lagen. Ob die Gewehre geladen waren, stellte man sich oft die
Frage. Der Schwiegervater von Alexander kam einmal gespielt
erschrocken in das Kellergewölbe gestürmt und rief laut: „Die
Autos der Polizisten sind nicht mehr im Hof, aller Wahrscheinlichkeit nach wurden diese gestohlen." Die Karabiniers sprangen
auf und rannten mit Egon über die Treppe nach oben, die Aufregung war groß. Bald schon erkannten sie den Spaß und fes-
selten Egons Hände mit Handschellen auf seinem Rücken. Der
Gefesselte wurde über die Treppe zurück in den Keller geführt

und vom Capitano persönlich den Leuten vorgeführt. Mit erhobenem moralischem Zeigefinger tadelte er Egon, das gab ein Riesengelächter unter den Anwesenden. Solche Späße konnte sich Egon leisten, denn man kannte ihn schon einige Jahre. An musikalischer Unterhaltung fehlte es bei solchen Feten auch nie. Gastgeber Louis war ein ausgezeichneter Handorgelspieler, obendrein spielte er die Klarinette mit einer Virtuosität und Hingabe, es war beeindruckend. Auch Luise holte gelegentlich zu später Stunde die Zither hervor und verzauberte die Gäste mit schönen traditionellen Klängen. Egon spielte meist noch zum Tanze auf und genoss den Augenblick seines Ruhmes und das Ansehen der Anwesenden. Der Capitano, der zwar mit der Orgel nicht wirklich umgehen konnte, vergewaltigte diese auch und schlug heftig in die Tasten. Auch diese Vorträge wurden aus purem Anstand mit Applaus honoriert. „Waren das frohe Feste, ich erinnere mich noch so genau, wie sogar auf den Tischen getanzt wurde." Alexander erzählt mir mit verschmitzter Miene: „Damals haben wir über den Durst hinaus getrunken. Heute könnte ich das gar nicht mehr ertragen, dennoch möchte ich diese schöne, genussreiche Zeit auf keinen Fall missen. Die Ordnungshüter von Naturns waren oftmals derart alkoholisiert, dass sie kaum noch die Treppen aus dem Keller hochkamen. Im Hof der Pension hörte man jeweils noch lange, wie die kleinen Carusos das O Sole Mio zum Besten gaben. Unsere gute Unterbringung in der Pension, die reichhaltige Verpflegung und die Gemütlichkeit gefielen uns. Das Lachen, der Gesang und das Tanzen waren zusätzliche Faktoren, welche von uns, den Urlaubsgästen, geschätzt wurden", berichtet Alexander. Wie jedes Jahr verließ man Naturns erholt und erfüllt. Mit einem weinenden und einem lachenden Auge nahm man Abschied und wusste genau, so Gott will, kam man nach einem Jahr zurück.

Alia kehrt zurück

Es war der 14.02.1979, da klingelt es an der Tür. Alexander öffnete und vor ihm stand zu seiner großen Überraschung und Freude seine Alia. „Diesen Moment werde ich nie vergessen, denn endlich konnte ich mein Kind, meine geliebte Alia, in die Arme nehmen. Wie lange hatte ich diesen Augenblick herbeigesehnt." Tränen füllen seine Augen, als er fortfährt: „Drei Jahre, eine lange Zeit, nun ist sie zurück." So bat er seine Alia einzutreten und Julia, die in der Küche hantierte, war nicht minder erstaunt sie zu sehen, es war ein freudiger Moment. Die junge Frau machte einen ungepflegten Eindruck, ihre Kleider wirkten schmutzig und abgetragen, ihr Haar hing schlaff über die Wangen. „Meine Mutter schickt mich zu dir, sie möchte, dass du dich ab jetzt wieder um mich kümmerst." Das müssen exakt ihre Worte gewesen sein. Dass der Tag kommen würde, an dem Karin die Verantwortung abgeben wollte, hatte Alexander erwartet und damit gerechnet. Außerdem wusste Alexander wohl, dass seine Ex-Frau ihren Versicherungsvertreter wieder verlassen hatte und im selben Jahr einen Polizisten heiratete. Er kannte den Mann, ein flotter Typ, dem sein Sohn scheinbar auch die Lehrstelle als Dachdecker zu verdanken hatte. Von Alia erfuhren Alexander und Julia, dass sie von der Mutter schon vor zwei Jahren, also mit 16, aus der Wohnung geschmissen worden war. Mit Glück fand die junge Frau bei einem alten Mann Unterschlupf, verrichtete für ihn die Hausarbeiten und finanzierte so ihren Lebensunterhalt. Wie sie ebenfalls in Erfahrung brachten, betätigte sie sich außerhalb des Hauses als Putzhilfe in einer Firma in nicht legalem Arbeitsverhältnis. Von alledem erfuhr Alexander bis zu dem Tage nichts, er war sehr erstaunt und gleichzeitig traurig darüber, dass alles so gekommen war. Warum nur hatte sie damals vor zwei Jahren nicht an Vaters Türe geklopft? Im Moment war es wichtig, das Richtige zu tun und die vertane Zeit aufzuarbeiten. Alexander und Julia waren unbeschreiblich glücklich und freuten sich riesig über das Heimkommen der verlorenen Tochter. Sie hatte ihr achtzehntes Lebensjahr vor zwei Tagen erreicht und sich endlich gewagt, sich bei ihrem Vater zu melden. Wie sie erzählte, wollte sie die Lehre als Krankenschwester in Lübeck absolvieren. Eine Lehrstelle mit zugewiesener Einzimmerwohnung war ihr bereits zugesagt. Die Unterkunft war noch ohne Mobiliar und da hatte sie bestimmt mit der Hilfe des Vaters gerechnet. Erstaunlicherweise hatte das junge Mädchen allein schon viel bewirkt und sich selbstständig die Lehrstelle besorgt. An jenem Abend wurde es sehr spät, denn man wollte so vieles an Verpasstem nachholen. Die junge Frau erzählte von ihren Bekanntschaften, aber niemals von zu Hause, war auch gut so, es hätte Alexander und Julia nur unnötig aufgeregt. In jener Nacht schlief sie dann noch im Hause des Vaters und fuhr erst am nächsten Tag gegen Abend nach Lübeck. Sie hatte nun die Zusage ihres Vaters in der Tasche und konnte sich auf seine Kosten die Einrichtung und alles, was sie brauchte, aussuchen. Am darauffolgenden Wochenende musste geregelt werden, was sie an Dingen zum Leben benötigte. Alexander und Julia fuhren mit ihrem vollbepackten Wagen hoch nach Lübeck in den Landkreis Schleswig-Holstein. In der Wohnung stand absolut nichts, so kauften sie gemeinsam Möbel und Gebrauchsgegenstände für Bad und Küche ein. In der darauffolgenden Woche wurde vieles schon angeliefert. Die Wohnung, die Alexanders Tochter zur Miete hatte, war klein aber äußerst anheimelnd. Die Behausung befand sich nahe dem Ausbildungsplatz, sie brauchte lediglich 15 Minuten zu Fuß zu gehen. Mit Julia und seiner Alia zusammen wollte Alexander am selben Tag mindestens die Klinik von außen betrachten. Der Klinikneubau hinterließ einen guten Eindruck bei Alexander. Er war so stolz auf sein Kind, glücklich darüber, dass sie den Beruf als Pflegefachfrau ergreifen wollte. Am 01. April 1979 begann sie ihre Lehre als Krankenschwester, das mit großer Freude. Ein Arbeitsgebiet, das einiges an Einsatz abverlangte, physisch wie psychisch, wie sich nach einiger Zeit herausstellte. Nach der Einschätzung von Alexander konnte Alia viel ertragen, sie war eine starke Natur. Bestimmt war es nicht leicht für einen jungen Menschen, sich täglich mit Schwerkranken und Verletzten zu beschäftigen. Die Sensibilität hatte das Kind wohl nicht vom Vater vererbt bekommen. Alexander hätte diesen Beruf niemals erlernen können, denn er wäre schon beim Anblick der geringsten Verletzung in Ohnmacht gefallen. Alia absolvierte ihre zweijährige Ausbildung in Lübeck und schloss die Lehre im April 1981 mit Sehr gut ab. Obwohl es ihr in der Klinik und der Stadt gefiel, zog es sie nach ihrer Ausbildung wieder Richtung Hamburg. Sie suchte sich dort eine Stelle, hatte Glück und bekam sofort einen Arbeitsplatz im Boberger Krankenhaus. Mit ihrer offenen Art, der Toleranz und dem Respekt gegenüber den Patienten, kam sie gut an. Ihr Umgang mit ihren Mitmenschen war vorbildlich und brachte ihr oft die Bewunderung der Klinikleitung und des Personals ein. In die Klinik Boberg wurden vor allem Schwerverletzte und Verkehrsopfer eingeliefert, um dort versorgt zu werden, berichtet der stolze Vater. Während der Zeit, als sie in der Klinik in Lübeck noch als Lehrling tätig war, lernte sie ihren zukünftigen Ehemann Michael kennen. Es war scheinbar Liebe auf den ersten Blick. Die beiden wollten verständlicherweise zusammenziehen. Ihr Freund Michael wuchs bei seinen Großeltern auf, das von seinem dritten Lebensjahr an. Seine Eltern ließen sich ebenfalls scheiden, es zog sich alles wie ein roter Faden durch das Leben der beiden Familien. Michis Vater war schwer alkoholabhängig, hatte sein Leben nicht unter Kontrolle und überlebte nur dank der sozialen Unterstützung des Staates. Die Mutter verließ Deutschland und zog nach England und ließ dabei ihr einziges Kind zurück. Die Großeltern nahmen sich des Jungen an, liebten ihren Enkel über alles, gaben ihm die Wärme, welche ihm von den eigenen Eltern nicht zuteilwurde. Michael machte nach Aussagen seiner Großeltern keine Probleme, er war stets ein angepasster Junge. Er hatte eine sehr gute Art, man mochte ihn einfach. Die Großeltern, sehr nette Menschen, unterstützten die Beziehung der jungen Leute und bemühten sich, ihnen eine Wohnung zu besorgen. Diese fanden sie im selben Haus, in dem sie selbst zur Miete wohnten. Michael und Alexanders Alia zogen dort ein und schon bald darauf wurde sie schwanger. Am 03. September 1982 erblickte ein süßes Mädchen das Licht der Welt. Die beiden heirateten im darauffolgenden Jahr am 12. März 1984 und besiegelten so ihre Zusammengehörigkeit. Am 28. August 1987 gebar sie ein zweites Mädchen und es schien alles in bester Ordnung zu sein. Während sie dann der Kinder wegen nur noch zeitweise arbeitete, war Michael immer noch als Lastwagenchauffeur tätig. Zusätzlich beschäftigte er sich noch als Gärtner, damit es der Familie an nichts fehlte. Er war ein fleißiger, guter Arbeiter, darüber hinaus ein treubesorgter Vater. Mit dem Verdienst von Michael als Lastwagenchauffeur und dem Geld, das seine Frau im Krankenhaus als Aushilfe verdiente, hätten die beiden gut über die Runden kommen müssen. Leider aber konnte Alia mit Geld schlecht umgehen und lebte gerne über die Verhältnisse. Das führte dazu, dass Alexander und Julia da und dort mal Löcher zu stopfen hatten. Alexander ermahnte seine Tochter immer wieder zu mehr Genauigkeit in Bezug auf Finanzen. Michael kam eines Tages zu seinem Schwiegervater und legte alles dar, was sie monatlich zu bewältigen hatten und bat ihn dabei um Rat. Alexander riet Michael, seiner Frau das Checkheft wegzunehmen und sie zukünftig nur noch bar bezahlen zu lassen, was er dann auch tat. Michi war ein feiner Kerl, mit dem man gut sprechen konnte und der Ratschläge gerne entgegennahm. Alia verbrachte viel Zeit mit den Kindern, da sie arbeiten konnte, wenn ihr Mann abends zu Hause war. Tagsüber blieb genug Zeit, um andere Frauen zu treffen, und so kam es, dass Michis Frau eine Finnin kennenlernte. Die lebte im selben Haus, war kinderlos, genoss einen überdurchschnittlichen Lebensstandard durch den hohen Verdienst ihres Mannes. Grundsätzlich können nicht alle Menschen mit der Freiheit umgehen, so wie eben besagte Nachbarin. Die Frau war den ganzen Tag zu Hause und hatte wohl Langeweile, zog Alexanders Alia an sich und brachte ihr das Trinken bei. Täglich wiederholten sich nach Aussage von Michael dieselben Eskapaden des Saufens. Die Frauen tranken den Rotwein aus Packschachtel, so wie es Landstreicher tun, dabei waren die Kinder der Misere hilflos ausgesetzt. Michael wusste fast keinen Ausweg mehr und versuchte verzweifelt, seine Frau aus dem Dilemma zu befreien. Nichts half, sie ließ sich nichts sagen und soff aktiv weiter. Die Mutter vernachlässigte ihre Kinder und kochte kein Mittagessen mehr. Die beiden Mädchen lebten von Milchpudding und anderen Esswaren aus dem Kühlschrank. Es kam so weit, dass die Verwaltung der Klinik ihr, nach wiederholt mahnenden Gesprächen, die Kündigung nahelegte. Möglicherweise erschien sie in angetrunkenem Zustand am Arbeitsplatz. Das basierte allerdings nur auf Vermutungen von Alex, aber war naheliegend. Ratschläge vom eigenen Vater und Julia, da hatte sie keinen Bock, schmetterte diese nieder, oder servierte darauf lediglich banale Antworten. Alexander erzählt mir, dass er sie noch heute hören könne, wie sie damals sagte. „Den Rotwein könne man bedenkenlos ohne Folgen genießen", er war erschüttert ob dieser Aussage. Damit musste er feststellen, dass seine Alia alkoholsüchtig war. 1991, Michael hatte genug, er konnte so nicht weiterleben, er musste sich trennen, denn er ertrug das Elend nicht länger. Die gemeinsamen Kinder, die beide im Sommer gerade neun und vier Jahre alt geworden waren, wurden nun Opfer seiner Flucht. Er, der sehr unter dem Verlust seiner einst über alles geliebten Frau und den gemeinsamen Kindern litt, verkraftete das alles fast nicht mehr. Nie hätte er geglaubt, dass sich seine Frau dieser Sucht verschreiben würde. Er schlug ihr vor, sich und der Familie zuliebe eine Therapie zu machen, was sie ablehnte. Immer mehr lebten sie sich auseinander, da sie kaum noch Zeit miteinander verbrachten und ihre Kommunikationsprobleme ungelöst blieben. Missverständnisse häuften sich zu immer grösser werdenden Konflikten. Statt gemeinsam eine Lösung zu finden, zogen sie sich jeweils in ihre eigenen Welten zurück. Diese Distanz führte schließlich dazu, dass Alia immer mehr Trost und Ablenkung suchte, um ihre Einsamkeit und Frustration mit dem Alkohol zu betäuben. Schließlich kam es zur Trennung, denn sie erkannten, dass ein gemeinsames Zusammenleben nicht mehr möglich war. Er lebte nach der Trennung von seiner Familie vorübergehend unter dem großelterlichen Dach, suchte sich in dieser Zeit dann eine passende Wohnung. Die Wohnung sollte in der Nähe der Kinder und deren Mutter sein, denn nur so war es ihm möglich, regelmäßigen Kontakt zu seinen beiden Mädchen zu halten. Seine Frau war bereits nach kurzer Zeit der Trennung in einer neuen Beziehung, für Michael kaum nachvollziehbar. Den Scheidungsantrag hatte er nach dem ersten Trennungsjahr schweren Herzens eingereicht. So ging alles zügig voran und außerdem schien sie froh darüber zu sein, für den Neuen frei zu sein.

Michael lebte seit geraumer Zeit in einer gemütlichen kleinen Wohnung, hatte Platz für seine beiden Kinder, wann immer sie kommen wollten. Seine Ex-Frau legte ihm diesbezüglich glücklicherweise keine Steine in den Weg, darüber war er froh. Die Mädchen wurden, wie damals bei Alexander der Mutter zugesprochen, so wie es in den meisten Fällen einer Scheidung der Fall war. Michael fühlte sich in den vergangenen zwei Monaten oft schlecht, der Verlust seiner Familie machte ihm arg zu schaffen. Er grübelte an den langen einsamen Abenden, sehnte sich an das verlorene Glück zurück, an die Zeit, als er noch eine richtige Familie hatte. „Oh, mein Gott", höre ich Alexander sagen, während ich meine Notizen aufs Blatt bringe. „Ich dachte damals an mich selbst zurück", lässt er verlauten. „Wie schmerzlich die Trennung von den Kindern und der einst geliebten Frau war. Es ist schon sehr speziell, wie diese ererbte Hypothek sich wie ein Schatten über der Familie ausbreitet. Glaub mir, wie oft habe ich mich gefragt, ob ich überhaupt beziehungsfähig sei", beendet Alexander den Satz. Das Stechen in der Brust bemerkte Michael wohl, doch Beachtung schenkte er dem Symptom kaum. Zu viel gearbeitet, dazu der persönliche Stress, das waren so seine Gedanken. Verunsicherung war schon da, aber an eine ernste Sache dachte er nicht im Entferntesten. Alexander riet seinem Ex-Schwiegersohn, dringend einen Arzt aufzusuchen, damit sei nun wirklich nicht zu spaßen. Daraufhin meinte Michael, dass sich der Zustand bestimmt wieder verbessern würde, ihm läge einfach nur die Scheidung auf dem Magen.

Es war ein Mittwoch im Mai, Alexander und Julia saßen gerade am Tisch und aßen ihr Abendbrot, als das Telefon klingelte. Julia hob ab und stieß einen Schrei aus, als sie die Hiobsbotschaft über die Leitung erfuhr. An einem Herzinfarkt sei er gestorben, der Michael, erfuhr Julia von Michaels Opa. Ein Freund hätte ihn in seiner Wohnung tot aufgefunden, exakt an dem Tag, als er die definitiven Scheidungspapiere von der Kanzlei erhalten hatte. Der Tod war für die Familie und besonders für die Kinder, die ihren Papa über alles liebten, eine Tragödie. Als man Michael zu Grabe trug, war er etwas über dreißig Jahre alt, es bot sich ein trauriges Bild auf dem Friedhof. Die beiden Kinder an der Hand ihrer Mutter waren jetzt Halbwaisen. Jedes der Mädchen hielt eine weiße Rose und ihre Lieblingsplüschtierchen in der Hand, das wollten sie ihrem Papa auf den Weg mitgeben. Alexander und Julia standen zusammen mit den Großeltern von Michael am Grab und hielten sich bei den Händen. Nach der Beisetzung verließen sie alle in Stille den Friedhof und man traf sich anschließend in der Wohnung von Michaels Großeltern.

Mit Rainer und den Kindern lebte Alexanders Alia auch schon wieder zwei Jahre zusammen und bis zur Heirat 1996 verstrichen weitere drei. Die Mädchen, zwischenzeitlich neun und vierzehn, verstanden sich gut mit Rainer und freuten sich darüber, in ihm den Ersatz-Papa gefunden zu haben. Rainer und die Mutter der Mädchen hatten glücklicherweise keine Kinder zusammen, wie mir Alexander erzählt. Nach nur kurzer Zeit des Eheglücks erkrankte Rainer anfangs 1998 an Multiple Sklerose und wurde bald schon leicht pflegebedürftig. Er konnte seiner Arbeit nicht mehr nachgehen und erhielt eine monatliche Behindertenrente. Alexanders alkoholabhängige Tochter bezog Arbeitslosengeld des Staates, damit lebten sie zusammen recht und schlecht. Die Töchter, sechzehn und elf, wurden mit den alltäglichen Problemen der Krankheit des Stiefvaters konfrontiert, was sicher nicht einfach war. Dazu kamen der Alkoholkonsum der Mutter und die sich nähernden Ehekrise, die sich deutlich abzeichnete. Alexanders Alia war unzufrieden, verließ oft am Abend das Haus und kam meist spät abends erst zurück. Sie überließ die Kinder und ihren kranken Mann dem Schicksal. Die Mädchen waren glücklicherweise sehr selbstständig und gewohnt, sich selbst zu versorgen. So war das Wegbleiben ihrer Mutter eher eine Erleichterung, wenigstens gab es dann keine Streitigkeiten. Neben ihrem noch Ehemann Rainer unterhielt sie Kontakt zu einem neuen Geliebten, mit dem sie oft halbe Nächte um die Häuser strich. Es war für Alexander und Julia ein bedauernswerter Zustand, mit ansehen zu müssen, wie auch diese Ehe bereits zum Scheitern verurteilt war. Rainer war mit der leidigen Krankheit zu bedauern und die beiden Mädchen ebenfalls. Alexander stockt, als hätte er etwas Störendes in seinem Hals. Ich stelle fest, wie ihn das Ganze beschäftigt, er fährt fort und erzählt: „Trotz alle dem, das Leben ging weiter und wir als Großeltern konnten nur unterstützend Hilfe leisten. Immer wieder versuchte ich, meine Alia wachzurütteln, appellierte an ihre Vernunft, alles umsonst."

Besuch im Elsass

Alex und Julia hatten eine intensive Zeit vor sich, einerseits die Arbeit, anderseits standen noch so viele Besuche an, die sie unbedingt machen wollten. Schon so oft wurden sie von den Klings und Heitz aus Straßburg angerufen, die sie baten, doch endlich mal zu Besuch zu kommen. Die Paare lernten sie im Südtirol kennen und es entstand eine gute Freundschaft, die über die Grenzen hinweg florierte. An jenem Herbstwochenende 1998 traten sie die Reise schließlich an und hatten es endlich wahrwerden lassen. Richtung Süden nach Frankfurt, Mannheim und über den Rhein nach Frankreich führte sie die siebenstündige Reise per Auto. Der Empfang bei Klings war ausgesprochen herzlich, man freute sich wirklich auf das erneute Wiedersehen. Zur Freude von Alexander und Julia waren auch Jochen und Hannelore Heitz im Anmarsch. Die Überraschung war ihren Freunden gelungen. Im Haus wurde bald schon frischgebackenes Weißbrot verteilt, das sollte vorerst den größten Hunger stillen. So viele Jahre war es her, seit man sich das letzte Mal im Urlaub in Naturns bei Meran in Südtirol gesehen hatte. Sie verloren sich aus den Augen, aber der briefliche Kontakt wurde stets aufrechterhalten. Die Kommunikation gestaltete sich an jenem Tag dementsprechend lebhaft und lustig. Wie konnte es anders sein, man erzählte sich von der gemeinsam verbrachten schönen Zeit. Die herumgereichten Fotoalben ließen das Erlebte wieder hochleben. Am gleichen Tag wurden Julia und Alexander zum Straßburger Münster, dem Stolz eines jeden Elsässers, entführt. Dort stiegen sie alle gemeinsam die Treppe zur Plattform hoch, die sich zwischen den beiden spitzen Türmen des Münsters befand. Auf der umzäunten Terrasse konnten sie von allen Seiten die ganze Stadt Straßburg sehen. Was für ein Bild, ein unwiederbringliches Erlebnis, hier lag den Besuchern die Stadt zu Füßen. Man sah das Europäische Parlament am Rhein, das sich zu jenem Zeitpunkt noch im Bau befand. Der größte Teil der Bauarbeiten war jedoch bereits abgeschlossen. Ein Bauwerk, das den Elsässern damals den wirtschaftlichen Aufschwung brachte. Der alte Teil von Straßburg bestach durch die pompösen Fachwerkhäuser, die bei den Besuchern ebenfalls einen bleibenden Eindruck hinterließ. In der malerischen Altstadt fielen besonders die hübschen Restaurants auf. Aufgestellte Schiefertafeln, darauf in schwungvollen Schriftzügen geschrieben, so präsentierten die Wirtsläute ihre Angebote. Mit leckeren Menüvorschlägen wurde an jeder Ecke gepunktet. Da gab es elsässische Spezialitäten wie Sauerkraut und Speck, Flammkuchen, deftige Aufläufe mit Fleisch, Kartoffeln mit Zwiebeln und Gewürzen. Alexander und Julia lief das Wasser im Mund zusammen, denn die verlockenden Düfte aus den Küchen wirkten anziehend. Bald darauf saß die ganze Gruppe in einem der wunderschönen Restaurants am prachtvollen Münsterplatz. Die ausgesprochene Gemütlichkeit in den Restaurants, welche mit traditionellen Accessoires verziert waren, gefiel den Hamburgern besonders gut. Heute wollten sie sich dem Flammkuchen widmen und dazu luden Alexander und Julia ihre Freunde Heitz und Klings mit deren Kindern ein. Sie wollten sich schließlich erkenntlich zeigen, sich auf diese Weise bei den Freunden für das Logieren zum Voraus bedanken. Alle saßen sie um den langen Tisch herum und die Hamburger staunten, wie diese Kuchen gemacht wurden, das allein war schon sehenswert. Direkt vor den Augen der Gäste wurden die Teige auf Holzbrettern dünn ausgewallt, mit Crème fraîche bestrichen und gleichmäßig mit Zwiebeln und Speck belegt. Dann kamen die Kuchen in den Ofen und wurden darin mit den sich überschlagenden Flammen gebacken. Was dabei herauskam, war eine köstliche Spezialität, von der man kaum satt wurde, so gut schmeckten die Flammkuchen. Als Premiere wollten sie während ihres Aufenthaltes in Straßburg unbedingt Schnecken essen, die nach Elsässer Art zubereitet wurden. Die Gepflogenheit des Schneckenessens war für Laien gewöhnungsbedürftig, aber durchaus erlernbar. Der zum Essen gereichte Rotwein lag allen schon etwas schwer auf der Zunge. Die Stimmung war grandios, es war ein bereichernder und froher Nachmittag. Dieses Zeremoniell wollten sie unbedingt beibehalten, wann immer sie erneut nach Straßburg zu Besuch kommen würden. Der Aufenthalt im Elsass war sensationell, eine wunderschöne Stadt mit sehr netten Menschen, Alexander und Julia waren begeistert. Er erwähnt in unserem Gespräch ergänzend, dass das ganze Gebiet des Elsass nach dem Deutsch-Französischen Krieg gemäß dem Frankfurter Frieden 1871 zum Deutschen Reich gehörte. Nach dem verlorenen Ersten Weltkrieg wurde das Elsass aufgrund des Versailler Vertrages 1918 wieder Frankreich zugeschlagen. Dann nach dem Westfeldzug der Deutschen Wehrmacht im Zweiten Weltkrieg 1940 wurde das Elsass durch die Hitler-Diktatur neu geschaffen. Gau Baden-Elsass war wiederum Deutsches Reich und nach dem Frieden im Jahr 1945 ist das Elsass wieder französisches Hoheitsgebiet. Das ist für mich eine interessante, geschichtliche Aufklärung, die mir nicht geläufig war. Zwei Tage, eine kurze und doch wunderbare Zeit, mit vielen schönen Eindrücken neigte sich dem Ende zu. Es kam wie immer der Moment des Abschieds, aber man schwor sich, nicht mehr so lange Zeit warten zu wollen, um sich erneut zu treffen.

Pensionierung der beiden

Alexander war mit September 1994, mit 65 Jahren, in Pension gegangen. Julia, die im Februar erst 48 Jahre alt geworden war, sollte noch 17 Jahre ihrer Arbeit nachgehen, das wollte sie keinesfalls. Sie fühlte sich gesundheitlich auch nicht mehr in der Lage, so viele Jahre weiterhin durchzuhalten. In den letzten acht Jahren hatte sie viel an Gewicht zugelegt. Sie musste sich mehreren Operationen unterziehen. Sie litt an Leistenbrüchen und später wurde ihr die Gebärmutter entfernt. Die Folgen der letzten Operation führten zu Verwachsungen im Bauchraum und zusätzlich hatte sie Probleme mit dem Darm, der oft verrücktspielte. Ihr gesundheitliches Handicap war der Grund und sie musste ihr Pensum um 50 % reduzieren. Alexander schlug Julia vor, eine Schwerbehindertenrente zu beantragen. Mit dem zuständigen Arzt, der Julias gesundheitliche Einschränkungen bestens kannte, konnten konkrete und ausführliche Informationen an das zustehende Versorgungsamt abgegeben werden. Das reichte, die Berufs- und Erwerbsunfähigkeit wurde anerkannt und Julia schied ein Jahr später ohne Abschläge aus dem Arbeitsverhältnis bei der Bank aus. „Glück gehabt", bemerkt Alexander augenzwinkernd.

„Wir unterhielten uns bei unseren Treffen oft über die Fliegerei." Er hat einiges an Wissen auf Lager, wie ich unseren Gesprächen entnehmen kann. Er erzählt, wie er sich damals im Mai 1995 dem Flugfieber hingab. Nach seiner Pensionierung blieb ihm genug Zeit und in seinem Hinterkopf kreiste der Gedanke offenbar schon Jahre davor. Den langersehnten Traum wollte er sich jetzt im Alter noch erfüllen. Nach Absprache mit Julia hatte er sich dann zur theoretischen Einführung der Fliegerei angemeldet, verrät er mir. Mit Abstand galt er als ältester Teilnehmer unter den Flugschülern. Das habe ihn in keinerlei Hinsicht von seinem Vorhaben abgehalten, erfahre ich. Nicht jede Freizeit ist Muße, denn die Aktivität des Lernens verlangte einiges an Konzentration. Mit großem Interesse verfolgte er seine persönlich gesteckten Ziele und lernte nach den Theoriekursen oft bis spät in die Nacht hinein. Er las über die Metrologie, die allgemeine Luftfahrt, die Navigation und den Sprechfunkverkehr, die unter anderem auch zu den zu erlernenden Fächern gehörten. Auch ein Gehirn braucht Ruhepausen und so klappte er oft todmüde seine Lernunterlagen zu und ergab sich zufrieden dem wohlverdienten Schlaf. Julia war begeistert, dass ihr Mann in seinem Alter sich so hohe Ziele setzte. Sie unterstützte ihn in seinem Plan, Privatpilot zu werden, vollumfänglich. Er kam mit dem theoretischen Wissen sehr gut voran und traute sich zu, nach 14 Monaten die Anmeldung für eine erste Flugstunde in die Wege zu leiten. Bevor er das tat, hatte er sich dem gründlichen medizinischen Test zu unterziehen, um die Bescheinigung der Flugtauglichkeit zu erhalten. Alles war in bester Ordnung, damit war zumindest schon die Flugtauglichkeit abgesegnet und dem weiteren Vorgehen stand nichts mehr im Wege. Dass aber Julia ihn bereits heimlich für Flugstunden eingeschrieben hatte, davon träumte er nicht nur eine Minute. Am 28.08.1996, es war sein 67-igster Geburtstag und ein regnerischer wolkenbehangener Tag. Alexander freute sich nach dem Aufstehen über den festlich gestalteten Frühstückstisch, an den er sich an jenem Morgen setzte. Es roch nach frischgekochtem Kaffee und Toastbrot, der Tisch war reich gedeckt. Julia fing ihn schon in der Küchentür ab, nahm ihn stürmisch in die Arme und gratulierte ihm herzlich zum Geburtstag. Als sie beide bei Tisch saßen, entdeckte Alex den mit Herzchen und Blümchen beklebten Briefumschlag, den er mit Freuden in seine Hände nahm. Gespannt waren Julias Augen auf ihren Mann gerichtet, während dieser mit dem Brieföffner hantierte. Der Inhalt des geschmückten Umschlags haute ihn beinahe vom Hocker, er war gerührt und fand kaum noch Worte. Die schriftliche Bestätigung der ersten praktischen Flugstunden hielt er nun wahrhaftig in seinen Händen. Bereits besiegelt, zeitlich organisiert und schon bezahlt, mit dieser Überraschung hatte er nun wirklich nicht gerechnet. Er konnte es kaum glauben, in drei Tagen, am Samstag, den 31. August, sollte es schon so weit sein und er würde wahrhaftig auf dem Flugfeld stehen. Er war außer sich vor Freude, sprang von seinem Stuhl hoch, ging auf seine Julia zu, nahm sie in die Arme und übersäte sie mit Küssen. In den nächsten Nächten schlief er schlecht, zu groß war die Vorfreude. Er sehnte den Tag herbei, um endlich mit Julia Richtung Uetersen-Heist zum Fliegerhorst zu fahren. Am Samstag nach dem Morgenessen war es endlich soweit und nach 40 Minuten erreichten sie das Flugfeld. Ein freundlicher Tag, aber nicht so, dass man gerade unter den Sonnenschirm hätte flüchten müssen. Auf dem Flugareal herrschte ein reger Betrieb, sie wurden bereits erwartet. Ein großgewachsener, blondgelockter, gutaussehender Mann um die 40 herum begrüßte Julia und Alexander und stellte sich als Torsten vor. „So, Sie sind also der Herr, auf den ich warte", sagte dieser freundlich zu Alexander. „Das ist ihr erster Schnupperflug hier, nicht wahr?" „Ja, das ist so", entgegnete Alex. „Na, dann wollen wir mal!" Die Cessna 172, ein Schulflugzeug, stand auf der Startbahn bereits bereit. Hoch über den weißen Wolken fliegen, den langersehnten ersten Flug erleben zu dürfen, alles erschien ihm am damaligen Tag wie ein Traum. Bevor er die kleine Maschine bestieg, galt es den Außencheck der C 172 mit Torsten durchzugehen, so wie er es in seinen theoretischen Stunden gelernt hatte. „Sichtprüfung von außen hat Priorität und dient unserer Sicherheit", erwähnte Torsten, als er mit Alexander bei der Maschine stand. Bald schon saß er stolz und sehr aufgeregt hinter dem Steuer der Cessna neben seinem Fluglehrer, es galt sich nur noch anzuschnallen. Jetzt ging es an die Instruktionen der Instrumente im Inneren der Maschine. Hatte er sich gut genug auf dieses Abenteuer vorbereitet, waren in jenem Moment, als er im Cockpit der Cessna saß, seine Gedanken. Es war pure Realität, nicht ein Flugsimulator, in dem er saß, auch keine Utopie, es galt, den Anweisungen von Thorsten genau zu folgen. Der Motor war gestartet, im Innern der Maschine wurde es laut. Ready for take- off. Alex ließ die Maschine auf

die Startbahn rollen, was gar nicht so einfach war. Dann kam
der Rollstopp und nun galt es, den Vogel zu beschleunigen, den
Stick zu betätigen, um die Maschine in den Steigflug zu bringen.
Sein Herz schlug wie verrückt, er hatte das Gefühl, am ganzen
Körper zu schwitzen. Jetzt war es da, das unbeschreibliche Gefühl der grenzenlosen Freiheit. Über den Wolken zu schweben
wie ein Vogel, Perspektiven erfahren, wie man sie nur aus der
Luft erleben konnte. Beinahe alles lief reibungslos, seine Nervosität hatte sich derweilen gelegt und er fühlte sich an der Seite
von Torsten sehr gut. Das Steuern der Maschine und die Kur-
ven fliegen, gelangen Alexander gekonnt. Der Fluglehrer hatte
lobende Worte für die Leistungen des nicht mehr jungen Flug-
schülers. Torsten gab ihm die Sicherheit, rechtzeitig eingreifen
zu können, sollte etwas schieflaufen. Freudig erfüllt, dass sich
mit dem Tag ein lang ersehnter Bubentraum erfüllte, steuerte Alexander die Cessna durch die Lüfte. Er schaute aus dem
Frontfenster hinaus in die weite Ferne und hätte vor Begeisterung aufjauchzen mögen. Der Ausblick, die Weitsicht, dazu die
faszinierenden Wolkenstrukturen beflügelten den Flugschü-
ler. Viel zu schnell verstrichen die 50 Minuten der ersten Stunde und bald ging es zum Sinkflug über, dann sah er die Lande-
bahn vor sich. Das Absetzen der Cessna näherte sich und nun
waren Final Speed, Stabilität und Anstellwinkel angesagt. Die
anschließende Landung gelang mit Torstens Hilfe grandios, Alexander war überwältigt. In diesem Moment war er dem Zauber
der Fliegerei komplett ausgeliefert. Er konnte es kaum erwarten, Julia zu berichten, wie wunderbar er den Flug erlebt hatte. Er musste seine Frau erneut auf dem Flugfeld umarmen, er
küsste sie immer wieder, die Herumstehenden störten ihn keineswegs. Das großartigste Geburtstagsgeschenk seines Lebens,
welches ihm durch Julia zuteilgeworden war, hatte er gerade ein-
gelöst. Auf dem Nachhauseweg lud er seine Frau in ein schickes
Restaurant ein, um so den Tag ausklingen zu lassen, wie er begonnen hatte. Ihm gelang es kaum, sich der Speisekarte zu widmen, zu groß waren die Emotionen des Erlebten. Obwohl Julia
Alexanders Worten aufmerksam folgte, musste sie ihn darauf

aufmerksam machen, doch endlich etwas aus der Speisekarte auszuwählen. Die Bedienung stand länger schon erwartungsvoll an seiner Seite. Mit dem Geschenk zu Alexanders Geburtstag, da hatte Julia voll ins Schwarze getroffen.

Weiterhin besuchte Alexander fleißig die Flugstunden in Uetersen-Heist. Es waren mittlerweile ca. deren 50 geworden, und mit diesem Paket glaubte er, gut gerüstet für die Lizenz zu sein. Alle notwendigen Vorprüfungen hatte er bereits hinter sich gebracht. Wie es bei der Fliegerei Vorschrift ist, stand wiederum der Fliegertauglichkeitsuntersuch an, zu dem er bereits angemeldet war. Die Untersuchung, der man sich in regelmäßigen Abständen zu unterziehen hatte, bereitete ihm im Vorfeld etwas Bauchweh. Den bilateralen Sehverlust, dazu oftmals Abgeschlagenheit und die Müdigkeit, fielen ihm schon länger auf, das verhieß nichts Gutes. Was war der Grund dieser Symptome? Immer wieder suchte er in medizinischen Büchern nach Antworten, die ihm die Klarheit bringen sollten, die er so dringend benötigte. In der kommenden Woche, es war im Frühjahr 1998, Alexander hatte einen Termin bei seinem Hausarzt, denn er musste endlich Gewissheit haben. Das Sitzen im Warteraum machte Alexander kribbelig, er war nervös. „Der Nächste bitte", hörte er die Stimme der Arzthelferin. Er zuckte zusammen, stand auf und folgte der sympathischen jungen Frau in einen der Behandlungsräume. Sie bot ihm den Platz vor dem Schreibtisch an und alsbald trat sein Arzt ein, den er ja seit Jahren schon kannte. Nach der Begrüßung saß dieser Alexander gegenüber und musterte ihn mit einem Röntgenblick, wie es Ärzte oft tun. Alexander überreichte ihm den Augenarztbefund und dazu die letzte Bescheinigung der Kontrolle für Flugsicherheit. Er schilderte dem Arzt, was ihm in letzter Zeit vermehrt, aufgefallen war. Die Müdigkeit sei es, die ihm hauptsächlich zu schaffen mache, erklärte er dem Doktor. Er habe in letzter Zeit deswegen auch das Fliegen bleiben lassen, fügte er hinzu. Nach einem intensiven Gespräch folgten verschiedene Untersuchungen. Die Vorgehensweise war kein Neuland für Alex und er war froh, dass sich mindestens organisch nichts Auffälliges ergab.

Für die weiteren Abklärungen bedurfte es einer Blutentnahme und der Urinanalyse. Diese in nüchternem Zustand getesteten Werte würden dann wohl Aufschluss geben, sollte etwas nicht in Ordnung sein. Alexander erhielt schon am darauffolgenden Tag einen erneuten Termin. Einerseits war er an dem Tag froh darüber, dass er die Praxis ohne Diagnose verlassen konnte, andererseits blieb die Anspannung bestehen.

Am darauffolgenden Morgen begaben sich Alexander und Julia erneut und gemeinsam zur Praxis. Er war äußerst dankbar, dass ihn seine Frau bei diesem unliebsamen Gang begleitete. Der Warteraum war beinahe voll besetzt, da ließ man sie heute bestimmt lange schmoren oder in konzentriertem Warten herumsitzen. Zum Glück gab es Zeitschriften, die ihn ablenkten, denn er war unruhig. Er schnappte sich das oberste der gestapelten Magazine, das auf dem Holztisch in der Mitte des Raumes lag. Er blätterte Seite um Seite des Hefts um und stieß dabei auf einen Beitrag, bei dem für Spanien geworben wurde. Dahinter stand offenbar eine deutsch-spanische Baufirma, welche Hausprojekte in Küstenregionen der südlichen Costa Blanca an interessierte Käuferschaft vermarkten wollte. Die iberische Halbinsel war ihm bis dahin fremd geblieben. Enthusiastisch las er den Artikel durch und betrachtete die ansprechende Bilddokumentation. In dem Heft wurde über Land und Leute, das Leben der Auswanderer, die sich an der Costa Blanca niedergelassen hatten, berichtet. Fasziniert las er, wie die Leute ihren dortigen Alltag beschrieben und sich im südlichen Klima wohlfühlten. Mit mehr als 300 Sonnentagen im Jahr, da muss das Leben ja ein Genuss sein, dachte er, während er weiterlas. Strand und Meer vor der Haustür, das wäre ein Leben, wo andere Urlaub verbringen, kreisten die Gedanken in Alexanders Kopf. Fotos von Oliven- und Orangenbäumen, Palmen, Strand und Meer, dazu der strahlend blaue Himmel waren auf dem Papier zu erkennen. Na ja, Papier ist geduldig und nimmt alles an, dachte er. Am Ende des Berichtes stand in fettgedruckter Schrift: Das Leben erleben an der südlichen Costa Blanca von Spanien. Er reichte Julia das Heft und bat sie, den Abschnitt zu lesen, was sie sofort tat. Begeistert vom Inhalt schlug sie vor, man könne sich doch mal darüber informieren. Also trug man Namen und Anschrift auf der unten angehefteten Karte ein und beschloss, diese auf dem Nachhauseweg gleich bei der nächsten Poststelle aufzugeben. Langsam minderte sich in der Zwischenzeit die Zahl der Patienten im Warteraum und bald rief man sie auf. Beim heutigen Arztbesuch war die Blutabnahme angesagt. Im Behandlungszimmer wurde er von einer Arzthelferin angehalten, den Ärmel seines Hemdes nach hinten zu krempeln, während er sich auf den Stuhl setzte. Die Assistentin hantierte mit Gegenständen herum, welche sie zum Abzapfen des Blutes benötigte. Fracksausen und ein mulmiges Gefühl überkamen in stets vor dem unliebsamen Aderlass. Dazu die Nervosität und zusätzlich das Abwarten der Befunde.

Die ausgewerteten Ergebnisse waren ernüchternd, also hatte Alexander die richtige Intuition gehabt, er hätte heulen können. Die Diagnose des Arztes lautete Diabetes 2, oder einfacher ausgedrückt: Alterszucker. Ein Pfeil mitten ins Herz, der Schuss saß. Was das zur Folge hatte, wusste Alexander am selben Tag ganz genau. Die Fliegerei, die konnte er ab sofort an den Nagel hängen. Das war so sicher wie das Amen in der Kirche, das stimmte ihn traurig. Selbst noch Jahre später, als er mir aus der Zeit erzählt, sind seine Worte emotionsgeladen. Trotz allem, Alexander wertet diese Erfahrung als sehr positiv. Es war wohl eine wunderschöne, erlebnisreiche Zeit, auf die er zurückblicken kann. Es entstanden wertvolle Kameradschaften, die über viele Jahre anhielten. Die grenzenlose Freiheit über den Wolken, wie sie so schön besungen wird, die erlebte und genoss er, dafür ist er unendlich dankbar.

„Ja, Hildegard, man wird älter, will es oft nicht wahrhaben", sagt Alexander mit etwas wehmütiger Stimme. „Was dich erwartet, das weißt du glücklicherweise nicht, aber die Veränderungen des eigenen Körpers, die spürst du. Man hat es einfach zu akzeptieren, ob man will oder nicht." Wie recht er mit seiner Aussage hat. Er fährt fort, seine Worte klingen nachdenklich, dem zu entnehmen, stelle ich fest, dass er damals arg daran zu beißen hatte: „Die verfluchte Krankheit machte mir seinerzeit wahrhaftig einen Strich durch die Rechnung! Dazu ergab sich die Frage, inwieweit Alterszucker mit geeigneten Medikamenten geregelt werden konnte." Was da wohl auf ihn zukommen würde, das alles lag ihm schwer auf dem Magen. Der Arzt eröffnete den beiden, dass es aller Wahrscheinlichkeit nicht möglich sei, nur mit Tabletten allein den Blutzuckerspiegel zu stabilisieren. Er müsse sich jetzt schon mit dem Gedanken auseinandersetzen, sich unter Umständen mit der Insulinspritze vertraut zu machen. Das hatte ihm gerade noch gefehlt, dass er sich täglich selbst spritzen müsse. Allein die Vorstellung, da überkam ihn seinerzeit eine Gänsehaut. Nach weiteren ärztlichen Abklärungen war es klar, Alexander musste sich das Insulin injizieren. „Ich hatte beinahe eine Panikattacke, als ich das erfuhr", erzählt er. Alexander wurde an einen Diabetologen überwiesen, eine Fachperson, die ihn mit der komplexen Krankheit optimal beriet. „Es wurden mir dabei die nötigen Hilfsmittel zur täglichen Folter ausgehändigt und zugleich in leicht lernbaren Schritten, wie sie mir sagten, das schmerzfreie Spritzen beigebracht." Des Weiteren galt es, sich einer Ernährungsberatung zu unterziehen, das war ihm an jenem Tag fast zu viel. „Aber glaub mir, ich habe gelernt, mir die Spritzennadel dreimal am Tag in den Bauch zu stechen", sagt Alexander mit gerunzelter Stirn. „Hätte mir das vorher jemand gesagt, ich hätte es nicht geglaubt. Was der Mensch nicht alles aushält", lacht er schalkhaft. Das Einstellen des Insulins gestaltete sich bei ihm zu Beginn offenbar schwierig. Einmal spritzte er zu viel, dann wieder zu wenig, wie er mir berichtet. Glücklicherweise gab es die Beratungsstelle, an die er sich im Zweifelsfall wenden konnte. Mit dem erhaltenen Ernährungsplan war es auch so eine Sache. Er selbst konnte nicht kochen und Julia hielt sich nicht an die Regeln des Diätplans. Sie wusste nur zu gut, dass auch sie gewichtsmäßig mit dem Feldzug des Fettes zu kämpfen hatte. Aber sie kochte weiter nach ihren eigenen Regeln. Hamburger Hausmannskost, das mit Speck und ordentlich Schmalz obendrauf. Seit dem letzten Arztbesuch war schon wieder einiges an Zeit vergangen und Alexander konnte langsam mit seiner Krankheit umgehen. Zumindest hatte er durch die Stecherei keine blauen Flecken mehr auf seiner Bauchdecke. Auf Ernährungsumstellung wurde in ihrem Haus nicht geachtet und auch die tägliche Bewegung fehlte, so veranschaulicht mir Alexander die damalige Lebensweise.

Spanien

Das Frühjahr des Jahres 1998 verfloss im Nu und er war tagsüber oft im Garten anzutreffen. Ab und zu traf er sich mit Fliegerfreunden zu einem Schwatz, während Julia sich der Hausarbeit widmete. An lauen Abenden saßen sie gemeinsam im Garten und genossen die Ruhe. Im Wohnquartier, in dem sie lebten, war Muße gewährleistet und hinter hohen Hecken blieben sie ungestört. Seitdem Julia sich dazu hinreißen hatte lassen, ihre eigene Bettumrandung zu knüpfen, arbeitete sie fast täglich daran. Sie wollte ihr Werk so schnell als möglich fertigstellen. Alexander widmete sich dem Lesen oder beschäftigte sich im Keller mit Werken, Langeweile kam bei den beiden nie auf. Oftmals gesellte er sich mit Vergnügen zu ihr, um das wachsende Stück zu bestaunen und auch verdient zu loben. Beim abendlichen Zusammensitzen wurden oft Pläne für das bevorstehende Wochenende besprochen. Bei solch einer Unterhaltung, die beiden saßen gerade beim Kaffee, da öffnete Alexander die Couverts, die er kurz davor aus dem Postkasten geholt hatte. In einem der Umschläge zog er einen Brief heraus, darauf war zu lesen: Sehr geehrte Familie, wir beglückwünschen Sie und freuen uns, dass Sie die Antwortkarte ausgefüllt haben. So stellen wir fest, dass wir auch Ihre Aufmerksamkeit wecken konnten. Mit unserer diesjährigen Werbekampagne gewannen wir viele Interessenten. Die Sonne, das Meer und die Vorzüge dieser Gegend muss man live erleben. Gerne organisieren wir mit Ihnen eine Reise an die südliche Costa Blanca in eine Region, in der es sich gut leben lässt. Sie erinnerten sich an das Werbeschreiben, das sie im Wartezimmer der Arztpraxis gelesen und den angehängten Talon gleich ausgefüllt hatten. „Eine Woche Urlaub in Spanien wurde uns angeboten, beinahe umsonst, fast unvorstellbar", sagt Alexander. „Ja klar, wer freut sich nicht über so ein

Angebot, vor allem zu diesen Konditionen", antworte ich. „Wir lasen den Brief immer wieder aufmerksam durch und konnten kaum glauben, was da geschrieben stand, entsprechend groß und überschwänglich war unsere Begeisterung". Dass diese Reise in den Süden Spaniens einen Hintergrund hatte, erkannten sie deutlich, denn die Werbung verriet, was dahintersteckte. Was auch immer auf sie zukommen würde, sie nahmen die Herausforderung an. Nach dem fröhlichen Abend und dem überaus großzügigen Angebot rief Alexander am nächsten Tag unter der im Brief angegebenen Telefonnummer an. Zumindest stellte sich beim Gespräch heraus, dass das erhaltene Schreiben Gültigkeit hatte. Den Flug nach Spanien, Transfer zur Unterkunft, das Apartment und zwei Nachtessen gehörten offenbar zur Reise dazu. Mit dem Datum waren sie flexibel, denn sie hatten den Urlaub für Sommer 1998 noch nicht geplant. Kurz entschlossen entschieden die beiden, im August reisen zu wollen.

Die Vorbereitung für die Spanienreise lief im Hause von Alexander und Julia seit Tagen auf Hochtouren. Der Flug war für den folgenden Samstag, den 01.08.1998, gebucht. Die Anspannung und Skepsis waren etwas gewichen und machte der Vorfreude Platz, während man auf das bestellte Taxi wartete. Nur noch das letzte Gepäckstück verladen, einsteigen und los ging es zum Hamburger Flughafen. Emsiges Treiben, und aus den Lautsprechern tönten die Durchsagen der Ankünfte und Abflüge. Menschen mit Gepäck unterschiedlichster Herkunft bewegten sich durch die Abflughalle. Alexander und Julia steuerten auf eine Anzeigetafel zu. In zwei Stunden sollte es mit der Lufthansa von Hamburg nach Alicante gehen, genug Zeit, einzuchecken und den Koffer aufzugeben. Außerdem reichte es noch für den morgendlichen Kaffee, den sie zu Hause verpasst hatten. Bald standen sie zwischen vielen fremden Menschen in der Schlange am Gate. In kurzer Zeit sollte sie der große Vogel ihrem unbekannten Ziel etwas näherbringen. Unter die Vorfreude und die Aufregung mischte sich doch etwas Unsicherheit, denn sie wussten nicht, was auf sie zukam. Halb so wild, sagten sie sich, Geld, Pässe und etwas zum Anziehen waren ja mit dabei und außerdem war es nicht ihre erste Reise ins Ausland. Den Flug von Hamburg nach Alicante traten sie bei leichtem Regen an und landeten bei wunderbarem Sonnenschein an ihrem Zielflughafen in Alicante. Das unbekannte Terrain machte Alexander und Julia etwas zu schaffen, es galt, sich zurechtzufinden. Das Gepäckband zu ermitteln, den Ausgang aufzuspüren, alles ziemlich verwirrend. Im Flughafen von Alicante sollten sie abgeholt und anschließend mit dem PKW nach Denia gebracht werden. So hieß die Stadt, in der sie die kommenden Tage verbringen würden. Alles gestaltete sich schließlich doch einfacher als sie zuvor noch vermuteten. Sie näherten sich der Empfangshalle und erkannten auf einer der vielen Tafeln ihren von Hand geschriebenen Namen. Der Mann, der die Tafel hielt, war dunkelhaarig, braungebrannt und jung. Sie waren erleichtert und begaben sich geradewegs auf ihn zu. Dieser empfing die Gäste aus Deutschland und stellte sich als José vor. Die Verständigung funktionierte in englischer Sprache recht gut, denn Alexander wie auch Julia verstanden nicht eine Silbe der spanischen Sprache. Mit Sack und Pack Richtung Parkplatz verließen die drei das Flughafengebäude. Dabei kamen ihnen blumiger Duft und der warme Sommerwind entgegen. Auf der Autobahn in nördliche Richtung fuhren sie mit José durch öde Landschaften. Sie fragten sich damals, wohin es sie wohl verschlagen hatte, und kamen sich vor wie im falschen Film. Von Weitem sah man Dörfer und Städte, aber nicht in üppiges Grün eingebettet, wie es das erhaltene Prospekt versprach. Alles schien grau, steinige nackte Hügel und Berge boten sich dem Betrachter. Versteppte Landschaft war zu erkennen, wilde Kakteen säumten den Straßenverlauf der dicht befahrenen Autobahn. Die Region Alicante, trostlos und karg, eine Gegend, in der man sich nur schwer wohlfühlen konnte. Die Fahrt Richtung Norden war ruhig, José machte, wofür er bezahlt wurde, und die beiden Insassen versuchten sich gegenseitig zu motivieren. Die Autofahrt führte an Benidorm vorbei, einer Stadt mit unzähligen Hochhäusern. Ein Ort direkt am Meer, fast hätte man meinen können, man befände sich in Chicago. Es ging weiter in nördliche Richtung. Auf der Höhe von Calpe, dort wo der imposante Fels (Penyal d'Ifach) majestätisch aus dem Meer ragt, bemerkten sie plötzlich, dass sich das Landschaftsbild geändert hatte. Wie ein anderes Kleid als noch eine halbe Stunde davor. Es blühten Oleander in vielen Farben und rot leuchtende Bougainvilleas schmückten weißgetünchte Häuserfassaden. Stolz standen die unzähligen Palmen, deren Wedel sich wie große Fächer im Wind bewegten. Malerisch zeigten sich auf der linken Seite des Straßenverlaufes die grün bewachsenen sanften Hügellandschaften und rechts war das tiefblaue Meer zu sehen, ein hinreißendes Bild. Die Begeisterung wuchs und bald schon näherten sie sich dem Städtchen Denia. Was sie dort antrafen, raubte den beiden beinahe den Atem. Ein pulsierendes Leben, ein Ort am Meer mit wunderschönem Hafen und der Burg, die hoch über der Stadt thront. Sie waren angekommen und konnten das Leben erleben, wie es in der Werbung so schön hieß. Über die Meerstraße Las Marinas erreichten sie mit José das Gebiet El Palmar, dort erwartete man die Neuankömmlinge bereits. Nach der Begrüßung durch eine nette Dame namens Angela wurden sie zum nahegelegenen Apartment begleitet und über die wichtigsten Dinge informiert. In einer Kurzfassung nur, aber sie fügte zusätzlich hinzu, dass sie für alle Fragen jederzeit zur Verfügung stünde. Inmitten von Orangenplantagen, Palmen und traumhaft üppiger Blumenpracht abseits der Straße, befand sich das dreigeschossige weiße Haus der Urbanisation. Die Hausfassade war von kleinen, runden, gemauerten Balkonen geprägt, was dem Gebäude einen besonderen Charme verlieh. Von den weißen Wänden hoben sich die hohen markanten, sattgrünen Bananenstauden, der rosafarbene Oleander und die roten Blüten vom Hibiskus besonders kontraststark ab. Der Gehweg zum Haus führte sie zu einer formschönen, geschwungenen Außentreppe, über diese sie mit ihrem Gepäck schleppend hochstiegen. Angela steckte den Schlüssel in die massive Rundbogentür aus dunkel gefärbtem Holz, öffnete sie und es bot sich ein erster Einblick in den Raum. In der kleinen Wohnung fehlte es an nichts. Blumen schmückten den Tisch, Früchte lagen in einer Schale, zwei Gläser und eine Flasche Sekt standen als Begrüßungsgeschenk bereit. Nun war es an der Zeit, sich zurückzulehnen, sich von der Reise zu erholen und sich an dem zu erfreuen, was sie vor sich hatten.

Bei der Begrüßung überreichte Angela den Ankömmlingen den Ablaufplan, der sie durch die Erlebniswoche in Denia führen sollte. Den beabsichtigten sie jetzt durchzulesen. Auf dem Blatt stand geschrieben: 01. August um 18:00 Uhr: Willkommens-Aperol mit anschließendem Nachtessen und musikalischer Unterhaltung. Am nächsten Tag eine geführte Besichtigung, um die Umgebung kennenzulernen. 03. August: Präsentation des neuesten Bauprojekts im Foyer des Bürogebäudes. Anschließend der Umtrunk mit Galadinner am Abend. Die beiden folgenden Tage waren frei und boten Gelegenheit, die Stadt auf eigene Faust zu erkunden. Ein Ausflug ans Meer durfte nicht fehlen, das hatte man sich im Vorfeld geschworen. Nicht umsonst waren Badehose und Badeanzug im Gepäck. Am sechsten und bereits letzten Tag gab es einen Abschiedsumtrunk. Am darauffolgenden Morgen sollte es früh zurück nach Alicante gehen, um schließlich mit dem Flugzeug nach Hamburg zurückzukehren. Es schien, als hätten Alexander und Julia ein straffes und dichtes Programm in der einen Woche vor sich.

Das Restaurant, in spanischem Stil eingerichtet, mit dunklen massiven Möbeln, die Böden aus Terrakotta, wirkte mit den großen Fenstern trotzdem hell und einladend. Vom Personal wurden die Gäste äußerst freundlich begrüßt und an die Tische geführt, welche in eine U-Form aneinander geschoben standen. Beim großzügigen Empfang nahmen Leute aus verschiedenen Ländern teil, vorwiegend aber waren es Deutsche und Schweizer. Die Herren des Bauunternehmens stellten sich bei den geladenen Gästen persönlich vor, was natürlich einen sehr guten Eindruck hinterließ. Das Ganze hatte schließlich auch einen Grund. Das Essen war lecker, gebackener Fisch, Garnelen, Muscheln, Fleisch und Beilagen, es wurde aufgetragen, was das Herz begehrte. Ein Duo aus zwei Gitarrenspielern verlieh dem Abend mit spanischen Klängen den krönenden Rahmen, davon schwärmt Alexander. Sie waren froh, dass sie nach dem gestrigen Abend mit dem üppigen Essen gut geschlafen hatten, denn es ging am folgenden Tag in die Berge, ins Hinterland von Denia. Ein Angestellter des Bauunternehmens, welcher im Verkauf von Immobilien tätig war, präsentierte sich als ihr Begleiter. Er würde mit ihnen eine Rundreise machen, sie durch wild-romantische Berglandschaften führen, erklärte er. Von Denia aus fuhren sie in Richtung Ondara, anschließend durch das Städtchen Pedreguer und tauchten dann in eine Naturlandschaft ein, wie sie schöner nicht hätte sein können, ein bezaubernder Ausblick. Die gut ausgebaute Straße schlängelte sich vorbei an dicht bepflanzten Mandel- und Olivenhainen Richtung Jalón. Ihr Reiseleiter erklärte ihnen fortwährend, wo sie sich gerade befanden, aufschlussreich und sehr interessant waren seine Erläuterungen. Jalón, ein Dorf in einer Talebene gelegen, eingebettet zwischen Bergen, wirkte auf die Betrachter ländlich, authentisch und lud zum Verweilen ein. In der warmen Sommerzeit mit leichter Brise gestaltete sich die Besichtigung des Ortes als sehr angenehm. Die Menschen dort leben hauptsächlich vom Wein-, Oliven- und Mandelanbau, erfuhren die beiden von ihrem Reiseführer. Es ging weiter in eine bodenständige Bodega, wo man verschiedene Weine aus der Region probieren konnte. „Das war gefährlich", sagt Alexander und zwinkert mit einem Auge, „die Becher klein und die Versuchung groß. An den Fässern, die den Besuchern als Tische dienten, stellten auch wir uns hin, es herrschte ein reges Treiben", erzählt Alexander lachend. „Leute, die kamen, Leute, die gingen, in Plastiksäcken allerhand Eingekauftes. Es wurde gelacht, die Stimmung war großartig, es musste wohl am Weinkonsum gelegen haben", verrät mir Alex. Die weitere Führung brachte die drei in das kultige, original spanische Restaurant Aleluja, das man laut ihres Reiseführers unbedingt gesehen haben musste. An der Bartheke nicht ein unbesetzter Stuhl und sogar in zweiter Reihe standen die Besucher, alle in bester Laune. Man suchte sich im sonnigen, atriumartigen Außenbereich ein Plätzchen. Schon allein die Atmosphäre im Lokal, innen wie außen, war es wert, diesen Ort zu besuchen. Überall standen Gegenstände aus früheren Zeiten, von der Decke hingen geräucherte ganze Schweineschinken. Die Wände dekoriert mit allerhand Sammelsurium, das wirkte extravagant. Außer Wein und Schinken gab es getrocknete Rosinen und Mandeln zu kaufen. Die Mägen knurrten und der Durst plagte ebenfalls. Hausgemachtes Essen, dazu Vino de la casa, ein bekömmlicher Landwein wurde angeboten, was dann schließlich das Bedürfnis der Ausflügler zu stillen vermochte. Nach dem Essen tranken sie den obligaten Carajillo, ein Espresso-Mischgetränk aus Kaffee und Brandy. Dieser Tradition gaben sich die Neulinge gerne hin. Alexander und Julia bezahlten die Zeche und waren erstaunt, wie günstig die Rechnung ausfiel, dafür hätten sie in Deutschland bestimmt das Doppelte hinblättern müssen. Am späteren Nachmittag fuhren sie in Richtung Gata de Gorgos weiter. Auf Anraten ihres Reisebegleiters machten sie dort einen weiteren Halt. Gata de Gorgos, ein Dorf in der Marina Alta, weg vom Meer, lebt vorwiegend von der Korbwarenindustrie. Längs der Durchgangsstraße standen rechts und links die Korbmöbel, weitere Gegenstände aus Bambus, Hanf und Weidengeflecht fand man im Innern der Geschäfte. Alexander und Julia erfuhren außerdem, dass sich im Ort eine Gitarrenfabrik befände, leider reichte die Zeit nicht mehr aus, diese noch zu besuchen. Ein gelungener, abwechslungsreicher und schöner Tag neigte sich dem Ende zu, den sie bestimmt in steter Erinnerung behalten würden. Nach der Verabschiedung von ihrem hervorragenden Reisebegleiter stiegen sie erschöpft die Außentreppe zum Apartment hoch. Einerseits war es Müdigkeit durch die zahlreichen erlebten Eindrücke und andererseits hatten sie einiges an Schritten zurückgelegt. Auf die Terrasse schien die Abendsonne, Gelegenheit, das wunderschöne Licht und die Wärme auf den Liegestühlen noch etwas zu genießen. So legten sie sich hin, atmeten den wohltuenden Duft der Natur ein, während ihre Körper von den goldenen Strahlen der Sonne gewärmt wurden.

Viele Interessierte nahmen an der Präsentation teil, darunter auch Deutsche, die auf eigene Faust angereist waren. Nach einer freundlichen Begrüßung durch den Firmeninhaber wurde den Besuchern gezeigt, was es zu kaufen gab. Auf einem Tisch in der Mitte des Raumes stand die Miniaturlandschaft. Modelle von Häusern im maurischen Baustil, umgeben von Grün, veranschaulichten das Bauvorhaben der Firma. Eigentlich wollten sie damals keine Immobilie kaufen, aber sie zeigten trotzdem Interesse. Gekonnt wurden die Teilnehmer zu den zu erwerbenden Bauparzellen geführt und durch rhetorisch geschultes Personal hervorragend beraten. Die professionelle Gesprächsführung war zudem geprägt von Mehrsprachigkeit, auch in Deutsch, die ansprechend und sehr gut die Inhalte vermittelte. Alexander und Julia waren beeindruckt vom Baustil der Gegend. Die Häuser mit den runden Türmchen, den Terrassen und den Laubengängen hatten es ihnen angetan. Sie waren begeistert und liebäugelten mit dem einen oder dem anderen Modell, verrät mir Alexander. Sie waren in Deutschland schließlich an nichts mehr gebunden, sagten sie sich, auf sie wartete keiner. Der informative Nachmittag war vorbei, viel wurde geredet und man lernte dabei neue Leute kennen.

Später im Apartment herrschte große Unentschlossenheit, es wurde rege diskutiert. Wollen wir es wagen, was wäre, wenn, können wir das wuppen usw. Wie einfach würde ein eventueller Verkauf des Hauses in Deutschland sein, alles maßgebende Faktoren. Der vergangene Nachmittag hatte Auswirkungen, mit denen sie nicht gerechnet hatten. Alexander öffnete die Balkontüre des kleinen gemütlichen Wohnraumes vom Appartement und begab sich auf die Terrasse, er musste seinen Kopf lüften. Sein Blick glitt in die Ferne über die nahegelegenen Orangenplantagen bis hin zur Stadt. Der Blick auf das 800 Meter hohe Kalksteinmassiv des Montgo, dem Hausberg von Denia, war überwältigend. Der Tag neigte sich dem Ende zu, ein warmer Südwind streichelte ihre Gesichter und so standen sie noch eine Weile eng aneinandergeschmiegt am Geländer. Alexander erzählt mir, wie fasziniert sie waren und wie der Wunsch, in Spanien ein Haus zu bauen, von Stunde zu Stunde wuchs. Der Blick auf die Uhr verriet, es war Zeit geworden sich herzurichten. Am Abend desselben Tages fand für alle Anwesenden des

Nachmittags das geplante Galadinner statt. „Ein Kundenfang könnte man meinen, dem war aber nicht so", äußert sich Alexander dazu. „Schließlich war es jeder Person selbst überlassen, sich zu entscheiden, außerdem bestand in keiner Hinsicht Zwang auf Kauf", verdeutlicht er.

Damen in Abendkleidern, die Männer in Schlips und Kragen, traten ins schicke Restaurant Bodegón ein, so auch Alexander mit seiner Julia. Es bildeten sich unweigerlich die gleichen Grüppchen und man knüpfte an, wo man sich im Gespräch am Nachmittag getrennt hatte. Im wunderschönen und gepflegten Garten des Restaurants, zwischen prachtvollen Pflanzen, standen vornehm die gedeckten Tische. Rote Tischläufer und edle Kerzenständer hoben sich vom Weiß der Tischdecken hervorragend ab. Alles strahlte Vornehmheit aus, in demselben Maße wie bei der Präsentation am Nachmittag im Foyer des Bürogebäudes. Nach einer kurzen Ansprache der Direktion des Bauunternehmens wurde anschließend von gut gekleideten Kellnern das köstliche Essen aufgetragen. Dazu wurde ein wunderbarer spanischer Rotwein serviert. Nach dem reichhaltigen Abendessen gesellte sich wieder eine spanische Musikgruppe zu den Gästen, die mit ihren temperamentvollen Gitarrenklängen zum Tanz aufspielte. Eine ausgelassene und sehr gute Stimmung sorgte erneut für einen unvergesslichen Abend, der früh begann und sehr spät endete.

Im Apartment saßen Alexander und Julia noch eine Weile auf der Bettkante und unterhielten sich über den verbrachten, erlebnisreichen Tag und Abend. Fest entschlossen, sich im Büro der Baufirma am darauffolgenden Tag nochmals die Projekte zeigen zu lassen, legten sie sich ins Bett. Der Schlaf in jener Nacht ließ zu wünschen übrig, denn die fortwährenden Gedanken, der Traum, ein Haus bauen zu lassen, dazu die nächtliche Wärme, ließen sie nicht zur Ruhe kommen.

Eine Perle an der südlichen Costa Blanca, mit einer bezaubernden Altstadt. Enge Gassen und eine alte Geschichte der Stadt erwarteten Alexander und Julia beim Besuch von Denia. Angela, die gute Seele für alle ihre Fragen, empfahl ihnen, per

Linienbus in die Stadt zu gelangen, was sich als praktisch erwies. Die Fahrkarten kosteten kaum etwas und die Haltestelle befand sich unweit des Bootshafens und des Zentrums der Stadt. Glücklicherweise war der gekaufte Reiseführer nebst Filmkamera und Fotoapparat im Rucksack. Hilfreich eingesetzt führte sie der Stadtplan durch die ihnen unbekannten Gassen und Straßen. Denia gefiel den Hamburgern außerordentlich gut, allein schon die angelegten Fischerboote. Man sah im Hafengebiet ausgelegte Netze, die von den Fischern repariert wurden. Der Fischmarkt, eine Kulisse der Superlative, war für die Fotolinse wie geschaffen. In der Hauptgasse Marqués de Campo, der Schlagader von Denia, konnten sie dem lebhaften Treiben beiwohnen. Links und rechts der Straße gab es kleine Cafés und Bars, die gut besucht waren. Überwachsen von Ästen großer Platanen standen darunter die Tische und Stühle auf den Gehsteigen. Es ereilte einen das Gefühl, dass so manches Geschäft bei einem Kaffee im Schatten des Blätterdaches getätigt wurde. Auch Alexander und Julia setzten sich zwischen die Leute, ergaben sich dem Zauber des städtischen Alltags und beobachteten das lebhafte Treiben in der Gasse. Das milde Klima, die Offenheit der Leute, so ließ es sich leben.

Im Eingangsbereich der Baufirma wurden sie an der Rezeption von einer Sekretärin nach 17 Uhr freundlich empfangen und alsbald in die Geschäftsräume des zuständigen Architekten geführt. Der Mann sollte ihnen alles nochmals im Detail genau erklären. Die Abwicklung, Lage des zu bebauenden Grundstücks, Größe des Hauses, Bauweise und Finanzierung standen auf ihrer Frageliste. Das deutsch-spanische Unternehmen galt damals als eines der größten Bauträger an der Costa Blanca, das seit vielen Jahren. Die Firma wirkte auf die beiden vertrauenswürdig und trotzdem war es wichtig, genau hinzuschauen. Der nächste Gedanke musste Entscheidung bringen und so waren sie nach dem langen professionellen Beratungsgespräch beide fest entschlossen. Sie wollten sich ein Haus bauen lassen. „Wir waren verrückt, denn am selben Tag schon legten wir nach Besichtigung vor Ort das Grundstück fest, auf dem unser Haus zu stehen kam. Wir wählten den Haustyp aus und unterzeichneten kurzentschlossen den Vorvertrag. Klar waren wir uns bewusst, welches Risiko wir damals eingingen, denn viel Bargeld lag nicht auf unseren Konten und das Haus in Hamburg musste zuerst verkauft werden." Sie hatten sich für ein 400m² großes Grundstück entschieden, das auf einer Seite an die geplante Quartierstraße grenzte. Links eine geplante Stichstraße an der Parzelle und rechts kam ein ebenfalls einstöckiges Haus zu stehen, soviel wussten sie bereits. Gegenüber, auf der anderen Straßenseite, sollte laut Plan eine große Grünfläche entstehen, sodass Weitsicht gewährleistet war. Das Haus war eingeschossig geplant, beinhaltete zwei Schlafräume und dazu zwei Badezimmer. Der Wohnraum, zusammen mit offener amerikanischer Küche, bot genügend Platz für die beiden. Angebaut an das geplante Projekt wollten sie einen Wintergarten mit verglasten Rundbogentüren. Das war eine nützliche Option, damit man auch bei kühler Witterung hinter Glas und gefühlsmäßig doch im Freien sitzen konnte. Eine Garage brauchten sie nicht zwingend, denn der Unterstand reichte völlig aus, außerdem konnten sie immer später etwas verändern.

Aufgrund des großen Altersunterschieds entschied sich Alexander bei der Vertragsunterzeichnung, seine Frau als alleinige Eigentümerin für das neue Projekt einzusetzen. Damit trennte er sich von allen Besitztümern, auch von dem neuen Auto, das bereits auf Julias Namen gekauft worden war. Dass ihm dies später zum Verhängnis werden sollte, hatte er damals nicht bedacht. Zu groß war das Vertrauen zu seiner Liebsten. Die Zeit drängte, denn schon bald waren die Tage in Denia vorbei und mit ihnen ein unvergesslicher Urlaub. Am frühen Samstagmorgen ging es zurück nach Hamburg, den Vorvertrag für ein Haus in der Tasche. „Es ist schon ein bisschen verrückt", sagt er, „wie sich das Leben in so kurzer Zeit grundlegend ändern kann und man sich plötzlich neuen Herausforderungen stellen muss. Voller Überzeugung, das Richtige zu tun, haben wir uns damals dem Zauber hingegeben". Am Morgen des Abreisetages drang das erste Tageslicht durch die fast geschlossenen

Jalousien des Studios. Sie sprangen früh aus den Federn, um rechtzeitig unten auf dem Parkplatz zu sein, wenn José kam. Der Koffer stand vollgepackt im Flur, zum Glück war er groß. Kleine Geschenke für Familie und Freunde durften nicht fehlen. Der Abschied fiel nicht leicht, was sie noch vor einer Woche kaum für möglich gehalten hätten. Sie erinnerten sich an ihre Skepsis und Unsicherheit vor der Reise. Die Fahrt nach Alicante zum Flughafen, es war ein wunderschöner Morgen und am Horizont sah man im Osten die Sonne aufgehen. Dabei entstand das Gefühl, sie würde aus dem Wasser aufsteigen, um sich von ihnen verabschieden zu wollen. Das Meer erstrahlte in vielen Farbtönen und Schattierungen, ein bezauberndes Naturschauspiel. Reger Urlaubsverkehr beherrschte an ihrem Reisetag die Autobahn. Es war acht Uhr in der Früh, als sie den Flughafen erreichten und sich von José verabschiedeten. Viele Touristen waren an dem Morgen unterwegs und man musste sich regelrecht durch die Menschenmassen kämpfen, um an den Schalter zum Check-in zu gelangen.

Hausverkauf

Das zweigeschossige Einfamilienhaus in Deutschland war schön und gepflegt. Eine ruhige Wohngegend im Grünen mit einer netten Nachbarschaft war ihre Wohngegend. Dort fühlten sie sich wohl und mit einigen von ihnen entwickelten sich im Laufe der Zeit gute Freundschaften. „Man ist gemeinsam durch dick und dünn gegangen, eine große Bereicherung auch für das eigene Leben", erzählt Alex. „Nur das Klima war leider nicht so wie im Süden, wie wir es eine Woche lang in Spanien erlebt hatten", fährt er fort. Er erklärt, dass das Wetter in Hamburg feucht und neblig ist und es oft regnet. „Wir Nordlichter sind nicht mit vielen Sonnenstunden verwöhnt, denn besonders in den Wintermonaten ist es stürmisch, ein miserables Sauwetter." Sie hätten nicht gedacht, dass sich so viele Interessenten auf die einmalige Anzeige für das Haus in Hamburg melden würden. Man beschloss, Leute mit Kindern zu bevorzugen, und so wurde das Haus schließlich ohne großen bürokratischen Aufwand und erstaunlich schnell an eine junge Familie mit zwei Kindern verkauft. Überglücklich über den gelungenen Verkauf konnte man sich nun unbeschwert der neuen Herausforderung stellen. Durch den Verkauf und mit dem Erlös konnte die kleine Villa teilweise finanziert werden. Alexander berichtet, dass die Hypothek, die über die Baufirma abgewickelt werden konnte, nicht sehr hoch war. Die jährliche Zinsbelastung war gering und stellte somit kein Problem dar. Die zwei hatten eine gute Rente aus ihrer damaligen Tätigkeit bei der Bank und jeden Monat floss regelmäßig Geld.

Beinahe reibungslos verliefen Planung und die erste Bauphase des Hauses. Sie erhielten in regelmäßigen Abständen Faxmeldungen über den Verlauf des Projektes. Im Dezember desselben Jahres reisten die beiden nach Spanien, um die erste Phase des Baus zu begutachten. Es war an der Zeit, die Materialien für den

Innenausbau festzulegen und eventuelle Veränderungen anzusagen. Straßen und Gehsteige waren bereits gebaut und die Beleuchtung funktionierte auch. Ein überaus gut organisiertes, schönes und urbanes Quartier war am Entstehen. Auf der gekauften Bauparzelle stand der fertiggestellte Rohbau und zu erkennen war schon der spätere Charme des Hauses, die beiden waren begeistert. Der Poolbereich wurde im zweiten Schritt in Angriff genommen, dazu war es von Vorteil, nochmals anzureisen. Alexander hielt alles Besprochene schriftlich fest, fotografierte und filmte die aktuelle Situation der Bauphase. Während des Aufenthaltes hatten sie sich außerdem um amtliche und finanzielle Angelegenheiten zu kümmern. Hilfestellung bot das Unternehmen, denn sie wären mit den Amtsgängen gänzlich überfordert gewesen. Eine Steuernummer musste beantragt werden, damit war man hinterher befugt, Bankkonten zu eröffnen. Dadurch war auch der Eintrag ins Registeramt für Haus und Hof gewährleistet. Versicherungen usw. konnten ebenfalls abgeschlossen werden. Mit dem neuen Haus hatten sie sich einiges an Arbeit aufgebürdet, worüber sie sich im Vorfeld aber durchaus bewusst waren. Ihr Traumhaus wurde termingerecht fertiggestellt und der Umzug Richtung Süden, in das 2.270km entfernte Denia, stand auch fest. In Hamburg war ihr Haus geräumt, Hab und Gut war in einen Container für Spanien verladen worden. Die letzten Nächte logierten die Auswanderer bei ihren besten Freunden in der Nachbarschaft. Der Tag der endgültigen Reise rückte näher und es galt, sich von den Angehörigen zu trennen. Langen Freundschaften und Nachbarn den Rücken zuzuwenden, das war gar nicht so einfach. Sie taten das, indem sie eine Party auf die Beine stellten, nicht pompös, aber zumindest ein Treffen, wo man alle nochmals sah und es etwas zu essen und zu trinken gab. Sie wollten schließlich nicht sang- und klanglos verschwinden. Alexander schaut mich an, kneift den Mund zusammen und sagt: „An jenem Nachmittag flossen die Tränen reichlich. Besonders, als man sich die Hand zum Abschied reichte und sich in den Armen lag. Spanien sei schließlich nicht am Ende der Welt", ließen die zwei damals verlauten und viele versprachen, sie im neuen Zuhause besuchen zu wollen. Alexander und Julia behielten ihre Schriften und den Hauptwohnsitz weiterhin in Hamburg. Sie waren vorerst bei einer ihrer Enkelinnen gemeldet. Später verlegten sie den Briefkasten zu langjährigen Nachbarn und ihren besten Freunden. Ein Standbein in der Heimat zu behalten, schien den beiden wichtig, denn man wusste schließlich nicht, wie sich der Gesundheitszustand im Alter entwickelte. Julias Patentante lebte ebenfalls in der Hansestadt, das in einer schicken Altersresidenz. Dort konnten sie sich problemlos durch sie einmieten, wann immer sie zu Besuch nach Hamburg kamen. Es kreiste gleichfalls der Gedanke, sich später in der Residenz fest einmieten zu wollen.

Mit Sack und Pack ab und davon verließen sie mit einem weinenden und lachenden Auge am 28. Oktober 1999 Hamburg und fuhren Richtung Süden. Als sie anfangs November an die Costa Blanca kamen, lagen die Tagestemperaturen noch bei 21 °C. Man konnte sich ins Freie setzen, in Hamburg undenkbar. Glücklich und erwartungsvoll freuten sich die Langzeiturlauber, nun den Weg in eine spannende Zukunft antreten zu können. Mit dem Geschenk und der Möglichkeit, sich 300 Tage im Jahr von den wärmenden Strahlen der Sonne verwöhnen zu lassen, zogen sie in ihr neues Haus ein. Essen und schlafen mussten sie allerdings noch im Hotel, denn Mobiliar und Haushaltsutensilien waren noch unterwegs. Ein eigenes Schwimmbad im Garten zu besitzen, davon hätten sie in Hamburg nur träumen können. Hier war alles Wirklichkeit geworden und ihre Freude war immens. Am 03. November stand der Transporter vor dem Haus, nun galt es, das Haus mit den mitgebrachten Möbeln stilvoll und gemütlich einzurichten. Durch Fachkräfte, gestellt von der Baufirma, lief die Rochade reibungslos. Mittlerweile war alles schon an Ort und Stelle untergebracht, nun ging es an die Feinarbeit. Es fehlte da und dort noch einiges an Dingen, die man haben wollte. Alexander zählte zum damaligen Zeitpunkt bereits 70 Lenze, fühlte sich aber um einiges jünger, strotzte vor Energie und Tatendrang. Die neue Aufgabe, etwas auf die Beine zu stellen, hielt ihn jung und fit. Sein handwerkliches Geschick

war von Vorteil, er war in der Lage, vieles eigenhändig zu erledigen. Er plante die Bewässerung des Gartens, verlegte weitere Leitungen für Elektrik im Außenbereich. Sie kauften sich
zusätzlich ein Gartenhaus aus Holz, denn im Haus fehlte es an
Abstellraum. Im gut durchdachten 5m² großen Holzhäuschen
mit Fenstern ließ sich einiges verstauen. Regale aus Holz boten
Ablagemöglichkeit und dienten nebst Werkzeug auch als Vor-
ratskammer, sogar für die Fahrräder war noch Platz. Im Frühjahr darauf kauften die Auswanderer Pflanzen und Steinfigu-
ren, die sollten dem Garten den südlich-romantischen Touch
verleihen. Ein kleiner Springbrunnen beim Sitzplatz trug ebenfalls zur Gartenromantik bei. Die beiden Fächerpalmen, die Ole-
anderhecken und der Olivenbaum gediehen prächtig. Mit dem
harmonisch anmutenden Außenbereich schufen sie ihr kleines
Paradies. Vom Wintergarten, der Erweiterung des Wohnraumes
aus, lebten sie gefühlsmäßig mitten in der Natur. Nach und nach
strahlte ihr neues Daheim die Gemütlichkeit und Atmosphäre
aus, die sie sich vorgestellt hatten. Im neuen Status überglücklich und täglich voll ausgefüllt, lebten sie ein gutes Leben. Was
konnte man denn mehr wollen als ein Haus am Meer zu besitzen
und sich nicht mit finanziellen Sorgen plagen zu müssen. Bald
lernten sie Leute in umliegenden Straßen kennen, die teilweise zum selben Zeitpunkt ihre Häuser bezogen. Es bahnten sich
Vertrautheiten an, die man reichlich pflegte, ohne die eigene
Privatsphäre zu vergeben. Damals kauften sich viele Deutsche
ihre Häuser im sonnigen Süden, um dort nach Möglichkeit das
Alter zu verbringen, eine großartige Idee. Man feierte zusammen, trank hie und da auch mal etwas über den Durst und unterhielt sich über Gott und die Welt. Die Hamburger gewöhn-
ten sich schnell an ihr neues Leben, obschon der Start nicht nur
einfach war. Der Amtsschimmel schlief auch hier nicht, so galt
es, besonders in den ersten Monaten viele amtliche Gänge zu
tätigen. Diese waren oftmals mit stundenlanger Warterei verbunden. Mit der Zeit kam alles in Fluss, Post, Bank und Telefo-
nie funktionierten mindestens schon mal reibungslos. Einkaufen war zu Beginn eine große Herausforderung. Was man aus

Regalen nehmen konnte, war einfach, handelte es sich aber um etwas Spezielles, da stand man oft hilflos da. Alexander muss laut lachen, als er sich an eine der Episoden zurückerinnert. Er stand in der Markthalle beim Metzger an der Theke und wollte Hühnerbrust kaufen. Wie diese auf Spanisch heißt, hatte er zuvor zu Hause im Nachschlagewerk gelesen und auf einen Zettel geschrieben. Beim Metzger kramte er eifrig in seiner Hosentasche nach dem Zettel, doch leider war er nicht zu finden. Der Metzger hinter der Bank schaute ihn erwartungsvoll an und Alexander fehlten die Worte. Hühnerbrust, wie hieß das noch mal auf Spanisch? Er überlegte krampfhaft, verflucht, aber er hatte es doch tatsächlich vergessen. So fasste er sich mit beiden Händen an die Brust, verlangte ein Kilo und gackerte dazu wie ein Huhn. Vom Metzger, der schallend lachte, ihn aber verstand, erhielt Alexander, was er wollte. „Wie du siehst", sagt er mit vergnügtem Gesichtsausdruck, „auch mit Händen und Füßen kann man sich prima durchschlagen und kommt auch ans Ziel."

Euro Club

Die Auswanderer entschlossen sich später dem Euro Club beizutreten, was ihnen in der damaligen Zeit hilfreich entgegenkam. Es waren Mitglieder dabei, die in dem ihnen noch fremden Land schon Erfahrung hatten und dazu auch etwas Spanisch sprachen. Bedauerlicherweise brachten die zwei Neuankömmlinge nicht den Mut auf, sich mit der Sprache vertraut zu machen. Es war wohl Bequemlichkeit, meint er. „Im Alter ist es schwer, sich eine neue Sprache anzueignen. Man lernt nicht mehr so schnell und vergisst leicht", fügt er hinzu. „Bis heute habe ich mich überall durchschlagen können", was sich mit seiner lustigen Erzählung aus der Markthalle wirklich bewahrheitete. In Denia sprachen die jüngeren Leute auf den Ämtern und Banken Englisch, was Alexander in die Gunst brachte, zumindest dort keine sprachlichen Probleme zu haben. Er besuchte mit seiner Frau zusammen den in Deutsch geführten Computer Club, was ihn sehr interessierte. Die wöchentlichen Treffen fanden immer in demselben Restaurant statt. Dort bot sich die Gelegenheit, sich auszutauschen und Neues zu erlernen. Interessierte übten sich im Praktischen. Der Kurs war begleitet von einem sattelfesten Computerfreak, der seine Hilfe umsonst anbot. Julia fand keinen Gefallen daran, sich mit der Materie Computer auseinander zu setzen, aber sie begleitete ihren Alexander auch weiterhin zu den wöchentlichen Treffen. Wichtig seien schließlich die sozialen Kontakte und diese konnte jeder auch ohne Computerinteresse pflegen, meinte sie dazu. Das neu Gelernte setzte Alexander später zu Hause immer gleich um und war froh, wenn ein Teil im Gedächtnis haften blieb. Die Arbeit am Computer bereitete ihm großen Spaß. Bestrebt, sich weiterzuentwickeln, saß er manchmal zum Leidwesen von Julia stundenlang vor dem Bildschirm. Er war schon so geübt, dass er alte Filme aus der Zeit in Hamburg bearbeitete, und auch solche vom neuen Leben in Spanien. Material war haufenweise vorhanden und unermüdlich brannte er die Filme auf CD, die er mit passender Musik untermalte. Die Hüllen versah er mit themenbezogener Grafik und Titeln. Er versuchte, so gut als möglich diesem Hobby zu frönen, obschon es ihm nicht mehr so leichtfiel, wie noch die Jahre davor.

Nun lag es schon mehr als fünf Jahre zurück, als sie ihre alte Heimat in Hamburg verlassen hatten. „Um keinen Preis würden wir unser jetziges Leben gegen das frühere eintauschen wollen", sagt Alexander vergnügt. Sie waren glücklich, liebten sich und genossen das Leben an der südlichen Costa Blanca, jeden Tag von Neuem. Ihr Alltag gestaltete sich interessant. In der Früh wurde im Wintergarten oder unter der Markise im Freien gefrühstückt, was sich oftmals bei einem Gespräch in die Länge zog. Um die Mittagszeit herum gönnten sich die zwei in den warmen Monaten ein abkühlendes Bad im Pool und anschließend wurde Siesta gemacht. Der Mittagsschlaf, wie es in Spanien so Sitte ist. Es gab Tage, da begaben sie sich zum nahegelegenen Strand. Das Wasser in Brusthöhe, so konnte man weit ins Meer hinaus gehen. Nach dem genussvollen Bad im Salzwasser legten sich die beiden in den warmen, feinen Sand auf ihr Badetuch und ließen sich an der Sonne trocknen. Spaziergänge, waten im Wasser, gehörten ebenfalls zum genüsslich wöchentlichen Programm. Dabei suchten sie Muscheln, welche zu Hause als Dekoration Verwendung fanden. Oder sie setzten sich an den Strand, ließen den Blick in die Ferne gleiten und ergaben sich dem Zauber der unendlichen Weite. Der Duft des Meeres, die Farben des Wassers, die Veränderung der Wellen, waren immer wiederkehrende Faszinationen, an denen sie sich erfreuten. In der kühleren Jahreszeit, im Herbst, erkundeten sie die umliegende Gegend oder machten einen Stadtbummel. Aus Hamburg kamen Familienangehörige und alte Freunde zu Besuch. Sie zeigten ihren Gästen, was sie in den Jahren, während sie in Spanien lebten, alles kennengelernt hatten. So besuchten sie zusammen die lebhaft anmutende Stadt, die Burg, das Wahrzeichen von Denia, den Montagsmarkt, Museen und natürlich immer den sehr imposanten Hafen.

In diesem Jahr kam Alexanders Sohn mit seiner Frau und den beiden Enkeltöchtern im Urlaub bei ihnen vorbei. Das Verhältnis zwischen Vater und Sohn war lange Zeit kontaktlos und von einer tiefen Kluft geprägt. Zur großen Freude des Vaters, der unter der Trennung von seinem Sohn litt, sollte mit diesem Urlaub eine zaghafte Annäherung beginnen. Untergebracht wurden sie ganz in der Nähe in einem kleinen Familienhotel, das von Alexander und Julia gesponsert war. Für vier Personen, zu mehr reichte die Kapazität zur Unterbringung in ihrem Haus leider nicht aus. Wie freuten sie sich, ihre Lieben endlich wiederzusehen und begannen, sich darauf vorzubereiten. Vater und Sohn hatten in den letzten Jahren ja kaum noch Kontakt gehabt, schon gerade deshalb war dieser Besuch besonders für Alexander enorm wichtig. Er wollte sich bemühen, die jahrelange Barriere zwischen ihm und seinem geliebten Sohn endlich abzubauen, um Schritt für Schritt wieder zueinander zu finden. Schön war, dass eines der beiden Enkelkinder öfters bei Julia und ihrem Opa den Urlaub verbrachte. Der Konflikt zwischen ihrem Vater und Opa blieben den Enkelkindern glücklicherweise verborgen. Damit die Enkelin nicht allein war, durfte sie immer eine Freundin mitbringen. Alexander und Julia verwöhnten die Teenager gerne. „Ach, wie war das lebhafte Treiben der jungen Menschen im Haus eine Bereicherung! Wir fuhren gemeinsam in die Stadt, kauften Modeschmuck und Klamotten ein. Danach setzten wir uns mit den Teenies in eine Eisdiele. Auch begaben wir uns mit den beiden zum Wochenmarkt, oder amüsierten uns am Abend im Vergnügungspark, der am Hafen aufgebaut war. Sie kriegten, was das Herz begehrte."

Es war am Nachmittag, die Schwiegertochter und Julia standen in der Küche, um eine Vespermahlzeit vorzubereiten. Die beiden Enkeltöchter saßen im Wintergarten, beschäftigten sich mit ihren elektronischen Geräten und Alexander unterhielt sich im Garten im Schatten des Olivenbaumes blendend mit seinem Sohn. Es war ein angeregtes und interessantes Gespräch, das sie führten. Es handelte sich dabei um die berufliche Orientierung der älteren Tochter von Alexanders Sohn. Ob sie nun studieren wolle, oder eher in der Privatwirtschaft eine Ausbildungsstelle suchen solle, war der Inhalt der Unterhaltung. Der Vorteil gegenüber dem Studium sei, dass nach etwa drei Jahren die Kosten der Ausbildung entfallen würden, meinte Alexanders Sohn. Andererseits fände er es schade, dass gerade junge Menschen, die das Talent zum Studieren hätten, davon abgehalten werden. Aber eben die Kosten, die sie für ein eventuelles Studium über viele Jahre hinweg zu tragen hätten, würde ihnen Kopfzerbrechen bereiten, vernahm Alexander von seinem Sohn. „Da mach dir mal keine allzu großen Sorgen, wir könnten auch etwas beisteuern", beruhigte Alexander den Sohnemann. Bis zu dem Moment, als es um die Erbschaftsfrage ging, unterhielten sie sich ruhig und entspannt. Plötzlich fragte der Sohn seinen Vater, wer eigentlich das Haus im Falle seines Todes erben würde. Mit der Frage hatte Alexander in der Tat an dem Tag nicht gerechnet und erkundigte sich, warum er das wissen wolle, er lebe ja noch. Es würde ihn einfach interessieren, denn Julia sei ja nicht seine Mutter und er wüsste zu gerne, wie in diesem Fall das Erbe verteilt werde. Als Alexander seinen Sohn unbekümmert darüber aufklärte, war anschließend arg Feuer im Dach. Die Stimmung kippte von einer Minute zur anderen, als der Sohn erfuhr, dass sein Vater Julia als alleinige Besitzerin eingesetzt hatte. Das könne nicht sein, ließ dieser erzürnt verlauten, es sei nicht rechtens, ihm das Erbe vorzuenthalten. Ihm würde schließlich auch etwas zustehen, fuhr er mit gehässiger Stimme fort. Im Falle des Todes werde er das Erbe bei Julia einfordern, erläuterte er zusätzlich. Im Übrigen werde er mit seiner Frau zusammen beim städtischen Registeramt Einsicht halten wollen und dann anschließend das Ganze anfechten. Alexander saß stumm am Tisch, er hatte das Gefühl, dass ihm das Blut in den Adern stockte. War der Besuch demzufolge lediglich des Geldes wegen? Er überlegte und erwiderte: „Du musst tun, was du für richtig hältst, davon will und kann ich dich nicht abhalten. Außerdem haben Julia und ich zusammen auf unser Alter lange gespart", betonte Alexander. „All die Jahre habe ich von dir kaum etwas gehört und jetzt diese Forderung, ich verstehe dich nicht. Sei versichert, es wird auch etwas für dich übrigbleiben." Als Julia und die Schwiegertochter die Fleischplättchen aus der Küche auf die Terrasse trugen, hatte sich Alexanders Sohn bereits vom Stuhl erhoben, er wollte gehen. Ohne etwas gegessen zu haben, verließen die vier das Haus und der Abschied war auch nicht überschwänglich. Tatsächlich suchten Sohn und Schwiegertochter das städtische Registeramt auf und mussten für die persönliche Einsicht ca. 150 Euro bezahlen, was Alexander vom Sohn selbst noch erfuhr. Am darauffolgenden Tag kam er zu seinem Vater zurück und machte Julia dabei die Hölle heiß, indem er ihr drohte und zu ihr sagte: „Du wirst mich dann schon kennenlernen, sollte meinem Vater etwas zustoßen." Die Enttäuschung von Alexander und Julia war dementsprechend groß, denn so hatte man sich das ersehnte Wiedersehen einfach nicht vorgestellt. Sie saßen mit ihm zusammen im Garten am Tisch. Die fühlbare Freude, die noch vor Tagen da war, löste sich in Nichts auf. Er ist nicht in der Lage, mir zu erzählen, wie er damals fühlte, denn der Schmerz und die Enttäuschung haften an seinem Vaterherz. Alexander und Julia fuhren von Zeit zu Zeit, vor allem in den Wintermonaten, nach Hamburg. Es war ihnen wichtig, dort alte Freundschaften zu pflegen. Wenn sie in Deutschland waren, besuchten sie auch ihre Verwandten in Berlin und Roggendorf. Seinen Sohn sah er leider nie mehr.

Leben in der Wahlheimat

Im Frühjahr 2005 lernten Julia und Alexander meine Mutter kennen, später auch meinen Mann Heinz und mich. Meine Mutter war eine gepflegte Dame, immer gut angezogen, freundlich zu allen Leuten, braungebrannt und stets hatte sie ein Lächeln im Gesicht. Sie kaufte sich 2004 in der gleichen Straße an der Ecke ein schönes doppelstöckiges Haus, nicht weit entfernt von Julia und Alexander. Die Vorgänger waren Deutsche, die aus gesundheitlichen Gründen das Haus verkaufen mussten und in ihre Heimat zurückkehrten. Mit den Ehemaligen pflegten Alexander und seine Frau keinerlei Kontakte und kannten sie nur dem Namen nach. Beim täglichen Spaziergang mit dem Hund begegneten sich Alexander, Julia und meine Mutter auf der Straße zum ersten Mal und dabei kamen sie gegenseitig ins Gespräch. Zu Beginn unterhielten sich die drei lediglich am Straßenrand über belanglose Dinge. Die Hamburger wollten ihre neue Nachbarin aber näher kennenlernen und luden sie dazu zu sich nach Hause ein. Sie freuten sich über die Zusage meiner Mutter und empfingen zu Kaffee und Kuchen. Ein sehr gemütlicher Nachmittag war das Ergebnis, erfuhren Heinz und ich später von meiner Mama. Gegenseitig fanden die drei heraus, welche Lebensweise und Denkweise der andere hatte. Der Beweggrund, wie es dazu kam, sich in Spanien als Langzeiturlauber niederzulassen, war eines der Themen. Julia machte meine Mutter beim ersten Besuch auch gleich mit ihren zwei Puppen Rosi und Steffi bekannt, setzte ihr die größere der beiden auf die Knie. Mit imitierter kindlicher Stimme sagte Julia: „Ich bin die Steffi und das ist meine kleine Schwester Rosi, wie heißt denn du?" Alexander war das im ersten Moment etwas peinlich und er beobachtete Helen, meine Mama, von der Seite, wie er mir später erzählt. Mutter war das suspekt, sie verhielt sich aber nicht abweisend, denn der Grund für das Verhalten ihrer eben erst neu kennengelernten Nachbarin war ihr noch fremd. Außerdem wollte sie nicht gleich am ersten Tag unangenehme Bemerkungen fallen lassen, es tat ja nicht weh, den Scheinleib auf den Knien zu haben. Sie tranken im Garten unter den Palmen gemütlich den Kaffee und aßen dazu den aufgetischten Kuchen. Am späteren Nachmittag entschloss man sich bei einem Glas Sekt, sich das vertraute Du anzutragen. Nach jenem ersten Treffen entwickelte sich eine nette Nachbarschaft und Julia schaute danach täglich kurz bei meiner Mutter vorbei. Sie holte bei ihr ab und zu auch den Hund zu einem Spaziergang ab. Das tat ihrer vollschlanken Linie gut, denn Bewegung war sonst nicht ihr Ding. Julia war in den schokoladefarbenen Pudel, der aussah wie ein Teddybärchen, komplett verliebt. Es kamen bei ihr wohl Erinnerungen an die eigene Jugendzeit hoch, denn ihre Eltern besaßen ja den schwarzen Pudel Bärri.

Bei meiner Mutter im Garten lernten wir schließlich auch Alexander und Julia kennen, nette, gesellige Leute. Wir unterhielten uns darüber, wie und wann wir nach Spanien gekommen waren und wie wir unseren Alltag gestalteten. Dass ich die Sprache gelernt hatte und dadurch sicher erhebliche Vorteile hatte, war bald das zentrale Thema. Wir genossen den Nachmittag und trafen uns danach in regelmäßigen Abständen weiter. Mal bei Julia und Alexander, mal bei meiner Mutter, mal bei uns. Manchmal war es nur zu einem Schwätzchen, oder es wurde daraus ein gemütlicher Spielnachmittag im Schatten der Bäume. Mittlerweile war aus dem nachbarschaftlichen Verhältnis eine Art Freundschaft geworden und man freut sich über das Zusammensein.

Eines Tages, es muss ungefähr ein Jahr her gewesen sein, dass wir sie nun kannten. Da fragte mich meine Mutter, ob wir nicht Zeit hätten, den Nachbarn ein wenig im Garten zu helfen. Die beiden würden es nicht mehr allein schaffen, war die Begründung. Obschon unser Pflichtenheft dicht eingeteilt war, fanden wir eine Lücke, um einzuspringen und halfen tatkräftig mit. Die Nachbarschaftshilfe blieb aber nicht bei der einmali gen Unterstützung im Garten. Immer wieder wurden wir um Mithilfe gebeten, die wir dann aus gutem Willen leisteten. Es war keine Pflicht, sondern einfach freundschaftliche Hilfe. In den Wintermonaten galt es, die mauerhohen Hecken innen und außen am Grundstück zu schneiden, eine Knochenarbeit. Auch Sträucher, die Rosen und der Olivenbaum bekamen den nötigen Schnitt. Die Palmen wurden von Juanito, unserem seit Jahren treuen Palmenschneider, geschält. Es gab viel zu tun, aber Julia hielt uns bei Laune, indem sie uns zwischendurch einen Kaffee anbot oder etwas zu essen und zu trinken brachte. Nach einer Woche hatten wir die meiste Arbeit erledigt und den großen 5m^3 Container bis zum Rand gefüllt.

Mit dem erworbenen Wissen und meinen Sprachkenntnissen war ich auch in der Lage, den beiden beim Eintritt in das spanische soziale Krankenversicherungssystem behilflich zu sein. Vor allem Alexander, der wegen seiner Zuckerkrankheit auf Medikamente angewiesen war, brauchte regelmäßig einen Arzt. Mit der erhaltenen SIP-Karte konnten sie sich kostenlos bei den Ärzten behandeln lassen, die sie brauchten. Außerdem erhielt jeder dort das Rezept für die notwendigen Medikamente. Die anfallenden Kosten wurden zwischen den EU-Ländern abgerechnet. Ich habe ihnen beim Übersetzen geholfen, wenn sie es wollten. Ab und zu bin ich mit Julia in die Stadt gefahren, wenn Alexander die Zeit fehlte. Julia konnte auf Grund einer starken Sehbehinderung den Führerschein nie machen. Mitunter mussten Handwerker und Renovierungsarbeiten organisiert werden, was Heinz und ich gerne taten. Durch unsere guten Beziehungen hatten wir das nötige Know-how und die richtigen Kontakte. Außerdem war ich durch meinen erlernten Beruf als Friseuse in der Lage, Alexander und Julia die Haare zu schneiden und erledigte bei Julia auch gleich noch die Pediküre. Mit anderen Worten, ich war Mädchen für alles geworden. Ich erinnere mich, dass wir es sogar fertigbrachten, die an Demenz erkrankte Schwiegermutter von Alexander, also die Mutter von Julia, nach Spanien zu holen. Julia war jedes Mal tieftraurig, wenn sie ihre Mutter im Altenheim in Deutschland besuchte. Sie sagte mir eines Tages, dass sie ihre Mutter unbedingt nach Spanien holen wolle, denn sie sei der Meinung, sie sei dort nicht gut aufgehoben. „Also versuchen wir es", entgegnete ich. Es galt, eine harte Nuss zu knacken, laufend mussten davor Ämter angeschrieben werden. Julia sei nicht die geeignete Betreuungsperson für ihre Mutter, hieß es seitens des Heimes, in dem Ilse lebte. Ich schrieb das Heim und die zuständigen Personen im Namen von Julia und Alexander an, erklärte in meinen Schreiben unter anderem, dass wir für Julias Mutter einen geeigneten Pflegeplatz gefunden hätten. Schlussendlich kam dann vom zuständigen Richter aus Hamburg das erleichternde Ja, und zwar in letzter Minute. Die guten Pflegeplätze sind auch hier begehrt. Die Zusage von Deutschland war besiegelt und Mutter Ilse durfte einreisen, Julia und Alexander waren erleichtert. Man freute sich auf die Ankunft der Enkelin mit ihrem Freund, welche Oma Ilse im Rollstuhl nach Spanien begleiteten. Alexander und mein Mann Heinz fuhren nach Alicante zum Flughafen, um die Ankömmlinge abzuholen. In der Zwischenzeit half ich Julia dabei, den Imbiss für neun Personen vorzubereiten. Dazu war auch das zukünftige Pflegeehepaar von Ilse eingeladen, die wir, Heinz und ich, schon länger kannten. Der Tisch sollte heute besonders schön gedeckt und dekoriert sein, wenn Mutti kam, meinte Julia. Das Eintreffen der alten Damen war ein sehr ergreifender Moment. Freudentränen, Lachen und Erleichterung, alles war vereint. Befreiung machte sich breit, denn Julias Mutter hatte die Reise gut überstanden. So durfte sie ihre letzten Lebensjahre in Würde bei liebenswerten Menschen verbringen. Ich glaube, dass sich auch Ilse freute, obwohl sie schon etwas abwesend wirkte. Zusammen am Tisch labten wir uns alle an den reichhaltigen Tapas. Der Pflegeplatz für die Mutter befand sich im selben Ort am Berg, so bestand die komfortable Möglichkeit, sie jederzeit besuchen zu können.

Julia ließ oft bei Freunden und der Familie verlauten, wie froh und dankbar sie wären, solche Menschen in ihrer Nähe zu wissen. Die Enkeltöchter von Alexander, weitere Familienangehörige und Freunde, die wir in der Zwischenzeit auch kennenlernten, bestätigten uns die Aussage. Stets kamen Dank und lobende Worte auf uns zu, was uns natürlich freute, aber auch peinlich war. Wir halfen gerne, für uns war das absolut selbstverständlich. Julia und Alex schätzten unsere Hilfe und steckten immer mal wieder etwas Geld in einen Umschlag. Damit sollten wir uns in einem Restaurant verwöhnen lassen, meinten sie. Sie suchten auch nach geeigneten Geschenken, mit denen sie uns überraschten. Unsere Hilfsbereitschaft kam auch meiner Mutter zugute. Galt es eine Glühbirne einzudrehen, oder ein Schloss, das harzte, zu schmieren, Alexander war zur Stelle, wenn er gebraucht wurde. Ab und zu luden wir ihn und Julia zum Dank auf einen Ausflug ein und fuhren gemeinsam über Land. Wir kehrten in traditionellen spanischen Restaurants ein, bestellten Häppchen und tranken dazu den guten, bekömmlichen Landwein. Wir probierten auch immer die Süßweine der Region, dabei kam so manche gute Stimmung auf. Von unseren Ausflügen aufs Land kehrten wir meist bepackt mit kaltgepresstem Olivenöl und weiteren Produkten zurück. In und um Denia herum bekam man auch zu jener Zeit schon einiges geboten, wie Kunstausstellungen, Konzerte, Jazzmusik, spanische Folklore und unter anderem den beliebten Montagsmarkt. Jedes Jahr in der Vorweihnachtszeit besuchten wir zu fünft ein Konzert in einer der umliegenden Kirchen. Dort lauschten wir den wunderschönen Melodien des Gospelgesangs, was uns allen gefiel. Das musikalische Angebot ist breit gefächert und wird bis heute für das Publikum ständig erweitert. Anlässe, wie Weihnachten und Silvester, feierten wir meistens gemeinsam. Dazu traf man sich im Restaurant. Viele der Gäste kannten sich inzwischen sehr gut, sodass man sich wie eine große Familie fühlte, die zusammengekommen war. Das Weihnachtsfest hat hier nicht die Bedeutung, die wir aus unseren Ländern kennen. Man bleibt nicht zu Hause und es gibt keine Geschenke unter dem geschmückten Weihnachtsbaum, wie bei uns. Überhaupt wird wenig Wert auf Weihnachtsschmuck in den eigenen vier Wänden gelegt. Über den Straßen hängen schlichte Lichterketten (mit Schriftzügen, die buenas fiestas zeigen). Wichtiger ist dagegen der Tag der Heiligen Drei Könige, an dem die Kinder beschenkt werden, und zwar auf ganz besondere Weise. Die Heiligen Drei Könige mit ihren Kamelen kommen mit dem Schiff vom Meer her und bringen Geschenke. Erwartungsvoll, aufgeregt und mit leuchtenden Augen stehen die Kinder mit ihren Eltern am Hafen und können die Ankunft der Heiligen Drei Könige kaum erwarten. Ein außergewöhnliches Spektakel, eine großartige Tradition, das Fest (de los reyes). Es folgt ein prächtiger Umzug durch die Stadt, bei dem es an Glanz und Glamour nicht mangelt. Links und rechts der Calle Major (Hauptgasse) sind Reihen von Stühlen aufgestellt, auf denen man die Aktion im Sitzen verfolgen kann. Sehr große und reich geschmückte Kutschen fahren durch die Innenstadt, begleitet von lauter Musik. Ein buntes Treiben, das uns heute wie damals immer wieder in die Stadt lockt, man muss einfach dabei sein. Für die Auswanderer verging die Zeit im wahrsten Sinne des Wortes wie im Flug. „Das muss wohl daran liegen, mein lieber Alex, dass es euch hier gefällt." Die Antwort kam schnell. „Ach ja, wir sind glücklich hier, das Klima, die Lebensart, das alles trägt dazu bei. Gesundheitlich fühle ich mich blendend und habe den Eindruck, mehr Energie zu haben. Die Entscheidung, die wir damals trafen, haben wir noch keine Stunde bereut."

Tod von Alexanders Tochter Alia

Wie jedes Jahr kehrten die Hamburger gerne einmal im Jahr in ihre Heimatstadt zurück. Dieses Mal war es nicht freiwillig, denn die bevorstehende Heimreise hatte einen bitteren Geschmack. Alexander und Julia erhielten am 31.07.2007 die Nachricht, dass Alexanders Tochter Alia verunfallt sei und sich in kritischem Zustand in einer Hamburger Klinik befände.

Alia und ihr Lebenspartner waren am Abend des 30. Juli auf Kneipentour und auf dem Nachhauseweg geschah es. Wie sich der Unfall zutrug, wusste niemand so recht. Alia musste wohl den Boden unter den Füßen verloren haben und fiel dabei kopfüber in einen sich am Weg befindlichen Bach. Ihr stark alkoholisierter Freund konnte ihr keine Hilfestellung leisten, der hatte genug mit sich selbst zu tun. Der Wasserstand von zehn Zentimetern reichte aus, dass sie nach Aussage forensischer Mediziner im Wasser beinahe ertrank. Glück im Unglück hatte sie, dass sich weitere Personen auf demselben Weg nach Hause befanden, sie aus dem Bach befreien konnten und danach gleich mit der Reanimation begannen. Rettung war angefordert, aber zu lange lag die Verunfallte mit dem Gesicht unter Wasser. Alexander reiste mit seiner Frau unverzüglich nach Hamburg und es erwartete sie ein schwerer Gang hin zur Klinik, in welcher die Tochter auf der Intensivstation lag. Die Ärzte dort machten den beiden keine große Hoffnung. Dass es wohl das letzte Mal sein würde, sie lebend zu sehen, erschütterte sie zutiefst. Aber die Hoffnung stirbt zuletzt. Alexander und Julia betraten den Raum der Intensivstation. Da lag sein Kind an Maschinen und Schläuchen angeschlossen, es überkam ihn tiefe Traurigkeit. In diesem Raum lag nun also der grundlegende Entscheid über Leben und Tod. Er konnte seine Beine kaum noch unter Kontrolle halten, er zitterte und seine Hände waren nass. Eine

Krankenschwester musste das wohl bemerkt haben, eilte herbei, erkundigte sich nach seinem Befinden und brachte einen Stuhl, worüber er sehr froh war. Alexander fragte sich damals nach dem Besuch auf der Intensivstation oft, wie das Personal das alles aushalten könne. So eine dicke Haut zu haben, ist beinahe unmöglich. Aber es musste wohl die Gabe sein, was diese Menschen ausmachte, so wie Alia, als sie noch im Spital als Krankenschwester gearbeitet hatte. Sich hingebungsvoll den Patienten zu widmen, die eigenen Bedürfnisse in den Hintergrund zu stellen, das verlangte einiges an Energie. Das Persönliche blieb für das Pflegepersonal offenbar sekundär. Während Alexander die Hand seiner Tochter hielt und streichelte, redete er unaufhörlich auf sie ein, in der Hoffnung, dass sie wenigstens einen Teil seiner Worte hören konnte. Bilder und Gedanken stiegen in ihm auf, an die Zeit von damals. Wie es wohl gewesen wäre, wenn er mit Karin, seiner damaligen Frau, ein gutes Eheleben gelebt hätte. Würde er jetzt hier sitzen und um das Leben seiner Tochter bangen müssen? Vielleicht wäre alles anders gekommen und sie hätte wahrscheinlich ein besseres Leben gehabt. Er machte sich große Vorwürfe, wie viel Schuld hatte er am Schicksal seiner Tochter? Er wollte stark sein, aber seine Tränen tropften auf das weiße Laken, mit dem sie zugedeckt war. Während er mir weiter den Hergang des traurigen Unfalls schildert, sehe ich Alexander schlucken, er hat Mühe weiterzusprechen. Er reißt sich zusammen, beherrscht seine Stimme und seufzt: „Man kann sich gar nicht vorstellen, wie schwer es ist, am Bett des eigenen Kindes zu sitzen und zu begreifen, dass es vielleicht das letzte Mal sein wird, dass man es lebend sieht." Ich kann ihn gut verstehen, versuche mich in seine damalige Situation hineinzuversetzen, es ist unvorstellbar. Alexander weiß nicht, wie lange er am Bett saß. Er nahm um sich herum nichts mehr wahr. Den Abend im Hotel verbrachten die beiden, indem sie über den Unfallhergang sprachen, man suchte nach dem Warum. Aus dem Gespräch mit dem zuständigen Arzt zu schließen, hatte Alia am Unfalltag angeblich keinen erhöhten Alkoholpegel im Blut. Wie oft erfuhr er von den Enkeltöchtern, dass sich der Kneipenbummel immer sehr zielgerichtet gestaltete. Am Unfalltag musste es demzufolge der Ausrutscher und das unglückliche Hineinfallen ins Gewässer gewesen sein.

In den folgenden Tagen zeigte sich keine Veränderung ihres Zustandes, aber man hoffte, dass sie aus dem Tiefschlaf erwachen würde. Am 22. August verschlechterte sich ihr Zustand jedoch massiv und sie erwachte nicht mehr aus dem Koma. Sie erlag ihren Hirnverletzungen am Morgen des 23.08.2007, fünf Tage vor Alexanders Geburtstag. Ohne Mutter und Bruder mit Familie sollte die Beerdigung stattfinden, so entschieden es die Töchter der Verstorbenen. Nach der Beerdigung kehrten Alexander und Julia nach Spanien zurück, das Leben musste schließlich weitergehen. Wir hatten bei uns zusammen mit meiner Mutter ein Abendessen vorbereitet. Gerade jetzt in dieser schweren Zeit wollten wir die beiden besonders unterstützen. Wir hörten ihren Worten zu und teilten den Schmerz des Verlustes. Alia hinterließ zwei Töchter, die jetzt Vollwaisen waren, denn ihr Vater war zuvor ja an den Folgen eines Herzinfarktes verstorben. Alexander hatte ab jetzt nur noch seinen Sohn mit Familie und die einsamen gewordenen Kinder der Tochter. Mit dem Sohn hing der Haussegen leider seit geraumer Zeit wieder schief. Des Entscheides wegen, dass er damals das Haus auf den Namen von Julia gekauft hatte, das steckte bei ihm tief. Seit dem letzten Urlaub, den sich Alex lange Zeit zuvor herbeigesehnt hatte, um das Vater-Sohn-Verhältnis zu verbessern, hatten sie nichts mehr voneinander gehört.

Das Jahr zog sich dahin und endete mit dem leidvollen Nachgeschmack der vergangenen Monate. Die beiden waren froh, dass ihre noch so jungen Enkeltöchter die Situation des Alleinseins gut meistern konnten. Zwar wohnten sie immer noch mit dem Lebenspartner ihrer verstorbenen Mutter zusammen, der aber war mit Sicherheit keine große Hilfe für die jungen Frauen. Alexander und Julia standen mit Rat und Tat an ihrer Seite, halfen dazwischen auch mal, indem sie finanzielle Unterstützung boten. Sie liebten ihre Enkelkinder, riefen sehr oft an, um sich nach deren Wohlergehen zu erkundigen. Auch kamen die beiden im Frühjahr 2008 abwechslungsweise mit dem Freund nach Spanien, um Opa und Oma, wie sie Julia nannten, zu besuchen. Eine der beiden feierte sogar ihre Verlobung in Spanien, zu der auch wir eingeladen waren, ein wirklich schönes und süßes Ereignis. „Jetzt haben die Mädels wieder Boden unter den Füßen gefasst," erzählte mir Alexander eines Tages.

Besuch bei der Patentante

Am 03. Mai desselben Jahres flogen sie hoch nach Hamburg. Ihre Reise galt dieses Mal an erster Stelle dem Besuch von Julias Patentante. Eine wunderbare Frau, die in Hamburg schon über einen längeren Zeitraum in einer vornehmen Altersresidenz lebte. Sie feierte dort ihren 90. Geburtstag, war körperlich wie geistig in einem Superzustand. Wäre mir ihr Alter nicht bekannt gewesen, hätte ich sie höchstens auf 75 geschätzt. Eine feine, liebenswürdige Person, muss ich sagen. Sie war die beste Freundin von Julias Mutter, das schon über 70 Jahre. Logieren konnten Julia und Alexander in der Residenz, denn Gertrud hatte gute Beziehungen zur Direktion. Auch spielten sie oft mit dem Gedanken, sich mit ihrer Hilfe in die Altersresidenz einzumieten. Wie Julia vor Antritt der Reise von ihrer Patentante erfuhr, wurde in nächster Zeit ein kleines Zweizimmerapartement mit Bad frei, das wollten sie während ihrer Anwesenheit unbedingt besichtigen. Der Aufenthalt in Hamburg gestaltete sich sehr intensiv. Einerseits hatten sie vor, neben Gertrud auch ihre zwei Enkeltöchter und die Gräber ihrer Verstorbenen zu besuchen. Dann standen noch Arztbesuche auf dem Programm und zusätzlich die Beratungsstelle für Diabetiker. Die Tage in Hamburg verstrichen im Nu, waren jedoch reich an Erlebtem und schon stand die Heimreise zurück nach Spanien wieder vor der Tür.

Ein wunderbarer, sonniger Frühlingstag, das Meer blau und flach, wie es schöner nicht hätte sein können, als ich die beiden Reisevögel mit ihrem eigenen Wagen am 17. Juni am Flughafen abholte. Schon sah ich die zwei von Weitem, als sie zielstrebig der Empfangshalle entgegen schritten. Alexander beinahe nicht zu sehen hinter den Koffern, die auf dem Gepäckwagen aufgetürmt lagen. Julia hielt eine ihrer Puppen im Arm, ich glaube, es war Steffi, hatte sie diese doch wirklich mitgenommen. Ihr Outfit war an jenem Tag auch nicht gerade vorteilhaft, das Leinenkleid war von der Reise arg zerknittert und ihr dunkel meliertes Haar klebte feucht an ihrer Stirne. Mir fiel auf, wie viele der Anwesenden das Paar mit Belustigung musterten, hätte ich sicher auch getan, wären sie mir fremd gewesen. Als sie mich mit ihrem verschwitzten Gesicht umarmte, war es mir schon etwas unangenehm, doch ich konnte die ehrliche Freude des Wiedersehens spüren. Nachdem auch Alex mit dem Gepäckwagen angekommen war und wir uns begrüßt hatten, war mein Gedanke nur einer: möglichst schnell raus aus der Halle in Richtung Lift und anschließend ins Parkhaus. Man muss sich das Bild vorstellen, eine eher kleinere Gestalt von Frau um die 63 herum, von voluminöser Statur, mit rundem, fleischigem Gesicht und leicht ergrautem, gelocktem, festem Haar. Ihr breitbeiniger Gang glich dem einer watschelnden Ente, als sie auf mich zukam. Na ja, das Rollenspiel mit den Puppen bei ihr zu Hause geht keinen was an. Nur hier in der Ankunftshalle, machten mich die Blicke der anderen Passagiere nervös. Mir erzählte sie eines Tages, dass sie Zwillinge im fünften Monat verloren hätte und dann später nochmals eine Fehlgeburt verkraften musste. Ich bedauerte ihr Schicksal zutiefst und es tat mir unendlich leid. Ab jenem Zeitpunkt konnte ich ihr Verhalten besser verstehen und betrachtete alles mit Empathie und Verständnis. Sie brauchte aller Wahrscheinlichkeit einen Kinderersatz und den fand sie in ihren Puppen, dachte ich. Sie hätten die Puppen vor Jahren in einer Zeitschrift gesehen, erzählte Alexander und die wollte sie sich dann unbedingt kaufen. Unsere Fahrt Richtung Norden war begleitet von regem Erzählen aus Hamburg. Sie berichteten vom Fest des 90. Geburtstages und all den schönen Begegnungen, die sie machen durften. Natürlich erfuhr ich auch, dass sie sich die Wohnung in der Altersresidenz angeschaut hatten. Dabei wurde ihnen ein Plan ausgehändigt und den müssten wir uns unbedingt ansehen, meinten sie. Mein Mann hatte während meiner Abwesenheit den Aperitif auf unserer Terrasse vorbereitet und bald schon saßen wir gemeinsam mit der Puppe Steffi am Tisch. Wir sahen uns den Grundriss der Wohnung an und fanden die Idee gut. Nun lag es wohl noch am Preis und der monatlichen Mehrbelastung, die Alexander zweifeln ließen. Es war schon spät, als er auf die Uhr an seinem Handgelenk schaute und Julia zum Aufstehen drängte, denn die hatte meistens Sitzleder.

Rubinhochzeit

Am 20. August 2008, Alexander zählte gerade 79 Lenze und war dem Alter entsprechend außerordentlich fit. An seinem diesjährigen Geburtstag vor 40 Jahren hatten sich die beiden das Ja-Wort gegeben und konnten jetzt ihre Rubinhochzeit feiern. Dazu kamen die engsten Freunde und eine der Enkeltöchter mit ihrem Zukünftigen aus Deutschland angereist. Auch Bekannte von hier zählten zu den Geladenen und wie konnte es anders sein, auch wir waren auf der Gästeliste. Es sollte für die zwei ein unvergesslicher Tag werden, so ließen wir uns etwas einfallen und kreierten dafür Tischdekoration. Aus kleinen Olivenölfläschchen, die uns als Körper dienten, stellten wir spanische Flamenco-Tänzerinnen her. Die von Hand aufwendig gestalteten Kleider und Hüte verliehen unseren Tänzerinnen den spanischen Touch. Die Tischordnung mit den Namen der Gäste gab uns Julia bekannt, so konnten wir im Vorfeld unsere Figuren beschriften und im Restaurant für jede Person platzieren.

Zur Hochzeit werden Bräute geschmückt, also musste für Julia ein Blumenkränzchen geflochten werden, welches wir mit weißen Seidenbändern versahen. Für Alexander wurde es ein Blumenanstecker am Revers seines Jacketts. Um 16 Uhr traf man sich im Garten des Hochzeitspaares zum Umtrunk, wir erlaubten uns, etwas früher dort zu sein. Julia hatte sich herausgeputzt und trug zum Anlass ein bodenlanges schwarzes Kleid mit weißen Punkten und Volants, das dem Rock einer spanischen Tänzerin glich. Da hatten wir zu unserer Freude mit der Tischdekoration wohl ins Schwarze getroffen. Alexanders Erscheinung war chic, er trug einen silberfarbenen Anzug mit weißem Hemd und roter Krawatte. Auch da passte der Anstecker wie durch Zufall bestens. Jetzt musste das Hochzeitspaar geschmückt werden, bevor die Gäste eintrafen, ein lustiger Akt.

In Julias frisch frisiertem grau- dunkel meliertem Haar, hoben sich die tiefroten Miniröschen zur Rubinhochzeit mit den weißen Bändern hervorragend ab. Auch Alexanders Anzug erhielt mit dem Blumenanstecker den festlichen Schliff. In der Zwischenzeit waren auch die letzten Gäste eingetroffen und es wurde dem Hochzeitspaar zugeprostet und Glück gewünscht. Alexander ergriff das Wort und dankte Julia für die schönen Jahre und die tiefe Liebe, die sie ihm entgegengebracht hatte. Dabei überreichte er ihr ein schön eingepacktes Geschenk, natürlich in Rubinrot. Alle der Anwesenden waren gespannt, was sich in der kleinen Schachtel befand, und drängten die Hochzeiterin unter Beifallklatschen zum Auspacken. Wunderschöne Ohrstecker, ein Collier mit Rubinen und kleinen Diamanten kamen zum Vorschein, Julia war begeistert und von den Gästen war ein lautes „Oh" zu vernehmen. Gekonnt half Alexander seiner Angebeteten beim Umlegen des Halsschmuckes und dem Anstecken der Ohrringe. Die beiden küssten sich innig, man hätte meinen können, sie seien frisch verliebt. Der Applaus aller Anwesenden fiel rauschend auf das Rubinhochzeitspaar zurück. Um halb acht ging es dann zu Fuß Richtung Restaurant, Alexander und Julia voran, mit der lustigen Schar im Schlepptau. Im Restaurant erschien alles sehr festlich, vieles war in Rot gehalten. Die aufgehängten Ballons, Servietten, kleinen Metallherzchen auf den Tischen verstreut, sogar die Blumengestecke waren themengetreu ausgewählt. Unsere Tänzerinnen fanden beim Brautpaar Anklang und wurden von den Gästen ausgiebig bewundert, was uns natürlich freute. Nach dem Essen trugen Gedichte und wohlwollende Worte zur Unterhaltung bei, viel wurde gelacht an jenem Abend. Meistens endet ein Fest nach Dessert und Kaffee im Restaurant. Aber an diesen Abend ging es zurück in den Garten. Alexander und Julia wollten den Abend nicht abrupt beenden und luden zum Scheidebecher ein, wie man ihn in Deutschland nennt. Ein letztes Glas vor dem Schlafengehen sollte der Feier den krönenden Abschluss verleihen, so holte Alexander die kleinen Gläser aus dem Schrank und brachte sie auf den Tisch. Er kredenzte jedem Gast einen

Friesengeist, den Kräuterlikör mit 56 Volumenprozenten Alkoholanteil. Davor wurde dieser von Alexander angezündet und mit dem dazugehörenden Trinkspruch stilvoll vorgetragen. Andächtig begann er mit den Worten:

„Wie Irrlicht im Moor, flackert's empor, lösch aus, trink aus, genieß auf echte Friesenweise den Friesen zur Ehr vom Friesengeist mehr."

Damit endete die Feier mit großartigen Gastgebern und dem begeisterten Publikum.

Haus, Garten und Kinderersatz

Die Zeit verfloss und im Haus hatte sich kaum etwas verändert, der Tagesablauf verlief mehr oder weniger nach demselben Muster. Meistens kauften sie zusammen ein, was für den Alltag benötigt wurde, oder sie begaben sich einfach nur mal in die Stadt zum Shoppen. An Tagen, an denen das Wetter in der Herbstzeit umschlug, es feucht und unfreundlich war, zog sich Alexander gerne in sein Büro zurück und setzte sich vor den Computer. Aber er nutzte solche Tage auch, indem er sich mit Literatur beschäftigte. Das konnte ein guter Krimi, Weltliteratur oder technische Artikel sein, ihm fiel fast jeglicher Lesestoff zum Opfer. Oft reparierte er während solcher Wetterphasen kleinere Schäden im Haus oder zog eine neue Elektroleitung ein, um daran wieder eine dekorative Lampe zu montieren. Julia widmete sich an solchen Tagen vermehrt ihren Puppen Rosi und Steffi. Jeden Tag wurden die Vinylkinder gewickelt, darüber hinaus frisch angezogen und gekämmt. Die Garderobe war gut bestückt, das von der Unterwäsche bis hin zur Jacke. Die Puppenklamotten belegten beinahe die Hälfte von Alexanders Kleiderschrank. Die getragenen Kleider der Puppen wurden selbstverständlich auch immer wieder gewaschen und füllten wöchentlich den Windelständer im Garten.

Im Januar desselben Jahres bekam ihr Haus innen und außen einen neuen Anstrich, dafür musste Raum um Raum ihres Hauses teilweise ausgeräumt werden. Es war unmöglich, während der Zeit der Malerarbeiten in einem Provisorium zu leben und so luden wir sie ein, währenddessen bei uns zu wohnen. Die Tage waren im Nu wieder vorbei und mit vereinten Kräften wurde geputzt und eingeräumt. Alles hatte seinen Platz und das Innere des Hauses erstrahlte mit den weißen Wänden in neuem Glanz. Im Außenbereich hatten sie später den Wunsch, sich einen gedeckten Sitzplatz machen zu lassen. Dazu benötigten sie einen Spezialisten, der sich mit Profilen und Bedachung in Aluminium auskannte. Wir boten an, den Mann aufzubieten, der für uns zur vollsten Zufriedenheit auch schon gearbeitet hatte. Bald stand der Plan und das Baugesuch konnte eingereicht werden. Mit dem bewilligten Projekt, das auf dem Tisch lag, ging es bald los. In kürzester Zeit standen die vier weißen Profile verankert auf dem Natursteinboden. Zur anschließenden Überdachung wurden Aluminiumtafeln ausgewählt. Einseitig grenzte die Pergola an die Hausmauer und deckte den Zugang bis zum Wintergarten ab. Jetzt konnten sie trockenen Fußes, auch bei Regen, vom Wintergarten aus zur Pergola gelangen. Das Endergebnis ließ sich sehen, eine gute und nutzbringende Investition. Die offenen drei Seiten waren mit Markisen versehen, die per Handkurbel zu bedienen waren, und die je nach Bedarf hochgedreht werden konnten. Vollendet waren der Anstrich des Hauses und der schön gedeckte Außenbereich, der nun Platz für den großen runden Tisch bot, den sie sich gerade gekauft hatten.

Zwischenzeitlich hielt der Frühling Einzug und es zeigten sich an verschiedenen Stellen die ersten Blumen im Garten. Verschiedenfarbige Freesien verströmten ihren Duft und die Rosen hatten auch schon den ersten Auftritt. Zwischen dem dunkel gebeizten Gartenhaus und dem Haus zeigte sich die lila Bougainvillea in ihrer ganzen Schönheit. Das immer wiederkehrende Erwachen der Natur, die Freude auf wärmere Tage war das, was die Hamburger über alles liebten. Obwohl der April auch mal regnerische Tage hervorbrachte, bewegten sich die Temperaturen bei 20 bis 25 °C tagsüber. Jetzt spielte sich das Leben wieder mehrheitlich im Freien ab und sie konnten endlich ihre Pergola richtig einweihen. Mit dem Frühjahr war die Zeit gekommen, man holte die Gartenmöbel aus dem Winterquartier und trug sie in den Garten. Die mussten entstaubt und anschließend an den gewohnten Plätzen wieder aufgestellt werden. Die großen Töpfe vor dem Haus verlangten nach neuem Flor und so begaben sich Julia und Alexander immer wieder in die nahegelegene Gärtnerei, um dort geeignete Pflanzen für die Terrakottagefäße zu finden. Die Farben in den Töpfen vermochten den Frühlingszauber im Garten noch zusätzlich zu unterstützen. Wie oft hörte ich Alexander sagen: „Wie schön wir es doch haben!"

Alexander wird 80

Am 28. August feierte Alexander seinen 80. Geburtstag und wir überlegten uns, mit welchem Geschenk wir den Jubilar überraschen konnten. Was schenkt man jemandem, der bereits alles hat. Ein ferngesteuerter Helikopter, das war die Idee, denn immer wieder sprach er davon, sich einen kaufen zu wollen. Mit Sicherheit würde er daran Gefallen finden und so beauftragten wir unseren Sohn damit, uns das richtige Flugobjekt zu kaufen. Er besorgte uns ein geeignetes Anfängermodell, denn er brachte die notwendige Erfahrung mit. Nach dem Erhalt des Pakets ging es an die einfallsreiche Verpackung. Wir schufen aus der Schachtel ein Propellerflugzeug mit Rädern, bemalten dieses und klebten hinter das Fenster des Cockpits ein Foto von Alexander. Unsere Bastelei war gelungen und so überbrachten wir ihm am Tag seines Geburtstags, nebst Glückwünschen, auch das etwa einen Meter lange Kartonflugzeug. Er freute sich riesig, hatte natürlich keine Ahnung, auch Julia nicht, was sich im Innern des Fliegers verbarg. Es tat ihm leid, das Kunstwerk zu zerstören, aber die Neugierde siegte schließlich doch. Er ging ans Werk und öffnete vorsichtig die Verpackung. Als er sah, was zum Vorschein kam, war er außer sich vor Freude, man konnte seine Begeisterung deutlich spüren. Er entnahm der Verpackung das 35 cm lange Heli-Modell vorsichtig und stellte es vor sich auf den Tisch. Wie ein kleiner Junge, der gerade sein neues Spielzeug betrachtete und sich riesig darüber freute, saß er da. „Da muss ich wohl zuerst die Anleitung studieren, bevor ich den steigen lasse", lachte er vergnügt, „ich glaube, die Handhabung wird nicht gar so einfach sein." Uns freute es sehr, dass wir mit unserem Geschenk eine gute Wahl getroffen hatten und ihn damit überraschen konnten. Wie dann der erste Flug verlief, erzählte er später so: „Ich begab mich zur Grünzone gegenüber unserem Haus, dort stehen, wie ihr wisst, keine Häuser, nur unzähligen Olivenbäume. Die schienen mir kein Hindernis zu sein und somit auch keine Gefahr für den ersten Flug mit dem Heli. Vorbereitet und guter Dinge startete ich das Flugobjekt, hob es vom Boden ab und ließ dieses nie zu hochfliegen. Ich machte alles exakt so, wie in der Anleitung empfohlen wurde. Ach, wie ich mich darüber freute, immer wieder holte ich ihn mit meiner Fernbedienung sicher zurück und setzte den Hubschrauber sauber auf dem Boden ab. Das Manöver des Startens und Landens wiederholte ich unzählige Male und so war ich mir ziemlich sicher, mich in den kommenden Tagen an den Schwebeflug wagen zu können. Als ich erneut in der Grünzone stand, den Heli startete und ihn abermals steigen ließ, war meine Freude schier überschwänglich. Wie schön es gelang, das Flugobjekt ihn der Luft zu halten und auch zu drehen. Dann wurde ich wohl doch etwas zu übermütig", er hielt inne und fuhr fort, „und dann geschah es! Als ich wiederholt abhob und den Helikopter steigen ließ, ging der hoch und hoch und immer höher in Richtung Straßenlaterne. Ach du Schande, wie kann ich nur mein Flugobjekt unter Kontrolle bekommen, war der erste Gedanke in meiner misslichen Lage. Ich fummelte also nervös an der Fernsteuerung herum, konnte den Heli immer noch sehen und plötzlich, da war er einfach weg. Was nun?", er lachte amüsiert. „Also machte ich mich auf die Suche nach meinem neuen Spielzeug. Lange dauerten meine Ermittlungen und dafür klingelte ich an sämtlichen Haustüren der Nachbarn. Tatsächlich wurde ich schließlich fündig, mein abgestürzter Heli mit gebrochenen Flügeln lag im Garten eines Nachbarn. Glücklicherweise hielt sich nach genauer Prüfung der Schaden in Grenzen. Die Flügel konnten ersetzt werden und das beruhigte mich." Nachdem wir den Worten von Alexander gespannt zugehört hatten, mussten wir wirklich lachen und rieten dem Bruchpiloten, sich die Flügel doch gleich in großen Mengen liefern zu lassen.

Veränderungen

Im September 2010, ein Tag mit heftigen Gewittern. Für uns war es kein überraschender Tod, denn meine Mutter befand sich länger schon in einem instabilen Zustand. Sie verließ uns mit 83 Jahren an den Folgen einer Nierenvergiftung. Auch für Julia und Alexander war dieser Tag einschneidend, denn die drei hatten über Jahre hinweg ein sehr enges nachbarschaftliches Verhältnis gehabt. Der Verlust ihrer lieben Nachbarin schmerzte Alexander wie Julia sehr, es war nicht mehr das Gleiche ohne Helen als Nachbarin, ließen sie gegenüber uns verlauten. Weiterhin pflegten sie aber die Verbindung zu uns, das war ihnen wichtig. Mutters Pudel hatten wir zu uns genommen, obwohl uns Julia und Alexander die Übernahme des Hundes des Öfteren anboten. Julia vermisste den Wollknäuel in ihrer Nähe, den sie ja öfters auch bei sich hatte. Ich schlug ihr vor, mit Alexander über die Möglichkeit zu sprechen, sich einen eigenen Hund anzuschaffen. So wäre für Julia eine neue sinnstiftende Beschäftigung geschaffen. Weil die Idee nach dem gemeinsamen Gespräch mit Alexander sehr gut ankam, besuchten Julia und ich das hiesige Tierheim. So viele liebe und schöne Tiere warteten darauf, ein neues Zuhause zu finden. Julia fand unter achtzig Hunden den schwarzen Zigeuner, wie ihn Heinz später nannte. Am selben Tag nahm sie den Hund dann auch gleich mit. Ich war damals der Meinung, sie solle lieber über die Sache schlafen und dann noch einmal mit Alexander ins Tierheim gehen, aber sie lehnte es ab. Nun mussten wir Futter, einen Hundekorb und die Leine beschaffen, es ging alles fast zu schnell. In nur zwei Stunden waren die beiden Hundebesitzer eines hübschen Papillons-Dackel-Mischlings geworden. Dieser hielt manchmal seinen Kopf schräg, stellte seine Ohren auf, da hatte man wirklich das Gefühl, den Flügelschlag eines Schmetterlings zu sehen. Ein hübscher, lieber Kerl, der das Leben der beiden positiv beeinflusste. Julia hatte weniger Zeit für ihre Puppen, weil sie sich mit dem Hund zu beschäftigen hatte. Schließlich handelte es sich jetzt um ein Lebewesen, um das man sich kümmern musste. Alexander gewöhnte sich schnell an die Situation und beteiligte sich aktiv an der Betreuung des Hundes. Er mochte den kleinen Hund mit dem flauschigen schwarzen Fell sehr und erinnerte sich oft an Struppi aus seiner Kindheit. Die täglichen Spaziergänge taten nicht nur dem Vierbeiner gut, sondern förderten auch die etwas vernachlässigte Mobilität und Beweglichkeit der beiden. Eine sich in jeder Hinsicht lohnende Verpflichtung.

Im Laufe des Jahres ergaben sich erneute Veränderungen in der Straße, in der Julia und Alexander wohnte. Einige Deutsche, die in der gleichen Zeit wie Alexander und Julia hergezogen waren, verließen Spanien wieder. Teilweise kehrten sie aus Altersgründen in ihr Heimatland zurück, andere starben oder veränderten sich anderweitig. Auch die Angst, im Alter nicht da zu sein, wo man die Sprache verstand, war mitunter für manche auch ein Grund zur Rückkehr. Weitere ereilte das Gefühl, im Alter zu vereinsamen und sie verließen deswegen das Sonnenland Spanien. Es lebten in ihrer Nähe auch Personen, die ihre Liegenschaft verkauften und in eine Wohnung umzogen oder sich in Altersresidenzen einmieteten. Auf diese Weise bot sich Pflege an, die man im Alter unter Umständen zu beanspruchen hatte. Mittlerweile verspürte auch Alexander oft das Verlangen, besonders seines fortgeschrittenen Alters wegen, in das ihm vertraute Hamburg zurückzukehren. Oder wenigstens dort die Wintermonate zu verbringen, war ebenfalls eine Option, über die er sich Gedanken machte. Das brachte das Alter, wenn Unsicherheiten auftreten würden, meinte er und Heimat sei eben schon dort, wo man zur Welt gekommen war. Der Versuch, sich damals in der Altersresidenz in Hamburg einzumieten, scheiterte, der Grund war die zu teure monatlich finanzielle Mehrbelastung. Die beiden suchten sich später dann mit einer günstigeren Wohnung noch einmal eine Möglichkeit, in Hamburg zu überwintern. Der Vertrag mit dem Vermieter war schon gegenseitig unterzeichnet und in Planung stand dann die Einrichtung der Zweizimmerstadtwohnung. Plötzlich hatte dann Julia keine Lust mehr, denn sie konnte sich im Moment noch gar nicht vorstellen, die kalten Monate in Deutschland zu verbringen, ließ sie wie aus heiterem Himmel verlauten. Zu sehr genoss sie scheinbar gerade in dieser Zeit die Sonne des Südens. So musste Alexander die soeben und noch nicht mal eingerichtete Wohnung mit dem Verlust von drei Monatsmieten wieder kündigen. Ich weiß noch gut, wie er sich damals über ihren Entscheid geärgert hatte und es ihm peinlich war, den sehr angenehmen und freundlichen Vermieter anzurufen. Vor allem schon deswegen, weil viele Interessenten diese Wohnung gerne bekommen hätten. Dass gerade sie den Zuschlag bekamen, musste sicher daran gelegen haben, dass sie nicht mehr jung waren und die Wohnung nur als Feriendomizil nutzen wollten. Sie war im Vorfeld ebenfalls begeistert und betonte bei der Besichtigung die Vorteile der gut gelegenen Stadtwohnung. Sie freute sich besonders darauf, auch mal etwas länger in Hamburg bleiben zu können, ohne jemandem auf die Pelle zu rücken. So konnten sie die Enkeltöchter, ihre langjährigen Freunde sehen und das kulturelle Angebot in Hamburg nutzen, schwärmte Julia bei uns.

Alex ist krank

Mir fiel bei unseren Treffen auf, dass Alexander in letzter Zeit an körperlicher Vitalität etwas eingebüßt hatte. Er wirkte oft antriebslos und müde, er besaß nicht mehr sein frisches Auftreten. Ob es am Zucker lag, oder ihn möglicherweise eine andere Krankheit schnell ermüden ließ, entzog sich meinem Wissen. Bis jetzt hatte er jeden Morgen rigoros seine Turnübungen gemacht, aber dazu fehlte ihm scheinbar die Motivation, erzählte er. Als hätte ich eine Vorahnung gehabt, rief mich Alexander eines Tages im Juni 2011 an. Er erklärte mir, dass er unbedingt den Arzt aufsuchen müsse, denn mit seinem Darm sei etwas nicht in Ordnung. Immer wieder würden ihn starke Durchfälle plagen und der Schließmuskel würde ihm oftmals auch einen Streich spielen. Eine ernstzunehmende Angelegenheit, die er schnellstens abklären sollte, riet ich ihm und so fuhren wir zu dritt zwei Tage später schon zum Gesundheitszentrum. Im langen Korridor vor den Arztpraxen standen Stühle, einer nach dem anderen und bis auf den Letzten besetzt. Es dauerte lange, bis Alexander aufgerufen wurde. „So, nun hinein in die Höhle des Löwen", hörte ich ihn noch sagen, als er mit Julia hinter der Tür verschwand. Mit dem Tag der ersten Untersuchung war es dann nicht getan, weitere folgten, aber Alexander war immer guter Dinge. Seine Vermutung, es seien Hämorriden, zerschlugen sich nach weiteren Abklärungen im Wind, die Diagnose lautete Enddarmkrebs und wie ein Blitz trafen ihn die Worte des Arztes. Ich stellte mir vor, welche Gefühle in dem Moment in ihm hochkamen. Er wird sich die Fragen gestellt haben, warum gerade ich, habe er das verdient, reichte es nicht mit der Zuckerkrankheit. Nach intensiver Absprache mit seinen behandelnden Ärzten in Spanien und denen in Deutschland, buchte ich für Alexander einen Flug nach Hamburg, um dort eine zweite

Meinung einzuholen, denn er wollte Gewissheit haben. Seine geplante Reise war nicht einfach anzutreten, denn in seinem Kopf kreisten zu viele Gedanken. Wie sollte er sich entscheiden, wenn es zu einer Operation kommen würde. Eine bedrückende Situation, denn ausgerechnet Julia wollte dieser Tatsache nicht ins Auge sehen, sie wollte es einfach nicht wahrhaben. Die Enkeltöchter, die Kinder seiner verstorbenen Alia aus erster Ehe, die zwischenzeitlich eigenständig mit ihren Partnern in Hamburg lebten, waren in diesem Moment keine Hilfe für ihn. Dazu wollte er die jungen Leute nicht mit seiner Krankheit belasten. Zu seinem Sohn unterhielt er nach wie vor noch immer keinen guten Draht, denn der hatte sich von ihm losgesagt, was Alexander akzeptieren musste, leider. Er schrieb ihn vor Monaten einmal an, aber eine Antwort kam nicht zurück. Aus diesem Grund war es auch nicht möglich, gerade jetzt um Rat in seiner ohnmächtigen Lage zu bitten. Es wäre ihm vorgekommen, als würde er seinen eigenen Sohn für etwas missbrauchen.

Am 10. Juli 2011, in der Hoffnung, man habe sich in Spanien geirrt, reiste Alexander per Flug nach Hamburg hoch. Trotz allem war er guter Dinge und freute sich, den dreistündigen Flug ohne nennenswerte Zwischenfälle gut überstanden zu haben. Die Landung verlief plangemäß und er wurde glücklicherweise von seinem besten und langjährigen Freund erwartet. Das Erste, was er jetzt zu tun hatte, war der dringende Gang zur Toilette, denn bei Inkontinenz konnte schnell etwas schieflaufen. Davor lief er eilig zum Gepäckband, um seinen Koffer noch in Empfang zu nehmen. Er hatte vorgesorgt, trug eine Einlage in seiner Unterhose, um Schlimmes zu verhindern. Feuchttücher, Einlagen, Ersatzunterwäsche und eine kurze Hose im Handgepäck gaben ihm zusätzliche Sicherheit. Nachdem er von den Toiletten Richtung Ausgang schritt, sah er von Weitem schon seinen lieben Freund winken. Der großgewachsene, ewig Junggebliebene hatte nebst seiner gepflegten Erscheinung auch eine überaus herzliche Ausstrahlung. Kurz darauf begrüßten sich die alten Freunde mit einer Umarmung und Alexander war unendlich dankbar, dass sich Helmut die Zeit genommen hatte, ihn vom Flughafen abzuholen. So brauchte er nicht mit öffentlichen Verkehrsmitteln zu seinem Freund zu fahren, denn die Angst, sein Darm könnte verrücktspielen, war groß. Durch den gewählten Sonntagsflug blieb ihm doch noch etwas Zeit, sich mindestens seelisch und moralisch für das Bevorstehende vorzubereiten, denn der Eintritt war für Montag, den 11. Juli angesagt. An jenem Sonntag, als die alten Freunde durch Hamburg Richtung Altona fuhren, war Alexander nicht leicht ums Herz. Wie ein großer Stein lag ihm die Angelegenheit auf dem Magen und er war keineswegs aufgelegt, darüber zu sprechen. Sein Freund musste das wohl gespürt haben, denn nicht ein Wort in Form einer Frage bezüglich der Krankheit kam aus seinem Mund. Als die beiden Männer nach vierzigminütiger Fahrt in der Gegend von Bahrenfeld eintrafen, wurden sie schon erwartet. Die Frau seines Freundes, die Alexander auch schon über viele Jahre kannte, stand schon in der Tür. Eine entzückende, lebhafte Frau, ebenfalls in den Achtzigern freute sich über Alexanders Ankunft und erkundigte sich über den Verlauf seiner Reise. Glücklicherweise ohne ein unangenehmes Intermezzo konnte er ihre Frage beantworten. Aus der Küche roch es köstlich nach frischgebackenem Kuchen und der Geruch von aufgebrühtem Kaffee war ebenfalls wahrzunehmen. Alexander, des Süßes nur zu gerne mochte, freute sich trotz seines Gemütszustandes und des Zuckers auf den Kuchen. Auf der Terrasse zu sitzen war an dem Sonntag ungünstig, denn zu unsicher war die Wetterlage. Immer wieder waren Blitze, die den Himmel erhellten, und das rollende Geräusch des Donners zu vernehmen, ein Gewitter braute sich zusammen. Bei Tisch in der Wohnstube kam es dann unweigerlich zur Frage, warum ihn Julia nicht begleitet hatte. Was sollte er dazu sagen, fieberhaft suchte er nach einer glaubhaften Ausrede. „Na ja, ihr wisst doch, dass wir den Hund haben und außerdem sind da noch die vielen Pflanzentöpfe, welche im Hochsommer besonderer Pflege bedürfen." „Aber ihr habt doch gute Freunde dort, die hätten bestimmt in dieser Notlage geholfen", entgegnete Alexanders Freund. Wie recht er hatte, dachte Alexander, verzichtete aber darauf, sich weiteren Fragen zu stellen. Die beiden Männer, die viele Jahre zusammen im Bankwesen tätig gewesen waren, kannten und verstanden sich außerordentlich gut. Geheimnisse gab es zwischen den Freunden kaum. Nur heute hatte Alexander nicht den Mut, mit seinem Freund offen über das fragwürdige Verhalten von Julia zu sprechen. Gekonnt schaffte er es, das Gesprächsthema zu wechseln, dann plauderte man über alte Zeiten und ergötzte sich zusammen an einst Erlebtem. Der weitere Abend war themengeschwängert, sogar während des schmackhaften Nachtessens, welches die Hausherrin zubereitet hatte. Es wurde rege diskutiert und herzhaft gelacht. Für einige Stunden vergaß Alexander, was ihn erwartete. Müde von der Reise wollte er sich an dem Abend bald zur Nachtruhe begeben, was seine Gastgeber gut verstanden. Mit großem Dank für alles verabschiedete er sich von seinen geschätzten Freunden und stieg müde die Treppe hoch, die er ja von früher her schon kannte. Im ersten Geschoss ging Alexander bis ans Ende des Flurs, wo sich das Zimmer mit Bad befand und er des Öfteren mit Julia genächtigt hatte. Das Zimmer war wie gewohnt gemütlich und schön hergerichtet, auch das Bett war schon bezogen. Es tat ihm heute besonders gut, zu spüren, wie herzlich er im Hause seiner Freunde aufgenommen wurde. Jetzt wollte er Julia Bescheid geben, dass er gut angekommen war. Dafür setzte er sich auf das kleine antike Sofa neben der Tür. Er wählte die Nummer auf seinem mobilen Telefon und es dauerte nicht lange, da meldete sie sich. „Na, alles gut gegangen mein Schatz?", fragte sie. „Ja, die Reise verlief gut und ich hatte keinerlei Probleme, Gott sei Dank", erwiderte Alexander „nur schade, dass du nicht bei mir bist." „Lassen wir das", kam es kreischend von der anderen Seite der Leitung, „du weißt, warum ich nicht bei dir sein kann." Alexander schluckte und fuhr fort: „Ich soll dich herzlich grüßen von den beiden, auch sie hätten dich gerne hier gesehen." „Und was hast du ihnen erzählt?" fragte sie forschend. „Ach Julia, was hätte ich denn sagen sollen, die Wahrheit kennst nur du allein, oder?" „Wenn du meinst", hörte er sie sagen. Der Rest des Gespräches drehte sich nur noch um den Hund und welches

Programm sie sich am Fernseher gerade ansah. Alexander hatte absolut keine Lust mehr, sich länger die belanglosen Erzählungen anzuhören und wünschte ihr eine gute Nacht. „Alles Gute für den morgigen Tag und grüß mir bitte unsere lieben Freunde", sagte Julia noch, „Küsschen" und das war's.

Er saß noch eine ganze Weile auf dem kleinen Sofa und ließ sich dabei das Gespräch, was sie zu Hause geführt hatten, durch den Kopf gehen. Wie sie ihm mitgeteilt hatte, würde sie die Vorstellung eines künstlichen Darmausganges anekeln. Und darüber hinaus könne sie sich so die Nähe zu ihm und die Sexualität nicht mehr vorstellen. Auch mit ihrer Hilfestellung müsse er nicht rechnen, dazu gäbe es Fachpersonal. Das waren harte Worte, aber er versuchte, ihre Ohnmacht zu verstehen. Nachdem Alexander für die Nacht vorbereitet war und sich das Langzeitinsulin gespritzt hatte, kroch er bald schon unter die leichte Decke des breiten Bettes. Er zündete die Nachttischlampe an, um nochmals die Broschüre des Krankenhauses durchzulesen. Darin stand geschrieben, dass eine optimale Versorgung für Darmkrebspatienten gewährleistet sei. Diagnostik, Früherkennung, operative Möglichkeiten und Therapie würden bei ihnen in der Klinik im Mittelpunkt stehen. Patienten mit solchen Erkrankungen würden im Vorfeld optimal beraten, das beruhigte ihn etwas. Um zehn Uhr hatte er sich in der Klinik einzufinden und schon am Nachmittag würden erste Untersuche vorgenommen. Die Distanz vom Haus seines Freundes zum Albertinen Krankenhaus dauerte etwas über eine halbe Stunde, also reichte es, wenn er um sieben Uhr aufstand. Für seine morgendliche Toilette benötigte er eine knappe Stunde, Zucker prüfen und spritzen inbegriffen. Sein Koffer stand unten in der Diele schon bereit, also konnte er den Tag ruhig angehen. Das Frühstück war für acht Uhr angesagt und um neun Uhr wollten sie losfahren. Alexander löschte das Licht und versuchte zu schlafen, was ihm verständlicherweise nicht gelang. Zu viele Gedanken plagten ihn, einerseits das Problem mit Julia und auf der anderen Seite das, was ihm bevorstand. Um vier Uhr in der Früh lag er immer noch wach und wälzte sich von einer Seite zur anderen. Als sein Telefon ihn weckte, war es genau sieben Uhr und er bemerkte dabei, dass er doch noch etwas geschlafen hatte. Nach seinem täglichen Ritual im Badezimmer begab er sich nach unten und sah die gute Seele des Hauses in der Küche hantieren. „So, gut geschlafen lieber Alexander?" wurde er von ihr gefragt. „Ja, nachdem ich noch lange wach lag, muss ich dann wohl eingeschlafen sein", entgegnete er. „Ich fühle mich frisch und erholt, danke deiner Nachfrage." „Guten Morgen, Alexander", hörte er seinen Freund rufen, „du bist auch schon in den Pötten." Gemeinsam saßen sie fünf Minuten später am Frühstückstisch und ihm kam es vor, als würde er die Henkersmahlzeit einnehmen. Hunger hatte er nicht, aber des Zuckers wegen musste er doch eine Kleinigkeit zu sich nehmen. Es war schon bei neun Uhr, als Alexander sich von der Gastgeberin mit einem freundschaftlichen Küsschen auf die Wange verabschiedete. Alsdann nahm er seinen Koffer, der im Flur stand und packte ihn in den Wagen seines Freundes. Jetzt kam die Aufregung und seine Sorge galt dem Darm, hoffentlich würde dieser bis ins Krankenhaus ruhig bleiben. Er hatte wie gewohnt vorgesorgt. Denn wie heißt es gemäß dem Sprichwort so schön: „Vorsicht ist die Mutter der Porzellankiste". Die Fahrt am Altonaer Volkspark vorbei Richtung Eidelstedt verlief gut, denn der Verkehr war fließend. Vor zehn Uhr parkten sie den Wagen nahe am Krankenhaus. Alexander wollte nicht, dass sein Freund ihn begleitete, denn wer wusste schon, wie lange er da unter Umständen vergeblich gesessen hätte, es war gut so. Die Männer schlossen sich in die Arme und der Freund wünschte ihm alles Gute. Mit den Worten des Dankes verabschiedete sich Alexander mit einem kräftigen Händedruck, sah ihm in die Augen und sagte: „Was hätte ich nur ohne euch getan?" „Dafür sind doch Freunde da, lieber Alexander", entgegnete dieser. „Ich werde mich bei euch melden, sobald ich mehr weiß", rief er noch, als er den Weg Richtung Klinik einschlug. Es war ein reges Treiben an der Rezeption der Albertinen Klinik, als er sein Eintrittsformular aus der Mappe zog. Nur wenige Minuten Wartezeit und er war an der Reihe. Eine äußerst freundliche Dame nahm seine Personalien auf und händigte ihm das obligate Blatt, einen Fragebogen, aus. „Wenn Sie damit fertig sind, würde ich dann veranlassen, dass jemand Sie zu ihrem Zimmer führt", erklärte ihm die freundliche Angestellte der Klinik. Es war kurz vor elf, als er abgeholt und auf die Station begleitet wurde. „Sie können hier im Schrank ihre Sachen unterbringen, dort befindet sich das Bad, weitere Informationen und Vorgehensschritte werden Ihnen später von dem zuständigen Arzt nach dem Mittagessen unterbreitet", erklärte ihm die Pflegerin der chirurgisch-onkologischen Abteilung. Alexander schaute aus dem Fenster und durch das Grün der weitausladenden Baumkrone eines Baumes drang Sonnenlicht ins Zimmer, es war ein wunderschöner Tag. Um drei Uhr am Nachmittag klopfte es an die Tür und alsdann erschien der Arzt, der sich bei Alexander vorstellte. Ein vertrauenswürdiger Mann, freundlich und für Alexander stimmte die Chemie vom ersten Augenblick an. „Guten Tag, ich habe mir Ihre Unterlagen angesehen, die Sie aus Spanien mitgebracht haben und auf Grund dessen die notwendigen ersten Schritte der Voruntersuchungen eingeleitet. Wir werden heute als Erstes mit dem Blutbild beginnen, feststellen, ob ein Infekt oder eine Entzündung vorliegen, dann wird ein Ultraschall folgen. Morgen in der Früh haben wir die Koloskopie (Darmspiegelung) mit vorgängiger Darmreinigung und Gewebeprobe eingeplant, alles Weitere, da hören Sie von mir. Gab, oder gibt es in Ihrer Familie schon jemanden, der an dieser Krankheit litt, oder leidet und wie sind Ihre Lebens- und Ernährungsgewohnheiten?", wurde er gefragt. „Wie hat sich die Krankheit angekündigt, haben Sie Blut im Stuhl, oder Durchfall und dann wieder Verstopfung?" Summa summarum dieselben Fragen, wie schon einen Monat zuvor in Spanien, die Alexander zu beantworten hatte. Die zwei Tage der Voruntersuchungen waren geschafft, sogar die Darmspiegelung, der Alexander mit Skepsis entgegensah, war überstanden. Nach dem sehr bescheidenen Frühstück am Morgen wollten die Ärzte noch den Ultraschall machen. Als er sein Zimmer verließ, kamen ihm auf dem Flur Patienten jeden Alters entgegen. Einige schoben die Infusionsständer vor sich hin und andere bewegten sich in gebückter Körperhaltung auf dem Gang auf und ab. Jeder von denen hatte seine Geschichte, dachte Alexander, während er sich zum Ultraschall begab. Am Freitag, es war der 15. Juli, kam die ernüchternde Wahrheit aus dem Munde des Arztes, dem er am Schreibtisch des Behandlungszimmers gegenübersaß. Die Diagnose war ein Boxhieb mit Volltreffer, es kam exakt dieselbe Erklärung aus dem Munde des Arztes, wie zuvor in Spanien auch. „Sie haben Glück im Unglück, der Krebs hat nicht gestreut, also keine Absiedlungen in anderen Teilen des Körpers." Die Ärzte hatten sich also doch nicht geirrt, ging es Alexander durch den Kopf. Er wurde nachdenklich, fühlte sich plötzlich allein und verlassen. Wie wäre es gewesen, wenn Julia an seiner Seite gesessen hätte, sicherlich erträglicher. Nein, er wollte positiv bleiben und zuversichtlich in die Zukunft blicken. Das Leben, es forderte ihn wie schon so oft, er musste sich den Gegebenheiten stellen. Sich operieren zu lassen, bedeutete Veränderung, aber weiterleben, das wollte er. Er genoss und liebte sein Dasein, zum Sterben hatte er jetzt noch keine Zeit. Beim Operationsgespräch wurde ihm schrittweise erklärt, was zu tun sei und wie sein weiteres Leben nach der Operation aussehen werde. Erster Schritt: am Darmausgang das Karzinom, den bösartigen Tumor, entfernen. Der Schließmuskel sei nach der Operation leider nicht mehr aktiv, wurde ihm dabei ebenfalls mitgeteilt. Damit traf man Alexander an einem sehr empfindlichen Nerv, denn er hielt viel von Hygiene und Sauberkeit. Sollte er sich nach dem Eingriff wie ein kleines Kind unkontrolliert in die Hose machen, unvorstellbar. Jetzt in diesem Moment verstand er sogar Julias Reaktion. Das Resultat, ein künstlicher nicht reversibler Darmausgang, mit dem er sich in Zukunft zu arrangieren hatte, stand ihm bevor, aus und basta. Schnell gesagt, es betraf ja nicht nur ihn allein, sondern auch seine um fast siebzehn Jahre jüngere Frau. Wie sie die entscheidende Tatsache wohl aufnehmen würde, das war jetzt sein größtes Bedenken. Das Wochenende stand vor der Tür, er hatte also noch genügend Zeit, sich mit seinem veränderten Leben als Stoma-Träger auseinanderzusetzen. Außerdem wollte er heute noch mit Julia sprechen, um sie über die medizinischen Sachverhalte und das weitere Vorgehen zu informieren. Am Nachmittag rief er, wie fast jeden Tag, bei seinem Freund und seiner Ehefrau an. Die beiden waren über die Diagnose nicht weniger schockiert als er. Sie wollten auf jeden Fall am nächsten Tag kommen. Zu seiner großen Freude hatten sich für das Wochenende auch seine Enkeltöchter mit Anhang und Julias Patentante zu Besuch angekündigt.

Bei unserem gemeinsamen Telefonat hatte ich den Eindruck, dass er gut auf die Situation vorbereitet war. Voller Zuversicht auf das Bevorstehende wirkte er gefasst und war nicht am Boden zerstört. „Was eben sein muss, muss gemacht werden und das Leben wird irgendwie weitergehen. Schau, jetzt werde ich bald zweiundachtzig Jahre alt und es gibt mich noch immer", hörte ich Alexanders Stimme am anderen Ende des Drahtes lächelnd sagen. Zumindest hatte er nach außen hin seinen goldigen Humor nicht verloren, ich bewunderte diesen alten Herrn. Wir, Heinz und ich, waren froh, dass endlich eine Lösung für Alexanders Problem gefunden war und der notwendige Eingriff durchgeführt werden konnte. Dass uns Julias Patentante angerufen hatte, erwähnte ich am Telefon nicht, denn das hätte ihn nur unnötig aufgewühlt. Gertrud wollte erfahren, warum Julia nicht mitgekommen war. Wir verstanden es selbst nicht und so verzichtete ich darauf, eine Aussage hierzu zu machen.

Alexander lag auf seinem Bett, hatte das Telefon in der Hand und überlegte, wie er sich Julia offenbaren wollte. Sollte er mit der Türe ins Haus fallen oder um den heißen Brei herumreden, was war gescheiter, er wählte die Nummer. „Hallöchen, lieber Alexander, wie geht es dir mein Schatz?". Zu seiner Überraschung war sie heute wohl besonders gut drauf, war gesprächig und richtig lieb. „Hallo Jule", entgegnete er, so nannte er seine Julia öfters. „Ja, es geht mir hier gut, ich werde versorgt und kann mich nicht beklagen, aber ich muss dir leider mitteilen, dass ich nicht um die Operation herumkommen werde." Alexander vernahm ein mürrisches Hm. „Mit anderen Worten, du willst mir mitteilen, dass du danach ein Bauchscheißer bist", hörte er sie hämisch sagen. Ein hässliches Wort, das sich in Alexanders Kopf bohrte. Wie bissig und höhnisch sich das anhörte. Alle die Jahre liebte er seine Julia über alles und akzeptierte sie so wie sie war. Wie oft hätte er am liebsten die Handbremse gezogen, wenn sie mit ihrer vorlauten Art übers Ziel hinausschoss. Wäre es umgekehrt, er würde an ihrer Seite stehen und sie mit seiner ganzen Liebe und Kraft unterstützen. „Ja, liebe Julia", sprach er in seiner ruhigen Art weiter, „ich kann es nicht ändern und du wirst in Zukunft mit einem Bauchscheißer leben müssen."

Julia hatte sich im letzten Jahr merklich verändert. Sie war oft mürrisch und schlecht gelaunt. Früher konnte sie lachen, schlechte Laune, das kannten wir von ihr nicht und wir fragen uns oft, woran es lag.

Am Dienstag, den 19. Juli wurde Alexander früh am Morgen zur OP abgeholt, er war ruhig und auf das, was kam, gefasst. Von der Narkose und den sonstigen Vorbereitungen zur Operation bekam er überhaupt nichts mehr mit. Als alles vorbei war und er sich im Aufwachraum befand, musste er sich, als er erwachte, zuerst orientieren, wo er sich befand und was eigentlich geschah. Eine Pflegefachfrau kam zu ihm ans Bett und erklärte ihm mit leiser und ruhiger Stimme, dass er operiert worden sei und in den nächsten zwei Tagen hier intensiv betreut würde. Alexander fühlte sich müde, er hatte kaum die Kraft, seine Augen offen zu halten und schlief bald wieder ein. Er erholte sich aber erstaunlich schnell und konnte bald schon essen und mit seinem Beutel am Bauch kam er auch ganz gut zurecht. Wie er mir erzählte, sah der dunkelbraune Beutel an seinem Bauch nun wirklich unattraktiv aus, aber er werde sich daran gewöhnen müssen. Die Stoma-Therapeutin stand ihm zur Seite, wann immer er Fragen hatte oder etwas nicht so war, wie es sein musste. Jetzt befand er sich noch in der Klinik, hatte stets einen Ansprechpartner und vorzügliche Hilfestellung, wann immer er etwas benötigte. Wie es danach zu Hause aussehen würde, da war er gespannt und doch etwas unsicher. Nach drei Wochen Klinikaufenthalt fühle er sich gut und es stand einer Entlassung nichts mehr im Weg. In einem halben Jahr hatte er sich in derselben Klinik in Deutschland einer Nachkontrolle und dazu der Strahlentherapie zu unterziehen. Er hoffte natürlich, dass sein Freund und dessen Gemahlin ihm wieder Unterkunft gewähren würden, denn er musste dazu erneut beinahe drei Wochen bleiben. Eine Pflegerin half ihm bei der Entlassung beim Einpacken seiner persönlichen Sachen, als er das Klopfen an der Zimmertüre vernahm. „Hallo, lieber Alexander", hörte er die liebenswürdige Stimme seines Freundes. Froh darüber, die Klinik hinter sich zu lassen, brachen die beiden Freunde auf. Die Fahrt nach Hause ging erstaunlich gut, obwohl der angelegte Sicherheitsgurt für Alexander schon etwas hinderlich war. In zwei Tagen, am 02. August, ging sein Flug zurück nach Alicante und während der Zeit bis dahin durfte er erneut im Haus seines langjährigen Freundes bleiben. Die drei unendlich langen Wochen, die ihm wie eine Ewigkeit vorgekommen waren, waren nun vorbei.

Zurück in Spanien

Endlich wieder in Spanien, das erfüllte Alexander mit großer Freude. Das konnte ich seinem fröhlichen Gesichtsausdruck entnehmen, als er mir in leicht gebückter Haltung in der Ankunftshalle entgegenkam. Die Sonne, der Duft des Meeres und die Freiheit hatten ihm gefehlt. Jetzt wollte er nur noch nach Hause zu seiner Julia, komme was wolle. Während der Fahrt saß er mit geschlossenen Augen auf dem Beifahrersitz. Er machte einen müden Eindruck, was ich nach der langen Reise und den Strapazen der letzten Wochen durchaus verstand. Ich war froh, als wir nach einer guten Stunde bei ihm zu Hause ankamen, denn das Sitzen machte ihm allmählich zu schaffen. Am Tor hielt ich den Wagen an und drückte kurz auf die Hupe, um Julia unsere Ankunft anzukündigen. Bald darauf erschien sie, öffnete das Tor und ich steuerte den Wagen in die Einfahrt. Die Begrüßung zwischen den beiden war nett, aber es fehlte die Herzlichkeit von früher, was mich persönlich traurig stimmte. Ich blieb anschließend noch auf einen kurzen Kaffee und begab mich hinterher zu Fuß nach Hause.

Leider hatte sich an Julias Einstellung zu Alexanders neuer Lebenssituation nichts geändert, im Gegenteil. Sie zeigte sich oft mit einem unfreundlichen Gesicht, das schon am Morgen und begrüßte ihn nur knapp. Noch vor vier Monaten hatte alles anders ausgesehen, da war der Kuss morgens und abends selbstverständlich und auch körperliche Nähe und Zärtlichkeit hatten den Alltag zusätzlich. Jetzt durfte er sie kaum mehr anfassen, da kam schon die borstige Reaktion: „Lass das!" Er wusste, dass sich sein Körperbild verändert hatte, und musste ihr Zeit geben. Meistens trug er eine gut geschnittene Freizeithose im Boxerstil, darüber ein T-Shirt, um abzudecken, was Julia unter Umständen ekeln konnte. Er hatte noch nicht herausgefunden, an was es konkret lag, dass sie sich so distanzierte. Manchmal fühlte er sich als Außenseiter, ihm fehlten Verständnis und etwas Mitgefühl. Zu Beginn benötigte er sehr viel Zeit für sich selbst und es war kaum möglich, soziale Kontakte nach außen hin groß zu pflegen, was für Julia sicherlich nicht einfach war, berichtet mir Alexander. Nach und nach öffneten sich neue Wege, die es ihm ermöglichten, trotz des Handicaps sein Leben zu genießen. Er konnte dank einer Abdeckplatte über dem Stoma wieder schwimmen gehen und in seinem Tagesplan hatte sich das Turnprogramm auch wieder fest verankert. Er fühlte sich gut und war in sein altes Leben zurückgekehrt. Die Anspannungen mit seiner Frau hatten sich wie die Wogen des Meeres auch etwas geglättet. Wenigstens konnte er mit ihr über die Krankheit sprechen, ohne dass sie sofort ausflippte. Die Nähe zu ihm im gemeinsamen Ehebett mied sie, indem sie die beiden Puppen und den Hund als Trennwand einsetzte. Obwohl es Alexander arg störte, dass er ab sofort das Bett mit dem Hund teilen musste, verzichtete er auf eine Abmahnung. Die hätte nur aggressive Unbeherrschtheit ausgelöst und das wollte er tunlichst vermeiden.

Wir saßen nach der Operation von Alex das erste Mal zusammen. Er erzählte von seinen Erfahrungen hinsichtlich der Nachsorge des Stomas und der Hautirritation an seinem Bauch, die durch die Bestrahlung entstanden war. Er war froh, dass nun endlich alles vorbei war und er sich auf eine bessere Zukunft freuen durfte. Wir haben ihn immer wieder bewundert, in seiner Freude am Leben und in seinem Optimismus.

Pechvogel Alex

Das Frühjahr zog ins Land, eine wunderbare Zeit, in der man sich über die herrliche Pracht der Natur und die lauen Temperaturen an den Abenden erfreuen durfte. Leider aber brachte die Zeit nicht das erhoffte Glück, denn es kam nicht so, wie er sich das erträumt und gewünscht hatte. Die Platte, die er an seinem Bauch ankleben musste, hielt nicht, denn die Verlegung des Darmes war offenbar zu hoch gemacht worden. Durch die Bauchfalte, die vorwiegend beim Sitzen entstand hob sich die gut angepasste Stoma-Platte trotzdem. Mit diesem unangenehmen Zustand konnte er so nicht leben. Nun wollten die Ärzte die Bauchöffnung für das Stoma tiefer setzen und dafür musste er am 30. April 2012 wieder zur Operation nach Hamburg reisen. Das gleiche Prozedere nochmals, glücklicherweise im Frühjahr, meinte er dazu, dann wäre er bis im Sommer wiederhergestellt. Ich fragte mich, wo dieser Mann seine unglaubliche Kraft und seinen Lebensmut hernahm. Auf der einen Seite das gesundheitliche Problem und auf der anderen Seite der ewige Knatsch mit Julia. Die zweite Operation überstand Alexander nicht so gut wie erste, denn die zupfte arg an seinen Kräften. Mit bald 83 Jahren und in kurzer Zeit zwei Narkosen, das schwächte seinen Körper. Ich kann mich noch gut an den Tag zurückerinnern, als er am 22. Mai aus Hamburg zurückkehrte. Ich sah in das Gesicht eines Mannes, der sich zwar nicht aufgegeben hatte, aber mir fehlte der Glanz in seinen Augen, sein Blick wirkte gequält und freudlos. Auch körperlich erschien er fragil und hatte nicht mehr die leichte jung gebliebene Gangart, er war in kurzer Zeit um Jahre gealtert. Oft fragte ich mich, ob er sich wohl erholen werde und wie sein Leben an der Seite von Julia zukünftig aussehen würde. Durch den Umstand, dass wir regelmäßig in ihrem Garten halfen, ich beiden die Haare schnitt und mich mit Julias Füßen beschäftigte, bot sich unweigerlich der Einblick in ihr privates Leben. Durch die Krankheit, mit der Alexander behaftet war, fehlte ihm momentan die Fähigkeit, sich im Haushalt groß nützlich zu machen, was man auch wahrnehmen konnte. Vieles blieb einfach liegen und zunehmend türmte sich das Geschirr in der Küche. Im Bad stand der überfüllte Wäschekorb und der Rest landete in der Duschkabine, es war kein schöner Anblick. Staubsaugen und aufräumen waren normalerweise immer Alexanders Jobs gewesen. Darüber hinaus kehrte er den Vorplatz im Garten täglich und erledigte den Einkauf. Nun musste er einen Gang tiefer schalten und war höchstens in der Lage, täglich eine der gewohnten Arbeiten zu bewerkstelligen. Über Alexanders Stirn zog sich eine Falte, als er erzählte, wie es zu Hause aussah. Wenn er seine Frau bat, doch wenigstens das Geschirr in die Abwaschmaschine einzuräumen, entgegnete sie ihm, dass es ihn nicht zu kümmern brauche, was sie zu tun und zu lassen habe. Er musste den Blick oft abwenden, wenn er an der Küche vorbeiging, damit er das Chaos nicht sah. In Julias Verhalten lag etwas Beängstigendes, sie wirkte gleichgültig und verhielt sich Alexander gegenüber reserviert und oft boshaft. Wenn sie doch wenigstens die Lust gehabt hätte, etwas Vernünftiges auf den Tisch zu bringen, sagte Alexander. Sie lebten meist nur von Sandwichen, Würstchen aus dem Glas oder Keksen. Alexander litt wahrscheinlich deswegen oft an Unterzuckerung, manchmal mitten in der Nacht. Dann rief sie bei uns an, weil er irgendwo im Haus zitternd und schwitzend auf dem Boden lag und sie ihm nicht helfen konnte. Ich setzte mich meist im Pyjama ans Steuer und fuhr dann so schnell als möglich zu ihrem Haus. Auch wenn er nachts im Bett lag, kam es vor, dass Alexander unter Unterzuckerung litt, dann musste schnellstens Zucker gemessen werden. So ein Zuckersturz war beängstigend, zumal Alexander dann diesen besonderen Blick hatte. Glücklicherweise fiel er nie in Ohnmacht und immer genügte meine Hilfestellung. Am schnellsten wirkte Traubenzucker und danach ein Süßgetränk. Ich freute mich stets darüber, wenn er mich wieder klar ansah und den Anfall hinter sich hatte. Mit meinem Rat, sie solle doch besser frisches Gemüse kochen, auch Früchte auf den Tisch stellen, trat ich dann wieder einmal ins Fettnäpfchen. Sie schnauzte mich an, aber das war nichts Neues.

Es dauerte Monate, bis sich der Patient vom zweiten Eingriff erholte und dennoch bemerkten wir die kleinen und bedeutenden Fortschritte in Richtung Gesundheit. Alexander, das Stehaufmännchen, konnte wieder lachen und endlich war der Schalk in seinem Gesicht wieder zu erkennen. Sommer, Sonne und Meeresbrise vermochten ihn im darauffolgenden Jahr zu heilen. In Hamburg wäre er schon längst gestorben, meinte er eines Tages, als wir zu viert in einem Strandkaffee saßen und über die vergangenen Monate sprachen.

Julias Zuckerkrankheit

An jenem Nachmittag erzählte mir Julia von ihren kribbelnden und schmerzenden Beinen. Davon, dass es ihr schwerfiel, sich ins Bett zu legen, denn besonders dort war es ganz schlimm. Immer müsse sie sich wieder erheben, um die Beine zu bewegen. Ich dachte schnell an Durchblutungsstörung, verursacht möglicherweise durch die mangelnde Bewegung, oder eben die Fehlernährung. Die letzten zwei Nächte hätte sie im Wohnzimmer auf dem Sofa sitzend verbracht, erwähnte sie in unserem Gespräch. Das könne kein anhaltender Zustand sein, entgegnete ich ihr. „Möchtest du nicht zu eurem Hausarzt gehen?" schlug ich vor. „Mm, mal sehen, später vielleicht", murmelte sie. Da war guter Rat teuer und ich sah davon ab, weiter über das Thema zu sprechen. Am 07. August 2013, es war ein sonnig warmer Tag, und Julia ging es nicht gut. Ihr Blutdruck spielte verrückt und stieg gefährlich an. Sie musste zur Abklärung in ein nahegelegenes Spital gebracht werden. Ich fuhr die beiden, denn Alexander war viel zu aufgeregt und froh darüber, nicht selbst fahren zu müssen. Den Hund ließen wir bei meinem Mann, er war es gewohnt, bei uns zu sein. Wenn immer es von Nöten war, halfen wir uns gegenseitig mit dem Hüten der Hunde. Alexander plagte damals große Angst um seine Frau und er ließ sie ungern allein im Krankenhaus zurück. „Glücklicherweise haben wir euch an unserer Seite, so fühlen wir uns stark und sicherer, außerdem bist du der Sprache mächtig", sagte Alexander. „Unser Handicap ist und bleibt die Sprache, die wir einfach nie lernten." Wenn wir uns, besonders in Notsituationen, nützlich machen konnten, taten wir das und standen den beiden unterstützend zur Seite, das war ja klar. Nach einer Woche endlich stellte sich heraus, dass auch Julia, gleich wie Alexander, an Diabetes erkrankt war, deshalb vielleicht die schmerzenden Beine, der hohe Blutdruck und die Gemütsschwankungen. Zukünftig konnte auch sie nicht mehr ohne Insulinspritze auskommen, so waren die beiden in dieser Hinsicht ab jetzt Verbündete. Während Julia noch im Spital lag, boten wir Alexander Hilfe an, nachdem er uns erzählte, was er alles noch zu tun hätte. Er war durch den Eingriff auch noch nicht voll auf dem Damm, vor allem das Heben bereitete ihm Mühe. Zusammen brachten wir den Garten auf Vordermann, Wäsche wurde gewaschen und gebügelt, die sich scheinbar während geraumer Zeit schon aufgetürmt hatte. Das Haus musste geputzt werden, damit Julia, wenn sie nach Hause kam, die Arbeit ruhig angehen konnte. Leider muss ich aber auch erwähnen, dass Julia gerne anderen den Vortritt ließ, um sich den körperlichen Strapazen zu entziehen. Sie verstand es ausgezeichnet und lebte es vollumfänglich aus, schaute gerne zu, wie andere die Arbeit verrichteten, welche eigentlich sie zu erledigen gehabt hätte. In einigen Dingen war sie sehr bequem, dazu stets mit einer Ausrede bewaffnet. Alexander war damals sehr froh um unsere Hilfestellung, denn ihm ging die Arbeit auch nicht mehr so leicht von der Hand. Wir luden ihn ab und zu zum Nachtessen bei uns ein, denn seine Kochkünste hielten sich, wie wir wussten, in Grenzen. Jeden Tag Spiegeleier essen konnte den Magen auch nicht befriedigen. Am 13. August fuhren Alexander und ich in das dreißig Kilometer entfernte Krankenhaus, um Julia abzuholen. Eine freudige Feststellung ereilte mich persönlich, als wir sie ausgeglichen antrafen. Ich gönnte es den beiden von ganzem Herzen, dass nun endlich die Ursache des schon fast depressiven Verhaltens gefunden worden war. Sie schloss Alexander in die Arme und erzählte ihm freudig, wie sie sich mit der Einstellung des Insulins in kurzer Zeit ausgezeichnet vertraut gemacht hatte. Auch für ihre Beine bekam sie offenbar die geeignete Medikation verschrieben. Sie dankte Alexander für alles, besonders aber für die Geduld, die er in letzter Zeit ihretwegen aufbringen hatte müssen. Ein großer Schritt, dachte ich, als ich das hörte. Jetzt bestand die hoffnungsvolle Möglichkeit dort anzuknüpfen, wo ihr Zusammensein noch harmonisch war. Es war sehr traurig mit ansehen zu müssen, wie ihr Zusammenleben allmählich entgleiste. Zu Hause erholte sich Julia glücklicherweise gut und bestimmte Hausarbeiten ließen sie jetzt endlich durch externe Hilfen ausführen. Mindestens sollte eine Reinigungsfrau wöchentlich den Haushalt in Schuss halten, das war wirklich das Beste. Julia konnte und wollte die Hausarbeit nicht weiterhin bewerkstelligen, sie fühlte sich immer müde, was man ja auch nicht bezweifeln mochte. Es war allen klar, dass sie die Erholungsphase brauchte, und die sollte sie auch unbedingt einhalten. In den nächsten Monaten hatte man das Gefühl, dass es beiden richtig gut lief. Es zeichnete sich gegenseitige Fürsorge ab, das Frühjahr brachte ihnen die Liebe zurück und alles schien sehr harmonisch. Wir hatten sogar das große Glück, Julia mindestens an zwei Nachmittagen der Woche aus dem Haus zu locken. Zu einem ausgedehnten Spaziergang mit den Hunden ging es mehrheitlich ans Meer. Alexander freute sich sehr über die Energie, die seine Julia aufbrachte und lobte sie in den höchsten Tönen. Meistens setzten wir uns in eines der hübschen Strandrestaurants und ließen uns dort Tapas zusammen mit einem kühlen Getränk servieren. Danach traten wir gemächlich den Rückweg an. Wir mussten unser Lauftempo etwas drosseln, aber das spielte keine Rolle. Wir waren erstaunt, wie die Kondition von Julia beim Laufen mehr und mehr zunahm und sie sich selbst auch darüber freute. Auch bei der Gartenarbeit legte sie beim Winterschnitt jetzt Hand an. Zwar hatte sie Mühe sich zu bücken, aber sie tat es. Im Februar 2014 feierten wir ihren Geburtstag mit einem von ihr gewünschten Raclette bei uns zu Hause, denn sie mochte nicht ausgehen.

Hilflosigkeit und Aggression

Neuerding plagten sie wieder die alten Schmerzen, dieses Mal besonders in einem ihrer Beine. Leider hatte sie an Gewicht wieder zugelegt, was sicher auch nicht gut war. Ich begleitete sie jetzt oft zum Arzt, bei dem immer wieder die Ernährung angesprochen wurde, schon des erhöhten Blutzuckers wegen. Julia beklagte sich bei ihm über das schmerzende Bein. Sie war meiner Meinung nach einfach zu fest und hätte unbedingt etwas dagegen unternehmen müssen. Allerdings kümmerte es sie nicht, ausgewogen zu essen. Sie enthielt sich auch der leichten sportlichen Betätigung, welche ihr vom Arzt dringend empfohlen wurde. Schade drum, denn sie hatte sich so bemüht und es ging ihr blendend dabei. Ich bot mich an, mit ihr zusammen täglich weiterhin mit den Hunden zu laufen, leider blieb das Interesse aus. Sie erhielt bei einem Arztbesuch einen Essensplan, der bestimmt geholfen hätte, ihre Fettleibigkeit zu verringern. Die Broschüre beinhaltete Menüvorschläge, bildlich schön dargestellt. Die detaillierten Angaben der Rezepte mit Kochanleitung und Nährwert, die Kalorien der Speisen, waren ebenfalls angegeben. Alles außerordentlich gut ersichtlich, nach meiner Meinung eine Freude zum Nachkochen. Im Wagen nach Hause sagte sie dann plötzlich zu mir: „Dieser Vollidiot von Doktor, soll er sich seine Ratschläge doch an den Hut stecken. Ich lass mir doch nicht vorschreiben, was ich zu essen habe." Ich war schockiert, schon wieder dieses unbeherrschte Benehmen. Die Zunge verbrennen, das wollte ich mir nicht und so verzichtete ich darauf, mich zu ihrer Aussage zu äußern. Ich verstand nicht, warum sich Julia nichts sagen ließ, sie schnitt sich doch ins eigene Fleisch, aber was soll's. Jetzt waren beide mit derselben Krankheit behaftet, also wäre es höchste Zeit, sich endlich mit der geeigneten Ernährung und der Problematik ihres Übergewichtes auseinanderzusetzen. Nein, Julia kochte weiterhin aus der Konservendose, denn es sparte Zeit und Arbeit, sogar die Pellkartoffeln wurden jetzt aus dem Glas in die Bratpfanne gehauen. Ich riet den beiden eines Tages, sie sollen doch zukünftig das Mittagessen im Restaurant einnehmen, denn bestimmt aßen sie so ausgewogener als zu Hause. Auch fragte ich mich oft, wie man den Spaß am Kochen verlieren oder gar verlernen konnte, undenkbar. Julia fiel nach und nach in ihr altes Muster zurück und wirkte meist antriebslos und erneut mürrisch. Lustlos etwas zu tun, saß sie nach Aussage von Alexander stundenweise vor dem Fernseher und schaute sich Doku-Soaps an. Es gelang ihm selten, seine Frau für etwas anderes zu begeistern und sie aus dem Haus zu locken, außer er lud sie zu Essen ein. Seit dem Ausbruch seiner eigenen Krankheit mit dem Darmkarzinom und den nachfolgenden Operationen besaß er nicht mehr die Energie und den Elan, etwas verändern zu wollen. Er wäre froh gewesen, sie hätten sich mindestens die täglichen Arbeiten teilen können. Obwohl es ihn Mühe kostete, widmete er sich dem Haushalt und den Aufgaben ums Haus herum. Glücklicherweise kam die Reinigungskraft wöchentlich, das brachte dann doch hilfreiche Entlastung. Die Poolarbeit übertrugen sie an einen Mann, der zweimal wöchentlich die Reinigung und die Kontrolle der Chemie übernahm. Bei der Gartenarbeit halfen wir weiterhin bis zu dem Zeitpunkt, an dem es eskalierte. Wir hatten uns entschlossen, am Nachmittag den Rasen bei Alexander und Julia noch zu mähen und kündigten uns im Vorfeld an. Nebst dem Rasenmäher, der bereits ins Auto eingeladen war, packten wir noch ein Fläschchen gekühlten Sekt mit ein, den wir ja nach getaner Arbeit mit den beiden vielleicht trinken konnten. Als wir uns das automatische Tor von Julia öffnen ließen und sie uns Einlass gebot, merkten wir die Schieflage ihrer Laune. Sie begrüßte uns zwar mit einem Küsschen auf die Wange, aber suchte sogleich das Weite. Alexander kniete im Rasen und war mit der schadhaften Leitung der Bewässerung im Garten beschäftigt. Er freute sich über unser Erscheinen und begrüßte uns wie immer herzlich. Wir machten uns gleich ans

Werk, um möglichst schnell wieder zu verschwinden, was dann aber anders kam. Julia hatte zwischenzeitlich schon Gläser und etwas zum Knabbern auf den Gartentisch gestellt, was uns anstandshalber zwang, zu bleiben. Wir vier prosteten uns gegenseitig zum letzten Mal zu, was wir natürlich niemals für möglich gehalten hätten. Bei Tisch kam es wie aus heiterem Himmel zu hemmungslosen verbalen und wüsten Angriffen gegen Alexander. Sie benutzte Worte, die wir von ihr in dieser Weise absolut nicht gewohnt waren. Plötzlich erhob sie sich abrupt vom Stuhl, erstaunlicherweise blieben dabei die Gläser auf dem Tisch stehen, sie lief ins Haus. Für uns kam der Moment zu gehen, denn es war kaum mehr auszuhalten. Alex verstand unsere Reaktion durchaus, ging vorweg ins Haus, um Julia zu informieren, dass wir uns von ihr verabschieden wollten. Da hörten wir, wie sie zu Alexander sagte: „Hau endlich ab, du Arschloch, mir wäre lieber, du würdest verrecken." Er antwortete mit ruhiger Stimme: „Ja Julia, es wird bestimmt der Tag kommen, wo ich für immer verschwinde. Dann hast du mich los, aber das eine sage ich dir hier und heute, wenn ich gehe, dann hol ich dich." Eine unheilvolle Stille lag in der Luft. Das Vokabular, was Julia benutzte, war dicke Post, und so bat ich sie beim Abschied, doch auf solche wüsten Worte zu verzichten. Sie solle sich doch besinnen, was sie sagte, fügte ich noch hinzu. Dann kam unser Rausschmiss, das mit sehr lauter Stimme. „Ihr habt hier nichts mehr zu suchen!", schrie sie uns über die Theke aus der Küche an und die Feindseligkeit war gegenüber uns greifbar. Das musste sie uns nicht ein zweites Mal sagen, denn unverzüglich räumten wir das Feld. Einer blieb zurück und das war Alexander, damit auch die düstere Vorahnung, die den Ausgang ihres Konflikts ungewiss ließ. Was sollte er denn in seinem Alter noch tun, er tat uns furchtbar leid. Beim Abschied sagte Heinz zu ihm, dass er jederzeit in unserem Haus gerne als Gast gesehen wäre. Ich glaube, dass es ihm etwas Trost spendete, zumal er auf unsere Freundschaft keinesfalls verzichten mochte. Ab und zu rief er uns an und bedauerte das Geschehene zutiefst. Er hätte mit Julia darüber gesprochen, sie solle sich doch bitte bei uns entschul-

digen, aber wie es schien, ohne Erfolg. Ich muss ehrlich eingestehen, dass es uns viel Mühe gekostet hätte, alles Erlebte zu
vergessen. Einmal kam sie mir nach Monaten auf der Straße
mit dem Hund entgegen. Der sprang mit wedelndem Schwanz
auf mich zu und wollte nicht zurück zu Frauchen. Also lief ich
zu ihr hin, damit sie ihren Vierbeiner anleinen konnte. Dabei
streckte sie mir ihre Hand ohne Worte entgegen und es blieb
mir fremd, was sie damit bezwecken wollte. Sie tat mir im Grunde genommen unendlich leid, weil sie sich in einer Zwangsjacke
befand und sich nicht davon befreien konnte. Oftmals wurden
wir von Leuten angesprochen und dabei gefragt, was nur mit
Julia los sei. Sie habe sich so verändert und sei nicht mehr die
Gleiche, hieß es dann. Manche stellten fest, dass man unser
Auto nicht mehr vor dem Haus sah. Mehr und mehr verlor sie
ihre Bekanntschaften und auch wertvolle Freunde aus der alten Heimat. Sogar ihre wunderbare Patentante zog sich zurück.
Einmal rief mich diese an und berichtete vom letzten Aufenthalt der beiden in Hamburg. Sie erzählte davon, wie sich Julia
in der Altersresidenz, wo sie oft einquartiert waren, unmöglich
benahm. Sie hätte sich für ihr Patenkind derart schämen müssen, dass sie an jenem Morgen den Speisesaal verließ. Was sollte ich dazu sagen, wir spürten die Veränderung ja auch. Wir ver-
zichteten darauf, Neugierige über das Geschehene zu
informieren. Ihr Erscheinungsbild war nicht mehr das von früher, sie wirkte ungepflegt. Das schön gelockte, grau melierte
Haar war nun unvorteilhaft rötlich gefärbt. Der Länge wegen
hingen die Haare nun schlaff über ihr rundes Gesicht. Auch der
Haaransatz, der bestimmt mehr als einen Zentimeter heraus-
gewachsen war, hätte dringend Farbe benötigt. Wer ihr wohl
diesen Floh mit den roten und langen Haaren ins Ohr gesetzt
hatte, ihre Idee war es bestimmt nicht. Um die Wade an ihrem
rechten Bein war einen Lappen gebunden. Nach Aussage von
Alexander litt sie seit geraumer Zeit schon an einem offenen
Bein, das von allein nicht mehr zuging. Er war besorgt und riet
ihr vermehrt zu einem Arztbesuch, was sie dann schlussendlich der Schmerzen wegen auch tat. Ab sofort kam jeden zwei-

ten Tag eine Pflegerin, um den Verband zu wechseln, und wöchentlich hatte sie sich einer Kontrolle im Krankenhaus zu unterziehen. Unvorteilhaft war nur, dass dieses Spital nicht um die Ecke lag. Für Alexander war es schwierig, sich in der Stadt zu orientieren, wo das Spital lag. Er fühlte sich überfordert und wollte nicht selbst fahren. Bei verschiedenen Leuten fragte er an, ob jemand Julia wöchentlich zum Krankenhaus fahren würde, doch keine und keiner fand Zeit dazu, dann kam er zu mir. Obwohl ich mir schwor, mich nie mehr für sie einzusetzen, tat ich es trotzdem. Ich konnte Alexanders Wunsch nicht abschlagen und wenn ich ehrlich bin, tat ich das ihm zuliebe und sagte zu. An jeweils drei aufeinanderfolgenden Donnerstagen fuhren wir gemeinsam zum Krankenhaus hin. An diesem Ort habe ich mich zusätzlich als ihre Übersetzerin ausgegeben. Sie verhielt sich an diesem Tag mir gegenüber ruhig und anständig. Als wir zurückkehrten, lud sie mich zu einem Kaffee in den Garten ein. Dazu war ich noch nicht bereit, ich brauchte Zeit, das Geschehene zu verdauen. Von ihr kam weder ein Dankeschön, oder: Ich bin froh, dass du mich fährst, im Gegenteil. Schon beim dritten Mal kippte sie auf die hässliche Seite. Da schnauzte sie mich vor dem Arzt derart hemmungslos an. Jetzt war es genug, das hatte ich nun wirklich nicht nötig. Auf der Fahrt nach Hause saß sie wie eine aufgeblasene Kaulquappe neben mir auf dem Beifahrersitz und starrte wortlos aus der Frontscheibe. Ich teilte ihr noch im Auto mit, dass sie ab sofort mit der Taxe fahren müsse, denn ich hätte absolut keine Lust mehr, sie irgendwo hinzubringen. Alles, was sie dazu zu sagen hatte war: „Ja, ist gut".

Warum nur?

Nach und nach vernachlässigte Julia auch das Zubereiten der gewohnten Speisen aus der Dose und kochte für Alexander nur noch gegen Bezahlung. Aus diesem Grund fuhr er dann öfter zu einem Restaurant hin, um dort eine vernünftige Mahlzeit einzunehmen. In letzter Zeit passierte es zu Hause nicht selten, dass er an Unterzuckerung litt und irgendwo stürzte. Wie eines Tages, als ich gerade im Salon meiner Maniküre auf dem Stuhl zur Behandlung saß und sie mir gerade den Lack auf die Fingernägel pinselte. Die Kundin, die nach mir eingeschrieben war, entschuldigte sich für die Verspätung, nachdem sie abgehetzt das Geschäft in der Innenstadt betrat. Sie erzählte der Nagelpflegerin, wie sie und eine andere Frau einen Mann auf der Straße liegend gefunden hätten. Der musste beim Sturz so unglücklich aufs Gesicht gefallen sein, er hätte sehr stark geblutet. „Er war nicht ansprechbar", erzählte die Frau weiter und so habe man sich entschlossen, die Ambulanz zu rufen. „Der kleine schwarze Hund, den er bei sich hatte, wich keinen Schritt von seiner Seite", schilderte die Frau. Dann kam scheinbar ein Spaziergänger dazu, der den Mann mit dem Hund kannte. Inzwischen war ich hellhörig geworden, drehte mich zu ihr um und sprach die Dame an. „Entschuldigung, darf ich Sie nach dem Aussehen des Mannes und dem Ort des Geschehens fragen?" Der Beschreibung nach stellte ich fest, dass ihre Angaben haargenau auf Alex und den Hund passten. Außerdem war es exakt die Straße, wo er mit seinem Vierbeiner meist unterwegs war. Oh nein, nicht schon wieder, durchfuhr es mich. Ich war aufgeregt und froh darüber, dass ich bald fertig war. Jetzt nur noch auf dem schnellsten Weg nach Hause, um Heinz zu berichten, was ich gerade vernommen hatte. Er entschloss sich, alsdann bei Julia anzurufen, um nachzufragen, ob es sich wirklich um

Alexander handelte. Das Gefühl hatte mich nicht im Stich gelassen, es war Alex, der da unglücklich gestürzt war. Heinz fragte nach, in welchem Spital er sich befand. Darauf gab sie ihm lediglich zur Antwort, dass sie es nicht wisse. Konnte sein, was wir allerdings bezweifelten, also mussten wir ihn suchen. So setzte ich mich ins Auto und fuhr zum nahegelegenen Spital. Beim Empfang erkundigte ich mich nach dem möglichen Verbleib eines Herrn mit dem Namen Alexander und er lag wirklich dort in einer Notfallkabine. Eine sehr hilfsbereite junge Pflegefachfrau befragte mich nach meinem Verwandtschaftsgrad, worauf ich ihr zur Antwort gab, nur eine Freundin des Verunfallten zu sein. Sie bat mich zu warten, denn sie wolle unverzüglich mit dem zuständigen Arzt sprechen. Also stand ich im Eingangsbereich der Notaufnahme und wartete, was weiter geschah. Bald schon kam sie zurück und begleitete mich an den Ort, wo Alex lag. Ich erschrak derart, als ich ihn mit den Verletzungen im Gesicht vorfand. Das stark angeschwollene und aufgeschürfte Gesicht strahlte mir dennoch entgegen. Mit dem Sprechen hatte er zwar große Mühe, weil auch seine Lippen aufgeplatzt waren. Kurz darauf stieß sein Arzt zu uns und Alexander stellte mich mit einem Lächeln, was für ihn trotz seiner misslichen Lage doch noch möglich war, vor und sagte: „Doctor, may I introduce, this is my girlfriend." Der Arzt begrüßte mich freundlich und gab mir zu verstehen, dass er froh sei, mit jemandem sprechen zu können, der den Mann kannte. Er habe sich mit Alexander wohl verständigen können, aber seine Englischkenntnisse seien leider nicht ausreichend, um seine familiäre Lage beurteilen zu können. Er ließ mich wissen, dass Alexander berichtete, verheiratet zu sein. Sie hätten aber von seiner Frau bis jetzt noch nichts gehört, obwohl sie über den Unfall scheinbar auch Bescheid wusste. „Sie fährt nicht Auto und hat gesundheitliche Probleme", erklärte ich dem Arzt und er gab sich mit der Aussage zufrieden. Zwei Tage später durfte Alex mit einer genähten Lippe und verschiedenen Stellen, die mit Klammern fixiert waren, die Klinik verlassen. Seine Wunden im Gesicht heilten trotz Diabetes erstaunlich schnell, aber eine

Verbesserung in den eigenen vier Wänden war trotzdem nicht in Aussicht. Wie mir Alexander berichtete, versorgte sich Julia mit Butterbroten, etwas Wurst, Keksen und Schokolade oder beorderte Alexander zum Einkauf von Fertigspeisen. Es kam so weit, dass er, wenn er zu Hause aß, die Mahlzeiten, die seine Frau für ihn zubereitete, bezahlen musste, schwer nachvollziehbar. Für Frühstück und Suppe hatte er zukünftig 2,50 Euro zu bezahlen. Weitere Leistungen aus der Küche kosteten weitere 2,50 Euro. Für das Abendessen war er selbst verantwortlich, dann gab es lediglich Joghurt und Früchte. Ab sofort galten auch strenge Regeln, was den Kühlschrank anbelangte. Die beiden oberen Regale durfte Alexander für sich beanspruchen, den restlichen Platz belegte Julia. Das Dumme an der Sache war nur, dass sich Julia an Alexanders Esswaren ebenfalls bediente, so herrschte in seinen Regalen oft gähnende Leere. Fein säuberlich wurde nach der Rückkehr vom Einkauf zu Hause abgerechnet und die Ausgaben getrennt in ein Heft eingetragen, so Alexander. Wir konnten es kaum glauben, als wir erfuhren, an welche Richtlinien er sich neustens zu halten hatte und wie sich der Alltag der beiden abspielte. Warum das alles, was war nur in diese Frau gefahren, fragten wir uns unentwegt. Julia erzählte früher oft vom eigenen Vater, der sich gegenüber der Mutter seltsam und böse verhalten hatte und erwähnte dabei: „Hoffentlich werde ich nie wie mein Alter, dieser Idiot", aber sie bewegte sich mit großen Schritten in die gleiche Richtung. Später beklagte sie sich bei uns über Alexander und versuchte mit allen Mitteln, uns mehr und mehr an sich zu ziehen, was wir nicht zulassen konnten. Alexander war in der Zwischenzeit ein einsamer Mann geworden, der trotz allem seinen frohen Mut nicht verlor. Wir hörten ihn auch nach unserer Trennung mit Julia nie groß schimpfen, er verteidigte und entschuldigte sie stets der Krankheit wegen. Monate später, es war im August, wir saßen mit unserer Familie im Schatten des Feigenbaumes und hatten gerade das Frühstück beendet. Da kam er an unsere Tür, so wie wir ihn noch nie erlebt hatten. Alexander liefen die Tränen über sein Gesicht, als ich das Tor öffnete und ihn bat, einzutreten. „Könntest du bitte die Polizei anrufen", schluchzte er. Da musste etwas Schlimmes passiert sein, stellte ich mir erschrocken vor und fragte ihn nach dem Grund. „Julia hat mich geschlagen, mich am Arm und in die Hoden arg gekniffen und mir mein Stroma abgerissen", sagte er mit zitternder Stimme. „Die Medikamente, auf die ich angewiesen bin, versuchte sie heute über die Hecke zu schmeißen, was ihr glücklicherweise nicht gelang. Glaub mir, ich fürchte mich vor meiner eigenen Frau", schluchzte er weiter. Ich stand da, schaute ihn ungläubig an, mir stockte der Atem und es fehlten mir die Worte. Ich wusste im Moment nicht, was jetzt zu tun war. Ich brachte ihn an den Tisch zu unseren Familienangehörigen, die die beiden ja seit Jahren auch kannten. Ich entschloss mich, unverzüglich seinen Hausarzt anzurufen, eine andere Lösung blieb mir nicht. Bei dem Gespräch am Telefon bat ich die Sprechstundenhilfe um einen sofortigen Termin, was glücklicherweise möglich war. So fuhren wir alsbald los und bald schon saßen wir in der Praxis seinem Arzt gegenüber. Der hörte sich an, was geschehen war und war nicht sonderlich erstaunt darüber, denn er war auch behandelnder Arzt von Julia. Nachdem er sich die Verletzungen angesehen hatte, verwies er Alexander noch am selben Tag zum zuständigen Amtsarzt. Er war der Meinung, dass es höchste Zeit sei, zu handeln. Ich selbst konnte mir wahrlich nicht vorstellen, dass sich eine Frau derart aggressiv am eigenen Mann vergreifen konnte. Bekannt war mir bei häuslicher Gewalt eigentlich eher das Gegenteil. Was war mit Julia nur geschehen, warum ließ sie sich nicht helfen, ereilte mich der Gedanke, als wir im Vorraum der Praxis Seguridad Social warten mussten. Der Amtsarzt, ein groß gewachsener Mann, mit kritischem Blick hinter seiner Hornbrille, ließ uns eintreten. Sein Blick wanderte prüfend über uns, wärend er mit einer knappen Handbewegung auf die Stühle vor seinem Schreibtisch deutete. Mit einer Mischung aus Neugier und Unbehagen nahmen wir Platz. Der Amtsarzt setzte sich hinter den massiven Schreibtisch und rückte seine Brille zurecht. Alexander wirkte niedergeschlagen und traurig. Der Amtsarzt war bereits durch den

Hausarzt von Alexander vororientiert. Er erkundigte sich nach dem genauen Hergang des Geschehens, was ich dann nach bestem Wissen und Gewissen in die spanische Sprache übersetzte. Alexander wurde danach vom Arzt gründlich untersucht, währenddessen hatte ich den Raum zu verlassen. Später bat mich dieser wieder in den Behandlungsraum, dabei erklärte er mir, dass er auf Grund der sichtlichen Verletzungen eine Anzeige wegen häuslicher Gewalt veranlassen werde. Er wies Alexander darauf hin, sich unverzüglich zu melden, sollten derartige Vorkommnisse erneut passieren. Nun musste Julia mit einer Vorladung vor Gericht rechnen, außer Alexander würde die Klage zurückziehen. Auf dem Nachhauseweg bemerkte ich wohl, dass ihm angst und bange war. So versprach ich, vor dem Haus abzuwarten, bis Julia das Tor geöffnet hatte. Aus sicherer Entfernung sah ich sie stehen, beide Hände in die Hüften gestemmt. Dann vernahm ich ihre Stimme und hörte, wie sie ihn anfuhr. „Da bist du ja endlich, wo hast du dich nur wieder rumgetrieben?" Es hörte sich an, als ob eine erzürnte Mutter ihren Jungen beschimpfte. Nach einer Weile fuhr ich weg, denn es blieb ruhig im Haus. Unglaublich, dass sich diese Persönlichkeit von Mann, von seiner Frau derartig unterjochen ließ. Als ich an jenem Tag nach Hause kam, entschloss ich mich, ihr endlich den Brief zu schreiben, was ich eigentlich schon längst vorgehabt hatte. So setzte ich mich an meinen Tisch und schrieb.

Liebe Julia,

die Zeit vergeht und damit wohl auch Freundschaften. Dir war unsere ehrlich gemeinte Freundschaft immer wichtig, so hast Du das mindestens immer erwähnt und auch in Glückwunschkarten an uns geschrieben. Wir haben Euch vor 10 Jahren kennengelernt, zusammen gemütliche schöne Zeiten erleben dürfen. Ich hatte von Dir immer eine gute Meinung, habe Dich in jeder Situation unterstützt, mit anderen Worten, Dich nie im Stich gelassen, davon bin ich überzeugt. Dich hatte ich als einen Menschen kennengelernt, der manchmal die Fehler bei anderen suchte, konntest Du dann auch lautstark zum Ausdruck bringen.

Es ist verständlich, dass keine Person vollkommen sein kann, ich bin das auch nicht. Fehler sind bekanntlich da, um sie zu begehen, aber man sollte aus den Fehlern lernen. Ich kann Dir versichern, dass alles, was ich Dir geraten habe, in keiner Weise darauf ausgerichtet war, Dich zu schikanieren. Immer habe ich mir Zeit genommen, wenn ich gebraucht wurde, es war mir auch nie etwas zu viel. Leider hast Du mich getäuscht, maßlos enttäuscht und benutzt, schade. Es waren ehrlich gemeinte Vorschläge, die von Herzen kamen und die, wie Du kürzlich in Deiner Küche gegenüber mir verlauten ließest, nun endlich satthast. Warum nur hast Du mich dann stets nach Rat gefragt? Meiner Überzeugung nach hast Du mich nie verstanden. Es ist so, dass Menschen verschieden sind, das ist schon klar und das hat man zu akzeptieren. Bei Dir Julia fehlte es mir oft in vielen Dingen an Willensstärke, etwas Nützliches für Dich selbst zu tun, Du weißt, was ich damit meine. Vermehrt bemerkten wir, dass Alexander Dir alles, was Dich hätte anstrengen können, abnahm, ob das richtig war. Ja, Julia, jetzt hat sich Dein Leben stark verändert, weil Du Dich verändert hast. Du hast mit Deiner Gesundheit, mit Deinen Beinen kein Glück, das tut uns sehr leid. Wir hoffen, dass sich Dein gesundheitlicher Zustand in absehbarer Zeit wieder verbessert, das wünschen wir Dir von ganzem Herzen. Diese Wunden kann man kurieren und man hat Gewähr, dass sie heilen. Die Wunden von heute, Eurer 46-jährigen Ehe, sind schwer zu verbinden und zu kurieren. Nun ist Dir Alexander fremd geworden, obwohl Du mit ihm einen langen Weg zurücklegtest. Mit Sicherheit begann Euer Zusammensein in großer Liebe, sonst hätte mich Alexander angelogen. Euer Weg war mit vielen schönen Momenten und Erlebtem geschmückt, wo ist das nur alles geblieben? So vieles habt ihr zusammen erreicht und Euch auf diese Weise einen Lebensstil erarbeitet, von dem andere nur träumen können. Wie ist es nur möglich, in kurzer Zeit diese Harmonie zu zerstören. Es besteht nur eine Möglichkeit, nämlich zusammen für die Liebe zu kämpfen, wenn da überhaupt noch etwas an Zuneigung vorhanden ist. Alles, was es braucht, ist Willensstärke und das Quäntchen Liebe. Wenn ich mich zurückerinnere, da war vor einem Jahr schon gewaltig der Wurm am Nagen. Begonnen hat Eure Krise vor etwas mehr als drei Jahren, ich will mich da nicht festlegen, aber wir denken, es war die Krankheit und die neuen Lebensumstände von Alexander. Bestimmt wäre Alexander glücklich, nicht mit diesem Zustand leben zu müssen, lieber körperlich so zu sein, wie er früher war. Aber man hat sich doch einmal gelobt, in guten und schlechten Zeiten zueinander zu stehen. Und gerade Du Julia hattest Dich oft über Leute mokiert, abfällige Bemerkungen über den Zustand einer Ehe fallen lassen und jetzt, wie ist das bei Dir. Immer wieder versuchten Heinz und ich in abendfüllenden Gesprächen einen Weg zur Verbesserung Eurer Beziehung zu schaffen. Bei Dir Julia muss ich leider sagen, dass Du die ganze Sache nie ernst genommen hast, was bei Alexander anders ankam. Trotz allem hatten wir immer die Hoffnung, dass diese Gespräche Früchte tragen und etwas von allem auch bei Dir hängen bleibt. Ich will jetzt nicht behaupten, dass Dich die alleinige Schuld an Eurer Misere trifft, denn es braucht immer zwei in einer Uneinigkeit. Wir sind nun auch schon über 42 Jahre verheiratet und aus diesem Grund erhofften wir uns, mit den gemeinsamen Gesprächen etwas bewirken zu können. Ich muss dazu bemerken, dass wir gegenseitig den Respekt nie verloren haben und nie mit gegenseitigen Attacken operiert haben. Wir waren sehr erschrocken, als wir sehen mussten, was bei Euch ablief. Vor allem dann, als tätliche Angriffe gegenüber Alexander beinahe zum Alltag gehörten und daraus sichtliche Verletzungen resultierten. Einen Menschen anschreien und wie ein Kind zu behandeln, das entspricht nicht der Norm. Wir konnten auch nicht verstehen, wie man seinem Partner sagen kann, hau endlich ab, am liebsten wäre mir, Du würdest verrecken, Du Arschloch usw. Wie erniedrigend muss es sein, wie entwürdigend und schmerzlich dazu. Julia, nur wiederholen möchte ich, was Alexander letztes Mal, als er bei uns war, über seine Lippen gleiten ließ. Er sagte, er liebe Dich immer noch, und wer weiß, was in Dich gefahren ist und was Dich quält. Bewundernswert, dieser Mann, was hast Du nur für ein Glück, mit so einem

Menschen Dein Leben teilen zu dürfen. Es ist vielleicht jetzt an der Zeit, über Eure gemeinsame Zukunft zu reden, vernünftige Wege zu finden, um Euer Leben wieder verträglich zu gestalten, sucht Euch externe Hilfe. Nicht ein Leben mit Vorwürfen, verbalen, heftigen Angriffen, Tätlichkeiten, Erniedrigungen trägt zur Bewältigung bei, nein, sondern ein gutes Gespräch könnte die Chance sein. Wir wünschen Euch eine Zukunft mit Lösungen und vor allem aber alles Gute.

Etwa drei Wochen später erhielt Julia Post vom Gericht, da kann man sich wahrhaftig vorstellen, dass sie erzürnt reagierte. Laut Angabe von Alexander musste sie an jenem Tag dermaßen laut herumgeschrien haben, dass die Nachbarin eine Leiter an ihre Mauer, welche die beiden Grundstücke trennt, stellte und zu ihnen hinüberschaute. Zu vernehmen waren dann ihre Worte, als sie rief: „Qué pasa tio!". Was so viel hieß wie: Was geht ab. Das erzählte Alexander. Zu einem späteren Zeitpunkt sprach mich die Nachbarin einmal persönlich an und erkundigte sich nach der Problematik, die im Nachbarhaus herrschte. Ich wollte mich darüber nicht äußern und sagte ihr lediglich, dass Julia unter täglichen Schmerzen leiden würde und deshalb schlecht gelaunt sei. An jenem Tag gab Julia dann scheinbar Ruhe und zog sich ins Haus zurück. Sie behauptete dann gegenüber Alexander, dass er Unwahrheiten herumerzähle und die Nachbarschaft gegen sie aufwiegeln würde. Sie habe wohl gehört, was er mit der spanischen Nachbarin gequatscht habe, obwohl er sich ja mit ihr nicht verständigen konnte. Die infamen Lügen, die wolle sie sich nicht länger gefallen lassen, kreischte sie, als er das Haus betrat. Wie sie dann weiter vorging, das war großes Kino. Sie suchte sich schleunigst eine Anwältin und startet eine Gegenklage wegen häuslicher Gewalt. Wie Julia das für ihre Vertreterin glaubwürdig anstellte, war uns ein Rätsel. Ich muss schon sagen, diese Dreistigkeit hätte ich ihr wahrhaftig niemals zugemutet.

Wie ein Verbrecher abgeholt

Tage darauf luden wir Alexander bei uns zum Nachtessen ein und wir saßen gerade gemütlich bei Tisch, als es am Eingangstor klingelte. Wir fragten uns, wer das sein konnte, und ich schaute aus dem kleinen Fenster hinaus zur Straße hin. Im Licht der Straßenbeleuchtung waren drei Personen zu erkennen. Es war eine mir unbekannte Frau mit zwei Männern, die vor dem Eingangstor standen. Ich begab mich nach draußen und erkundigte mich nach dem Grund des Besuches. Einer der Männer sagte mir dabei, dass sie von der hiesigen Polizei auf Grund einer Anzeige kämen. Nach Aussage von Julia würden sie Alexander bestimmt hier finden. Ich ließ mich nicht auf ein weiteres Gespräch ein und verlangte zuerst die Ausweise der Männer in ziviler Kleidung. Tatsächlich stellte sich heraus, es waren Polizisten und die Dame daneben die Anwältin von Julia, die sich mir gegenüber angriffig benahm. Nun blieb mir nichts anderes übrig als die Ordnungshüter mit der Anwältin eintreten zu lassen. Alexander, der am Tisch gerade seine Suppe löffelte, schaute die Männer verdutzt an. Als ich ihm mitteilte, dass es sich um die hiesige Ortspolizei handeln würde, die ihn jetzt gleich mitnehmen wolle, lachte er zuerst noch. „Was habe ich denn getan?", fragte er erstaunt. Die Anwältin, die spanisches und deutsches Recht vertrat, entgegnete ihm in einem schroffen Ton, dass er auf Grund einer Anzeige seitens seiner Frau sich unverzüglich einer polizeilichen Untersuchung zu stellen habe. Alexander schaute die Anwältin an, als sei sie von einem fremden Planeten. „Ich würde doch meiner Frau niemals etwas Böses antun", sagte er zu seiner Verteidigung. „Das wird sich herausstellen", erwiderte sie. Heinz bat die Polizisten, den Mann doch mindestens in Ruhe die Suppe essen zu lassen und bot den Anwesenden einen Stuhl zum Sitzen an. Wir fragten die Herren, wie lange das Verhör dauern könne, denn Alexander sei auf Medikamente angewiesen. Die Anwältin verlangte Alexanders Hausschlüssel, um angeblich für ihn die unentbehrlichen Medikamente und die Insulinspritze abzuholen. Wir rieten Alexander jedoch davon ab, ihr den Schlüssel auszuhändigen. Sie konnte schließlich bei Julia klingeln und sich das Notwendige aushändigen lassen. Auf unseren Rat hin äußerte sich die Anwältin in einem bestimmenden Ton und sagte: „Ohne Schlüssel keine Medikamente!". Heinz ermahnte die Frau und riet ihr dringend, in unserem Haus auf derartige Erpressungen zu verzichten, denn das könne er nicht tolerieren, dann schwieg sie. Alexander verstand die Welt nicht mehr, erhob sich bereitwillig und wurde gleich darauf wie ein Verbrecher abgeführt. In der Hoffnung, ihn am selben Abend nochmals zu sehen, verabschiedeten wir uns von ihm. Es war kurz vor Mitternacht und so langsam schwand der Glaube an seine Rückkehr. Am darauffolgenden Nachmittag tauchte Alexander wieder auf, denn sein Wagen stand noch immer vor unserem Tor. Er erzählte uns vom Erlebten und wie unbequem er die Nacht auf der harten Pritsche hinter Gittern verbracht hatte. In der Nacht musste ihn die Polizei drei Mal zum nahegelegenen Spital fahren, denn sein Zucker spielte verrückt. Die Problematik bestand darin, dass er zu wenig gegessen hatte. Er wurde verhaftet, weil er angeblich seiner Frau nach dem Leben trachtete und angeblich mit Fäusten traktiert hätte. Mangels glaubwürdiger Beweislage wurde er dann schnell aus der Untersuchungshaft entlassen. Eigentlich war alles so traurig und dennoch mussten wir darüber tatsächlich lachen.

Immer noch stand der Tag bevor, an dem Julias Gerichtstermin angesagt war. Alexander war des Kämpfens so müde geworden und sah keinen Sinn darin, weiterhin Öl ins Feuer zu gießen. „Es muss endlich Ruhe einkehren, ein letzter Versuch ist es mir wert, unsere einst schöne Beziehung zu retten", sagte er zu uns. Also zog er die Klage tatsächlich zurück, ich glaube, ich hätte auch so gehandelt. Die Anwältin, die Julia vertrat, besuchte uns kurz darauf. Was sie wollte, wussten wir nicht, aber wir gewährte ihr Einlass. Sie entschuldigte sich für ihr Verhalten in unserem Haus, damals, als Alexander abgeholt wurde. Des Weiteren setzte sie uns bei dem Gespräch in Kenntnis, dass sie das Mandat ihrer Klientin niederlegte. Warum es dazu kam, war offenbar der Brief, den ich an Julia geschrieben hatte. Der Inhalt des Briefes habe sie stutzig gemacht, erwähnte sie im Gespräch, obwohl ihre Mandantin angab, dass alles, was im Brief stand, gelogen sei.

Das alte Jahr 2015 neigte sich mit großen Schritten dem Ende zu und in Bälde stand Weihnachten vor der Tür. Wie wohl diese Tage aussehen würden, etwa stumm und gelangweilt vor dem Fernseher, oder am Computer sitzend. Gab es eine Möglichkeit, neu anzufangen, das alles fragte sich Alexander, während er die Gestelle im Supermarkt ablief. Die letzten Jahre hatten sie die Weihnachts- und Silvestertage meist in gemütlicher Gesellschaft verbracht. Die diesjährigen Festtage würden in nichts der Vergangenheit gleichen, sinnierte Alex. Im vergangenen Jahr wurden wir bei Julia und Alexander an Weihnachten noch sehr verwöhnt. Mit großem Engagement hatten die beiden die Wohnstube festlich dekoriert. Der reich geschmückte Weihnachtsbaum mit den brennenden Kerzen sorgte für eine äußerst gemütliche Atmosphäre. Über dem Esstisch, der mit edlem Hutschenreuther Porzellan gedeckt war, hingen Lichterketten, alles war sehr stilvoll gestaltet. Mit den weihnächtlichen Klängen einer CD, der Vorspeise nach norddeutschem Rezept und der Grillade von Alex, genossen wir den weiteren Abend zusammen. Silvester verbrachten wir dann gemeinsam bei uns zu Hause. Heinz und ich empfingen unsere Gäste zum Einklang des Abends mit einem Glas Sekt. Den Tisch hatten wir am Morgen schon vorbereitet und reich geschmückt. Wir freuten uns auf unseren Besuch und Alexander meinte bei der Ankunft, das sähe aus wie im Fünf-Sterne-Restaurant. Der große Kerzenleuchter trug besonders zu einem gemütlichen, warmen Ambiente bei. Auf den Tisch legten wir in Gold gespritzt und beschriftete Steine. Auf einen der Steine hatte ich geschrieben: Es fängt im Kleinen an. Auf weiteren, die auf dem Tisch lagen,

Wünsche zum bevorstehenden Jahr. Eine Papierrolle, gebunden und mit glänzenden Bändern verziert, legte ich auf jeden Platzteller. Darauf war das Menü des Abends verfasst, des Weiteren tippte ich meine Gedanken und Wünsche zum neuen Jahr auf das Blatt. Unsere Zusammenkünfte gestalteten sich stets lustig und unterhaltsam.

Die Urgroßeltern

Im Mai, Julia und Alex hatten vor, nach Hamburg zu reisen, denn eines der Enkelkinder gebar in absehbarer Zeit Zwillinge. Helfen wollten sie und nach dem Rechten sehen und angeblich sechs Wochen bleiben. Nur war mir nicht klar, wie sie sich das vorstellten. Die Enkelin lebte mit ihrem Lebenspartner damals noch in einer kleinen Wohnung, also war es schon mal unmöglich, dort Unterschlupf zu bekommen. Dazu kamen die Bedenken der jungen Leute wegen des Hundes. Alexander hegte die Idee, in der Residenz, wo Julias Patentante lebte, wie gewohnt, eine kleine Wohnung zu mieten. Das passte Julia ganz und gar nicht, denn letztes Mal hatte sie sich mit der Patentante wegen des Hundes arg angelegt. Julia brachte damals den Hund mit zum Frühstücksraum, was den Mitbewohnern der Residenz nicht behagte. Als Trude die Bitte äußerte, sie möge den Hund doch bitte in der Wohnung lassen, fuhr diese ihre Patentante in einem unschönen Ton an, so berichtete mir Trude eines Tages am Telefon. Es tat ihr leid um Alex, der in solchen Momenten ja nichts zu sagen hatte. Sie hätte nach dem Vorkommnis darum gebeten, den Hund nicht mehr nach Deutschland mitzubringen, oder sie solle sich eine andere Wohnmöglichkeit suchen. Eine klare Ansage. Was blieb, war lediglich die Option, beim langjährigen Freund von Alex um Obdach zu bitten, was dann schließlich auch möglich war. Eigentlich hatte der Freund vor, mit seiner Gattin einige Tage in den Norden zu verreisen. Auf Grund des überraschenden Besuches blieben die beiden zu Hause. Aus den sechs Wochen wurde dann nichts, denn schon nach kurzer Zeit gerieten die beiden Frauen aneinander, war vorauszusehen. Und wieder ging es um den Hund, der, obwohl man darum gebeten hatte, ihn am Boden sitzen zu lassen, weiterhin auf dem hellen Sofa thronte. Die Freunde besaßen ebenfalls einen Hund, aber der gehorchte und war gut erzogen, so Alexander. Die Auseinandersetzung ereignete sich im dümmsten Moment, denn der glückliche Moment der Geburt stand noch bevor. Nachdem sich die Gemüter wieder etwas beruhigten und sich Julia bei der Gastgeberin entschuldigte, musste der Konflikt jetzt gelöst werden. So kam man überein, dass Alex und Julia früher als geplant zurückreisen würden. Sie wollten jedoch die Geburt der Urenkelkinder, die in wenigen Tagen das Licht der Welt erblickten, noch gerne abwarten. Ihre Gastgeber waren zufrieden mit dem Vorschlag und willigten ein. Der Freund von Alexander vermutete außerdem, dass die angesagten sechs Wochen sowieso zu viel für seine Frau gewesen wären, denn Julia konnte sich schlecht anpassen. Die nachfolgenden Tage waren etwas schwierig zu meistern. Alex zog es vor, jeweils nach dem Frühstück das Haus mit seiner Frau und dem Hund zu verlassen, um einer erneuten Konfrontation auszuweichen, was sich als vorteilhaft erwies. Nach der Rückkehr von Deutschland in ihre Wahlheimat hörte Alexander nichts mehr von seinem langjährigen Freund, das tat ihm im Herzen weh. Obwohl er ihm in einen Brief schrieb und um nochmalige Verzeihung bat, blieb es stumm. Wie viele wertvolle Stunden die beiden Männer zusammen verbracht hatten, das gehörte jetzt anscheinend auch der Vergangenheit an. Sie hatten einst zusammengehalten wie Pech und Schwefel und jetzt? Ein wahrer Freund hatte ihm tatsächlich auch den Rücken zugewandt, es war für Alex kaum zu ertragen.

Julia sahen wir kaum noch, höchstens mal aus der Ferne auf einem ihrer Spaziergänge mit dem Vierbeiner. Alexander besuchte uns nach wie vor, das bestimmt einmal wöchentlich. Wir setzten uns dann gemütlich auf unsere Terrasse zum Kaffee und spielten zusammen Karten. Wir waren stets bestrebt, ihm einige unbeschwerte Stunden zu schenken, denn dieser Mensch hatte es so etwas von verdient. Unweigerlich führte uns das Gespräch immer in Richtung Vergangenheit. Wie oft hörten wir Alexander dann mit emotionsgeladener Stimme sagen: „Ach, wie schön waren doch die Jahre, in denen wir alle lachten und fröhlich beisammensaßen". Wenn er zurückdenke, vermisse er diese schöne Zeit so sehr. Uns erging es auch nicht besser, es ließ sich leider nichts am Zustand ändern.

In den kommenden Monaten schlug sich Alexander recht und schlecht durch. Die einzige Freude, die ihm beinahe täglich blieb, war das Mittagessen, dass er auswärts immer im selben Restaurant einnahm. Man kannte seine missliche Situation in der Zwischenzeit auch dort und so wurde er vom Personal sehr verwöhnt. Alex war dankbar für jedes liebe Wort, das ihm geschenkt wurde. Was war ihm noch geblieben, Haus, Hof und Auto gehörten ihm schon lange nicht mehr. Zu Hause, wenn man das überhaupt so nennen konnte, wurde er nur noch geduldet. Mit anderen Worten trauerte niemand seiner Meinung nach um ihn, wenn er sich vom Acker machen würde, sagte er einmal.

Stehaufmännchen

Vor dem Jahreswechsel 2016 ließ uns Alexander eine E-Mail zukommen, seine Nachricht machte uns sehr traurig. Ich musste mir immer wieder die Tränen trocknen, während ich meinem Mann den Text vorlas. Dass ein Mensch im Alter so viel Seelenschmerz zu ertragen hatte und es einfach keine Lösung gab, unglaublich. In den Tagen konnte er das Haus nicht verlassen, denn vor Silvester fühlte er sich abgeschlagen, müde und legte sich ins Bett. Woran es lag, er wusste es nicht. Zusehens verschlechterte sich sein Zustand und er bestellte den Arzt nach Hause. „Die Nieren sind es", sagte man ihm. Viel trinken war nun angesagt, das fiel Alexander schon immer schwer, besonders wenn es sich um Tee handelte, den mochte er gar nicht leiden. Das aber war das kleinste Übel aller Dinge. Wie sollte er sich nur hygienisch versorgen, er schaffte es kaum noch, aus dem Bett zu kommen. Von sich duschen zu wollen, schon gar keine Rede. Er ernährte sich von Joghurt und Suppe, das reichte ihm aus. Dazu trank er dann doch den Tee, welcher ihm von Julia bereitwillig ans Bett gebracht wurde. Joghurt war eigentlich nicht die geeignete Mahlzeit, die er hätte zu sich nehmen müssen, das wusste er. Jetzt passte er die Einheiten des Insulins, die er zu spritzen hatte einfach an, um seinen Zucker einigermaßen stabil zu halten. Was sollte er anderes tun, auf seine Frau Julia konnte er nicht zählen, denn sie war mit sich selbst genug ausgelastet. Einkaufen war im Moment nicht möglich und so fehlte Obst oder sonst etwas Vernünftiges im Hause. Alexander besuchte uns jeweils am Sonnabend oder am Sonntagmorgen und freute sich auf unser Zusammensein und auf die Gespräche. Wir waren ihm noch geblieben von den vielen Freunden, mit denen sie immer mal wieder zusammengesessen hatten. Den Kontakt mit uns wollte er unbedingt pflegen, denn das war ihm wichtig, wie er öfters beteuerte. Er rief uns an und schilderte Heinz seine missliche Lage, in der er sich gerade befand. Dass sein Arzt bei ihm war und am Samstag erneut kommen wolle, erzählte er auch. Eigentlich mochte er nicht mehr leben, er hätte die Lust dazu verloren, ließ er in dem Gespräch verlauten. Wir boten ihm an, einzukaufen, zu bringen, was ihm fehlen würde, er solle sich bei Bedarf telefonisch melden. Ich und mein Mann Heinz machten uns ehrlich Sorgen über den Zustand von Alexander. Wir tauschten dann noch die liebsten Wünsche zum neuen Jahr aus, dann hängte er ein. Am nächsten Tag rief ich Julia an, das tat ich ehrlich gesagt nicht mit großer Lust. Wir wollten uns nach Alexanders Zustand erkundigen. Nachdem mir Julia alle ihre Sorgen geschildert hatte, konnte ich anschließend mit Alexander sprechen. „Hallo", tönte es aus dem Hörer, seine Stimme klang wesentlich besser als noch den Tag zuvor. Er erzählte, dass der Arzt erneut gekommen war, um ihm eine Aufbauspritze zu verpassen. Jetzt gehe es ihm glücklicherweise doch wieder etwas besser. Er werde heute versuchen aufzustehen, um eine Kleinigkeit zu essen, berichtete er weiter. Noch vor Tagen hatte sich Alex ernsthaft gefragt, was sein Leben unter solchen Umständen noch für einen Sinn habe. Heute, vier Tage später, stand er in alter Frische in unserem Wohnzimmer, kaum zu glauben. Seine Lebensfreude war zurückgekehrt, er strahlte über das ganze Gesicht, als er uns gegenübersaß. Unter dem Arm trug er eine Schachtel bei sich. Schon bald saßen wir wie gewohnt am Tisch und dabei löste er die Kordel, die um die Pappschachtel gebunden war und öffnete sie. Darin befanden sich alte Fotos, Zeugnisse der Mittelschule, eine persönliche Kennkarte des Deutschen Reichs und Briefe von früher. Darüber hinaus kramte er informative Schriftstücke aus der vergilbten Schachtel, die er mir zeigen wollte. Sauber geordnet lagen da Umschläge darin, die mit Datum und Ortsnamen versehen waren. Er öffnete die Umschläge, einen nach dem anderen und erzählte zu jedem Bild die dazugehörende Geschichte. Gut, hatte er damals alles genau beschriftet, dadurch fiel ihm die Erinnerung an die Vergangenheit leichter. Alexander vermittelte mir durch den Inhalt der Schachtel ein authentisches Bild seiner Jugend, seiner späteren Zeit am Gymnasium und seiner beruflichen Laufbahn. Ich sah auf den Fotos das Haus, in dem er vor dem Krieg herangewachsen war, Bilder seiner Eltern, sogar ihn selbst als Baby. Aufnahmen seines Bruders Malte und auch einige Fotos seiner alten Freunde lagen in der Schachtel. Es gab Bilder vom Aufenthalt in Ungarn 1942, auch eines, wie er auf dem Rücken des Ackergauls Gesche saß. Momentaufnahmen der Kinderlandverschickung vom Mai 1944 am Harburger Bahnhof und des Lagers in Leipnik vom Juli 1944. Ich war begeistert über das Mitgebrachte, das wir uns gemeinsam ansahen. Abzüge seiner einstigen Angebeteten lagen mit dabei, aber auch Bilder der fürchterlichen Zerstörung vom Krieg zog er auch aus einem der Umschläge. Der Nachmittag war für mich äußerst interessant, denn davor konnte ich mir alles, was er erzählte, nur in etwa vorstellen. Heute bekam vieles durch das Fotomaterial und die Schriftstücke ein anderes Gesicht. Die Schachtel erwies sich an dem Tag als wahre Wundertüte. In der nächsten Zeit waren wir ausgefüllt mit dem Lesen von Briefen. Viele in altdeutscher Schrift geschriebene Briefe fielen sogar Alexander schwer, sie zu entziffern, obwohl er diese Schreibschrift während seiner Schulzeit noch gelernt hatte.

In diesem Jahr, am 28. August durfte Alexander trotz seiner Krankheiten auf stolze 87 Jahre zurückschauen, dazu schrieb ich ihm einige Zeilen.

Heute feierst Du lieber Freund Deinen Geburtstag. Vor genau 87 Jahren, an einem Mittwoch in der 35. Kalenderwoche, hast Du das Licht der Welt erblickt. Es ist ein langer Lebensweg, den Du bis heute zurückgelegt hast und es gab in Deinem Dasein viele Umwege, mit denen Du nicht gerechnet hattest. Die Kindheit konntest Du nicht so unbeschwert erleben, wie es bei der Jugend von heute eher der Fall ist. Aus vielen Deiner hochinteressanten Erzählungen konnte ich entnehmen, dass Du immer schon ein Kämpfer warst und es bis heute geblieben bist. Allein dafür muss man Dich beglückwünschen. Was das Leben für Dich bereithielt, war sicher nicht immer leicht zu ertragen, aber Du hast dich nie unterkriegen lassen. Mit beispielhafter Energie verfolgst Du Ziele, verlorst nie den Mut und hast nie gejammert. Du bist für uns eine faszinierende Persönlichkeit, hast den nötige Pepp, den man im Leben gut gebrauchen kann. Deine äußerst angenehme Art, mit Menschen umzugehen, Dein Charme und Deine Freundlichkeit machen es leicht, sich in Deiner Gegenwart wohlzufühlen. Ja, lieber Alexander, es ist uns heute ein großes Bedürfnis, Dir zum Geburtstag zu gratulieren. Dir das Glück zu wünschen, welches zu einem erträglichen Leben beiträgt. Du fühlst Dich manchmal alt, wie Du selbst sagst. Das Alter, lieber Alex, gibt uns viel, wir sind noch lange nicht am Ende! Manchmal fragst Du Dich vielleicht, wo die letzten Jahre geblieben sind. Die Jahre vergehen, man glaubt es kaum, dann kommt vielleicht die Frage, ist es Wirklichkeit oder war alles nur ein Traum? Du, Alexander, hast es so gelebt, wie es in Deiner Geschichte steht. Was war für Dich alles groß und wichtig, hattest du im Leben immer richtig gehandelt, das fragst du Dich heute oft. Im Leben stets das Richtige tun, das beherrscht bestimmt keiner. Wir wünschen Dir, Alex, von ganzem Herzen alles Liebe und eine lebenswerte gute Zukunft.

Der Herbst zog spürbar ins Land, die Temperaturen lagen immer noch bei 28 °C am Tag, aber die Nächte wurden kühler. Tagsüber bestand dadurch die Möglichkeit, sich im Freien aufzuhalten oder einen Spaziergang durch die nahegelegenen Orangenplantagen zu machen. Der Geruch der Erde, das satte Grün der Baumkronen und die wohltuende Ruhe beflügelten Alex immer wieder von Neuem. Er fühlte sich in der Natur geborgen und sog die frische Luft tief ein, als wolle er sich einen persönlichen Vorrat anlegen. Er durchstreifte oft die Quartierstraßen in seinem Wohngebiet, wenn er nach dem Frühstück mit dem Hund loszog. Dadurch gelang es ihm, Abstand zu schaffen und sich etwas abzulenken. Das Zeremoniell am Frühstückstisch hatte sich in letzter Zeit zum Leidwesen von Alex verändert. Obwohl er sich bemühte, Julia zu verwöhnen, saß er mit wenigen Ausnahmen meist allein am Tisch. Sie frühstückte lieber mit dem Hund und den beiden Puppen vor dem Fernseher. Wenn er vorschlug, mit ihr essen zu wollen, antwortete sie meist schnippisch: „Lass mich in Ruhe." Das machte ihn einsam und traurig. Er, der sich immer über alles gefreut hatte, verlor mehr und mehr den Sinn seines Daseins. Sein Lebensinhalt bestand nur noch darin, sich wenigstens auf der Straße mit Leuten zu unterhalten oder zweimal in der Woche bei uns vorbeizuschauen. Viele Bekannte, ja sogar beste Freunde, gaben den Kontakt zu ihm auf. Auch die Arbeit am Computer, die er immer mit großem Interesse verfolgt hatte, war in der Zwischenzeit in den Hintergrund getreten. Er bemerkte bei sich selbst eine Antriebslosigkeit, war zunehmend niedergeschlagen und verzweifelt. Dadurch fehlte ihm die Energie, sich zu konzentrieren. Wenn Alex im Haus etwas unternehmen wollte, wurde er gebremst. Man sagte ihm, er solle die Finger davonlassen, obwohl es laut Alex oft aussah, als hätte eine Bombe eingeschlagen. In der Küche stapelte sich das Geschirr, und was dort keinen Platz fand, stellte Julia in das Waschbecken im Gästebad. Dort lag auch haufenweise schmutzige Wäsche herum, die Duschkabine diente als Ablage und auf dem Wohnzimmertisch stapelten sich alte Zeitungen und Ordner. Ich fragte Alex, ob die Putzfrau, die alle zwei Wochen kam, keinen Einfluss auf Julia habe. Sie dürfe nur das Geschirr wegräumen und Staub wischen, erklärte er, aber sonst habe sie nichts anzufassen. Hätten wir nicht durch die sensationslüsterne Gerüchteküche von den Zuständen bei Alex und Julia erfahren, hätten wir es kaum für möglich gehalten.

Beim letzten Besuch in der Hausarztpraxis erörterte Alexander die Zustände und wollte vom Arzt wissen, an wen er sich wenden könnte. Die Vermutung, dass Julia in einer tiefen Depression steckte, veranlasste ihn dazu. Der Arzt gab ihm jedoch zu bedenken, dass er seine Frau nicht dazu überreden könne, etwas zu tun, was sie nicht wolle. Das war Alex völlig klar, dennoch erhoffte er sich einen hilfreichen Rat. „Sprechen Sie mit der Pflegerin, die Ihre Frau zwei Mal wöchentlich betreut, vielleicht hat die Frau einen positiven Einfluss auf sie." So sehr sich

Alex bemühte, blieben alle seine Anstrengungen erfolglos. In der Zwischenzeit hatte er sich damit abgefunden, dass in ihrem Haus der soziale Kontakt ein Fremdwort geworden war. Julia verbrachte ihre Zeit ausschließlich vor der Glotze oder telefonierte mit den Enkelkindern von Alexander. Wenn sie mit ihnen am Telefon sprach und er auch gerne ein paar Worte mit den Jungen austauschen wollte, wurde er meist abgewimmelt. So rief er die Enkelkinder notgedrungen von seinem Handy aus zeitweilig an. Die Mädchen wussten Bescheid und schlugen ihrem Opa vor, mit Oma sprechen zu wollen. Das sei ein Problem, dass er selbst lösen müsse, gab er ihnen dann stets zu bedenken. Aus diesem Grund verzichtete er auf das gutgemeinte Angebot der Enkeltöchter. In letzter Zeit litt Alexander häufig an Unterzuckerung, das lag vermutlich an den unregelmäßigen Mahlzeiten, die er zu sich nahm. Auch klagte er häufig über Schwindel und gar Orientierungslosigkeit. Oder er erzählte, wie er kürzlich im Büro plötzlich vom Hocker fiel. Eines Tages, als er zu uns kam, ich ihm das Tor zum Einlass öffnete und in sein Gesicht sah, stellte ich fest, dass er kreideweiß wurde. Im letzten Moment konnte ich ihn glücklicherweise noch vor dem Sturz retten. Ich rief meinen Mann und der brachte ihm einen Würfelzucker, damit besserte sich sein Blutzuckerwert etwas. Alsdann führten wir ihn zusammen ins Haus. Dort setzten wir Alex zu seiner eigenen Sicherheit in einen Sessel. Er schaute mich abwesend an und fast bekam ich es mit der Angst zu tun. Was nun, sollten wir den Notarzt rufen? Von Alex aber wussten wir, was in einer solchen Situation zu tun war und offensichtlich taten wir das Richtige. Der süße Quark und ein Stück Brot erhellten dann gottlob seine Lebensgeister. Er lachte uns zu und meinte: „Da bin ich wieder."

Letzte Station Pflegeheim

An diesem Tag hätten wir mitnichten geglaubt, dass es das letzte Mal war, Alexander bei uns zu sehen. Obwohl wir unsere kommenden Treffen bereits abgesprochen hatten und er eigentlich immer zuverlässig und pünktlich erschien, er kam nicht. Eine Woche, zwei Wochen, was war geschehen, fragten wir uns. Ob wir wohl bei Julia anrufen sollten? Der arme Heinz, er musste sich opfern und rief schließlich bei ihr an. Er erkundigte sich nach dem Verbleib von Alex, worauf sie ihm kurzangebunden zur Antwort gab: „Der ist nicht hier". „Kannst du mir dann bitte sagen, wann er wieder zurückkommt?", hörte ich meinen Mann fragen. „Der kommt nicht wieder", erwiderte sie kaltschnäuzig. Heinz stockte, dann fuhr er fort. „Mein Gott ist Alex etwa gestorben", forschte er weiter. „Nein, noch nicht", konnte ich über den Lautsprecher des Telefons mithören. „Ja, dann sag mir doch bitte, was mit ihm geschah und wo er jetzt ist." Dann kam die übliche Antwort: „Ich weiß es nicht, wo man ihn hinbrachte", das war alles, was sie preisgab. Heinz verspürte keine Lust mehr, das sinnlose Gespräch weiterzuführen. Also verabschiedete er sich von ihr und bat sie dennoch um einen Rückruf, wenn sie wisse, wo Alex sei. Er stellte den Telefonhörer auf die Station und setzte sich neben mich an den Tisch. Wir sahen uns eine Weile verdutzt an. Wo zum Geier mochte er nur sein, fragten wir uns. Ob er wohl irgendwo hingefallen war und sich schwere Verletzungen zugezogen hatte, lag er in einem Spital, wo konnte er nur sein? Fragen über Fragen, auf die wir lange keine Antwort bekamen.

Gibt es Zufälle, oder sind es Fügungen? Unsere betagte Nachbarin, die sich bei einem Sturz im Garten das Handgelenk und den Oberschenkel brach, wurde vorübergehend zur Rehabilitation in ein Pflegeheim der Provinz gebracht. Wir entschlossen uns dazu, ihr dort einen Besuch abzustatten. Das Heim lag etwa eine halbe Autostunde entfernt, in einem abgelegenen kleinen Dorf, das wir davor nicht kannten. Allerdings war uns die Gegend rundherum nicht fremd, ein Landgasthof, in dem man uns stets vorzüglich verwöhnte, uns bewog, gelegentlich in das Gebiet zu fahren. Beim Pflegeheim klingelten wir an der Pforte und man ließ uns eintreten. Im Eingang saßen viele Betagte, vorwiegend Frauen, das fiel uns auf. Die Bewohner saßen wie in einer Konzertbestuhlung, alle sahen in die gleiche Richtung. Einige machten einen zufriedenen Eindruck und andere saßen teilnahmslos in ihren Rollstühlen. Am Empfang ein Herr, der uns freundlich begrüßte und sich nach unseren Wünschen erkundigte. „Sind sie mit der Dame, die sie besuchen wollen, verwandt?", fragte er. „Nein", entgegneten wir, „aber wir haben die Erlaubnis der Familie erhalten, sie zu besuchen." Ich weiß heute gar nicht mehr so richtig, warum wir auf die abstruse Idee kamen, zu fragen, ob Alex möglicherweise hier sei. „Ja, der ist hier", vernahmen wir von dem Herrn am Empfang. „Dann dürfen wir ihn auch besuchen?", fragte Heinz. „Nein, das ist leider nicht möglich", sprach er weiter. Nun war klar, wir wollten von ihm wissen, warum ein Besuch nicht erwägenswert sei. Er erklärte uns mit kurzen Worten, dass Alexanders Frau jeglichen Besuch verbot. Sie hätten sich daran zu halten, was wir eigentlich nicht verstehen konnten. Er informierte uns weiter, dass wir nicht die Ersten seien, die sich nach dem Verbleib des Mannes erkundigen würden. Er schlug uns freundlicherweise vor, mit Julia zu telefonieren, um die Erlaubnis des Besuches zu erbitten. Wir waren mit seinem Vorschlag selbstverständlich sofort einverstanden. Der Heimleiter, wie wir aus dem Gespräch vernahmen, benachrichtigte Julia über unser Erscheinen. Seiner Miene zu entnehmen, war der Bescheid, den er erhielt, negativ. Obwohl der Mann auf sie einredete, die Antwort blieb Nein. Ich bat den Heimleiter, er möge mir doch kurz den Hörer überlassen, was er dann auch wohlwollend tat. Ich meldete mich bei Julia und versuchte sie umzustimmen. „Ne, ne und nochmals ne!", schrie sie unbeherrscht in den Hörer. Da wusste ich, es war klar und zwecklos, mit ihr weiter zu reden. Der Leiter versuchte, sie abschließend doch noch umzustimmen und zu besänftigen, leider erfolglos. Wir wollten natürlich wissen, warum es so kam, dass Alex hier sei. Ein Zuckersturz habe dazu geführt, dass man ihn anfangs Januar hierherbrachte, sagte uns der Heimleiter. Laut weiteren Aussagen des Mannes sei Alex in einem stabilen Zustand und habe sich gut erholt. Er sei auch geistig absolut gut drauf und würde sich bestimmt über unseren Besuch freuen. Wir müssten ihn aber versuchen zu verstehen, dass ihm die Hände gebunden seien, erklärte er uns. Er könne sich nicht über den Kopf der Ehefrau hinweg entscheiden, obwohl er selbst mit ihrer Haltung nicht einverstanden war. Wir hofften inständig, dass Julia das Besuchsverbot endlich aufheben würde, was nicht geschah. Wir nahmen daraufhin zur Klärung unserer Rechte die Dienste eines Rechtsanwalts in Anspruch. Das sei Freiheitsberaubung, außerdem nicht tolerierbar, äußerte sich die Amtsperson. Wir wollten uns das Besuchsrecht schriftlich einholen und das dauerte verständlicherweise seine Zeit. Der Anwalt wollte zuerst mit der Heimleitung selbst in Kontakt treten, um sich die Richtigkeit unserer Erklärungen bestätigen zu lassen.

Die Zeit verging und bevor wir grünes Licht bekamen, erreichte uns die schockierende Nachricht. Alexander hatte aufgegeben und das irdische Dasein verlassen. Uns fehlten die Worte, als wir die Nachricht seines Hinschieds von einer Nachbarin Julias erhielten. Erstaunt waren wir, dass Mariana den Hund von ihr bei sich hatte, als sie zu uns kam, seltsam. Mariana erzählte, dass Julia den Hund am gestrigen Morgen zu ihr gebracht hatte. Sie habe zwischen Tür und Angel über den Hinschied von Alex erzählt und im selben Moment hinzugefügt: „Jetzt beginne ich zu leben". Mariana war erschüttert über die Aussage von Julia. „Diese Kälte, nicht ein Wort der Trauer, wer tut denn sowas. Ich hatte das Gefühl, dass sie mit mir über eine Person sprach, die sie nur flüchtig kannte. Wie habe ich meinen Nachbarn Alexander gemocht, er war so ein feiner Mann, stets freundlich und hilfsbereit. Einige in unserem Viertel wussten zu gut, was er zu erdulden hatte, jetzt ist er erlöst und sie auch." „Ja, sie auch," entgegnete ich. „Wir hoffen und wünschen Julia, dass sie mit dem Alleinsein zurechtkommt und endlich ohne Hass und in Frieden leben darf." „Julia starb gestern am Abend auch", fuhr Mariana fort. Jetzt verstanden wir gar nichts mehr, Heinz und ich waren wie erstarrt. „Oh mein Gott", ich erinnerte mich genau an den hässlichen Satz: Mir wäre lieber, du würdest endlich krepieren. Auch an seine Antwort, die er seiner Frau darauf gab: Ja, das ist dein Wunsch, meine Liebe, aber sei versichert, ich werde dich holen. Uns lief wahrhaftig ein Schauer über den Rücken. Alles schier unglaubwürdig, hätte man es nicht selbst erlebt. Nun nahm die leidige Geschichte ein Ende und trotzdem machte es uns unendlich traurig. Wir vernahmen von der Nachbarin, was sich am letzten Tag zutrug.

Julia kam aus dem Pflegeheim zurück und holte den Hund bei Mariana, der Nachbarin, ab. Gegen Abend rief sie dann wohl bei ihr erneut an und bat sie um Hilfe. Julia klagte über Schmerzen im Bein und erreichte scheinbar die Pflegerin, die sie regelmäßig versorgte, an dem besagten Abend nicht. Mariana lief dann schnell rüber zu ihr, wie sie uns erzählte. Was sie dort antraf, habe ihr den Atem geraubt. In der Wohnstube, die früher Gemütlichkeit und Wärme ausstrahlte, herrschte ein wirres Durcheinander. Sie erzählte, dass sich keine Möglichkeit zum Sitzen bot, denn alle Stühle, auch das Sofa waren belegt. Auf dem Tisch dasselbe Chaos. Ich wollte das alles gar nicht hören und bat Mariana, damit aufzuhören. Wir nahmen uns in die Arme und mir rannen unaufhaltsam die Tränen über die Wangen. Warum nur, dachte ich und sah zu Heinz, dessen Gesicht regungslos und versteinert wirkte. Mariana rief den Arzt an, der bald darauf eintraf. Julias Zustand schien alarmierend, worauf sich der Arzt entschied, sie noch am Abend um 21 Uhr in ein nahegelegenes Krankenhaus einzuweisen. Es war zu spät, denn ein akuter arterieller Venenverschluss führe kurz darauf zum Tod. Sie klagte bei Mariana davor über Schweregefühl, Kribbeln und Ziehen im Unterschenkel. Die Schwellung und das Hitzegefühl am Bein waren nicht neu. Wie oft hatte ich ihr geraten, sich besser um ihr Bein zu kümmern, sie aber hatte die Ohren verschlossen.

Alex wurde in das örtliche Krematorium überführt, wo wir uns von ihm verabschieden konnten. Keiner war da, nicht eine Menschenseele, außer uns. Wie ein Hund wurde er verabschiedet. „Das waren doch exakt deine Worte, lieber Alex, als sich damals dein Vater von dieser Welt verabschiedete", sagte ich an seinem Sarg. Die Angehörigen hatten uns mit einer Vollmacht beauftragt, so konnten wir das Notwendige im Krematorium veranlassen. Der Empfang war äußerst respektvoll und still die Atmosphäre, von einer ernsten Würde geprägt. Wir wurden von einem Herrn in schwarzem Anzug in einen Raum geführt, der schlicht und gediegen eingerichtet war. Welche Papiere für die Einäscherung erforderlich waren, erfuhren wir von ihm. Er händigte uns den Totenschein aus, woraufhin ich den Leiter des Institutes fragte, woran Alexander eigentlich gestorben sei. Seine Antwort war verblüffend. Wir hatten noch nie gehört, dass Menschen an gebrochenem Herzen starben, aber hier stand es schwarz auf weiß. Was nach dem Tod mit Julia geschah, das erfuhren wir nie genau. Ihr Haus stand fünf Jahre da, wie es die beiden verlassen hatten. Nun ist es in neuen Händen und so wie es scheint, ist der neue Besitzer glücklich.

Der Verlust ist groß, wenn man endgültig Abschied nehmen muss. Die beiden haben den Raum gewechselt, wir können sie nicht sehen, aber wir werden an sie denken. Und so endete die Lebensgeschichte, die mit dem Tod ihren letzten Punkt fand, als der letzte Atemzug verklungen und die Reise vollendet war. Was haben wir in guten Zeiten zusammen gelacht und sind heute traurig über das, was geschehen ist. Nun sind sie erlöst und treten gemeinsam ihre Reise an. Möglicherweise eine Reise in ein anderes Sein, in eine Zukunft ohne Schmerz, Einsamkeit und Hass. Die schönen gemeinsamen Stunden, in denen wir wertvolle Momente erleben durften, werden uns in Erinnerung bleiben.

Seine letzte Ruhestätte fand Alexander in unserem Garten, zwischen Efeuranken und dem alten knorrigen Olivenbaum und dort ruht er noch heute. Wenn im Radio alter Jazz ertönt, öffnen wir das Fenster zu seinem Platz hin. „Alex, hör nur, sie spielen deine über alles geliebte Musik".

Wir werden Dich, lieber Freund, einen ehrlichen und wunderbaren Menschen und auch Dich, Julia, nie vergessen, danke für Eure Freundschaft und ruht in Frieden.

FOR AUTOREN A HEART FOR AUTHORS À L'ÉCOUTE DES AUTEURS MIA ΚΑΡΔΙΑ ΓΙΑ ΣΥΓΓ
FOR FÖRFATTARE UN CORAZÓN POR LOS AUTORES YAZARLARIMIZA GÖNÜL VERELIM SZÍ
PER AUTORI ET HJERTE FOR FORFATTERE EEN HART VOOR SCHRIJVERS TEMOS OS AUTC
SERCE DLA AUTORÓW EIN HERZ FÜR AUTOREN A HEART FOR AUTHORS À L'ÉCOU
BCEЙ ДУШОЙ К АВТОРАМ ETT HJÄRTA FÖR FÖRFATTARE À LA ESCUCHA DE LOS AUTOI
MIA ΚΑΡΔΙΑ ΓΙΑ ΣΥΓΓΡΑΦΕΙΣ UN CUORE PER AUTORI ET HJERTE FOR FORFATTERE EEN H
ÖINKÉRT SERCE DLA AUTORÓW EIN HERZ FÜI
АО BCEЙ ДУШОЙ К АВТОРАМ ETT HJÄRTA FÖI

Die Autorin

 1953 in Zürich geboren und
im Zürcher Weinland in Rafz
aufgewachsen, kann Autorin
Hildegard Maria Bertschy einen
spannenden Lebenswandel
vorweisen, der ihr in ihrer
Schriftstellerei eine Hilfe war. Einen
Teil ihres Lebens verbrachte sie in
Spanien, wo sie Alexander und Julia
als Nachbarn ihrer Mutter kennen lernte. Die
Freundschaft zu den beiden pflegte sie über viele
Jahre hinweg. Neben ihrem Wohnort in Spanien
fließen nicht wenige ihrer biographischen Daten
und Erlebnisse in ihren Roman ein. Beispielsweise
kommen ihre Ausbildungen als Friseurin, Maniküre
und Pedicure zum Tragen, besonders während der
Zeit, als sie sich sozial betätigte. Gemeinsam mit
ihrem Mann, der ebenso den einen oder anderen
Gastauftritt im Manuskript hat, verschreibt sich die
Autorin in der Freizeit hobbymäßig dem Gärtnern
und den Sprachen.

novum VERLAG FÜR NEUAUTOREN

Der Verlag

*Wer aufhört
besser zu werden,
hat aufgehört
gut zu sein!*

Basierend auf diesem Motto ist es dem novum Verlag
ein Anliegen, neue Manuskripte aufzuspüren, zu ver-
öffentlichen und deren Autoren langfristig zu fördern.
Mittlerweile gilt der 1997 gegründete und mehrfach
prämierte Verlag als Spezialist für Neuautoren in
Deutschland, Österreich und der Schweiz.

**Für jedes neue Manuskript wird innerhalb we-
niger Wochen eine kostenfreie, unverbindliche
Lektorats-Prüfung erstellt.**

Weitere Informationen zum Verlag und
seinen Büchern finden Sie im Internet unter:

www.novumverlag.com